那須八幡塚古墳
(那須郡那珂川町)

下野薬師寺跡(下野市)

寺野東遺跡(小山市)

栃木の中世を歩く

日光山輪王寺木造阿弥陀如来及四菩薩坐像
（日光市）

光得寺厨子入木造大日如来坐像
（足利市）

引地山観音堂鋳銅梅竹文透釣灯籠
（佐野市）

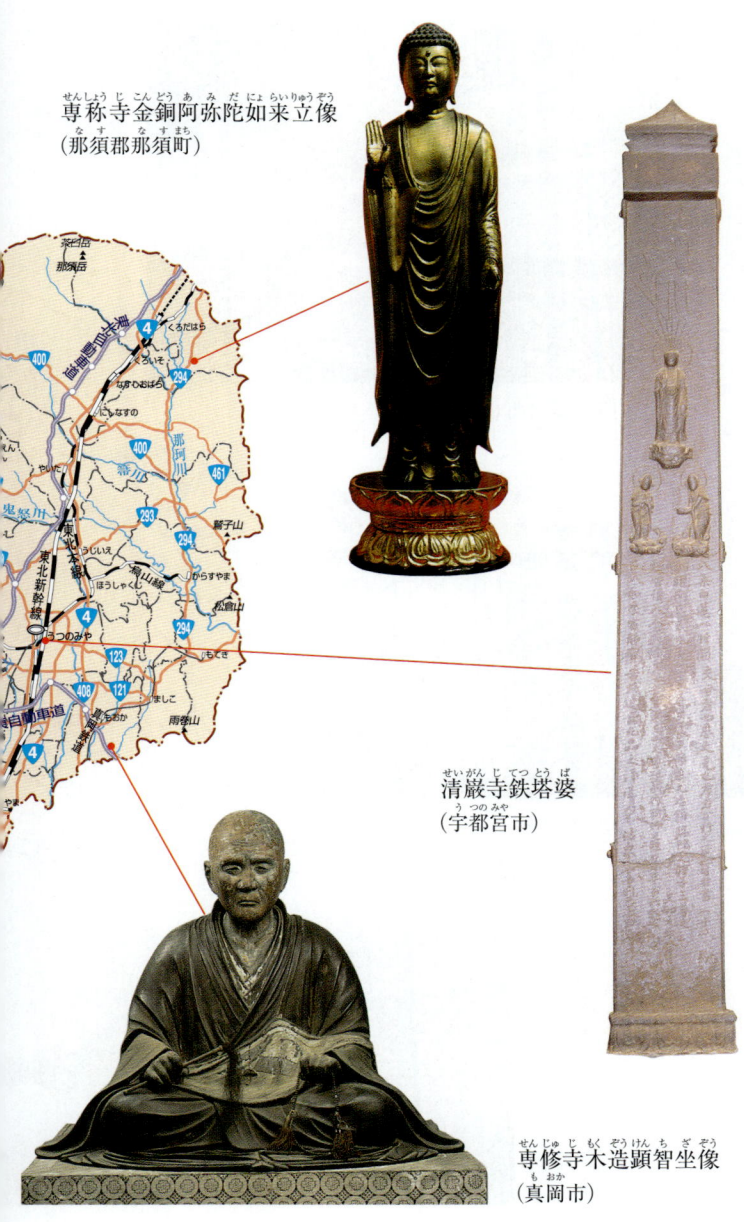

専称寺金銅阿弥陀如来立像
（那須郡那須町）

清巌寺鉄塔婆
（宇都宮市）

専修寺木造顕智坐像
（真岡市）

栃木の近世を歩く

日光東照宮陽明門(日光市)

宇都宮城 櫓と土塁(宇都宮市)

巴波川と土蔵(栃木市)

雲巌寺（大田原市）

桜町陣屋跡（真岡市）

高椅神社楼門（小山市）

栃木の近・現代を歩く

イタリア大使館別荘記念公園本邸
（日光市）

旧栃木町役場庁舎と県庁堀
（栃木市）

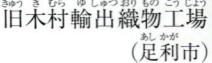

旧木村輸出織物工場
（足利市）

旧青木家那須別邸
（那須塩原市）

カトリック松が峰教会
（宇都宮市）

旧真岡小学校久保講堂
（真岡市）

もくじ　　赤字はコラム

宇都宮とその周辺

❶ 二荒の杜から宇都宮城址へ---------- 4
　　二荒山神社／旧栃木県庁本館／蒲生神社／宇都宮城址公園／宇都宮城と釣天井事件／英巌寺跡

❷ 宇都宮駅周辺の寺社を歩く---------- 11
　　旧篠原家住宅／清巌寺／興禅寺

❸ 日光道中に沿って歩く---------- 15
　　蒲生君平勅旌碑／一向寺／観専寺／延命院／長岡百穴古墳／智賀都神社

❹ 宇都宮西部から大谷石のふるさとへ---------- 23
　　宇都宮高校旧本館／栃木県立博物館／栃木県立美術館／大谷観音／多気不動尊

❺ 宇都宮南部から東部地域をめぐる---------- 30
　　うつのみや遺跡の広場／塚山古墳群／茂原観音堂／金剛定寺／飛山城史跡公園

❻ 奥州道中に沿って歩く---------- 36
　　旧白沢宿／岡本家住宅／船玉神社／さくら市ミュージアム／河原石塔婆群／西導寺／今宮神社／瀧澤家住宅／龍光寺／倉ケ崎城跡

❼ 田原から上河内・塩谷・高根沢へ---------- 47
　　関白山神社／羽黒山神社／佐貫石仏／白鬚神社／安住神社

那珂川に沿って

❶ 城下町黒羽とその周辺---------- 56
　　黒羽城跡／黒羽芭蕉の館／白旗城跡とその周辺／松尾芭蕉と黒羽／那須神社／雲巌寺

❷ 那須の古代文化探訪---------- 62
　　徳川光圀ゆかりの史跡／法輪寺／徳川光圀による文化財保護／宝寿院／那須官衙遺跡／駒形大塚古墳／那須八幡塚古墳群と吉田温泉神社古墳群

❸ 武茂川流域から常陸への道を行く---------- 71

もくじ

唐の御所／馬頭院とその周辺／健武山神社／鷲子山上神社／小砂焼
❹ 中世那須氏の史跡を訪ねる-- 76
　　　烏山城跡／宮原八幡宮とその周辺／天性寺／太平寺／安楽寺

日光山麓とその周辺

❶ 世界遺産日光の社寺を歩く-- 84
　　　神橋／本宮神社・四本竜寺／日光山輪王寺宝物殿・逍遙園／三仏堂
　　　／日光東照宮／「日光の社寺」を演出する動植物／日光東照宮宝物館
　　　／大猷院／日光二荒山神社／滝尾神社／開山堂
❷ 門前町から奥日光・足尾・栗山へ------------------------------------ 96
　　　JR日光駅駅舎／竜蔵寺／稲荷神社／観音寺／鉢石宿とみやげ物／日
　　　光金谷ホテル／興雲律院／田母沢御用邸記念公園／浄光寺／治山・
　　　治水の近代化遺産／清滝寺／栃木県立日光自然博物館／中禅寺／英
　　　国・イタリア大使館別荘記念公園／日光二荒山神社中宮祠／温泉寺
　　　／足尾銅山観光／本山坑跡／野門東照宮／栗山の食／平家の里
❸ 日光杉並木を歩く-- 113
　　　日光杉並木寄進碑／追分地蔵尊／報徳二宮神社／如来寺／日光杉並
　　　木の歴史／滝尾神社／日枝神社・生岡神社
❹ 日光例幣使街道をめぐる-- 120
　　　鹿沼城跡／今宮神社／生子神社／広済寺／医王寺／金井薬師堂／栃
　　　窪薬師堂／賀蘇山神社／彫刻屋台と天棚／加蘇山神社／古峰神社

那須塩原とその周辺

❶ 矢板の史跡をめぐる-- 134
　　　矢板武記念館／川崎城跡／木幡神社／寺山観音寺／山縣有朋記念館
❷ 那須野が原開拓の夢をたどる-- 140
　　　那須野が原博物館／那須野が原の開拓／烏ヶ森／大山別邸／乃木別
　　　邸／常盤ヶ丘／松方別邸／青木別邸／旧藤田農場事務所跡／妙雲寺
　　　／逆杉／那須疏水取入口／板室古戦場跡
❸ 那須と東山道-- 154
　　　殺生石／三斗小屋宿跡／那須町民俗資料館／遊行柳／芦野氏陣屋跡
　　　／専称寺

もくじ

渡良瀬川に沿って

❶ 足利氏のふるさとを訪ねる------164
　足利学校跡／鑁阿寺／法楽寺／足利城跡／織姫神社／長林寺／足利織物の歴史／足利市立草雲美術館

❷ 近代の足利をたどる------176
　旧足利模範撚糸工場／藤本観音山古墳／旧木村輸出織物工場／例幣使街道と八木節／勧農城（岩井山城）跡／樺崎寺跡

❸ 足利市郊外を訪ねる------182
　鶏足寺／大川家住宅／智光寺跡（平石八幡宮）／最勝寺／足利市の日本一の三名所

❹ 佐野氏興亡のあとをめぐる------188
　佐野城（春日岡城）跡／天明（天命）鋳物／一向寺／清水城跡／唐沢山城跡／本光寺／一瓶塚稲荷神社／佐野市立吉澤記念美術館／佐野源左衛門常世館（豊代城）跡／仙波そば

❺ 近代佐野の光と陰をめぐる------200
　人間国宝田村耕一陶芸館／惣宗寺／佐野市郷土博物館／田中正造旧宅／佐野ラーメン／出流原弁天池

栃木とその周辺

❶ 蔵のまち，旧県都栃木を訪ねる------210
　栃木城跡／塚田歴史伝説館と横山郷土館／旧栃木県庁跡／岡田記念館（畠山陣屋跡）／「おたすけ蔵」とその周辺／近龍寺と神明宮／太平山神社／皆川城跡とその周辺／星野遺跡／満願寺／下野国庁跡／大神神社／幕末・明治の栃木町／華厳寺跡

❷ 岩船山から三毳山へ，岩舟町を歩く------221
　高勝寺（岩船地蔵）／慈覚大師円仁の生誕地／三毳山／住林寺／大慈寺／村檜神社

❸ 太平山の麓を歩く------225
　富田宿と富田城跡／大中寺／戸長屋敷／（榎本）大中寺・榎本城跡

❹ 旧谷中村と三国境の町藤岡を歩く------228
　藤岡城跡／藤岡神社と藤岡神社遺跡／田中霊祠／篠山貝塚／旧谷中

村跡／巴波川の舟運／部屋河岸・新波河岸跡
❺ 古墳群と城のまち壬生を訪ねる------------------------------------ 233
雄琴神社／壬生城跡と精忠神社／常楽寺／愛宕塚古墳／吾妻（岩屋）古墳／鯉沼九八郎の碑／市兵衛八幡／羽生田城跡／戊辰戦争・安塚の戦い／茶臼山古墳と富士山古墳／戊辰戦争の碑

小山とその周辺

❶ 下野の玄関口の史跡を歩く------------------------------------ 244
野木神社／満福寺／大塚古墳／乙女不動原瓦窯跡／千駄塚古墳／安房神社／間中稲荷神社／毘沙門山古墳／寺野東遺跡／野木・小山地方の絵馬／高椅神社

❷ 中世小山氏の足跡を訪ねる------------------------------------ 253
祇園城跡／天翁院／興法寺／中世小山氏の流れ／須賀神社／常光寺／光明寺／鷲城跡／中久喜城跡／大川島神社

❸ 古代下野の寺院跡と周辺の史跡を歩く-------------------------- 261
小金井一里塚／慈眼寺／日光道中の発掘／国分寺五輪塔／下野国分尼寺跡／下野国分寺跡／琵琶塚古墳／下野薬師寺跡／龍興寺／東根供養塔

❹ 宇都宮氏一族が築いた中世城郭の跡を歩く---------------------- 272
開雲寺／児山城跡／多功城跡／上三川城跡／満願寺

真岡とその周辺

❶ 真岡を訪ねる-- 280
芳賀城跡／海潮寺／岡部記念館「金鈴荘」／真岡市久保講堂／真岡高校記念館（栃木県立第三中学校本館）／大前神社／能仁寺／鶏塚古墳／大内廃寺跡附堂法田遺跡／無量寿寺／中村城跡と遍照寺／中村八幡宮／桜町陣屋跡／専修寺／芳全寺／長沼八幡宮

❷ 益子と茂木を訪ねる-- 295
陶芸メッセ・益子／西明寺／地蔵院／光明寺／円通寺／小宅古墳群

／茂木城跡／荒橿神社／能持院／千本城跡／安楽寺／小貫観音堂／真岡鐵道

❸ **芳賀と市貝を訪ねる** -- 308
常珍寺／入野家住宅／祖母井神社／崇真寺／般若寺跡／村上城跡と永徳寺

あとがき／栃木県のあゆみ／地域の概観／文化財公開施設／無形民俗文化財／おもな祭り／有形民俗文化財／無形文化財／散歩便利帳／参考文献／年表／索引

[本書の利用にあたって]

1. 散歩モデルコースで使われているおもな記号は，つぎのとおりです。なお，数字は所要時間(分)をあらわします。

   ･･････････････ 電車　　　　　　════════ 地下鉄
   ──────── バス　　　　　　▪▪▪▪▪▪▪▪▪▪▪▪▪▪ 車
   ------------ 徒歩　　　　　　〰〰〰〰〰〰 船

2. 本文で使われているおもな記号は，つぎのとおりです。

   🚶 徒歩　　　🚌 バス　　　✈ 飛行機
   🚗 車　　　　⚓ 船　　　　P 駐車場あり

   〈M ▶ P.○○〉は，地図の該当ページを示します。

3. 各項目の後ろにある丸数字は，章の地図上の丸数字に対応します。

4. 本文中のおもな文化財の区別は，つぎのとおりです。
   国指定重要文化財＝(国重文)，国指定史跡＝(国史跡)，国指定天然記念物＝(国天然)，国指定名勝＝(国名勝)，国指定重要有形民俗文化財・国指定重要無形民俗文化財＝(国民俗)，国登録有形文化財＝(国登録)
   都道府県もこれに準じています。

5. コラムのマークは，つぎのとおりです。

泊	歴史的な宿	憩	名湯	食	飲む・食べる
み	土産	作	作る	体	体験する
祭	祭り	行	民俗行事	芸	民俗芸能
人	人物	伝	伝説	産	伝統産業
‼	そのほか				

6. 本書掲載のデータは，2018年8月末日現在のものです。今後変更になる場合もありますので，事前にお確かめください。

Utsunomiya

宇都宮とその周辺

宇都宮二荒山神社菊水祭
（宇都宮市）

羽黒山神社梵天祭り（宇都宮市）

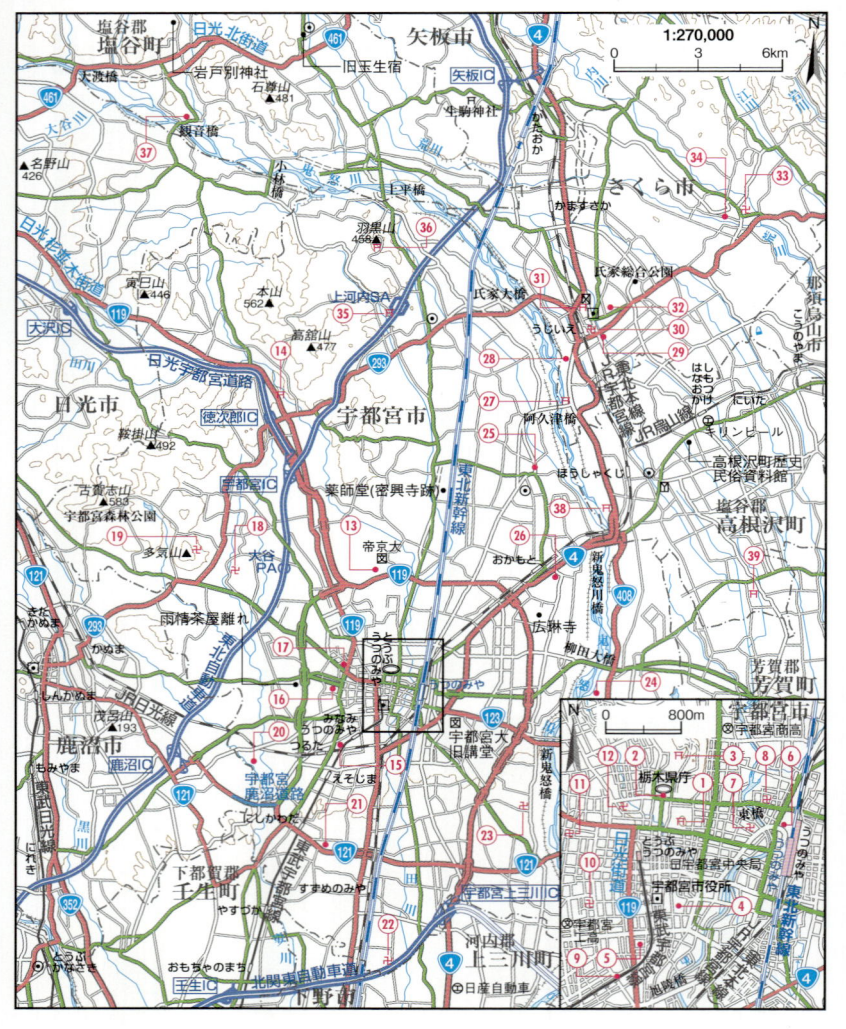

①二荒山神社	⑦清巌寺	⑬長岡百穴古墳	⑲多気不動尊
②旧栃木県庁本館	⑧興禅寺	⑭智賀都神社	⑳うつのみや遺跡の広場
③蒲生神社	⑨蒲生君平勅旌碑	⑮宇都宮高校旧本館	㉑塚山古墳群
④宇都宮城址公園	⑩一向寺	⑯栃木県立博物館	㉒茂原観音堂
⑤英巌寺跡	⑪観専寺	⑰栃木県立美術館	㉓金剛定寺
⑥旧篠原家住宅	⑫延命院	⑱大谷観音	

宇都宮とその周辺

◎宇都宮市周辺散歩モデルコース

1. JR東北本線・日光線宇都宮駅 5 二荒山神社 2 浄鏡寺 2 旧栃木県庁本館 4 慈光寺 7 雷神社・御蔵山古墳 1 蒲生神社 7 祥雲寺 10 JR宇都宮駅
2. 東武宇都宮線東武宇都宮駅 3 カトリック松が峰教会 3 大イチョウ 4 宇都宮城址公園 8 英巌寺跡 4 常念寺・亀井の水 15 東武宇都宮駅
3. JR東北本線・日光線宇都宮駅 3 旧篠原家住宅 4 宝蔵寺 5 清巌寺 2 樋爪氏の墓 5 興禅寺 6 八坂神社 8 JR宇都宮駅
4. JR東北本線・日光線宇都宮駅 15 不動堂 5 蒲生君平勅旌碑 3 新町のケヤキ 2 台陽寺 8 一向寺 2 報恩寺 2 戊辰役戦士墓 2 光琳寺 7 観専寺 2 安養寺 6 蒲生君平生誕地 6 延命院 2 桂林寺 10 JR宇都宮駅
5. JR日光線鶴田駅 8 宇都宮高校旧本館 10 滝尾神社 10 栃木県立博物館 10 栃木県立美術館 4 日本聖公会宇都宮聖公教会礼拝堂 14 栃木県護国神社 15 JR宇都宮駅
6. JR東北本線・日光線宇都宮駅 30 旧大谷公会堂 2 屏風岩石材の石蔵 14 大谷観音 1 平和観音 4 大谷景観公園 4 大谷資料館 35 JR宇都宮駅
7. JR東北本線氏家駅 4 西導寺 3 光明寺 6 薬王寺 4 瀧澤家住宅 2 八幡宮 15 御前城跡 5 今宮神社 14 JR氏家駅
8. JR東北本線氏家駅 15 龍光寺 12 鏸光院 15 御用堀 3 喜連川神社 2 倉ケ崎城跡 10 専念寺 20 JR氏家駅

㉔飛山城史跡公園	㉙河原石塔婆群	㉟関白山神社
㉕旧白沢宿	㉚西導寺	㊱羽黒山神社
㉖岡本家住宅	㉛今宮神社	㊲佐貫石仏
㉗船玉神社	㉜瀧澤家住宅	㊳白鬚神社
㉘さくら市ミュージアム	㉝龍光寺	㊴安住神社
	㉞倉ケ崎城跡	

二荒の杜から宇都宮城址へ

二荒山神社の門前町、宇都宮城の城下町、県庁所在地として発展してきた宇都宮中心部の史跡を訪ねる。

下野国一宮で宇都宮のシンボル的存在

二荒山神社 ❶
028-622-5271

〈M▶P.2.5〉宇都宮市馬場通り1-1-1 P
JR東北新幹線・秋田新幹線・山形新幹線・東北本線(宇都宮線)・日光線宇都宮駅🚌作新学院駒生行二荒山神社前
🚶1分

　二荒山神社前バス停のすぐ北側に、二荒山神社(祭神豊城入彦命ほか)がある。大鳥居を抜け、石段をのぼり神門をくぐると、境内には拝殿・本殿・神楽殿などが立ち並んでいる。これらの社殿は、1868(明治元)年の戊辰戦争によって焼失し、1877年に再建されたものである。『延喜式』式内名神大社として、古くから多くの人びとの崇敬を受け、宇都宮は二荒山神社の門前町として栄えてきた。前九年合戦(1051～62年)に随行し、戦勝の祈禱を行った藤原宗円(関白藤原道兼の曽孫)は、その功績により社務職に任じられ、宇都宮氏の祖になったという。3代宇都宮朝綱が、社務を統括・監督する宇都宮検校職になって以後、宇都宮氏は中世を通じ、同社の神官をつとめるとともに、宇都宮城主として下野に勢力を築いていった。

　宇都宮氏を庇護者としてきた二荒山神社だが、1585(天正13)年、宇都宮国綱と北条氏直との合戦で社殿を焼失、1597(慶長2)年には国綱が豊臣秀吉により改易処分を受けたため、社領も没収されるに至った。しかし、1602年徳川家康からあらたに社領1500石が寄進され、1605年には社殿が再建された。

　社務所では、南北朝時代(14世紀)の作とされる鉄製三十八間星兜、「建治三(1277)年」銘の日本犬を模した鉄製狛犬、宇都宮藩主戸田忠真が奉納し

二荒山神社

た法城寺和泉守橘正次銘の
太刀（県文化）などの社宝をみる
ことができる。また，宇都宮氏
と姻戚関係にあった藤原定家の
孫為氏が編纂したとされる『紙
本墨書新式和歌集』が伝わる。
宇都宮氏一族を始め，源実
朝や藤原定家ら，186人・875首
の歌が収められており，鎌倉時
代前期に「宇都宮歌壇」を形成
していた宇都宮氏と京都・鎌倉
の文化人との交流がうかがえる。

境内左手奥には，宇都宮の七
水の1つ明神の井が，境内か
ら北西に降りる参道途中には，
1889年建立の蒲生君平の顕彰
碑がある。

おもな祭礼として，毎年1月
15日の春渡祭，5月15日の田舞
祭，10月21日の秋山祭，10月最
終土・日曜日の菊水祭，12月15
日の冬渡祭がある。春渡祭・田
舞祭・冬渡祭には，堀米地区
（現，宇都宮市関堀町）に伝わ
る堀米の田楽舞が奉納される。

旧栃木県庁本館 ❷

〈M▶P.2,5〉宇都宮市塙田1-1-20 P
JR宇都宮駅🚌循環バス県庁東🚶1分

二荒山神社の北西に降りる参
道北側に，1602（慶長7）年に宇
都宮城主奥平家昌により創建

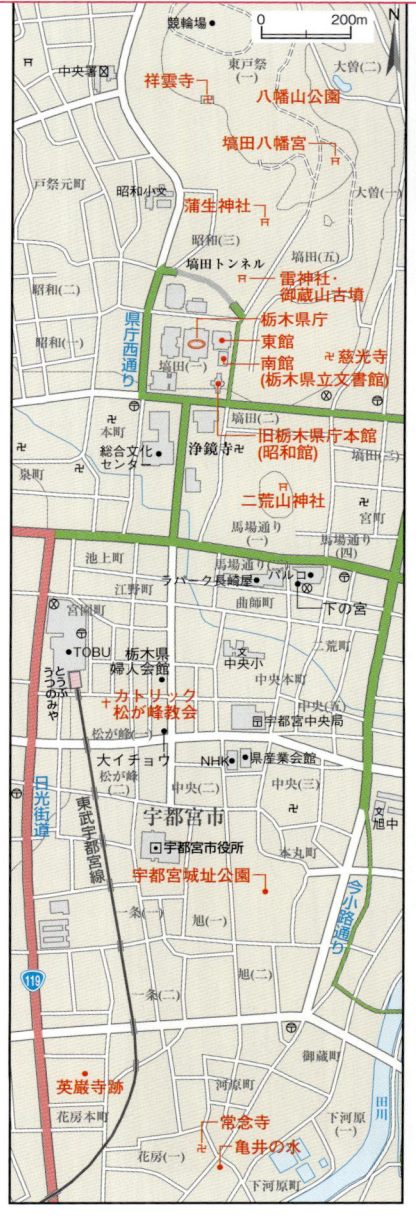

二荒山神社周辺の史跡

二荒の杜から宇都宮城址へ

旧栃木県庁本館

戦前のルネサンス様式の県庁舎

された浄鏡寺(浄土宗)がある。浄鏡寺を過ぎて右折し150mほど進み、県庁前通りとの交差点に出ると、左手に栃木県庁がある。旧栃木県庁舎は、新庁舎の建設にともない、構内東側に庁舎正面部分を移築し、昭和館として保存された。栃木県庁は県令三島通庸により、1884(明治17)年に栃木町(現、栃木市)から宇都宮へ移されたが、1888年と1936(昭和11)年に火災に遭い焼失している。1938年に竣工した旧本館は、ルネサンス様式を取り入れた鉄筋コンクリート造り4階建てで、外装にはレンガ風タイルが用いられ、正面柱を始め、屋内外の装飾にツタやアカンサスの葉のレリーフが用いられている。

　設計者の佐藤功一は、国分寺村(現、下野市)の出身で、早稲田大学大隈記念講堂や群馬・宮城・滋賀各県の県庁舎の設計もしている。

　県庁南館の2階に栃木県立文書館がある。文書館は、民間に伝来した古文書や県の公文書などの収集・整理・保存・公開・研究を行う施設である。旧大名家や名主・庄屋・商家などから寄贈・寄託を受けた古文書のほか、明治時代以降の県布達・県報、各課の管理委任文書などを所蔵する。

　県庁正門から県庁前通りを東に約300m行き、交差点左角の塙田交番手前左手奥に慈光寺(浄土宗)がある。慈光寺は1516(永正13)年に、宇都宮城主宇都宮成綱により創建された。参道の石段を覆うような樹齢約150年のヒガンザクラは、赤門のサクラとして知られる。慈光寺には、城下の目明役から江戸で侠客となった枝源五郎の尽力で、1778(安永7)年

赤門のサクラ

に造立された朱塗りの山門(通称赤門)があったが、1945(昭和20)年の宇都宮空襲で焼失した。墓地には、源五郎の逆修墓(長寿を願い存命中に建てる墓)や、宇都宮藩家老として幕末に活躍した県六石の墓がある。また、境内には宇都宮の七水の1つ天女水などがある。

蒲生神社 ❸
028-622-4852
〈M▶P.2,5〉宇都宮市塙田5-1-19
JR宇都宮駅🚌循環バス県庁東🚶3分

宇都宮出身の思想家 蒲生君平をまつる

県庁東門を出て左折し、150mほど北に進むと、蒲生神社(祭神蒲生君平)に至る。参道の石段入口にある大鳥居は、赤麻村(現、栃木市)出身の27代横綱栃木山守也が奉納したものである。蒲生神社は、江戸時代後期の思想家で、尊王論者の蒲生君平を顕彰するため、1926(大正15)年に創建された。

蒲生君平は、1768(明和5)年に宇都宮城下新石町の商家福田家に生まれ、鹿沼宿(現、鹿沼市)の儒者鈴木石橋に学び、のちに経世思想家林子平や水戸藩士藤田幽谷らと親交を結んだ。荒廃した山陵(天皇の陵墓)の調査を行って『山陵志』を著し、林子平や高山彦九郎とともに「寛政の三奇人」の1人に数えられている。

境内には、12代横綱陣幕久五郎が、1900(明治33)年に建立した「日下開山初代横綱力士明石志賀之助碑」がある。明石は、宇都宮藩士の子であったといわれている。

蒲生神社の大鳥居手前の急な石段をのぼると、雷神社(祭神大雷神ほか)に至る。雷神社は、6世紀前半の前方後円墳である御蔵山古墳上にあり、境内には、1893(明治26)年建立の「古棺記」碑がある。1884年の県庁移転・建設の際に崩された庁舎敷地内の古墳から、石棺が発見されたことなどが記されている。

蒲生神社の北側丘陵一帯が、サクラの名所として知られる八幡山公園である。1906年塩田蓬一郎が開いた塩田園を宇都宮市が譲り受け、1927(昭和2)年に市民公園として整備・開園した

蒲生神社

二荒の杜から宇都宮城址へ

ものである。丘陵東には，公園名の由来となった塙田八幡宮（祭神誉田別命ほか）がある。寛永年間（1624〜44）に，宇都宮藩主奥平昌能が宇都宮城の守護神としてまつったものである。公園内には，第二次世界大戦の戦況悪化にともない，地上戦を想定して1945（昭和20）年につくられた，旧陸軍宇都宮師管区地下司令部跡がある。

　蒲生神社参道手前から塙田トンネルを西に抜け，県庁西通りの交差点を右折し300mほど進むと，右手に祥雲寺（曹洞宗）がある。祥雲寺は，宇都宮城主宇都宮正綱の弟戸祭高定を開基とし，1470（文明2）年に創建された。本堂左手にある樹齢約300年のシダレザクラ（県天然）は，明暦年間（1655〜58）の本堂再建の際に，植えられたものといわれている。

宇都宮城址公園 ❹
028-638-9390

〈M▶P.2,5〉宇都宮市旭1　P
JR宇都宮駅🚌循環バス宇都宮城址公園入口🚶すぐ

一部復元によりかつての雄姿が甦った名城

　県庁正門からマロニエ並木の中央通り（シンボルロード）を南に約670m進み，栃木県婦人会館先の交差点を右折して100mほど行くと，左手にカトリック松が峰教会（国登録）がある。教会の聖堂は，スイス人建築家マックス・ヒンデルによって設計され，1932（昭和7）年に完成したものである。ヒンデルは，トラピスチヌ修道院（北海道函館市）などの設計を手がけたことで知られる。聖堂は，鉄筋コンクリート造り2階建てのロマネスク様式で，正面に2つの塔をもち，外壁などに大谷石を多用している。

カトリック松が峰教会

　中央通りに戻り，さらに約100m南進するといちょう通りとの交差点手前右角に，樹高約30mの大イチョウがある。樹齢は約400年で，宇都宮城三の丸と百間堀の境の土塁上にあった，数少ない宇都宮城の名残りでもある。交差点をさらに約150m南へ向かい正面の宇都宮市役所前の市役所前通りを東に約100m進む

宇都宮城と釣天井事件

コラム

本多正純をめぐる権力闘争

　宇都宮城にまつわる有名な伝説が釣天井事件である。本格的に近世宇都宮の町づくりを行ったのが、江戸時代初期の藩主本多正純であった。

　正純は、父の正信とともに徳川家康に仕え、イスパニア（現、スペイン）の宣教師ルイス・ソテロから「幕府の外交内政顧問会議議長」と評された人物である。

　家康の死から3年後の1619（元和5）年に、正純は、15万5000石で小山から宇都宮に入封した。入封後まもなく、領内の総検地を行うとともに、宇都宮城および城下の大規模な改修に着手した。

　しかし正純は、わずか3年で突如改易される。これが、将軍を暗殺するために、宇都宮城内に仕掛けをつくったという釣天井事件の伝説を生み出すことになった。

　この突然の改易には、これまで家康の絶対的信頼を背景に、権力を握っていた正純と、2代将軍秀忠側近らとの権力闘争により仕組まれたという見方がある。

　また、正純にかわって宇都宮から下総国古河（現、茨城県古河市）に転封することになった奥平忠昌の祖母で、秀忠の姉加納殿の不満もあったとされている。

　なお、宇都宮城は将軍の日光東照宮への参詣の際に、宿城となるのが恒例となっていた。

と右手に宇都宮城址公園がある。宇都宮城は関東七名城の1つとされ、中世は宇都宮氏、近世は奥平氏・阿部氏・松平氏・戸田氏ら譜代大名の居城であったが、戊辰戦争により城のほとんどを焼失した。さらに明治時代以降の都市開発にともない、土塁や堀も失われてしまった。

　1989（平成元）年からの本丸跡発掘調査を経て、2004年に宇都宮城址公園として整備が始まり、2007年に本丸西側の土塁と堀、土塁上の土塀、清明台と富士見櫓の2櫓が復元された。公園内には、幕末に22歳で没した宇都宮藩主戸田忠恕の山陵修補事業などの功績を顕彰するために、1898（明治31）年に旧藩士らが建てた贈従三位戸田忠恕之碑がある。

大イチョウ

二荒の杜から宇都宮城址へ

英巌寺跡 ❺

〈M▶P. 2, 5〉宇都宮市花房本町2
JR宇都宮駅🚌江曽島車庫行滝沢病院前🚶2分

宇都宮藩主戸田氏の墓所

宇都宮城址公園西の本丸西通りを南に300mほど進むと、平成通りにでる。ここを右折し、さらに西へ約450m行き、国道119号線（東京街道）との交差点を左折、左手の滝沢病院前バス停のすぐ先を東へ折れ、50mほど進んで右手路地を入ると英巌寺跡に至る。

英巌寺は、宇都宮藩主戸田氏の菩提寺で、戸田忠真が1710（宝永7）年の宇都宮転封にともない、越後国高田（現、新潟県上越市）から移したものであった。江戸時代には広大な寺地を有し、位牌堂や僧堂を始めとする多くの堂宇があったが、戊辰戦争でそのほとんどを失った。

1875（明治8）年につくられた鉄製鳥居をくぐると、正面に戸田忠恕の墓、その左に最後の藩主戸田忠友の墓、さらに左に戸田尊次から戸田忠明まで11人の合葬墓碑が並んでいる。戸田氏歴代の墓は、初め江戸牛込（現、東京都新宿区）の松源寺（臨済宗）にあり、英巌寺には位牌のみを安置していた。しかし、松源寺の中野（現、東京都中野区）移転の際に、1908年に英巌寺に改葬された。

英巌寺跡を出て東に向かい、東武宇都宮線の高架を越えた最初の信号で右折し200mほど進むと、1612（慶長17）年創建の常念寺（浄土宗）がある。墓地には、戊辰戦争で戦死した旧幕府軍兵士を、1874（明治7）年に仮埋葬したときに建てられた彰義隊数士之墓がある。

常念寺入口向かい側の交差点角には、宇都宮の七水の1つ亀井の水がある。鎌倉時代に源義経の跡を追って奥州に向かった静御前がこの地に着いたとき、従者亀井六郎が神仏に祈り、槍で地面を突くと清水が湧き出て、これで喉をうるおしたという伝承をもつ。

戸田忠恕の墓（英巌寺跡）

宇都宮駅周辺の寺社を歩く

宇都宮の玄関口であるJR宇都宮駅周辺には，宇都宮氏ゆかりの歴史ある寺院が多数残る。

旧篠原家住宅 ❻
028-624-2200

〈M▶P.2,12〉宇都宮市今泉1-4-33
JR東北新幹線・秋田新幹線・山形新幹線・東北本線(宇都宮線)・日光線宇都宮駅 🚶 3分

明治時代の宇都宮を代表する豪商の屋敷

宇都宮駅西口ロータリーから北西に200mほど進むと，博労町交差点の右手前に旧篠原家住宅(国重文)がある。篠原家は，江戸時代から醤油醸造業や肥料商を営む旧家で，屋号を堺屋と称し，当主は代々友右衛門を名乗った。母屋と石蔵3棟からなる。

店舗をかねた土蔵造の2階建ての母屋は，1895(明治28)年に建てられたもので，間口8間(約14.5m)・奥行6.5間(約11.8m)，広さは1・2階あわせて約100坪($330m^2$)ある。黒漆喰や大谷石を用いた外壁，建物正面の木組みの格子戸，2階までの通しで座敷の床柱でもある1尺5寸(約45.5cm)角のケヤキの大黒柱など，豪壮なつくりとなっている。

旧篠原家住宅前の交差点を南に約250m行き，宮の橋交差点で大通りを右折し，田川に架かる宮の橋を渡ると，すぐ右手に宝蔵寺(天台宗)がある。道路に面した楼門には，「およりの鐘」とよばれる銅鐘がある。この銅鐘は，1597(慶長2)年の宇都宮氏改易にともない廃寺となった東勝寺(現，日野町通り北側一帯にあった宇都宮景綱創建の大寺)にあったものである。「御寝り」は「おやすみになる」の意で，江戸時代には，東勝寺跡で時の鐘として使われていた。明治時代には二荒山神社下の宮の招魂社におかれたが，のち宝蔵寺に移された。

宝蔵寺から再び宮の橋を渡り，田川沿いを500mほど南に進むと善願寺(天台宗)に至る。山門をくぐる

旧篠原家住宅

宇都宮駅周辺の史跡

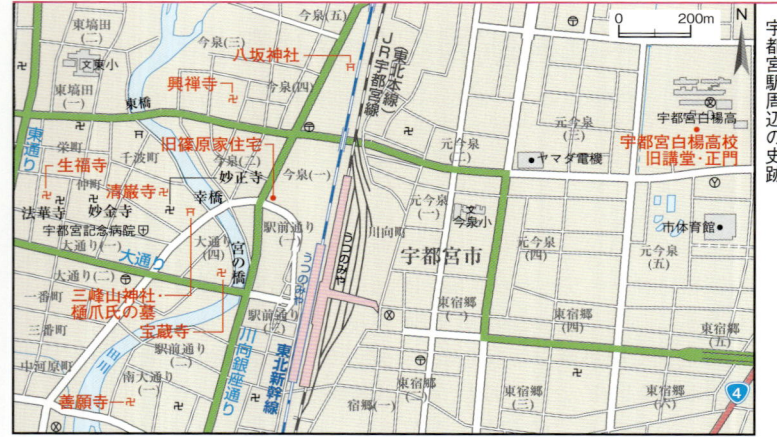

大豆三粒の金仏

と，正面に高さ約3.6mの銅造盧舎那仏坐像がある。1735（享保20）年に鋳物師戸室元蕃により鋳造されたもので，「大豆三粒の金仏」とよばれる。これは，大仏建立の資金不足に困っていた善願寺の栄鉐和尚が，旅僧の助言により大豆3粒を境内に蒔き，実った大豆を人びとに分け与え，さらにふやすことで資金を集め，10年後に大仏を建立したことに由来する。

珍しい鉄塔婆のある寺

清巌寺 ❼
028-627-7676
〈M▶P.2,12〉宇都宮市大通り5-13-14 P
JR宇都宮駅 循環バス 妙正寺 2分

　宝蔵寺から大通りを西へ150mほど進み，上河原交差点で右折し，さらに150mほど進んで妙正寺手前の信号を左折すると，まもなく清巌寺（浄土宗）に至る。清巌寺は，宇都宮城主宇都宮頼綱が宿郷（現，宇都宮市）に建てた念仏堂に始まるという。これを宇都宮氏の一族芳賀高継が，1573（天正元）年，兄高照の菩提を弔うため現在地に移したと伝えられている。

樋爪氏の墓

　山門を入った右手の収蔵庫に、鉄塔婆(国重文)が納められている。宇都宮城主宇都宮貞綱が、1312(正和元)年に母の十三回忌供養のために鋳造し、東勝寺に奉納したものである。宇都宮氏が1597(慶長2)年に改易され、東勝寺が廃寺となったため、清巌寺に移された。鋳物で知られた佐野天明(現、佐野市)で鋳造されたもので、高さ約3.3m・幅約30cm・厚さ約6.6cm、重さが約320kgある。鉄製塔婆は全国的にも例がなく、上部には梵字2字と阿弥陀三尊像の来迎が陽刻され、その下に供養の願文がある。

　墓地には、蓮生法師の墓、その両脇に芳賀高継・高照の墓といわれる宝篋印塔2基がある。蓮生とは、宇都宮頼綱の法名で、頼綱は娘が藤原定家の子為家に嫁している関係から、定家と親交があり、一族を中心に和歌をよくし、宇都宮歌壇を形成したとされる。

　清巌寺からきた道に戻り、北東に100mほど進むと、田川に架かる幸橋の手前左側に、三峰山神社がある。社殿の中に、樋爪氏の墓といわれる小さな五輪塔2基がある。これは、源頼朝の奥州征討後、祈願成就のため、二荒山神社に差し出された捕虜の樋爪季衡・経衡父子のものと伝えられる。

　清巌寺を出て南へ約70m行き、宇都宮記念病院の角を右折し150mほど進むと、右手に東から妙金寺(日蓮宗)・法華寺(日蓮宗)・生福寺(真言宗)が並んでいる。一帯は寺町とよばれていた。生福寺は、1438(永享10)年に宇都宮城主宇都宮等綱が創建したとされ、山門を入るとすぐ右手に、1763(宝暦13)年に鋳物師戸室元蕃が鋳造した銅造宝篋印塔がある。

　墓地には、宇都宮の豪商で、尊王攘夷運動にかかわった菊池教中の墓がある。教中は、姉巻子の夫で、尊攘派の儒学者である大橋訥庵の影響を受け、尊王攘夷運動を支えた。坂下門外の変(1862年)の指導者として江戸幕府に捕えられ、出獄後まもなく死去した。

興禅寺 ❽
こうぜんじ
028-621-0507

〈M▶P.2,12〉宇都宮市今泉3-5-13 Ⓟ
JR宇都宮駅🚌循環バス今泉4丁目🚶4分

宇都宮貞綱・公綱ゆかりの古刹

　旧篠原家住宅前の交差点に戻り、北へ向かう奥州街道を約200m進み、今泉町交差点を左折しさらに200mほどで、右手に**興禅寺**（臨済宗）がある。宇都宮城主宇都宮貞綱を開基として、1314（正和3）年に創建されたという。かつては多くの塔頭をもつ寺院であったが、1597（慶長2）年の宇都宮氏改易により衰退し、江戸時代初期に宇都宮藩主奥平家昌によって再興された。

　山門を入ると、左手に**宇都宮貞綱・公綱の墓**とされる2基の巨大な五輪塔がある。貞綱の子公綱は南北朝時代に活躍し、楠木正成に「坂東一の弓取り」といわしめた武将であった。

　興禅寺から今泉町交差点に戻り、300mほど北に向かうと、右手に**八坂神社**（祭神須佐之男命 ほか）がある。藤原宗円が宇都宮城の鬼門除けとして建立したという神明宮が、1910（明治43）年博労町（現、宇都宮市）の天王社などと合祀され、八坂神社となった。

　八坂神社から再び今泉町交差点に戻って左折して東に1.1kmほど進むと、左手に県立宇都宮白楊高校がある。**宇都宮白楊高校旧講堂・正門**（ともに国登録）は1903（明治36）年建築の県立農学校時代のもので、旧講堂は木造平屋建ての寄棟造・瓦葺き、外壁は鎧下見板張、上げ下げ窓には洋風の化粧窓枠がある。

　宇都宮駅西口から川向銀座通りを500mほど南へ進み、南大通り4丁目交差点を左折、東へ約1.7km行くと国道123号線（水戸街道）沿い右手に宇都宮大学がある。宇都宮大学は、1922（大正11）年に創立された宇都宮高等農林学校を前身とする。正門右手に、1924年竣工の**宇都宮大学旧講堂**（国登録）がある。木造2階建てで、正面にポーチがある。

宇都宮貞綱・公綱の墓（興禅寺）

日光道中に沿って歩く

雀宮・宇都宮・徳次郎と進む旧日光道中沿いには、寺院・神社・古墳など多くの史跡が存在する。

蒲生君平勅旌碑 ❾

〈M▶P. 2, 17〉宇都宮市新町
JR東北新幹線・秋田新幹線・山形新幹線・東北本線（宇都宮線）・日光線宇都宮駅🚌江曽島車庫行花房交番前🚶5分

蒲生君平の遺功を偲ぶ碑

　JR雀宮駅から西へ400mほど進み、国道4号線に出る左角に日光道中雀宮宿の、旧仮本陣芦谷家がある。芦谷家から国道4号線を約300m北進すると、右手に地名の由来にもなっている雀宮神社（祭神素盞嗚命・藤原実方）がある。江戸幕府の将軍は日光社参の途中、雀宮神社を参詣することを恒例としていた。

　雀宮神社からさらに5kmほど北進して、JR日光線の高架を越え、約350m進んだ不動前交差点で、道は3つに分かれる。中央は国道119号線、北西に進む道は旧日光道中、北東へ進む旭陵通りはすぐ左方向に曲がると、田川西岸を通る中世の奥州への道（奥大道）へとつながる。江戸時代初期の宇都宮藩主本多正純は、奥大道が城下の西側を通るよう変更したときに、新しい道との分岐点に不動堂をまつった。これが、現在の旧日光道中と国道119号線の分岐する場所にある。

　不動堂から旧日光道中を北西へ400mほど進み、東武宇都宮線の高架を越えるとすぐ右手に、1869（明治2）年明治天皇の命により建てられた蒲生君平勅旌碑がある。この碑は、宇都宮出身の勤王家蒲生君平の遺功を広く知らせるため、宇都宮城下の入口である南新町（現、宇都宮市新町）に宇都宮藩知事戸田忠友に命じて設置させた。

　勅旌碑から旧日光道中を200mほど進んだ左手の住

蒲生君平勅旌碑

日光道中に沿って歩く　15

新町のケヤキ

宅街に、新町のケヤキがあった(2013〈平成25〉年倒壊)。樹齢は約800年で、樹高は約43mあり、江戸時代には宇都宮の目印となっていた。

旧日光道中をさらに北進し、平成通りに出る100mほど手前の左手に、台陽寺(曹洞宗)がある。1605(慶長10)年、宇都宮藩主奥平家昌が宇都宮城内に建立したが、本多正純による城下改修で現在地に移された。山門の手前右手に、もとは宇都宮藩主戸田氏の守り地蔵尊であったという子安地蔵尊がある。

一向寺 ❿
028-633-0528
〈M▶P.2,17〉宇都宮市西原2-1-10 P
JR宇都宮駅 🚌 六道経由鶴田駅行六道 🚶 4分

「汗かき阿弥陀」のある寺

台陽寺から旧日光道中をさらに北進し、平成通りを越えて400mほど進んだ左手に、一向寺(時宗)がある。一向寺は、宇都宮城主宇都宮景綱を開基に、一遍上人の弟子一向を開山として、1276(建治2)年に創建された。もとは宇都宮城内にあり宇都宮氏の位牌所であったが、1597(慶長2)年の宇都宮氏改易により現在地に移転した。

本堂左手の小堂にある銅造阿弥陀如来坐像(国重文)は、1405(応永12)年に、宇都宮城主宇都宮満綱が願主となり鋳造した長楽寺(廃寺)の本尊で、「汗かき阿弥陀」として知られている。この像には、凶事の予兆として全身から汗が流れ出るとの言い伝えがあり、五十里洪水(1723年)や戊辰戦争(1868〜69年)での宇都宮城落城、関東大震災(1923年)などの直前にも多量の「汗」が流れ出たという。像高は約105cmで、衣の全面には345人の寄進者名など、1105文字が刻まれている。

墓地には、宇都宮を中心に幕末から明治時代に活躍した絵師菊地愛山の墓や1898(明治31)年建立の菊地愛山翁寿碣銘碑がある。

一向寺を出てすぐ北側の信号を左折し、150mほど行くと右手に報恩寺(臨済宗)がある。報恩寺は、宇都宮藩主奥平家昌の室仙遊院の寄進を受け、1639(寛永16)年に創建された。東向きに立つ簡素な

茅葺きの山門は，寛永年間（1624〜44）のものといわれている。

山門を入り本堂に向かって右手には，1917（大正6）年建立で，松方正義の銘による御影石の戊辰薩藩戦死者墓や，「慶応四（1868）年」銘の旧宇都宮藩家老県六石による「戊辰役戦士記」碑がある。左手には，薩摩（現，鹿児島県）・長州（現，山口県）・大垣（現，岐阜県）藩の戦死者をまつる戦死烈士之墓がある。報恩寺には，戊辰戦争で戦死した新政府軍兵士の墓である官修墓地が県内でもっとも多くある。

報恩寺から西へ200mほど行くと，六道交差点に至る。交差点の東角に戊辰役戦士墓がある。江戸時代の六道口は，宇都宮城下に入る道が合流する重要な地点であった。ここで，1868年4月，宇都宮城を占拠していた旧幕府軍と，これを奪還しようとする新政府軍との間で，激しい戦闘が行われた。このとき，旧幕府軍の戦死者は近隣住民によって埋葬され，その後，1874（明治7）年に建てられたのがこ

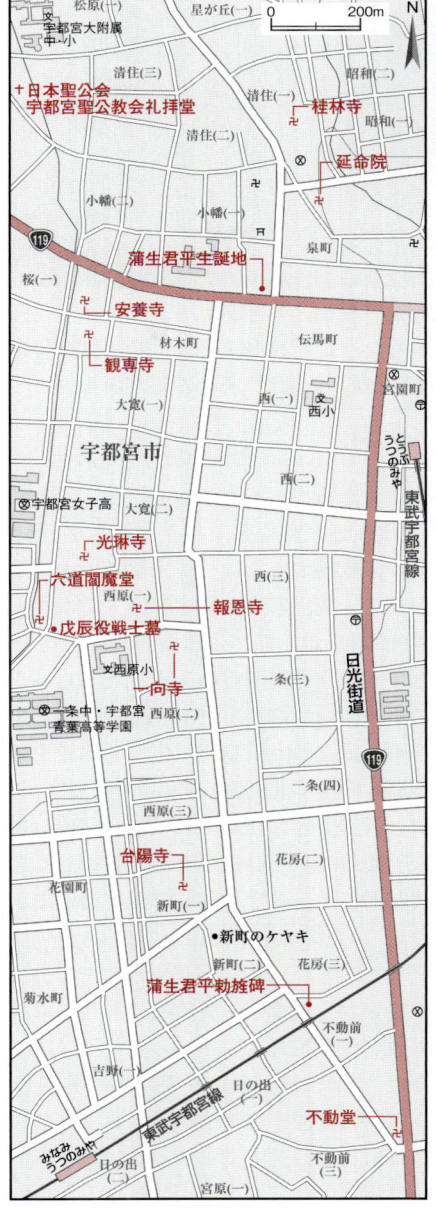

一向寺周辺の史跡

日光道中に沿って歩く

報恩寺山門と戊辰薩藩戦死者墓

の墓碑である。

六道交差点を北進し，右手に古い商家を，左手に1701(元禄14)年創建の六道閻魔堂をみながら150mほど進むと，昭和通りに出る右手前に光琳寺(浄土宗)がある。墓地には，鳥居をともなった新政府軍鳥取(現，鳥取県)藩士の官修墓地や，旧幕府軍桑名(現，三重県)藩士の墓がある。

観専寺 ⓫
028-636-3553　〈M▶P.2,17〉宇都宮市材木町6-11　P
JR宇都宮駅🚌作新学院駒生行新川🚶3分

江戸時代後期に活躍した黙雷上人の寺

一向寺からさらに約650m北進し，材木町通りの専門学校角を左折し300mほど行くと，右手に観専寺(浄土真宗)がある。江戸時代後期の住職黙雷上人は，尊王論者の大橋訥庵や豪商菊池教中と交流があり，南画家高久靄厓の門人でもあった。靄厓は1796(寛政8)年杉渡戸村(現，那須塩原市)に生まれ，のちに江戸で谷文晁の門人となり，文晁門四哲の1人に数えられた。本堂の右手前には，靄厓の十三回忌にあたる1855(安政2)年に建立された靄厓山人碑がある。碑の撰文は大橋訥庵，書は菊池教中である。

観専寺のすぐ北側が安養寺(浄土真宗)である。安養寺は，親鸞が1224(元仁元)年に花見ケ丘(現，下野市)で建立した草庵が始まりで，寛永年間(1624〜44)に現在地へ移転してきたという。寺には，明治時代初期に，一時宇都宮県の仮庁舎がおかれていた。

延命院 ⓬
028-622-7892　〈M▶P.2,17〉宇都宮市泉町4-30　P
JR宇都宮駅🚌作新学院駒生行伝馬町🚶4分

少年時代の蒲生君平修学の寺

安養寺から東進し，材木町通りに戻り約50m北進すると，宇都宮地方裁判所南交差点に至る。ここを右折し，国道119号線を東に向かうと，100mほど先の左手に小幡郵便局が入っているビルがある。ビル入口に，蒲生君平生誕地のレリーフがみえる。そして，すぐ先の伝馬町交差点を左折した清住町通りが，旧日光道中である。ここは奥州道中と日光道中が分岐する伝馬町で，宇都宮宿の中心であ

延命院地蔵堂

った。この分岐点の南側には本陣があったが，現在はイチョウの巨木のみが残る。

　清住町通りには所々に古い商家がみられ，旧日光道中の面影を偲ぶことができる。伝馬町交差点から清住町通りを250mほど北へ進み，右手の亀の甲坂を少しくだると，右手に延命院(真言宗)がある。本多正純による城下改修にともない，1620(元和6)年宇都宮城内から現在地に移った。延命院は，少年時代の蒲生君平が住職良快から四書五経を学んだ寺院でもある。

　山門を入った正面の地蔵堂は，享保年間(1716～36)に，田野辺村(現，市貝町)の大工永野万右衛門により建てられたものである。3間(約5.4m)四方の平屋建てで，入母屋風の2重屋根となっている。地蔵堂には，全身金箔の寄木造・玉眼の鎌倉時代作の木造地蔵菩薩立像(県文化)が安置され，毎月24日に開帳される。

　延命院から清住町通りに戻り70mほど北進すると，右手の清住交番横に桂林寺(曹洞宗)がある。本多正純による城下改修で，1620年に宇都宮城内から現在地に移された。墓地には蒲生君平の墓がある。

　君平は1813(文化10)年江戸で死去し，谷中(現，東京都台東区)の臨江寺に埋葬されたが，1881(明治14)年の正四位贈位後，

日本聖公会宇都宮聖公教会礼拝堂

蒲生君平の墓(桂林寺)

日光道中に沿って歩く　19

遺髪が桂林寺に分葬された。

　清住交番前交差点を西に約650m進むと，右手に1933(昭和8)年竣工の日本聖公会宇都宮聖公教会礼拝堂(国登録)がある。鉄筋コンクリート造りの平屋建て，角型平面の塔屋をもつゴシック風の建物で，外壁全体に大谷石が用いられている。

長岡百穴古墳 ⓭ 〈M▶P.2,20〉宇都宮市長岡町550 Ｐ
JR宇都宮駅🚌玉生 行豊郷小学校前🚶20分

凝灰岩に掘られた横穴は壮観

長岡百穴古墳

　清住交番前交差点からさらに清住町通りを北進すると，1.3kmほど先の松原3丁目交差点で桜通りに合流する。ここからが，現在の日光街道(国道119号線)である。松原3丁目交差点から日光街道を約1.3kmさらに北進し，長岡街道入口バス停の先上戸祭町交差点を右折して長岡街道に入る。600mほど進んで右折し，さらに約300m行った左手に大塚古墳(県史跡)がある。大塚古墳は，6世紀後半の大型の円墳で，直径は約53m，墳丘は2段になっている。

　大塚古墳から長岡街道に戻り，400mほど北に向かうと，宇都宮環状線との交差点に出る。さらに長岡街道を道なりに約900m東へ行くと，左手に長岡百穴古墳(県史跡)がある。地

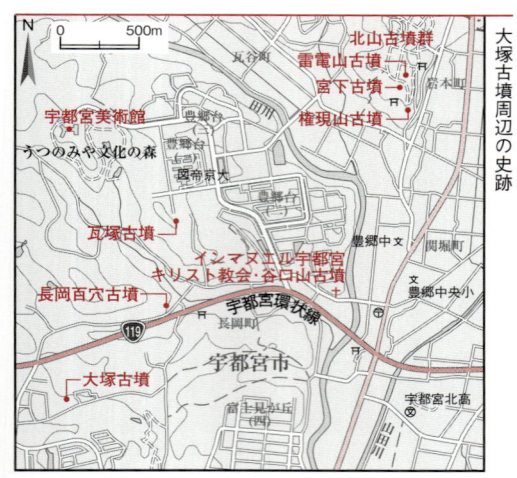

大塚古墳周辺の史跡

表に露出した凝灰岩の南斜面に彫られた7世紀前半頃のものとみられる横穴群で、52基(東群44基・西群8基)ある。ほとんどの穴に、室町時代から江戸時代に彫り込まれた観音像などがみられる。

長岡百穴古墳から長岡街道を東へ約250m進み、丁字路を左折し約300m行くと、右手丘陵上に数基の円墳をともなう瓦塚古墳がある。瓦塚古墳は6世紀後半の全長約50mの前方後円墳で、かつては周囲に40基を超える円墳があり、宇都宮市内最大の古墳群であった。

先ほどの丁字路に戻り、長岡街道を600mほど東に進み、信号を左折し、豊郷台・帝京大学方面の坂道を北にのぼっていくと、帝京大学西側丘陵上に、うつのみや文化の森がある。ここには、宇都宮市市制100周年を記念して、1997(平成9)年に開館した宇都宮美術館がある。マグリットやシャガールらを始めとする海外の絵画作品、宇都宮ゆかりの作品を含む国内の美術品などを収蔵・展示している。

長岡街道に戻り、400mほど東に進んだ、左手のインマヌエル宇都宮キリスト教会の敷地内には谷口山古墳がある。6世紀後半の円墳で、墳丘は削られているが、横穴式石室が露出している。

長岡街道をさらに東へ、田川を越え300mほど行き、関堀町交差点で左折し、豊郷中学校前を通る。そして1.7kmほど行くと、左手に北山古墳群のある北山霊園に至る。霊園内左手の霊園事務所の前から坂道をのぼって行くと、6世紀中・後期の前方後円墳である権現山古墳・雷電山古墳・宮下古墳がある。

智賀都神社 ⑭

〈M▶P.2,22〉宇都宮市徳次郎町2454
JR宇都宮駅🚌日光行晃陽中前🚶1分

大ケヤキが聳える徳次郎の鎮守

日光街道を北進し、宇都宮IC入口交差点を越えて上金井バス停から北へ約150m、東北自動車道高架手前にある高谷林の一里塚は左右ともよく残っている。右の塚にはスギ、左の塚にはサクラとヒノキが植えられている。

日光街道をさらに北へ進み、晃陽中前バス停で降りると、すぐ右手に智賀都神社(祭神大己貴命ほか)がある。鳥居の両脇には、樹高約40m、樹齢約700年の2本の大きなケヤキ(県天然)がある。同社は徳次郎六カ郷の鎮守で、778(宝亀9)年日光二荒山神社を勧請し、創建されたという。8月の例大祭の附祭として、3年に1度、

日光道中に沿って歩く

智賀都神社

徳次郎町内の6つの集落から6台の彫刻屋台が智賀都神社に繰り出される。

　智賀都神社鳥居前の細い道を東に約100m進み，左折して用水路を左手にみながら北に向かうと，500mほどで二宮堰に至る。現在，堰の周辺は親水公園になっている。二宮堰は，田川からの水を新堀や宝木用水に引き込む役割をはたしており，堰の築造には，二宮尊徳と門人の吉良八郎がかかわった。

　智賀都神社から晃陽中学校北側の道を西に行き，東北自動車道の高架下を通り，半蔵山(502.1m)の山道をのぼると，1.3kmほどで伝法寺(曹洞宗)に着く。本堂左手後方の墓地を抜け，山道を5分ほど行くと，1349(貞和5・正平4)年に没したという，開山の妙哲禅師の墓附墓碑(県史跡)がある。墓は安山岩製の無縫塔で，歴代住職の墓碑の中心に位置する。八角柱の竿石基礎面には，妙哲の功績と1351(観応2・正平6)年に墓が建てられたことが刻まれている。

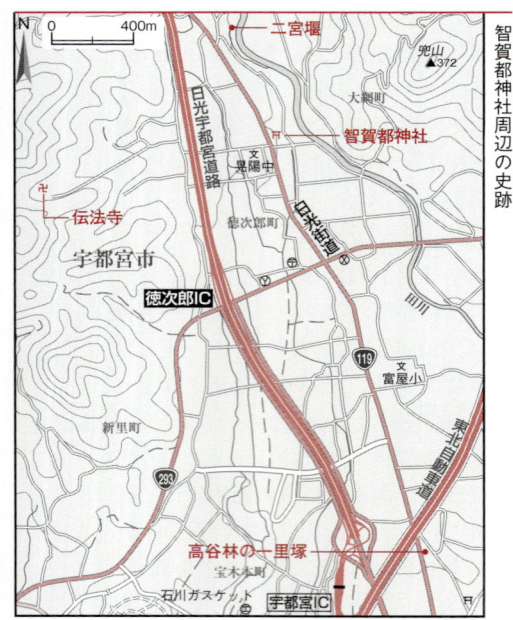

智賀都神社周辺の史跡

宇都宮西部から大谷石のふるさとへ

陸軍第14師団がおかれた宇都宮は軍都でもあった。また大谷地区特産の大谷石は,全国で幅広く利用されている。

宇都宮高校旧本館 ⑮
028-633-1426

〈M▶P. 2, 25〉宇都宮市滝の原3-5-70 [P]
JR東北新幹線・秋田新幹線・山形新幹線・東北本線(宇都宮線)・日光線宇都宮駅🚌桜通経由鶴田駅行宇都宮高校前🚶1分,またはJR日光線鶴田駅🚶8分

明治時代中期の白亜の学校建築

　宇都宮高校前バス停で降りた栃木街道(県道宇都宮栃木線)の東側が,県立宇都宮高校である。1879(明治12)年に,栃木町(現,栃木市)の栃木師範学校附属予備学校から分離した栃木中学校に始まる。宇都宮高校旧本館(国登録)は1893年の栃木県尋常中学校時代の校舎で,現在は宇都宮高校記念館として使用されている。白亜の木造2階建てで,延面積207坪(約683m^2),屋根は寄棟造の桟瓦葺きである。正面中央部にポーチがあり,1・2階とも上げ下げ窓がある。設計は文部省技師による。栃木県内の学校建築では最古のものである。

　正門を入った右手には,版画家川上澄生の記念碑がある。川上は,旧制宇都宮中学校に英語教師として,1921(大正10)年から1942(昭和17)年まで勤務していた。

　宇都宮高校を出て,栃木街道を1.1kmほど北進した滝谷町交差点北東には,「滝の権現」とよばれる滝尾神社がある。ここには,宇都宮の七水の1つ滝の井があったが,現在は社殿左手に小さな池を残すのみである。

宇都宮高校旧本館

栃木県立博物館 ⑯
028-634-1311

〈M▶P. 2, 25〉宇都宮市陸町2-2 [P]
JR宇都宮駅🚌桜通経由鶴田駅行中央公園博物館前🚶5分

　中央公園博物館前バス停すぐ前の中央公園内西端に,栃木県立博物館がある。人文系と自然系の総合博物館で,人文系の常設展示で

は，原始・古代から近・現代までの栃木県の歴史を知ることができる。塚山古墳(宇都宮市)出土のシカの絵の線刻がある円筒埴輪・那須文書・宇都宮城下復元模型・四斤山砲など見どころは多い。

　中央公園博物館前バス停に戻り，栃木街道を約450m北進し，睦町交差点を左折して，鹿沼街道(県道宇都宮鹿沼線)を1.9kmほど西へ向かうと，左手の和菓子屋の敷地西側に，野口雨情の旧居である雨情茶屋離れ(国登録)がある。野口雨情は大正時代から昭和時代初期に活躍した童謡詩人で，1944(昭和19)年から病気療養をかねてこの地に疎開し，翌年ここで没した。旧居は，昭和時代初期の木造平屋建て住宅である。

　1884(明治17)年に県庁所在地となった宇都宮は，明治時代後期以降は，軍都としての性格をあわせもつようになった。1907年に陸軍第14師団の衛戍地(駐屯地)となり，師団司令部は現在の国立病院機構栃木病院付近におかれた。師団設置にともない，野砲兵第20連隊がおかれた現在の睦町交差点南西角と，師団司令部があった栃木病院とを結ぶ約2kmの間に造成された，幅10間(約18m)の道が軍道とよばれた。道の両側にサクラが植えられ，「軍道のサクラ」として親しまれたが，現在桜並木はなくなり，桜通りの名前だけが残る。

栃木県立美術館 ⑰
028-621-3566

〈M▶P.2,25〉宇都宮市桜4-2-7　P
JR宇都宮駅 作新学院駒生行桜通十文字 3分

　桜通十文字バス停すぐの桜2丁目交差点を北に130mほど進み，足利銀行本店北側の道を左折し150mほど行った正面が，栃木県立美術館である。県立美術館は，文人画家小杉放菴・陶芸家浜田庄司・版画家川上澄生・洋画家刑部人・洋画家清水登之ら，栃木県ゆかりの芸術家を中心とした国内の近・現代美術作品，ターナーやコロー，モネら西欧の近・現代美術作品などを収

旧第六十六歩兵連隊倉庫

蔵・展示している。

　桜2丁目交差点を西に約800m向かうと、右手に栃木県護国神社がある。二荒山神社下の宮にあった招魂社が改称され、1940年現在地に移転したものである。招魂社は、1872(明治5)年に戊辰戦争(1868～69年)の戦死者をまつるため、宇都宮藩知事戸田忠友により創建された。

　護国神社の東に沿う道を北に進み、陽西中学校北の交差点を右折して南東に400mほど進むと、左手が遠歓寺(本門仏立宗)である。境内左手には、祥雲寺(曹洞宗、宇都宮市)の開山良訓和尚の二百回忌供養のため、1724(享保9)年に築かれた和尚塚がある。良訓は、宇都宮城主宇都宮正綱の弟戸祭高定の法名である。1933(昭和8)年に納骨堂建設のため塚の上部を削りとった際、塚から供養碑・経石などが出土した。

　陽西中学校北の交差点に戻り、約600m北へ行くと、県立宇都宮中央女子高校に至る。同校の敷地内にある赤レンガ倉庫(旧第六十六歩兵連隊倉庫、国登録)は、1908(明治41)年頃に建てられたもので、第14師団唯一の遺構である。レンガ造りの平屋建てで、越屋根の桟瓦葺きである。

県立博物館周辺の史跡

宇都宮西部から大谷石のふるさとへ

大谷観音 ⑱

028-652-0128

〈M▶P.2, 27〉宇都宮市大谷町1198 Ｐ
JR宇都宮駅🚌大谷行大谷観音前🚶3分

平安時代初期の磨崖仏　坂東三十三観音の1つ

　宇都宮市北西部の大谷地区一帯で産出される緑色凝灰岩が、大谷石である。大谷石は、加工しやすく耐久性にすぐれているため、建築材として石塀や石蔵、家屋の土台などに広く利用されてきた。江戸時代初期、宇都宮藩主本多正純による宇都宮城改修にも利用されたといわれ、宇都宮藩の御用石であった。1923（大正12）年に建てられた東京の旧帝国ホテルは、大谷石を利用した近代の代表的な建築物である。

　大谷街道は、桜2丁目交差点から西へ4.5kmほど行った大谷橋バス停先で、今市方面へ直進する県道70号線から分岐する。ここから大谷街道を約100m進むと、右手に大谷石造りの屏風岩石材の石蔵が2棟みえる。これは、大谷石採掘の企業化を進めて「大谷石王」とよばれ、大正時代に衆議院議員などをつとめた渡辺陳平宅の石蔵である。2棟とも梁間3間（約5.4m）・桁行5間（約9m）の2階建てであるが、西側が1908（明治41）年頃に建造された寄棟造の座敷蔵、東側が1912年建造の切妻造の穀蔵である。

　大谷街道をさらに進み、大谷観音前バス停から180mほど北東へ行き右折すると、すぐ左手に坂東三十三観音の19番札所大谷寺（天台宗）がある。大谷寺には、平安時代初期から鎌倉時代にかけてつくられた10体の大谷磨崖仏（国重文・国特

大谷寺　　　　　　　　　　　　　　　　屏風岩石材の石蔵

26　　宇都宮とその周辺

大谷寺周辺の史跡

平和観音

別史跡)がある。このうち観音堂には，平安時代初期の作で，弘法大師空海が一夜にしてつくったと伝えられる，像高約4.9mの石造千手観音菩薩立像がある。大谷寺の本尊で，大谷観音とよばれている。

脇堂には，平安時代後期の石造伝釈迦三尊像，龕に納められている平安時代初期の石造伝薬師三尊像，鎌倉時代の石造伝阿弥陀三尊像がある。山門左手には，1695(元禄8)年に鋳物師戸室定国が鋳造した銅鐘(県文化)がある。そして観音堂前には，鋳物師戸室元蕃が鋳造し，新里村(現，宇都宮市新里町)の高橋吉勝が寄進した，「享保元(1716)年」銘の銅灯籠がある。また宝物館には，大谷寺洞穴遺跡から出土した縄文土器や人骨，1667(寛文7)年作の銅製鰐口などが展示されている。また，大谷寺周辺の御止山と，大谷地区北方の越路岩は，大谷奇岩群(国名勝)を形成している。

大谷寺前の大谷石の岩壁を刳り抜いた通路を抜けると，高さ27mの平和観音がある。第二次世界大戦の戦没者を慰霊し，世界平和を祈念するため，1948(昭和23)年から岩壁に彫り始められ，1951年に完成したものである。

大谷寺からさらに北に進み，姿川に架かる観音橋を渡ると，右手が大谷景観公園である。大谷景観公園を右手にみて右折し，300mほど行ったところに大谷資料館がある。資料館には，大谷石利用の歴史や採掘方法の変遷に関する史料，採掘道具などが展示されて

宇都宮西部から大谷石のふるさとへ

いる。また、資料館の地下には大谷石採掘場跡があり、見学することができる。広さは約2万m²、地上からの深さは平均約30m、最深部は約60mもあり、石壁には手掘りの痕跡がみられる。

多気不動尊 ⑲
028-652-1488
〈M▶P.2, 27〉宇都宮市田野町563 P
JR宇都宮駅 🚌 大谷経由新里行多気参道口 🚶10分

宇都宮氏ゆかりの不動明王像をまつる

県道70号線に戻り今市方面に向かって西へ行くと、すぐ左手に大谷石でつくられた平屋建ての旧大谷公会堂(国登録)がある。1926(大正15)年城山会館(大谷公会堂)として建てられたもので、正面妻側に幾何学文様が彫り込まれた4本の付け柱をもつ。

旧大谷公会堂から県道70号線を通って2kmほど西へ進み、田野町交差点を右折し、JA倉庫を越えて左折すると、右手に小野口家住宅がみえてくる。小野口家は江戸時代に名主をつとめた旧家で、屋敷地には母屋を囲むように長屋門・前の蔵・旧乾燥小屋・堆肥舎・裏の蔵・旧酒蔵(いずれも国登録)などが並ぶ。これらは、1825(文政8)年から明治・大正時代にかけて建てられたもので、大谷石を始め板橋石や徳次郎石などが用いられている。

旧大谷公会堂

小野口家住宅

田野町交差点に戻り、750mほど東進し、田野町東交差点を左折し国道293号線を約1.1km行くと、左手が多気山(377m)である。多気参

持宝院不動寺

　道口バス停先の参道を，850mほどのぼった多気山の中腹には，火除けや商売繁盛の信仰を集める，持宝院不動寺（真言宗）がある。
　822（弘仁13）年，勝道上人の弟子尊鎮が開山し，1335（建武2）年に宇都宮城主宇都宮公綱が勝山城（現，さくら市）の不動明王像を移し，本尊にしたという。この像は，宇都宮氏の祖とされる藤原宗円が，前九年合戦（1051～62年）の際に，戦勝祈願をしたものであるという。これが多気不動尊とよばれる木造不動明王坐像で，寄木造の平安時代後期の作である。なお持宝院の周囲の森は，多気山持宝院社叢として宇都宮市内で唯一原始林の面影を残す場所である。

　多気山には，中世の山城であった多気城跡がある。持宝院からは，本丸跡である山頂の御殿平までのぼることができる。山全体に多くの堀・土塁や曲輪の跡がみられ，山裾の堀は，全長2kmにおよぶ大規模なものである。当初は宇都宮城の支城として築かれたが，戦国時代末期に，宇都宮城主宇都宮国綱が，北条氏の侵攻に備え，軍事的な本拠地として整備した。国綱は本城を宇都宮城から多気城に移したといわれており，多気山の南麓には，宇都宮城下と同じ小字名が多数残っている。しかし，1597（慶長2）年に国綱が豊臣秀吉により改易されると，廃城となった。

宇都宮西部から大谷石のふるさとへ

❺ 宇都宮南部から東部地域をめぐる

古代下野を偲ばせる縄文遺跡や，古墳などが散在。鬼怒川東岸にある中世城郭飛山城周辺にも見どころが多い。

うつのみや遺跡の広場 ⓴
028-659-0193

〈M▶P.2〉宇都宮市上欠町151 Ⓟ
JR東北新幹線・秋田新幹線・山形新幹線・東北本線(宇都宮線)・日光線宇都宮駅🚌楡木車庫行聖山公園入口🚶10分

縄文時代前期の大型建物を復元

根古谷台遺跡

聖山公園入口バス停から南にある坂道をのぼり，聖山公園墓地を抜けると，うつのみや遺跡の広場がある。縄文時代前期の大規模集落跡である根古谷台遺跡(国史跡)を保存・整備し，史跡公園として開園したものである。

根古谷台遺跡は，葬送儀礼などの集団祭祀を行う場所であったと考えられ，広場には長方形の大型建物や竪穴住居，土壙などが復元されている。広場入口の資料館では，石製の玦状耳飾・玉類・管玉・石匙・石鏃などの根古谷台遺跡土壙出土品(国重文)をみることができる。

塚山古墳群 ㉑

〈M▶P.2〉宇都宮市西川田7-1663
JR宇都宮駅🚌総合運動公園行南警察署西口🚶2分

墳丘の形が美しい前方後円墳

南警察署西口バス停前のグラウンド入口交差点を北へ向かうと，右手の運動公園駐車場南側に，5世紀から6世紀初頭にかけて築造された塚山古墳群がある。かつては多数の古墳が存在したとみられるが，開発などにより現在は3基を残すのみである。古墳群の中心は，もっとも古い時期に築造されたと推定される塚山古墳(県史跡)である。全長98mの前方後円墳で，墳丘は3段となっており，表面には葺石がおかれていた。

宇都宮とその周辺

塚山古墳前方部の南西には、全長63mの帆立貝式前方後円墳の塚山西古墳(県史跡)が、南に隣接して全長58mで、同じく帆立貝式前方後円墳の塚山南古墳(県史跡)がある。

塚山古墳

塚山古墳群からグラウンド入口交差点に戻り、国道121号線(宇都宮環状線)を西へ200mほど進み、兵庫塚入口交差点を左折し南へ約400m行くと、右手に安産稲荷神社(祭神宇迦之魂命ほか)がある。古くから安産の神として信仰を集めている。

茂原観音堂 ㉒

〈M▶ P.2,31〉宇都宮市茂原1265
JR宇都宮駅🚌石橋駅行茂原観音入口🚶20分

JR雀宮駅の西を通る国道4号線の駅前交差点を、1.3kmほど南進し、宇都宮社会保険病院前から東へ約1km進んで右折し、200mほど行くと、高尾神社(祭神高龗神ほか)に至る。神社のすぐ北東側には、凝灰岩製六角柱の鈴木源之丞の供養塔がある。源之丞は、1764(明和元)年に宇都宮藩領でおこった百姓一揆の中心となって処刑された御田長島村(現、宇都宮市)の庄屋である。高尾神社境内の北東隅にある喜国神社には、源之丞

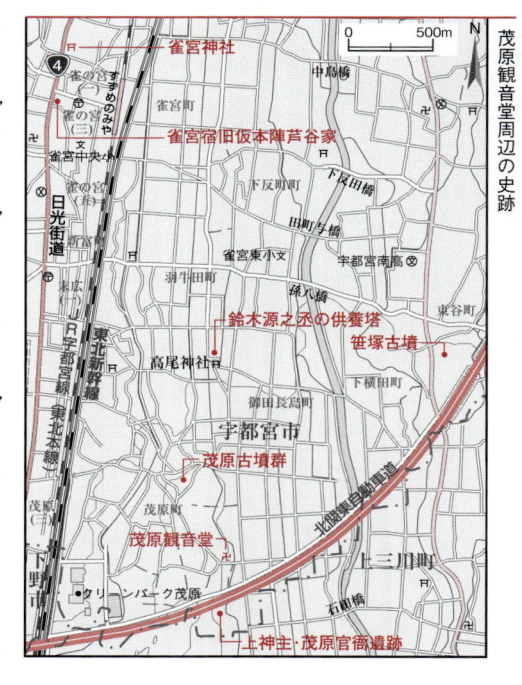

茂原観音堂周辺の史跡

宇都宮南部から東部地域をめぐる

鈴木源之丞の供養塔

安産・子育ての信仰を集める観音菩薩

がまつられている。

　高尾神社から約600m南に浄水場があるが，この東側の道をさらに南進して500mほど行くと，右手に安産・子育ての信仰を集める茂原観音堂のある丘陵がみえる。観音堂は，室町時代中期に宇都宮氏家臣裳原遠江守家次が創建したとされる普門寺にあったが，同寺は廃寺となり，観音堂のみが残った。堂内には，60年に1度開帳される室町時代作の木造聖観世音菩薩立像がある。

　茂原観音堂の北西500mほどの所には，4世紀の前方後円墳の権現山古墳・大日塚古墳・愛宕塚古墳からなる茂原古墳群がある。また観音堂の南方，北関東自動車道を挟んで，宇都宮市と河内郡上三川町にまたがる地域には，奈良時代の遺跡で河内郡衙跡に比定されている上神主・茂原官衙遺跡（国史跡）がある。北関東自動車道の側道を北東に進み，県道宇都宮結城線を左折して300mほど行くと，右手に宇都宮市内最大の古墳笹塚古墳（県史跡）がある。全長100mの前方後円墳で，後円部の墳丘上には薬師堂が立つ。

茂原観音堂

下野の真言宗三金剛の古刹

金剛定寺 ㉓　〈M▶P.2〉宇都宮市上桑島町1041　Ｐ
028-656-2412　　JR宇都宮駅🚌東 汗 行柿の木坂🚶20分

　笹塚古墳から北進し，国道121号線に出て右折し，国道4号線バイパスを越えて東進し，桑島町交差点から北に1.9kmほど向かうと，左手約200mの所に金剛定寺（真言宗）がある。かつては多くの末寺をもち，金剛寿院（大田原市）や崇真寺（芳賀町）とともに，下野の真

金剛定寺宝篋印塔

言宗三金剛と称された。

　山門を入ってすぐ右手には，樹高約19mのカヤ（県天然）の大木が，本堂前には鋳物師戸室元蕃が鋳造した，1736（元文元）年の銅造宝篋印塔がある。

　桑島町交差点から東へ進み，鬼怒川に架かる桑島大橋を渡り，国道121号線の上籠谷町信号約400m手前で左折し，1kmほどの所にある養魚場を左にみながらさらに左折，250mほど行くと，桑島町公民館敷地内に吉良八郎碑がある。吉良はもと茂木藩士で，二宮尊徳の門人として，各地の農村復興にかかわった。石碑は，宇都宮の豪商菊池教中が願い出た鬼怒川岸の桑島村（現，宇都宮市桑島町）の新田開発に尽力した吉良の功績をたたえ，1879（明治12）年に建てられた。

飛山城史跡公園 ❷

028-667-9400

〈M▶P. 2, 34〉宇都宮市竹下町380-1　P
JR宇都宮駅🚌祖母井行下竹下🚶10分

　下竹下バス停から北西の坂道をのぼって行くと，飛山城跡（国史跡）を整備した飛山城史跡公園に至る。飛山城は，鎌倉時代末期に宇都宮氏の重臣芳賀高俊によって築かれ，1590（天正18）年豊臣秀吉に破却を命じられるまで，芳賀氏の拠点となった城である。鬼怒川左岸の段丘上につくられた平山城で，城の規模は南北約450m・東西約350m。東と南に2重の堀をめぐらせ，西と北は鬼怒川の断崖に面する。発掘調査により5つの櫓台を始めとする建物遺構が確認され，このうち城の大手にあたる場所の木橋や門，将兵の詰所，食料貯蔵庫，堀・土塁の一部などが復元された。

　また，城内中央西崖寄りの所に，平安時代初期の竪穴建物が復元

吉良八郎碑

鬼怒川に臨む中世の大規模城郭

宇都宮南部から東部地域をめぐる　33

飛山城史跡公園周辺の史跡

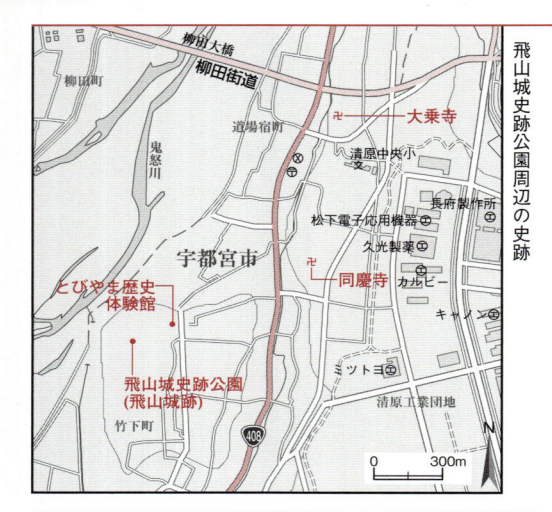

飛山城跡

芳賀氏累代の墓碑(同慶寺)

されているが、ここからは「烽家」と墨書された土器が出土した。古代の官道東山道が、飛山城の対岸西約2.5kmの宝木台地の端を通っていることから、古代の飛山に緊急の通信手段として用いられた「のろし」に関する施設があったと考えられている。公園入口にはとびやま歴史体験館があり、「烽家」の墨書土器を始め、獅子紐や轡・小札、茶臼・手斧などの出土品が展示されている。

下竹下バス停から、国道408号線を1.1kmほど北へ向かって、JAうつのみや清原支所前を右折後、100mほど坂道を行くと、左手に同慶寺（臨済宗）がある。同慶寺は、鎌倉時代末期に妙哲禅師が開山し、芳賀高俊が飛山城築造とあわせて

広琳寺

伽藍を建立した。飛山城の支城の役割をはたしたとみられ、空堀や土塁の一部が残っている。芳賀氏の菩提寺でもあり、墓地には芳賀氏累代の墓碑とされる五輪塔が14基並んでいる。また同慶寺には、江戸時代初期作の木造訶利帝母坐像や、鋳物師戸室定国が鋳造した、1716(享保元)年の銅鐘がある。

　JAうつのみや清原支所に戻り、さらに国道408号線を北に約700m行き右折すると、100mほど先の左手に、鎌倉時代作の鉄造阿弥陀如来立像(県文化)を安置する大乗寺(真言宗)がある。

　大乗寺から国道408号線に戻り北進してまもなく道場宿交差点があり、ここを左折、鬼怒通りから平出街道を通り西へ2.5kmほど行く。平出駐在所前の交差点を右折し、県道下岡本上三川線を約600m進んで左折すると、300mほどで広琳寺(真言宗)に至る。1209(承元3)年に、平出城主鈴木重定を開基として創建されたという。

　山門の右手には、樹高約12mのシダレザクラがある。本堂左手の文殊堂は、1597(慶長2)年の宇都宮氏改易で廃寺となった宇都宮城下の東勝寺から移築されたものである。堂内には江戸時代作の木造文殊菩薩坐像が、堂の屋根に設けられた龕の中には、江戸時代初期作の銅造大日如来坐像が安置されている。

宇都宮南部から東部地域をめぐる

⑥ 奥州道中に沿って歩く

奥州道中は宇都宮宿で日光道中と分かれ，白沢宿・氏家宿と続く。旧宿場町の名残りを中心に訪ねる。

旧白沢宿 ㉕

〈M▶P.2, 36〉宇都宮市白沢町
JR東北本線（宇都宮線）・烏山線岡本駅🚌白沢河原行河内地域自治センター🚶3分

整然とした宿場の町割

　宇都宮宿から分かれた奥州道中最初の宿場が，白沢宿である。河内地域自治センターバス停から200mほど北東に進み，坂道をくだり始めると，右手に白沢地蔵堂がある。地蔵堂後方の五輪塔は，鎌倉幕府初代奥州総奉行伊沢家景が奥州に下向したときに，同行した子が死亡したため，これを葬って建てたものとされている。

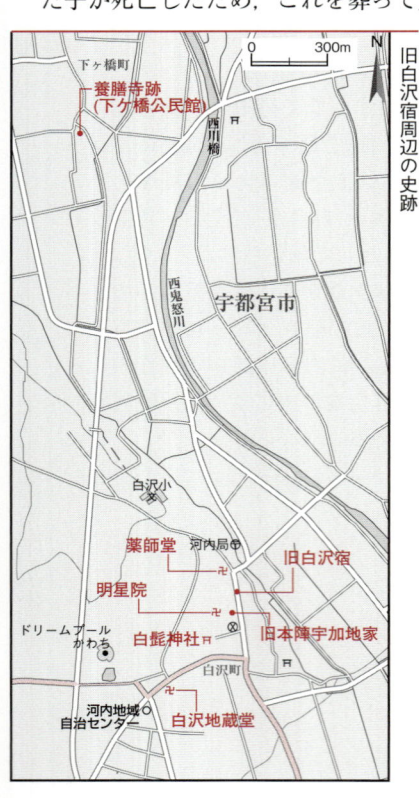

　白沢地蔵堂から300mほど進み左折すると，旧白沢宿の整備された町並みがみえる。宿の町割は，慶長年間（1596〜1615）になされ，宿の機能が整えられたという。現在，道の両脇には水路が流れ，旧街道沿いの家々には，宿場時代からの屋号が示されている。

　白沢駐在所北側が旧本陣の宇加地家で，母屋には本陣の遺構をうかがうことができる。駐在所南の道に面した鳥居をくぐると，参道の奥に白髭神社（祭神猿田彦命）が，宿のほぼ中央左手には明星院（真言宗）がある。明星院から100mほど北へ進み，街道が北東に曲がる所の信号を左折して細い道に入ると，本陣宇加地家の持仏堂で，2間半（約

旧白沢宿周辺の史跡

4.6m）四方の薬師堂がある。

白髭神社（旧白沢宿）

旧白沢宿を抜け，九郷半用水にかかる九郷半橋を渡り，河内郵便局角を左折し約1.5km進む。下ケ橋交差点を越え400mほどで，左手に下ケ橋公民館がある。ここは1870（明治3）年に廃寺となった真言宗寺院の養膳寺跡で，現在は地蔵堂のみが残っている。1180（治承4）年兄源頼朝による平氏打倒の挙兵を聞き，奥州平泉（現，岩手県平泉町）を立った義経が，途中でここ養膳寺に止宿したとの伝承がある。安産・子育ての寺として知られ，縁日には参詣者に祈禱札が配られ，その近世の祈禱札版木（県民俗）大小2枚が残っている。

岡本家住宅 ㉖

〈M▶P.2〉宇都宮市下岡本町
JR東北本線（宇都宮線）・烏山線岡本駅🚶20分

江戸時代中期の村役人の屋敷

JR岡本駅を出て，岡本駅下バス停の所で国道4号線を渡り，道なりに南東方向に450mほど進むと，左手に岡本家住宅（国重文）がある。岡本家は，江戸時代に村役人をつとめた旧家である。母屋は江戸時代中期の建造で，茅葺き屋根2棟が並んでおり，軒付下には稲・麦藁が段違いに重ねられている。切妻造の長屋門も，母屋と同時期の建造であるとみられる。岡本家は，享保年間（1716〜36）から「延寿救命丸」などの家伝薬を製造・販売しており，その販路は下野だけではなく常陸（現，茨城県）にもおよんだ。このため，家伝薬に関する看板・朱印・引札版木・調合道具・関係書籍などの岡本家家伝薬関係遺品一式（県文化）を伝えている。

岡本家住宅

奥州道中に沿って歩く

船玉神社 ㉗ 〈M ▶ P.2,39〉 さくら市上阿久津150
JR東北本線(宇都宮線)氏家駅🚌宇都宮駅行上阿久津🚶5分

阿久津河岸の繁栄を伝える華麗な本殿

　西鬼怒川の西川橋から県道125号線を1kmほど東に進み，鬼怒川に架かる阿久津大橋を渡った左手が，かつての阿久津河岸である。阿久津河岸は，奥州道中の鬼怒川の渡河点で，慶長年間(1596～1615)に，若目田久右衛門によって開かれたといわれている。鬼怒川の最上流に位置しており，奥州などから集まった多くの荷がここで船積みされ，江戸へ送られた。

　阿久津大橋から，東に約100m行き左折すると，船中の安全や河岸の繁栄を願って創建された船玉神社がある。境内は船の形を模してつくられたといわれ，舳にあたる位置に本殿が建てられている。1783(天明3)年につくられた本殿は覆屋の中にあり，桁行1間(約1.8m)・梁間1間の一間社流造，木羽板葺きで，極彩色の宝船や昇り竜・下り竜などの彫刻が4面に施されている。境内には，道標をかねた常夜灯や商人が寄付した石灯籠があり，阿久津河岸の繁栄を物語っている。

　船玉神社から阿久津大橋に戻り，東へ200mほど進むと上阿久津交差点に出るが，さらに東に細い道を入って行くと，左手に与作稲荷神社がある。諸願成就の効験があることから信仰が広まり，阿久津河岸や奥州道中筋を中心に多くの人びとから崇敬を受けた。

　与作稲荷神社から上阿久津交差点を右折し，県道125号線を1kmほど北進すると，右手に堂原地蔵堂がある。ここには，源頼義の創建とされる将軍山地蔵院満願寺があった。満願寺は，勝山城を守護する寺院として多くの伽藍を有したが，1573(天正元)年の那須氏による勝山城攻撃の際に焼き払われ，江戸時代には堂原地蔵堂

与作稲荷神社

38　宇都宮とその周辺

として残ることになった。

現在の地蔵堂と右手の十王堂（じゅうおうどう）は，1678（延宝6）年の火災後に再建されたものである。地蔵堂には，60年に1度開帳（かいちょう）される将軍地蔵がまつられており，日光の強飯式（ごうはんしき）の起源といわれるそうめん地蔵の伝説をもつ。道中の安全を守る地蔵尊として信仰を集め，境内には奥州の飛脚（ひきゃく）問屋や商人らが奉納した石灯籠などが立ち並ぶ。また地蔵堂の右手には，樹高約29m，樹齢約600年のイチョウがあり，今宮（いまみや）神社（さくら市馬場）のイチョウとあわせて夫婦（めおと）イチョウとよばれている。

堂原地蔵堂から東へ500mほど進み，左手のさくら市立南小学校から南の道を行くと，まもなく旧氏家町民俗資料館の敷地に移築された，1893（明治26）年竣工の旧氏家町役場と1908年竣工の旧熱田村（にいたむら）役場の庁舎がある。

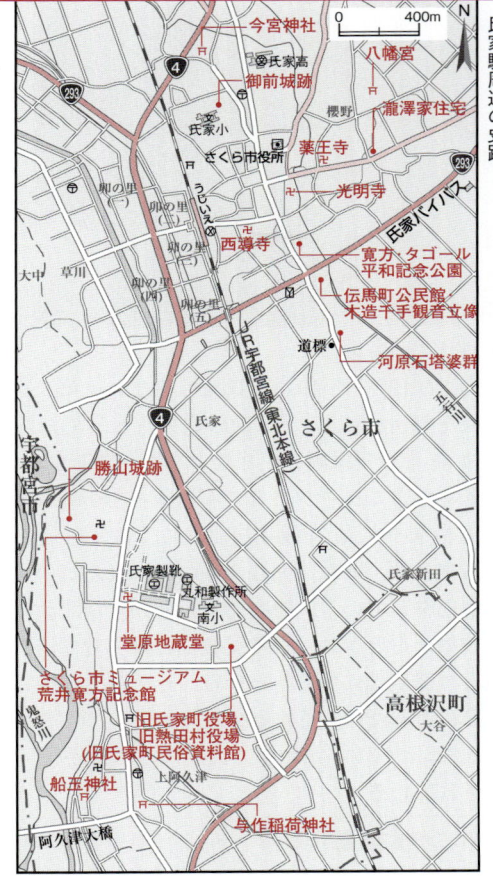

さくら市ミュージアム ㉘
028-682-7123

〈M▶P.2, 39〉さくら市氏家1297 Ｐ
JR東北本線（宇都宮線）氏家（うつのみや）駅🚌宇都宮駅行
勝山公園前🚶5分

勝山城が隣接する総合博物館

氏家駅周辺の史跡

堂原地蔵堂から，さらに県道125号線を400mほど北進すると，左手にさくら市ミュージアム—荒井寛方（あらいかんぽう）記念館—がある。考古・歴史展示室では，氏家周辺の縄文時代から，近・現代までの歴史をたど

奥州道中に沿って歩く　39

勝山城跡

ることができる。また鋸(のこぎり)展示室では，さくら市出身の鋸研究家吉川金次寄贈のコレクションを見学でき，荒井寛方室では，画家荒井寛方の作品や関連資料が展示されている。

　寛方は1878(明治11)年氏家に生まれ，第二次世界大戦前に日本美術院を舞台に活動。「仏画の寛方」として知られ，アジャンタ壁画や法隆寺(ほうりゅうじ)金堂壁画の模写などでも活躍した。

　さくら市ミュージアムの西側は，勝山城跡である。勝山城は，鬼怒川左岸の宝積寺(ほうしゃくじ)段丘最北端に位置する連郭式の城郭で，本丸である主郭部，それを囲むように配された二の丸，その南側の三の丸で構成されている。鎌倉時代末期から南北朝時代にかけて，氏家公宗(きみむね)が築いたとされ，14世紀後半には芳賀高清(はがたかきよ)が大規模な改修を行い，北方の那須氏に備えたという。その後，1597(慶長2)年の宇都宮氏改易(かいえき)にともない，廃城となった。現在，城域としては，南北450m・東西325mが残っており，大手口(おおてぐち)の木橋が復元され，土塁(どるい)や堀も整備されている。

河原石塔婆群(かわらいしとうばぐん) ㉙

〈M▶P.2, 39〉 さくら市氏家2612
JR東北本線(宇都宮線)氏家駅🚶13分

中世氏家地方独特の墓碑

　旧奥州道中は，堂原地蔵堂の先でまもなく県道125号線から分かれて北東へと進む。一部工場敷地内で通過できない部分もあるが，1.5kmほど進んだ旧氏家宿の南端にあたるところで，南東方向に大谷(や)(現，高根沢町(たかねざわまち))へ至る道が分岐する。ここに享保年間(1716～36)以前に建てられたとみられる道標がある。道標と並ぶ馬頭観世音碑は，1838(天保9)年に設けられたもので，古河(こが)城下(現，茨城県古河市)に住した喜連川(きつれがわ)藩出身の書家小山霞外(おやまがかい)の書になる。

　道標から50mほど北進し右折すると，左手の古町(ふるまち)公民館の前に河原石塔婆群がある。河原石塔婆は，追善供養(くよう)などの目的でつくられ，

河原石塔婆群

未加工の鬼怒川産河原石に2条線や種子(しゅじ)を刻んだ氏家地方独特のものである。6基のうち4基に、14世紀前期の紀年銘がある。

古町公民館から五行川(ごぎょうがわ)に向かって東へ行き、川沿いに約250m北進した左手に、伝馬町(でんまちょう)公民館がある。敷地内の堂には、明治時代初期に廃寺となった成就院千手寺(じょうじゅいんせんじゅじ)の本尊で、室町時代作の木造千手観音立像が納められている。寺山観音寺(てらやまかんのんじ)(矢板市(やいた))の本尊木造千手観音坐像と同木でつくられたという伝承から、「あねさま観音」とよばれている。

西導寺(さいどうじ) ㉚
028-682-2693

〈M▶P.2,39〉さくら市氏家2550 P
JR東北本線(宇都宮線)氏家駅 ● 4分

氏家氏ゆかりの中世以来の古刹

伝馬町公民館から北進し、国道293号線に出て左折、100m先の氏家交差点から北に、旧氏家宿の町並みが続く。氏家宿は奥州道中の宿場で、会津中街道・会津西街道・原街道(あいづなか)(にし)(はら)・日光北街道(大田原道)(にっこうきた)(おおたわら)などが通る交通の要衝であった。慶長年間(1596〜1615)に町割ができたという。

氏家交差点から200mほど北進した右手の荒井寛方生家跡は、寛方・タゴール平和記念公園となっている。公園は、寛方の業績を顕彰するとともに、寛方が知遇を得たインドの詩人・思想家タゴールとの友情を記念してつくられた。

平和記念公園から約150m北進した、氏家駅東入口交差点の手前左手に、西導寺(浄土宗(じょうど))がある。西導寺は、宇都宮城主宇都宮朝綱(とも)(つな)の子氏家公頼(きみより)を開基とする氏家氏の菩提所(ぼだいしょ)であった。山門を入ったすぐ右手に、

西導寺本堂

奥州道中に沿って歩く

光明寺青銅造不動明王坐像

江戸時代前期につくられた弥勒堂(みろくどう)がある。桁行3間(約5.4m)・梁間2間(約3.6m)の入母屋造(いりもやづくり)で，堂内には，室町時代初期の木造宝冠釈迦如来坐像(ほうかんしゃかにょらい)(県文化)が安置されている。寄木造(よせぎ)の玉眼(ぎょくがん)の像で，如来像の周囲1里(約3.9km)以内には，降雹の害がないということで，江戸時代には弥勒菩薩像ではないが「雹除けの弥勒さん」として，信仰を集めていた。

本堂は1786(天明6)年に完成，桁行・梁間とも5間(約9m)の入母屋造，田野辺村(たのべむら)(現，市貝町(いちかいまち))の大工永野万右衛門(ながのまんえもん)によるものである。本堂の左手前には，いずれも銘文はないが鎌倉時代末期から戦国時代の造立とみられる3基の大型の五輪塔がある。

寺の西塀の外には，高さ約1.4mの鎌倉時代の石造地蔵菩薩坐像がある。氏家公頼が，藤原定家(さだいえ)七回忌の1247(宝治(ほうじ)元)年に，定家を模して彫らせたものといい，「定家地蔵(ていか)」「蔦地蔵(つた)」とよばれている。宇都宮頼綱(よりつな)の娘が定家の子為家(ためいえ)に嫁していることもあり，宇都宮一族は和歌をよくし，宇都宮歌壇(かだん)を形成したといわれる。

氏家駅東入口交差点から約50m北進して右折し，さらに50mほど進んだ左手に，光明寺(こうみょうじ)(真言宗)がある。もとは勝山城近くにあったが，勝山城廃城後，現在地に移った。山門正面の石壇上の岩の部分に，像高約2.9mの青銅造不動明王坐像(ふどうみょうおう)(県文化)がある。1759(宝暦(ほうれき)9)年に，宇都宮の鋳物師戸室卯兵衛が鋳造したもので，12世住職広栄(こうえい)らの発願(ほつがん)による。この像には，鋳型となった寄木造の木造不動明王坐像(県文化)が残っており，さくら市ミュージアムに展示されている。墓地には，1945(昭和20)年に没した荒井寛方の墓などがある。

今宮神社(いまみやじんじゃ) ㉛ 〈M▶P.2, 39〉さくら市馬場(ばば)43 P
028-682-2685　JR東北本線(宇都宮線)氏家駅🚶15分

光明寺入口から100mほど北進した上町(かみまち)交差点から，さらに北へ

今宮神社楼門

200mほど進むと，道が二手に分かれる。左の道を約100m進むと，左手妙福寺の西に氏家小学校がある。小学校の敷地内北隅には，御前城跡である土塁の一部が残っている。御前城は中世の平城で，氏家公頼の築城とされている。

神木大イチョウが美しい氏家の鎮守

氏家小学校からさらに350mほど北進すると，正面に今宮神社（祭神素盞嗚命ほか）の大鳥居がみえてくる。氏家24郷の総鎮守である。1060（康平3）年氏家公頼が勝山城の守護神として宇都宮明神を勧請したもので，1300（正安2）年に氏家公宗が現在地に移したという。

桁行3間（約5.4m）・梁間2間（約3.6m）の入母屋造の楼門は，1811（文化8）年の造立である。本殿は桁行3間・梁間2間の三間社流造で，1663（寛文3）年に建てられた。楼門近くには，樹高約25m，樹齢約600年のイチョウがある。

瀧澤家住宅 ㉜　〈M▶P.2.39〉さくら市桜野1365
JR東北本線（宇都宮線）氏家駅 🚶15分

明治天皇行幸にかかわる建築

上町交差点に戻り左折すると，旧奥州道中は喜連川宿に向かう。交差点から300mくらい進むと，左手が1424（応永31）年創建とされる薬王寺（真言宗）で，江戸時代中期の木造大日如来坐像がある。薬王寺からさらに350mほど東に進むと，左手に瀧澤家住宅（県文化）がある。瀧澤家は江戸時代は桜野村（現，さくら市桜野）で穀物問屋を営み，明治時代から大正時代の当主瀧澤喜平治は，実業家で貴族院議員もつとめた。

道路に面した入母屋造・瓦葺きの長屋門は，桁行8.5間（約15.4m）におよぶ。蔵座敷は，1887（明治20）年の建築で，総2階建て・切妻造・瓦葺き，屋根中央部の洋風望楼は，方形造・銅板平葺き，4面に上部半円の扉，周囲は唐草模様の鉄柵で囲まれている。

1892年に行われた氏家での陸軍大演習の際，明治天皇の休息所になったといわれるのが，平屋建て・入母屋造の鐵竹堂で，堂の名は

奥州道中に沿って歩く　43

瀧澤家住宅蔵座敷の望楼

喜平治の雅号「鐵竹」による。

瀧澤家住宅からさらに東へ100mほど進むと，左手に桜野の八幡宮(祭神誉田別命ほか)の鳥居があり，参道が北へ延びている。本殿は桁行1間(約1.8m)・梁間1間の一間社流造・木羽板葺きで，大工高田仲右衛門によって，1826(文政9)年につくられたものである。

龍光寺 ㉝
028-686-7017
〈M▶P.2〉 さくら市喜連川4317
JR東北本線(宇都宮線)氏家駅🚌馬頭行喜連川本町🚶すぐ

整然とした喜連川藩主の墓所

桜野の八幡宮からさらに旧奥州道中を北東に進む。700mほど先の桜野交差点で国道293号線と合流し，約2.2km進んだ谷中入口バス停の約400m先で，直進する旧奥州道中は大きく右に曲がる国道293号線と分岐する。分岐した旧奥州道中がまもなく坂道となる手前，右手の山の石段をのぼった所に鞘堂に納められた弥五郎の墓とされる五輪塔がある。弥五郎とは，那須高資方の伊王野氏家臣鮎瀬弥五郎実光のことである。1549(天文18)年五月女坂(現，さくら市喜連川)に軍勢を進めた宇都宮尚綱は，那須氏と激しい戦いを行ったが，ここで鮎瀬弥五郎により討たれた。この五輪塔は弥五郎の墓，あるいは弥五郎が建てた尚綱の墓であるといわれている。ここから道なりに1kmほど進み，坂道をおりきった左手に，河東碧梧桐の「阪下りて左右に藪あり栗おつる」という句碑がある。1927

喜連川氏墓所(龍光寺)

44　宇都宮とその周辺

御用堀

（昭和2）年に建てられたもので，石碑の字は碧梧桐の自筆である。

　国道293号線との分岐点に戻り，国道を道なりに2.5kmほど進み，早乙女交差点の左方向の桜並木を抜け，荒川に架かる蓮城橋を渡る。この先が，旧奥州道中の旧喜連川宿の町並みである。橋から200mほど先を左折し，600mほど西に進み，喜連川温泉の前で右方向の坂道をのぼっていくと，蓮光院（曹洞宗）に至る。蓮光院は恵心僧都を開基とし，初め興国寺と称していたが，1616（元和2）年に，喜連川氏初代の喜連川国朝の養母蓮光院が現在地に移したことで，寺名を改めた。山門を入って右手に，像高91cmの銅造阿弥陀如来坐像（県文化）がある。1688（貞享5）年に江戸小伝馬町（現，東京都中央区）に住む京都烏丸（現，京都府京都市下京区）の仏師井上運源が鋳型をつくり，江戸の鋳物師西嶋伊賀守時次が鋳造したものである。

　蓮光院から蓮城橋詰のもとの道に戻り，さらに道なりに北へ200mほど進み，喜連川本町バス停すぐ手前を右折すると，足利尊氏を開基とする龍光寺（臨済宗）に至る。龍光寺は喜連川藩主喜連川氏の菩提所で，山門を入ると左手に，歴代藩主の墓所がある。周囲は土塁で囲まれ，総面積約400m²の墓域に，54基の墓碑が立ち並ぶ。喜連川氏は，古河公方の流れを汲み，江戸時代には5000石でありながら，10万石の大名の格式を与えられた家であった。

　龍光寺の参道入口から喜連川本町バス停を挟んだ反対方向の細い道を左折し西に進むと，100mほどで御用堀とよばれる用水が流れる武家屋敷が道の両脇に並ぶ。御用堀は，1842（天保13）年に喜連川藩主喜連川熈氏が，防火や新田開発への利用を目的に，荒川から引き込んで開削した用水路である。

倉ケ崎城跡 ㉞　〈M▶P.2〉さくら市倉ケ崎　[P]
　　　　　　　JR東北本線（宇都宮線）氏家駅🚌馬頭行役場前🚶1分

　御用堀から龍光寺の参道入口に戻り，さらに北へ50mほど進み，

奥州道中に沿って歩く　45

喜連川神社

中世塩谷氏の居城で現在はサクラの名所

JAしお野谷喜連川支所の少し先を左折すると，喜連川神社（祭神素盞嗚命ほか）への参道に至る。塩谷城主塩谷惟朝が1563（永禄6）年に，尾張国津島（現，愛知県津島市）牛頭天王を分霊・勧請したものである。毎年7月26日から28日の天王祭は，夜通し神輿をかつぎまわる「あばれ神輿」として知られている。

　喜連川神社参道に入る道から，100mほど北進し左折すると，さくら市役所喜連川支庁である。支庁駐車場西側の丘陵が，サクラの名所になっているお丸山公園である。公園は中世の倉ケ崎城跡で，右手の遊歩道をのぼっていくと，30分ほどで頂上に至る。1186（文治2）年に塩谷惟広によって築かれ，代々塩谷氏の居城であった。堀切で仕切られた5つの郭が東西に並ぶ連郭式の山城である。1590（天正18）年豊臣秀吉の小田原征討後，惟久のとき廃城となった。

　役場前バス停から，さらに道なりに北西へ750mほど進み，台町バス停の所を左折すると専念寺（浄土宗）がある。本堂左手の阿弥陀堂には，「弘安六（1283）年」の銘がある像高40cmの鉄造阿弥陀如来立像（県文化）が納められている。通肩の衣をつけた善光寺式三尊の中尊像で，膝から下の部分は，火災のため損傷がある。

7 田原から上河内・塩谷・高根沢へ

関白獅子舞・梵天祭りなどの祭礼や，芸能が伝わる庶民の信仰の地を訪ねる。

関白山神社 ㉟

〈M▶P. 2, 47〉宇都宮市関白町
JR東北新幹線・秋田新幹線・山形新幹線・東北本線(宇都宮線)・日光線宇都宮駅 🚌 玉生 行中里原車庫前 🚶 25分

関白獅子舞が奉納される神社

宇都宮市街から県道藤原宇都宮線(田原街道)を，旧河内町の田原方面へと向かう。下田原町の山田橋バス停から少し北進したら右折し，50mほど進んだ左方向の200m先に，下田原農事集会所がある。集会所敷地東の2間(約3.6m)四方の薬師堂には，薬師如来と伝えられた木造如来坐像(県文化)が安置されている。1385(至徳2・元中2)年につくられたもので，像高は68.5cm，多くの伽藍を有したが，現在は廃寺となっている密興寺(真言宗)の本尊であった。

県道藤原宇都宮線に戻り北上し，逆面の信号を左折し，逆面大橋を通る。300mほど先を右折すると，まもなく右手に白山神社(祭神菊理姫命ほか)がある。神社に伝わる逆面獅子舞は，逆面が徳川家康により，宇都宮二荒山神社の社領に寄進され，諸役御免の特権を得た際，村人が感謝の意を示し奉納したのが始まりという。関白(現，宇都宮市関白町)の関白獅子舞が元祖とされ，毎年8月15日とつぎの日曜日に奉納される。

神社の北側の丘陵に逆面城跡がある。逆面城は，宇都宮氏の家臣逆面氏の居城で，室町時代に築城されたと考えられる山城である。東部は山田川と

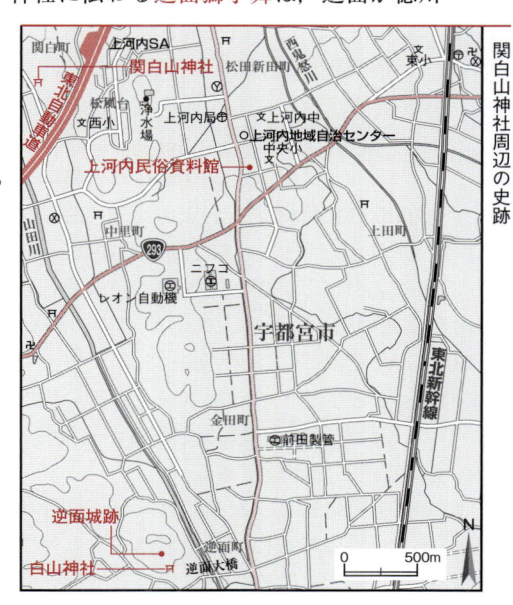

関白山神社周辺の史跡

田原から上河内・塩谷・高根沢へ

関白山神社

約300mの急崖で防御され、現在も堀・土塁などの遺構が確認できる。

　逆面の信号に戻り、山田川沿いの道を北へ約3km、東北自動車道の高架を抜けた上河内西小学校入口バス停から、さらに400mほどで、右手に関白山神社(祭神藤原利仁)に至る。神社には、県内の関白流獅子舞の初めとされる関白獅子舞(県民俗)が、8月第1土曜日に奉納される。獅子舞は、当地の賊を平定し、この地で死去した鎮守府将軍藤原利仁の葬儀の際に舞われたのが始まりという。境内の左手奥には利仁の墓といわれる「永和二(1376)年」銘の宝篋印塔がある。

　山田川沿いの道を再び南進して戻り、国道293号線との交差点を左折して約1.2kmの中里原交差点を左折、約300m北へ行き、さらに右折した左手に、上河内民俗資料館がある。旧上河内町内の遺跡出土品・民俗資料が展示され、羽黒山神社の梵天祭りや関白獅子舞などの民俗行事についても、知ることができる。

羽黒山神社 ㊱

〈M▶P.2〉宇都宮市今里町　P
JR宇都宮駅🚌玉生行今里🚶40分

梵天祭りが行われる「ゆずの里」の神社

　宇都宮市北部に位置する羽黒山(458.2m)には、羽黒山神社(祭神稲倉魂命 ほか)がある。康平年間(1058〜65)に、宇都宮氏の祖とされる藤原宗円が、宇都宮城の北の守護神として、出羽の羽黒山神社(山形県鶴岡市)を勧請したとされる。杉林を通る参道の石段をのぼりきった正面に、1830(文政13)年高根沢(現、高根沢町)の大工山本飛騨によって建てられた本殿がある。境内左手の1701(元禄14)年に建立された鐘撞堂には、宇都宮の鋳物師戸室将監が、1818(文政元)年に鋳造した銅鐘がある。

　江戸時代中期に始まったとされる梵天祭りは、五穀豊穣や家内安全を願って羽黒山神社に梵天を奉納するもので、毎年11月23・24日に行われる。梵天は竿の先に幣束(白い紙を切って柄に挟んだもの)

羽黒山神社

を結びつけたことがその原形で，現在では孟宗竹に真竹を継いだ15mほどの竹竿に，和紙などでつくった房がつけられている。

　羽黒山神社境内の左手から約300mくだると，「隠居羽黒山」といわれる密嶽神社（祭神稲倉魂命ほか）がある。1322（元亨2）年の創建とされ，本殿には，春から秋の農作業を題材にした彫刻が施されている。

佐貫石仏 ❸

〈M▶P.2〉塩谷郡塩谷町佐貫797　P
JR宇都宮駅🚌船生 行佐貫観音前🚶1分

岩壁に線刻された巨大な大日如来

　佐貫観音前バス停のすぐ北西，鬼怒川左岸の観音岩とよばれる岩壁に彫刻されているのが，高さ約18.2mの佐貫石仏（国史跡），通称佐貫観音である。制作年代は平安時代とみられ，弘法大師空海一夜の作といわれている。智挙印を結ぶ大日如来坐像で，8枚の蓮華台の上に結跏趺座し，宝冠をいただいている。風化が進み，線刻がかなり磨滅している。岩壁下部の洞穴に聖観音像がまつられているため，観音とよばれていると思われる。石仏の右肩上部には，奥の院大悲窟とよばれる小洞穴があり，1879（明治12）年が前回の開帳であった。このとき奥の院からは，銅版曼荼羅（県文化）と鏡2面が取り出された。銅版曼荼羅には，氏家公頼が1217（建保5）年に大悲窟を補修した際に，金銅仏が出土したことが記されている。

　佐貫石仏から県道77号線を3.4kmほど北進すると，日光道中今市宿と奥州道中大田原宿を結ぶ大田原道（日光北街道，国道461号線）に突き当る。ここが大田原道の宿の1つであった旧船生宿である。ここから日光北街道を東へ約500m進み，左折し

佐貫石仏

田原から上河内・塩谷・高根沢へ

700mほどで船生郷の総鎮守岩戸別神社（祭神天手力雄命ほか）がある。創建は810（弘仁元）年と伝えられ、現在の本殿は、1775（安永4）年に建てられたものである。

日光北街道に戻り、さらに5km余り東に進み、玉生車庫バス停を左折すると、まもなく大田原道の旧玉生宿に至る。松尾芭蕉は『おくのほそ道』の旅の途中、1689（元禄2）年4月2日、玉生宿の名主・問屋であった玉生家に宿泊した。玉生交差点から北へ200mほど行った関東バス玉生営業所手前の細い道を左に入った玉生家屋敷跡に、芭蕉一宿跡の記念碑が立っている。バス営業所からさらに約100m北進すると、右手に洋画家和気史郎の生家石蔵を美術館にした和気記念館がある。和気は、能などを題材とする幽玄の世界を描いた。

白鬚神社 ㊳

〈M ▶ P.2〉塩谷郡高根沢町宝積寺88
東武宇都宮線宇都宮駅🚌馬頭行白鬚神社前🚶すぐ

ケヤキの聳える鬼怒川左岸の古社

JR宝積寺駅から西に向かってすぐ左折、400mほど進んだ信号を右折して約700m進むと、国道4号線の下宝積寺交差点に出る。その交差点右手に宝積寺稲荷神社がある。覆堂内にある本殿は、1841（天保12）年につくられたもので、一間社流造、彫刻は後藤梅秀によるものである。

下宝積寺交差点を左折して、国道4号線を約1.2km南進すると、右手に1313（正和2）年の創建という白鬚神社（祭神表筒男命ほか）がある。鬼怒川の洪水で社殿がたびたび流失し、本殿は1692（元禄5）年に再建されたものという。境内には、樹齢約670年の神木のケヤキがある。また同社の神事の際には、明治時代末期から氏子により伝承されてきた雅楽が奉納される。

JR烏山線下野花岡駅から南へ400mほど進み、県道宇都宮烏山線

白鬚神社

の信号を右折，1.3kmほど行って左折すると，高根沢町町民ホールなどが集まった町民広場がある。その一角に，高根沢町歴史民俗資料館がある。資料館は，敷地全体を明治時代の豪農の屋敷に見立てて，長屋門(収蔵庫)・母屋・蔵(資料館)の3棟で構成されている。館内には，考古資料や民俗資料，町内に伝来する「金置救命丸(現，宇津救命丸)」の製薬に関する資料などが展示されている。「金置救命丸」は，上高根沢村(現，高根沢町上高根沢)名主宇津家が江戸時代初期から製造・販売し，販路を拡大していったものである。

下野花岡駅に戻り，駅から北西方向を走る県道北高根沢氏家線を1.8kmほど進むと，阿久津病院前バス停から少し先の右手に大谷の高龗神社(祭神多加於加美命 ほか)がある。極彩色の彫刻がある江戸時代中期の本殿は，一間社流造・銅板平葺き，社殿全体がベンガラ塗りである。さらに500mほど行くと，右手に大谷薬師堂がある。明治時代初期に廃寺となった正善寺唯一の遺構である。江戸時代中期の建物で，寄棟造・茅葺き，間口2間(約3.6m)・奥行2間，内外ともベンガラ塗りが施されている。装飾のほとんどない素朴な仏堂である。

大谷薬師堂

安住神社 ㊴
028-675-0357

〈M▶P.2〉塩谷郡高根沢町上高根沢2313
JR東北本線(宇都宮線)・烏山線宝積寺駅🚶15分

JR宝積寺駅から東進し，天神坂交差点を右折，約1.2km進み右折して，県道石末真岡線に入る。約5km南進し，上高根沢交差点に出て左折し，300m先の信号をさらに左折し300mほど南に行くと，左手に安住神社(祭神神功皇后ほか)がある。899(昌泰2)年に，摂津国一宮住吉大社(大阪市住吉区)を勧請して創建されたという。1754(宝暦4)年につくられた本殿(県文化)は拝殿後方の覆屋に納められ，一間社流造・厚板葺きで，本殿全体が朱塗り，極彩色の彫刻

極彩色の本殿をもつ神社

安住神社

が施されている。反り屋根であるが、直線の板葺きで、破風板(はふ)の反りにあわせて順次重ねて葺かれているのが特徴である。

安住神社の100mほど東には、1451(宝徳(ほうとく)3)年創建の浄蓮寺(じょうれんじ)(真言宗)がある。宇都宮城主宇都宮等綱(ともつな)が、父持綱(もちつな)の菩提(ぼだい)を弔うため建立したという。山門を入った左手には、宇都宮の鋳物師戸室将監が鋳造した、1773(安永2)年作の銅造地蔵菩薩半跏(はん)(か)像がある。右手に錫杖(しゃくじょう)、左手に宝珠(ほうしゅ)をもつ高さ195cmの像で、背面には上高根沢村名主阿久津半之助(あくつはんのすけ)ら願主の名前が陰刻されている。山門の脇には、樹齢約300年のイトヒバがある。

浄蓮寺銅造地蔵菩薩半跏像

Ōtawara
Nasukarasuyama

那珂川に沿って

光丸山大縁日の御輿渡御（大田原市）

烏山山あげ行事（那須烏山市）

那珂川に沿って

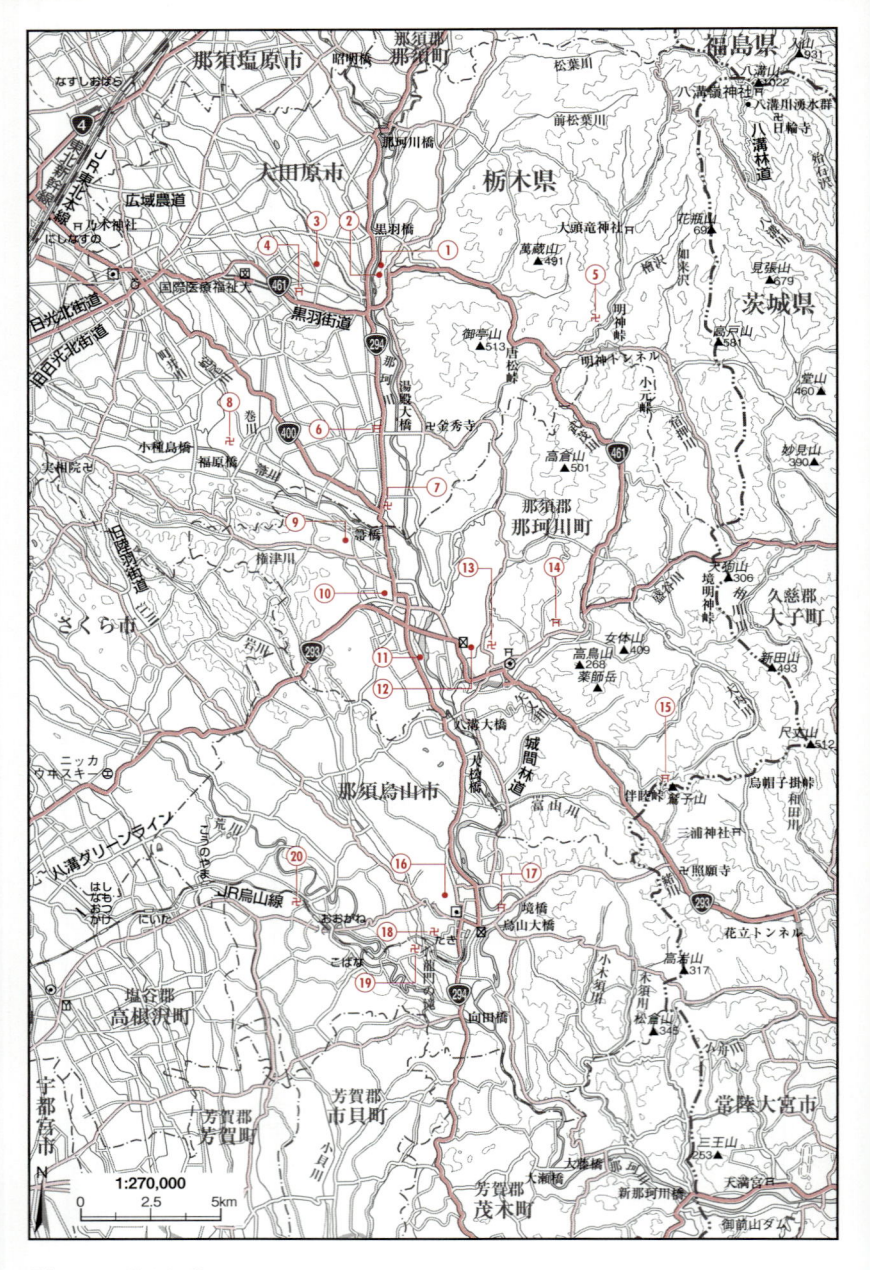

◎那須散歩モデルコース

黒羽周辺コース　　JR東北本線西那須野駅_20_那須神社_20_白旗城跡_10_西教寺_7_鹿子畑翠桃墓地_10_修験光明寺跡_7_大雄寺_5_作新館跡の碑_5_黒羽芭蕉の館_2_黒羽城本丸跡_15_鎮国神社_25_雲巌寺_55_JR西那須野駅

那須の古代史コース　　JR東北本線西那須野駅_35_那須国造碑_5_下侍塚古墳_2_なす風土記の丘湯津上資料館_10_上侍塚古墳_10_法輪寺_4_那須官衙遺跡・那珂川町なす風土記の丘資料館_8_駒形大塚古墳_4_那須神田城跡_4_富士山古墳・那須八幡塚古墳_10_唐の御所_25_JR烏山線烏山駅

烏山・南那須コース　　JR烏山線烏山駅_10_八雲神社_20_烏山城跡_20_烏山和紙会館_15_宮原八幡宮_5_天性寺_5_太平寺_10_安楽寺_10_JR烏山線大金駅

①黒羽城跡
②黒羽芭蕉の館
③白旗城跡
④那須神社
⑤雲巌寺
⑥笠石神社
⑦法輪寺
⑧宝寿院
⑨那須官衙遺跡
⑩駒形大塚古墳
⑪富士山古墳・那須八幡塚古墳
⑫唐の御所
⑬馬頭院
⑭健武山神社
⑮鷲子山上神社
⑯烏山城跡
⑰宮原八幡宮
⑱天性寺
⑲太平寺
⑳安楽寺

① 城下町黒羽とその周辺

黒羽藩主大関氏の中世・近世の本拠と崇敬した寺社を歩き，俳聖松尾芭蕉ゆかりの雲巌寺に足を伸ばす。

黒羽城跡 ❶

〈M ▶ P. 54, 56〉 大田原市前田
JR宇都宮線西那須野駅🚍黒羽行黒羽出張所🚍6分

県北最大規模の山城 黒羽藩主大関氏の本拠

黒羽城跡本丸跡

黒羽出張所バス停から国道294号線を通り，那珂橋を渡り，国道461号線を進んで，田町十字路を左折し，1kmほど北進すると，黒羽城跡がある。戦国時代の武将大関高増が1576（天正4）年に本拠と定めて以降，1871（明治4）年の廃藩置県まで，黒羽藩主大関氏が在城した。黒羽城跡の本丸跡は，現在，黒羽城址公園となっている。黒羽城は，那珂川とその支流の松葉川に囲まれた丘陵に築かれた天然の要害で，東西約250m・南北約1.5kmの県北最大規模の山城である。

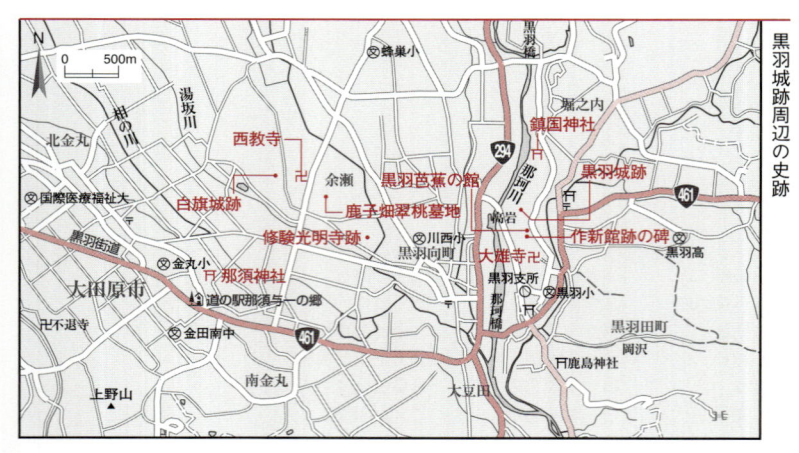

黒羽城跡周辺の史跡

那珂川に沿って

高増は，1590（天正18）年の小田原攻めに際し，豊臣秀吉に拝謁したことにより，本領安堵（1万3000石）を受け，近世大名大関家の礎を築いた。子の資増は，1600（慶長5）年の関ヶ原合戦において東軍の徳川家康に味方して，加勢や城郭の普請を受け入れ，西軍に通じる上杉景勝の南下に備えたことで，合戦後1万9200石に加増された。その後，1664（寛文4）年，江戸幕府4代将軍徳川家綱からの領知朱印状によって，大関家の本高に1万8000石に確定となり，幕末まで変更がなかった。

　黒羽城本丸跡から約500m北（同城北端）にある鎮国神社（祭神天照大神ほか）は，11代藩主増業が，1819（文政2）年に絵師小泉斐を神主にすえて創建した神社である。境内には，勝海舟が15代藩主増裕をたたえた「大関公之碑」が立っている。

黒羽芭蕉の館 ❷
0287-54-4151　〈M ▶ P.54, 56〉 大田原市前田980-1
JR宇都宮線西那須野駅🚌黒羽行黒羽出張所🚗6分

芭蕉関係資料を展示　大名家の古文書を収蔵

　黒羽城本丸跡から南へ土塁・堀を越えて200mほど行くと，三の丸跡となり，その一角に黒羽芭蕉の館がある。『おくのほそ道』の旅300周年を記念して，1989（平成元）年に開館した。当館には，松尾芭蕉関係資料とともに，「大関家文書」（黒羽藩主大関家伝来の古文書など）や，「作新館文庫（大関文庫）」（藩校作新館の蔵書や大関家旧蔵の書籍）など，多数の資料が収蔵・展示されている。それらのなかには，11代藩主大関増業編纂の『創垂可継』や『止戈枢要』，小泉斐による絹本淡彩黒羽周辺景観図（いずれも県文化）などが含まれている。

黒羽芭蕉の館　　　　　　　　　　　　　作新館跡の碑

城下町黒羽とその周辺

当館の前庭には，馬上の芭蕉とその弟子曽良のブロンズ像や『おくのほそ道』文学碑が建てられ，隣接する芭蕉の広場・芭蕉の道（遊歩道）の周辺には芭蕉句碑がある。
　芭蕉の館から南にくだって行くと，黒羽藩の藩校であった作新館跡の碑があり，さらにその先には，大関家の菩提寺であった大雄寺（曹洞宗）がある。大雄寺は，1404（応永11）年，余瀬の白旗城北東端に創建されたが，大関高増による黒羽移城とともに現在地に移された。本堂・坐禅堂・庫裏・総門・廻廊・御霊屋・鐘楼の七堂伽藍が完備し，本尊は木造釈迦如来坐像である。2004（平成16）年には，経蔵（いずれも国重文）の隣接地に，多数の寺宝を収蔵・展示する大雄寺集古館が開館した。また，境内には，大関家代々墓地もある。

白旗城跡とその周辺 ❸

〈M ▶ P. 54, 56〉大田原市余瀬
JR宇都宮線西那須野駅🚌黒羽行黒羽出張所
🚶25分

中世大関氏の本拠 芭蕉が逗留した余瀬

　黒羽出張所バス停から旧東野鉄道線路跡の道路を約1.5km西へ行き，信号を右折して約200m進むと，左手にみえてくる丘陵が白旗城跡である。ここは，大関氏が応永年間（1394〜1428）に築き，1576（天正4）年に黒羽城に移るまで本拠とした城郭で，東西約150m・南北約500mの規模をもっている。同城跡東側の余瀬は，かつて粟野宿とよばれ，中世の関街道（古代の東山道）が通っている。
　余瀬には関街道に面して，西教寺（浄土真宗）がある。本尊は，木造阿弥陀如来立像（県文化）で，黒羽藩2代藩主大関政増の正室シャン姫（徳川家康の妾腹の娘）の念持仏であったという。境内には，曽良の句碑が立っている。
　西教寺から約250m南東に行くと，水田のなかに，鹿子畑翠桃墓地がある。翠桃（実名豊明）は，黒

修験光明寺跡

58　　那珂川に沿って

松尾芭蕉と黒羽

コラム

俳聖芭蕉の長期滞在地 数多くの芭蕉句碑

　俳聖松尾芭蕉は、弟子の曽良を伴った『おくのほそ道』の旅の途中、1689(元禄2)年の4月3日から同16日にかけて、13泊14日という最長期間、黒羽に逗留した。この間の6日間は、雨に見舞われたが、芭蕉らは、蕉門の俳人でもあった黒羽藩城代家老浄法寺図書高勝(俳号桃雪)・鹿子畑豊明(俳号翠桃)兄弟の手厚いもてなしを受けて、黒羽とその周辺の名所旧跡を訪ね、歌仙を興行している。当時、芭蕉46歳、曽良41歳、桃雪29歳、翠桃は28歳であった。

　芭蕉らが黒羽滞在中、最初に訪れた名所旧跡は、雲厳寺であった(4月5日)。芭蕉が参禅の師と慕っていた仏頂和尚がかつて修行した寺であり、芭蕉は雲厳寺に参詣し、仏頂が営んでいた庵の跡を見学して、「木啄も庵はやぶらず夏木立」の句を詠んでいる(境内に句碑あり)。4月9日には光明寺を訪ね、「夏山に足駄を拝む首途哉」の句を詠んだ(寺跡に句碑あり)。同12日には「犬追物の跡を一見し」た後、篠原(現、大田原市)に行き、「玉藻の前の古墳」(狐塚)を見学し、13日は金丸八幡宮(現、那須神社)に参詣している。

　芭蕉が余瀬の翠桃宅において催した歌仙には、曽良・桃雪・翠桃以外にも、(津久井)翅輪・(森田)二寸・(蓮実)桃里といった地元の俳人も参加しており、当時の黒羽には、芭蕉を長逗留させるだけの文学的な素地があったことがわかる。

　黒羽地区には上記のほかにも、「行春や鳥啼魚の目は泪」(芭蕉の道入口)、「秣おふ人を枝折の夏野かな」(玉藻稲荷神社)、「今日も又明日を拝む石の上」(明王寺)、「田や麦や中にも夏のほとゝぎす」(黒羽城黒門跡)、「鶴鳴や其声に芭蕉やれぬべし」(芭蕉の広場)、「山も庭もうごき入るや夏座敷」(浄法寺桃雪邸跡)、「野を横に馬牽むけよほとゝぎす」(常念寺)の芭蕉句碑と「かさねとは八重撫子の名なるべし」(西教寺)の曽良句碑がある。

羽藩城代家老浄法寺図書高勝(俳号は桃雪)の弟で、兄とともに芭蕉の門人であった。芭蕉が1689(元禄2)年の『おくのほそ道』行脚のなかで、黒羽に13泊しているが、そのうちの5泊は翠桃宅においてであった。

　翠桃墓地から旧関街道に出て、黒羽方面への細い道を約300m行くと、左手に修験光明寺跡がある。光明寺は1186(文治2)年、那須与一が、伏見(現、京都府京都市)の光明山即成院の阿弥陀如来

を勧請したことに始まるという。一時，廃絶の後，近江国大津（現，滋賀県大津市）の天台僧無室によって再興され，修験道の寺として大関氏に仕えていた。明治維新により，廃寺となった。寺跡には，今も土塁や灯籠の礎石が残存しており，芭蕉句碑が立っている。

那須神社 ❹ 〈M ▶ P. 54, 56〉大田原市 南 金丸1628
JR宇都宮線西那須野駅🚌黒羽行八幡神社前🚶4分

中世那須氏累代の氏神 近世大関氏が崇敬

八幡神社前バス停から，北に向かってスギが植えられた参道を約300m行くと，那須神社（祭神応神天皇）に至る。かつては，金丸八幡宮と称した。社伝によれば，創建は仁徳天皇のとき，下毛野国造奈良別王が，国家鎮護のために金瓊を当地に埋め，その上に宮を建てたことによるという。当初の祭神は，天照大神・日本武尊・春日大神であったが，延暦年間（782〜806），坂上田村麻呂が東征のおりに参詣し，応神天皇を勧請のうえ，金丸八幡宮と称して，戦勝を祈願した。源義家も，当社に戦勝を祈願し，社殿を造営した。那須与一は，屋島の合戦（1185年）後，太刀・弓などを奉納した。それ以後，当社は，那須氏累代の氏神として崇敬された。那須氏は，1355（文和4・正平10）年に社殿を造営し，銅製鰐口（県文化）を奉納した。

1577（天正5）年には，大関高増・清増父子が改築し，銅製鰐口（県文化）を奉納した。黒羽藩主大関氏は，那須神社と鎮国神社（大田原市前田）・温泉神社（大田原市中野内）を三社と称し，格別な待遇をとっていた。1641（寛永18）年には，3代藩主大関高増が本殿（国重文）を再建し，金丸・檜木沢（現，大田原市檜木沢）のうちの50石を社領として寄進した。現在の楼門（国重文）は，その翌年の建造になる。1689（元禄2）年4月には，松尾芭蕉の来訪もあった。1873（明治6）

年，現社名に改称となった。

なお，2004(平成16)年，那須神社の南の国道461号線沿いに，道の駅「那須与一の郷」が開設され，2007(平成19)年には那須与一伝承館が開館した。

雲巌寺 ❺ 〈M ▶ P.54〉 大田原市雲岩寺27
JR宇都宮線西那須野駅🚌黒羽行黒羽出張所🚌20分

鎌倉時代仏国国師が再建『おくのほそ道』で芭蕉が来訪

黒羽出張所バス停から前田丁字路を通って，車で東へ約20分進むと東山雲巌寺(臨済宗)がある。境内に入り，武茂川に架かる瓜瓞橋を渡って石段をのぼると，山門をくぐることになる。眼前には鬱蒼とした木立に抱かれた，仏殿(釈迦堂)・方丈・禅堂などの伽藍があらわれる。まさに深山幽谷の趣がある。雲巌寺は，大治年間(1126〜31)に初叟元和尚が開き，その後，中絶して，諸宗の僧侶が雑居していたが，1283(弘安6)年，執権北条時宗の命により，仏国国師が再建した。日本四大道場の1つといわれていた。

1590(天正18)年，豊臣秀吉による小田原攻めのおり，烏山城主那須資晴が雲巌寺によったとして，兵火にかかったとされる。その後，妙徳禅師によって復興された。1689(元禄2)年4月には，松尾芭蕉も訪れており，境内には芭蕉句碑が建てられている。1847(弘化4)年，再び火災に遭ったが，1849(嘉永2)年に再建された。1922(大正11)年には，釈迦堂が鎌倉時代末期の様式にならって改築された。三仏堂には，仏光国師(仏国国師の師)と仏国国師・仏応禅師(仏国国師の弟子)の坐像(前二者は国重文)が安置されている。雲巌寺所蔵の絹本著色仏国国師像・絹本著色仏応禅師像(ともに国重文)は，東京国立博物館に寄託されている。雲巌寺の約15km北東には，八溝山(1022m)があり，修験の山であったことで知られている。山頂には，八溝嶺神社(祭神大己貴命ほか)がある。

雲巌寺

城下町黒羽とその周辺

② 那須の古代文化探訪

那須国造碑・法輪寺・前方後方墳・那須官衙遺跡をめぐり，那須の古代文化に触れ，徳川光圀の業績を知る。

国宝の那須国造碑
日本初の発掘調査

徳川光圀ゆかりの史跡 ❻

〈M ► P. 54, 63〉大田原市湯津上
JR宇都宮線西那須野駅🚌黒羽行黒羽出張所
🚗8分

黒羽出張所バス停から南東へ600mほど行った大豆田丁字路から国道294号線を約4km南下し，県道343号線との交差点のすぐ北西に，笠石神社がある。祭神は，多賀城碑（宮城県）・多胡碑（群馬県）とともに，日本三古碑といわれる那須国造碑（国宝）である。幅51.5cm・高さ28cmの冠石を含め，総高は148cmで，石材は八溝山系の花崗岩である。689年に評督に任官し，700年1月に死去した，那須国造直韋提を子の意斯麻呂らが顕彰・追慕した墓碑で，19字×8行の152字が整然と刻されている。

下侍塚古墳

上侍塚古墳

この碑は，もともと遺却されていたが，1676（延宝4）年，陸奥国磐城（現，福島県いわき市）の僧円順が，地域の風聞を水戸藩領小口村（現，那須郡那珂川町）の名主大金重貞に伝えたことから，世に知られることとなった。水戸藩（現，茨城県）2代藩主徳川光圀はこの碑に注目し，儒臣佐々宗淳に碑の精査および保存を遂行させた。現在，碑が納められて

62　那珂川に沿って

湯津上周辺の史跡

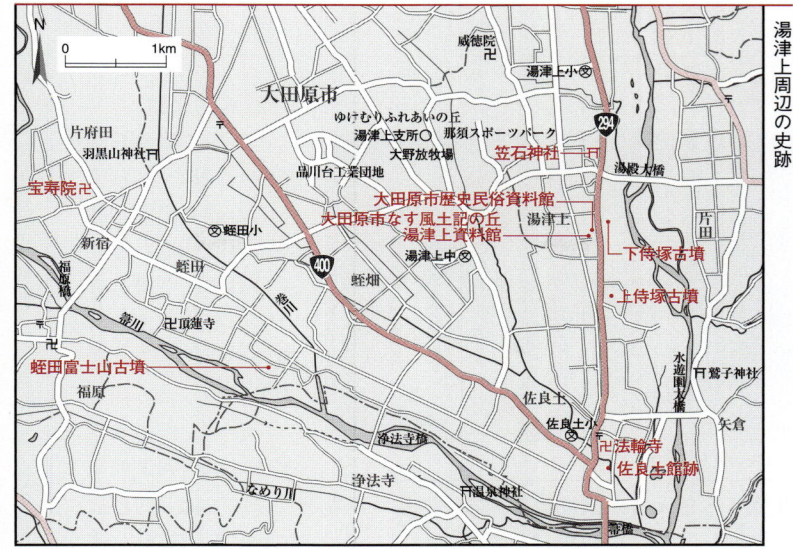

いる堂は，光圀によって創設されたものである。

　1692(元禄5)年に光圀は，碑主の解明を目指して，宗淳らに上・下侍塚古墳(大田原市湯津上，当時は車塚とよばれた)を発掘させた。碑主の解明には至らなかったが，出土遺物を採図のうえ，埋め戻させている。この調査は，日本の考古学における発掘調査の濫觴である。

　笠石神社から国道294号線に戻り，約500m南下すると，国道沿い左手に下侍塚古墳(国史跡)がある。5世紀前半の前方後方墳で，全長84mのうち，後方部の幅48m・高さ9.4m，前方部の幅36m・高さ5mと，後方部が著しく大きく高い。墳丘にはマツが植えられており，優美な姿を示している。墳丘の周囲には，幅9～15mの周溝(堀)がある。国道を挟んだ下侍塚古墳の南西には，大田原市歴史民俗資料館と大田原市なす風土記の丘湯津上資料館が立っている。

　国道294号線をさらに約600m南下すると，東側に上侍塚古墳(国史跡)がみえる。那珂川右岸の段丘上に所在する，5世紀初頭頃の前方後方墳である。全長114mで，那須地方では最大規模の古墳である。なお，上侍塚古墳に北接して，小型の前方後方墳である上侍塚北古墳がある。

那須の古代文化探訪　　63

法輪寺 ❼
0287-98-2606
〈M ▶ P. 54, 63〉大田原市佐良土1401
JR宇都宮線西那須野駅🚌小川行または馬頭行光丸山前🚶2分

後嵯峨天皇勅願所の伝神仏習合の寺院

光丸山大日堂（法輪寺）

上侍塚古墳から国道294号線を2km南下した光丸山前バス停から北へ進むと、屋号の看板が掲げられている佐良土の町並みの北に、光丸山の名で知られる法輪寺（天台宗）がある。本尊は木造釈迦如来坐像・木造大日如来坐像である。創建時期などについては、円仁による860（貞観2）年の創建とも、文覚上人の創建ともいわれ、また文治年間（1185〜90）頃、那須資之により福原城の鬼門鎮護のために開創されたともいい、諸説がある。1245（寛元3）年に後嵯峨天皇勅願所の宣下を受け、3額を与えられたとされるが、現存しない。1607（慶長12）年、那須資晴から佐良土村内50石を寺領として寄進され、1615（元和元）年には同村内20石が加えられ、70石となった。1636（寛永13）年、宗光寺（真岡市二宮町）の弁海（天海の弟子）により中興されたという。毎年12月13日の大縁日には、御輿の渡御が行われ、神仏習合の姿を今に伝えている。

佐良土館跡

寺宝には、紺紙金泥大般若波羅蜜多経・紙本著色釈迦涅槃図（ともに県文化）などがある。境内には天狗堂があり、1880（明治13）年に武茂村（現、那須郡那珂川町）の富山講中が奉納した、高

徳川光圀による文化財保護

コラム

日本初の学術的な発掘調査をした徳川光圀

『大日本史』編纂で名高い徳川光圀は、水戸藩領常陸国(現、茨城県)内や那須郡内において、文化財保護活動にも尽力していた。水戸藩は江戸定府であったが、光圀は自領に帰ると領内を巡村して、民情把握に努めており、一方では、仏像や社宝の修復・保存に意を用いていた。

1683(天和3)年、那須七騎居館の上覧のため、水戸藩領の那須郡武茂郷(現、那珂川町)を巡村した際、光圀は、小口村(現、那珂川町)の名主大金重貞から『那須記』を献上され、湯津上(現、大田原市)の古碑(那須国造碑)の存在を知ることになった。この古碑の研究を開始した光圀は、碑主の解明を目指し、古碑の周辺を発掘調査するが、目的が達成できなかったため、1692(元禄5)年2月、上・下侍塚古墳の発掘調査を実施した。これらは、日本で初めての学術的な発掘調査である。

対象地域が水戸藩領外であったため、調査や遺跡保護を行う現場責任者については、光圀の命による佐々宗淳の指示で大金重貞がつとめた。出土した遺物は、絵図を作成したうえで、遺物保護のため元の位置に埋め戻した。墳丘についても、マツを植えて保護している。さらに、古碑にも覆い堂を建て、周辺の土地を買い上げ、別当泉蔵院を管理人として配置している。

このような光圀の文化財保護の姿勢は、烏山藩主永井直敬による御霊神社(那珂川町)への那須与一顕彰のための銅製香炉献納や、多賀城碑(宮城県)の覆い堂建設など、他地域へも影響を与えた。

さ2.1mで北関東一の天狗面を安置している。また、境内にあるシダレザクラは、西行桜とよばれ樹齢800年といわれる。

法輪寺から国道294号線を南へ約250m行った旧湯津上村役場の東側には、佐良土館跡がある。東西約54m・南北約72mの単郭で、土塁・堀に囲まれている。1590(天正18)年、那須資晴が豊臣秀吉の小田原攻めに参陣せず、改易されて烏山城を立ち去り、隠居したところといわれている。資晴以前にも、佐良土宮内少輔が館を構えていたともいうが、詳細は不明である。1609(慶長14)年に資晴が死去し、館も廃された。

宝寿院 ❽
0287-98-3285
〈M ▶ P. 54, 63〉大田原市片府田1075
JR宇都宮線西那須野駅🚌小川行または馬頭行上品川🚶20分

佐良土から国道400号線を北西へ進み、上品川の交差点を左折し

那須の古代文化探訪　65

宝寿院

蛭田富士山古墳

戦国時代那須氏が崇敬
南北朝時代の板碑を所蔵

て，県道167号線を南西方面へ約1.8km行くと，田園地帯に宝寿院(真言宗)がある。月桂山宝寿院明覚寺と称する。本尊は木造不動明王坐像で，所属仏堂に如来堂がある。1443(嘉吉3)年，紀伊根来(現，和歌山県岩出市)の僧祐満が本尊を勧請のうえ，伽藍を創建したと伝えるが，1233(天福元)年に祐満が創建し，1441(嘉吉元)年に2世宥仙が中興したという説もある。1462(寛正3)年，火災によって焼失したが，本堂はのちに再建された。戦国時代後期，那須資胤から50石の寺領を寄進されるなど，烏山城主那須氏によって厚く尊崇された。戦国時代末期，福原八幡宮(大田原市福原)の別当が，宝寿院の後住に決まったことなどを当院に伝えている，年未詳11月29日付の那須資晴書状(「金剛寿院文書」)も知られている。近世には，新宿(現，大田原市)の成泉院ほか6カ寺が，宝寿院の末寺として建立されたという。宝寿院は，1895(明治28)年の蛭畑用水隧道工事のおりに境内から出土した，「暦応五(1342)年四月」銘の板碑を所蔵している。如来堂の銅造阿弥陀如来及び両脇侍像(県文化)は来迎の三尊仏で，「汗かき阿弥陀」ともいわれている。

国道400号線の上品川交差点に戻り，約2.3km南下したところを，右折して巻川を渡ると，箒川左岸の河岸段丘上に，蛭田富士山古墳がある。古墳時代終末期(7世紀)の築造と考えられている。全長約40m，帆立貝式の前方後円墳で，立地などから，周溝はないもの

66　那珂川に沿って

と推測されている。

那須官衙遺跡 ❾

〈M ► P. 54, 67〉那須郡那珂川町小川
JR宇都宮線西那須野駅🚌小川行または馬頭行関場🚶20分

　関場バス停脇を左に入って福原小川線を通り約1.6km行くと，那須官衙遺跡（国史跡）に至る。那珂川と箒川の合流点付近の那珂川右岸段丘最奥部にあり，長い間，梅曽廃寺として知られていた。しかし，数度の発掘調査によって，奈良・平安時代の大規模な官衙（郡衙）跡であることが確認された。堀によって区画された，東辺180m・西辺173m・南辺286m・北辺310mの不整方形で，約50棟の建物跡が検出されている。それらの多くは，倉庫風の掘立柱建物であるが，基壇をもつ礎石建物も数棟みられる。

　那須官衙は，造営初期は掘立柱式で，のちに礎石式，再び掘立柱式に改まったようであり，造営の上限は7世紀末頃と考えられる。官衙が機能していた年代は，およそ奈良時代から平安時代なかば頃の間と推定され

那須官衙遺跡

小川周辺の史跡

那須の古代文化探訪

る。那須官衙遺跡の西側には、那珂川町なす風土記の丘資料館がある。

また、那須官衙遺跡の北側約500mの箒川右岸段丘上の渡河地点には、浄法寺廃寺がある。伽藍配置などは不明であるが、県内最古の寺院であり、7世紀なかば頃、礎石をもつ瓦葺きの寺院として建立された。浄法寺廃寺の約200m南方には、木造大日如来坐像を安置する大日堂がある。この堂は、初め福原城主那須氏鎮護のために建立されたが、1418(応永25)年、烏山城主那須資重によって、この地に移築されたという。

> 古代の那須郡役所跡発掘調査で遺跡の性格判明

駒形大塚古墳 ❿

〈M ▶ P. 54, 67〉 那須郡那珂川町小川2972
東武宇都宮線東武宇都宮駅🚌馬頭行小川車庫前🚶7分

> 県内最古の前方後方墳 舶載画文帯四獣鏡出土

小川車庫前バス停から北西方面に7分ほど歩くと、駒形大塚古墳(国史跡)に至る。古墳時代前期(4世紀末)の前方後方墳で、県内ではもっとも古い古墳である。前方部が一部削平されているが、後方丘はほぼ原形を保っている。全長は64m、後方丘は長さ32m・幅30m・高さ8m、前方部の幅は16mで、後方丘には葺石が認められる。1974(昭和49)年の発掘調査により、舶載品の画文帯四獣鏡1面・銅鏃5本・直刀2口・短剣2口・ガラス小玉数十個などが出土し、これらを副葬品とした割竹形木棺か、あるいは組合せ式木棺が埋葬されていたと考えられている。

駒形大塚古墳の西方約1kmの地には、『延喜式』式内社の三和神社(祭神大物主命)がある。604年に、大和国(現、奈良県)大神神社から勧請遷座されたと伝えられる。那須氏の祖とされる須藤貞信が、岩嶽丸退治の際、当社に祈願してその効があり、1144(天養元)年に拝殿を造営し、以後、那須氏代々が崇敬することとなった。那

駒形大塚古墳

須氏は、社殿の修理にあたったが、1590（天正18）年に那須資晴が改易となってからは、氏子が修造するようになったという。

三和神社から農道を北へ約10分歩くと、西宝寺（浄土真宗）があり、その北東約400mには、那須与一の廟所として知られる御霊神社がある。御霊神社は、貞享年間（1684〜88）に、烏山藩主永井直敬によって社殿が修理され、1693（元禄6）年には直敬が那須与一追慕の意を銅製香炉に刻み、社前に奉納している。

小川車庫前バス停から県道233号線を南へ約900m行くと、那須神田城跡（国史跡）がある。東西約132m・南北約162mの規模をもつ平城で、三方には高さ約6mの土塁が築かれ、東側の土塁中央には大手口が設けられている。12世紀前半までに須藤貞信が築いたと伝えられ、以後、那須氏の居城となったが、平安時代末期に資隆が高館城（大田原市）に移るにおよんで、廃城となったという。

那須八幡塚古墳群と吉田温泉神社古墳群 ⓫

〈M ▶ P. 54, 67〉那須郡那珂川町吉田140
JR烏山線烏山駅🚌馬頭行那須吉田🚶5分

那須吉田バス停にほど近い工場の敷地内に那須八幡塚古墳群（国史跡）2号墳の富士山古墳がある。事務所で受付をしてから場内へ進むと、正面奥に庭園風に整備された古墳がある。古墳は、那珂川右岸の段丘端部に位置し、この段丘東端に沿って並ぶ4基の前期古墳

富士山古墳

那須の古代文化探訪

那須八幡塚古墳

那須小川古墳群
夔鳳鏡出土前方後方墳

の南端にある方墳である。墳丘は東西約25m・南北約20m・高さ約3mで，1970(昭和45)年の調査によって，東側以外の3辺の外側に周溝が確認された。なお，富士山古墳は，栃木県における県指定史跡第1号であった。

　工場敷地内を北へ約100m行くと，那須八幡塚古墳群1号墳の那須八幡塚古墳がある。古墳時代前期(4世紀末)の前方後方墳である。全長68m・後方部幅34m・高さ6.3mで，前方部は低くて狭く，葺石がみられる。1953(昭和28)年の発掘調査により，中国からの舶載品である夔鳳鏡(直径12.6cm)1面のほか，剣・鋸・鎌・鉇・斧・小刀などが出土している。

　さらに，ここから北へ約300m行ったところに吉田温泉神社古墳群21号墳の観音堂古墳があり，その約200m北には同1号墳の吉田温泉神社古墳(ともに国史跡)がある。前者は方墳で，後者は前方後方墳である。旧小川町内で確認される3基の前方後方墳は，那珂川上流(大田原市湯津上)の上・下侍塚古墳の墳形に継承されていく。

3 武茂川流域から常陸への道を行く

武茂川流域にある中世武茂氏・近世水戸藩主ゆかりの史跡をめぐり，常陸への道を行き，健武山神社・鷲子山上神社へ。

唐の御所 ⑫

〈M ▶ P. 54, 72〉那須郡那珂川町和見岩下
JR烏山線烏山駅🚌馬頭行 都橋🚶5分

7世紀頃築造の横穴墓 中国の姫の隠棲伝説

 国道293号線の都橋バス停から東へ約400m歩き，左手に約200mのぼると，雑木林の山腹に唐の御所（国史跡）の横穴があらわれる。那珂川東岸の凝灰岩丘陵南斜面を掘り込んだ，古墳時代末期（7世紀頃）の横穴墓である。国道293号線の東側に南北に延びる丘陵の西斜面（北向田）から南斜面（和見）にかけて，確認されているだけでも40基余りの横穴墓が存在している。

 唐の御所は，和見横穴群の1つであり，他の横穴と異なって精巧につくられ，前庭部・羨道部・玄室がほぼ原形を保っている。奥壁から羨道までの横穴の全長は，約4.8mであり，玄室の天井中央には切妻屋根を模した形で棟木が配されており，床面には奥と左右の壁に沿って3つの棺台がつくられている。なお，唐の御所の横穴には，中国の姫が隠れ住んだという伝説も残されている。唐の御所という呼称も，こうした伝説に由来したものである。

 国道293号線に戻って，約1km南下し，国道が左に大きくカーブするところを右手に細い道を進んで行くと，民家に接する形で川崎古墳がみえる。これは，那珂川左岸に近い段丘上にある古墳時代後期（6世紀末～7世紀初頭頃）の前方後円墳である。墳丘の全長は約45mあり，後円部に南面して開口する横穴式石室は，那須地方最大である。また，那須地方における，那珂川左岸に築造された唯一の前方後円墳でもある。

唐の御所

馬頭院とその周辺 ⓭

〈M ► P. 54, 72〉 那須郡那珂川町馬頭188
JR烏山線烏山駅🚌馬頭行馬頭院前🚶5分

水戸藩主崇敬の馬頭院
武茂氏の本拠武茂城跡

馬頭院

　馬頭院前バス停から北に約500mいくと，右手高台に馬頭院(真言宗)がある。本尊は木造馬頭観音立像で，武茂山十輪寺と称する。旧本尊の木造延命地蔵菩薩坐像(県文化)は，鎌倉時代前期の作とされる。寺伝によれば，本院の草創は，1217(建保5)年，武茂荘内に地蔵堂が建立され，地蔵院十輪寺と称したこととされており，正和年間(1312～17)に，武茂大守好綱が現在地付近に一宇を建立のうえ，馬頭観音を安置し，武茂荘の鎮守にしたという。

　1648(慶安元)年，江戸幕府3代将軍徳川家光から朱印地(社領)10石が与えられ，その後，15石が加えられた。歴代水戸藩(現，茨城県)

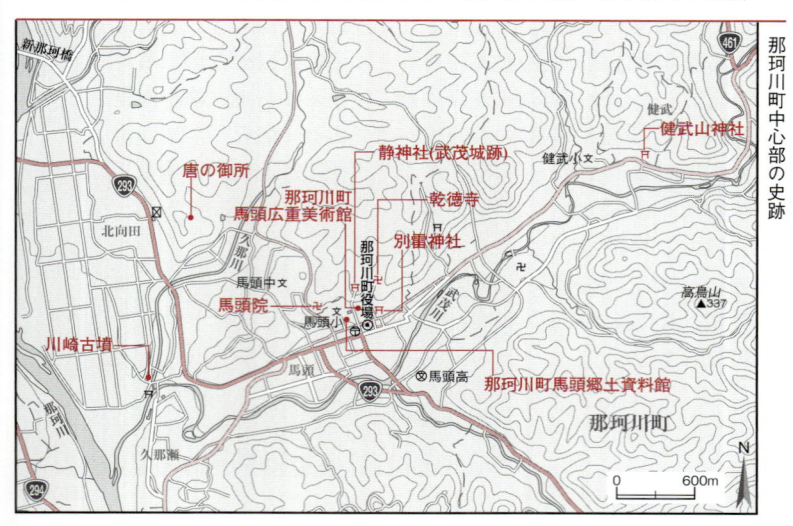

那珂川町中心部の史跡

72　　那珂川に沿って

武茂城本丸跡

　主の崇敬も篤く，2代藩主光圀は，1692(元禄5)年に当地を訪れ，院号を馬頭院と改め，村名も馬頭村としたという。現在，境内には本堂・開山堂・観音堂などがあり，枝垂栗(県天然)は，樹高約9m，推定樹齢約300年で，光圀参詣記念の植樹とされている。

　馬頭院の北東約300mの武茂川右岸丘陵上(馬頭小学校付近)には，武茂城跡(県史跡)がある。中世の複郭式山城で，北から本丸・二の丸・三の丸と並び，規模は約2haである。正応年間(1288〜93)，宇都宮景綱の3男泰宗(武茂氏の祖)が築城したと伝えられる。その後，武茂氏は当城を本拠として武茂荘に勢力を有したと考えられるが，永禄年間(1558〜70)には常陸(現，茨城県)佐竹氏の麾下となった。1602(慶長7)年，佐竹氏の秋田移封にともない，武茂城は廃城となったが，遺構は比較的よく保存されている。現在，出丸跡には，静神社(祭神誉田別命・手力男命ほか)が鎮座している。

　武茂城跡の麓には，乾徳寺(曹洞宗)がある。戦国時代，武茂兼綱により建立され，武茂氏の菩提寺となった。乾徳寺から南にくだると，左手に別雷神社(祭神加茂大神・熊野大神)がある。1616(元和2)年に，当地にタバコをもたらしたという大山田村(現，那珂川町)香林寺住職相阿が合祀され，煙草神社とも称される。すぐ近くには，那珂川町馬頭広重美術館や那珂川町馬頭郷土資料館がある。

健武山神社 ⑭
0287-92-4490　〈M ▶ P. 54, 72〉那須郡那珂川町健武2302
JR烏山線烏山駅🚌馬頭行終点🚗5分

砂金採取の山に鎮座　武茂荘・武茂領総鎮守

　馬頭地区の中心地から茨城県久慈郡大子町方面へ約2.5km行くと，「古代産金の里」の石碑があり，道路沿いの鳥居から石段をのぼると，『延喜式』式内社の健武山神社が鎮座している。祭神は，近世には素盞嗚尊であったようだが，現在は日本武尊と金山彦尊である。武茂山神社ともよばれる。社伝では，806(大同元)年の創建と

武茂川流域から常陸への道を行く　　73

健武山神社

いう。『続日本後紀』835(承和2)年2月23日条には,「武茂神」として従五位下に叙せられたことや,砂金を採取する山に鎮座していることがみえる。砂金の採掘は,古くから行われており,とくに常陸佐竹氏によって積極的に推進されたという。中世において健武山神社は,武茂大権現と称され,武茂荘の総鎮守として武茂城主武茂氏に尊崇されていた。

　近世には,修験の大泉院が別当をつとめていたが,徳川斉昭が水戸藩9代藩主となると,1844(天保15)年,神仏分離政策により唯一神道に改められ,武茂領16カ村の総鎮守として社領7石が寄進された。現社名に改められたのは,1717(享保2)年のことと伝えられる。例祭は毎年4月3日に行われる。

鷲子山上神社 ⓯
とりのこさんしょうじんじゃ
0287-92-2571

〈M ▶ P.54〉 那須郡那珂川町矢又1953
JR烏山線烏山駅🚗15分

鷲子山山頂に鎮座
近隣製紙関係者の信仰

　馬頭地区の中心地から南東方面に続く国道293号線を約4km行くと,鷲子山入口の看板がある。そこを左に入って,大スギに囲まれた山道を約4kmのぼると,鷲子山の山頂に至る。鷲子山(470m)は,茨城県との県境に位置し,その原生林は,北方系と南方系の植物分布の接点をなしており,山頂に鎮座しているのが鷲子山上神社である。祭神は天日鷲命で,相殿に大己貴命・少彦名命が配祀さ

鷲子山上神社

那珂川に沿って

コラム

小砂焼

> 烈公の指示で陶土発見
> 金色地肌の小砂焼

小砂焼は，1830（天保元）年，水戸藩（現，茨城県）9代藩主徳川斉昭が殖産興業政策の一環として，領内での陶土探索を指示し，町田（現，茨城県常陸太田市町田町）とともに，小砂村（現，那須郡那珂川町）において，良質な陶土が発見されたことに始まる。1851（嘉永4）年には，小砂村の大金彦三郎の窯で御用瀬戸の試焼きが実施された。

1854年には，小砂村の藤田重衛門・半三郎父子が志鳥村（現，那須烏山市志鳥）の鈴木家窯にいた斉藤栄三郎をよんで，築窯の相談をしており，栄三郎は1856（安政3）年に，半三郎との間で父子の契約を結び，藤田半平と改名した。

その後，村の有志によって窯場が開かれ，明治時代には大山田工業補習学校（1896〜1909）が村立の機関として開校し，大山田陶器学校（1909〜26）に発展した。1899（明治32）年には，会津本郷（現，福島県大沼郡会津美里町）から陶工岩田新吾を招き，磁器焼成にも成功した。

現在も，小砂には数軒の窯元が存在し，金色の地肌を有する小砂焼がつくられている。また，小砂には日本窯業史研究所もある。

れる。

社伝によれば，807（大同2）年，宝珠上人により，朝日岳（現在の本宮の地）に創建されたといい，1552（天文21）年，現在地に移された。建久年間（1190〜99）には，源頼朝によって社殿が造営された。1648（慶安元）年には，江戸幕府3代将軍徳川家光から，常陸国鷲子村（現，茨城県常陸大宮市）・矢又村に10石ずつの朱印地（社領）と除地（免税地）100石が与えられた。現在の本殿（県文化）は，1552（天文21）年に再興された後，1788（天明8）年に建て替えられたもので，随神門（県文化）は，1815（文化12）年の再建である。別当は，本山派（京都の聖護院系統）修験伍智院（廃絶）がつとめていた。とくに近隣の製紙関係者の信仰を集め，信仰圏は，那須郡のほか常陸国那珂・久慈両郡におよんだ。

武茂川流域から常陸への道を行く

④ 中世那須氏の史跡を訪ねる

中世那須氏および近世烏山藩主の本拠と菩提寺，崇敬した寺社を訪ね，烏山和紙の隆盛を偲び，安楽寺に足を伸ばす。

烏山城跡 ⓰

〈M ▶ P. 54, 77〉那須烏山市城山
JR烏山線烏山駅 🚶 30分

県内屈指の複郭式山城
中世那須氏の本拠

八雲神社

烏山駅から国道294号線を北西に約800m行くと，那須烏山市役所の北西に八雲神社がある。祭神は素盞嗚尊で，社伝によれば，1560（永禄3）年，烏山城主那須資胤が領内に流行した疫病の退散を祈願して，大桶村（現，那須烏山市）牛頭天王社を鍛冶町（現，那須烏山市）に勧請したのに始まるという。毎年7月の例祭山あげ行事（国民俗）は，今に続く城下最大の祭事である。

八雲神社の北西約800mの位置に，烏山城跡がある。八高山（202m）の山頂を利用した天然の要害で，複郭式の山城であった。城跡へは，JR烏山駅から国道294号線を北に進み，中央交差点を直進して，約900m行ったところ（県立烏山高校の南約280m）を西に入って，寿亀山神社（三の丸跡）から七曲り道をのぼっていく。城郭の主要部分は5城3郭とよばれ，古本丸・本丸・北城・中城・西城（5城）と若狭郭・常盤郭・大野郭（3郭）といった郭跡が認められる。規模は，東西約150〜350m・南北約600mであり，県内屈指の山城といえる。

築城は，1418（応永25）年，那須資重によるといわれる。烏山城は，室町〜戦国時代を通じて下那須家の重要拠点であったが，1590（天正18）年，城主那須資晴は，豊臣秀吉による小田原攻めに参陣しなかったため，改易となった。その後，烏山城主は，織田信雄・成田氏長・堀親良・那須資弥らが交替したが，1725（享保10）年に大久

76　那珂川に沿って

保常春が烏山藩主に就任してからは，大久保氏（3万石）が8代続き，幕末を迎えた。

宮原八幡宮とその周辺 ⓱　〈M ▶ P. 54, 77〉那須烏山市宮原578
JR烏山線烏山駅🚶25分

>近世烏山藩領の総社
>烏山和紙隆盛の名残り

烏山駅から国道294号線を通り，北東へ約1.5km行くと，宮原八幡宮（祭神誉田別命）がある。社伝によれば，795（延暦14）年，坂上田村麻呂が奥州に下向した際，戦勝祈願のため，現在の烏山城跡近くの筑紫山に宇佐八幡宮（大分県大分市）を勧請し，筑紫八幡と称したのが草創といい，807（大同2）年，現在地に遷座されたという。1560（永禄3）年には，烏山城主那須資胤が小田倉合戦の戦勝を祈願し，本殿の扉を奉納した。

近世においては，代々の烏山藩主に崇敬され，烏山藩領の総社とされた。宮原村（現，那須烏山市）に社領5石を有し，毎年8月15日の祭礼は藩費で賄われていた。境内の石灯籠1対は，1768（明和5）年，江戸の紙商人仲間によって奉納されたもので，当時の烏山和紙の隆盛が偲ばれる。

宮原八幡宮から宮原街道を西へ約15分歩くと，烏山和紙会館がある。烏山和紙の起源は，1213（建保元）年，那須十郎が越前（現，福井県）から奉書漉人を雇い入れ，那須奉書を産したことという。那須楮を原料とする和紙で，江戸時代には関東地方を代表する和紙となった。烏山和紙会館の東には，設立者の福田製紙所がある。

福田製紙所南東の小道を約15分歩いた，宮原八幡宮の南約350mの地に，耕便門の碑が立っている。これは，烏山藩によ

>那須烏山市中心部の史跡

中世那須氏の史跡を訪ねる　77

耕便門の碑

る用水開削工事の完成を記念したものである。1825（文政8）年から翌年にかけて，大沢村平山助之丞と赤坂町根本小右衛門の尽力によって，工事は成功し，約30haの新田が拓かれた。

天性寺 ⑱
0287-82-3156 〈M ▶ P.54, 77〉那須烏山市 南1-4
JR烏山線烏山駅 🚶10分

中世那須氏の菩提寺
近世烏山藩主の菩提寺

烏山駅から西に歩き，国道294号線を200mほど南下して，さらに右折すると，愛宕山麓に天性寺（曹洞宗）がある。南台山曹源院と称し，本尊は木造聖観音坐像である。寺伝によれば，1199（正治元）年那須光資が当地の北約2kmの福泉坊の地に創建し，院号は那須与一の法号にちなんだという。寺号は，初代烏山城主那須資重によって天照寺とされたが，那須高資の法号にちなみ，1555（弘治元）年に天性寺に改められたと伝える。中世においては，那須氏の菩提寺であった。

近世には，歴代烏山藩主の菩提寺となり，松下氏より50石，堀氏より20石の寺領が寄進されている。8代藩主板倉重種の城郭拡張策によって，1675（延宝3）年，現在地に移った。1725（享保10）年の大久保氏入部以降は，下境村（現，那須烏山市）に8石の寺領を得た。住職円応は，1828（文政11）年，烏山藩領内の荒地開発7カ年計画を出願し，藩の許諾を得て，40町歩余り（約40万m²）の再開発に成功

天性寺

78　那珂川に沿って

した。

　その後，円応と烏山藩家老菅谷八郎右衛門は，報徳仕法を藩政に導入すべく奔走し，1836(天保7)年に仕法が導入された際，天性寺の中門両側に御救小屋12棟が建てられ，窮民に粥が施された。現在の本堂は，1943(昭和18)年の再建であり，境内には，円応と菅谷八郎右衛門の墓碑や，那須資持から資胤までの那須氏6代の墓碑がある。

太平寺 ⑲

〈M ▶ P. 54, 77〉那須烏山市滝395
JR烏山線滝駅 大 4分

中世那須氏が崇敬千本氏殺害の現場

　滝駅から南に約300m進み，江川を渡るとすぐ太平寺(天台宗)の前に出る。滝尾山正眼院と号し，本尊は，室町時代の作とされる木造千手観音菩薩立像(県文化)である。付近の龍門滝(幅約65m・高さ約20m)にちなみ，滝の観音・滝寺とも称される。寺伝によれば，803(延暦22)年，征夷大将軍坂上田村麻呂が蝦夷征討に赴いた際，当地に創建となり，天台座主円仁を開山とするという。

　中世には，烏山城主那須氏の崇敬を受け，しばしば堂宇が修復された。1585(天正13)年12月，千本資俊父子が那須資晴の命で，前黒羽城主大関高増らによって討たれたのは，太平寺においてであった。その後，近世には，歴代烏山藩主の崇敬を受け，滝村(現，那須烏山市)に8石余り，下境村(現，那須烏山市)に5石の寺領があった。1725(享保10)年の大久保常春の烏山入封以来，太平寺は大久保氏の菩提寺となった。なお，1681(延宝9)年に那須資弥が寄進したと陰刻される天蓋(県文化)や，堀親昌が1672(寛文12)年に寄進した仁王門，江戸の紙商人仲間が1685(貞享2)年に寄進した石段などが現存している。

太平寺仁王門

中世那須氏の史跡を訪ねる

安楽寺 ⑳
0287-88-2072
〈M ▶ P.54〉那須烏山市田野倉285
JR烏山線大金駅 🚶10分

平安時代初期徳一が創建
旗本大田原氏の祈願寺

安楽寺山門

大金駅から県道10号線を北西に約450m行き、踏切を渡り、西へ約200m進んだ地に、安楽寺(真言宗)がある。医王山宝生院と称し、もともとの本尊は、木造薬師如来坐像(県文化)であったと思われ、平安時代末期の作とされる。寺伝によれば、807(大同2)年、巡錫中の法相宗の僧徳一が創建したといい、1486(文明18)年、筑紫大安楽寺の賢海が伽藍を再建し、本尊を木造不動明王立像に、寺号を安楽寺としたという。本尊については、最近、木造薬師如来坐像に戻された。

　近世においては、談林の寺格が与えられ、末寺14カ寺を有した。田野倉村(現、那須烏山市)などの領主であった旗本大田原清勝は、安楽寺を祈願寺として、寺領若干を寄進した。

Nikkō

日光山麓とその周辺

日光東照宮千人行列（日光市）

鹿沼今宮神社祭屋台行事（鹿沼市）

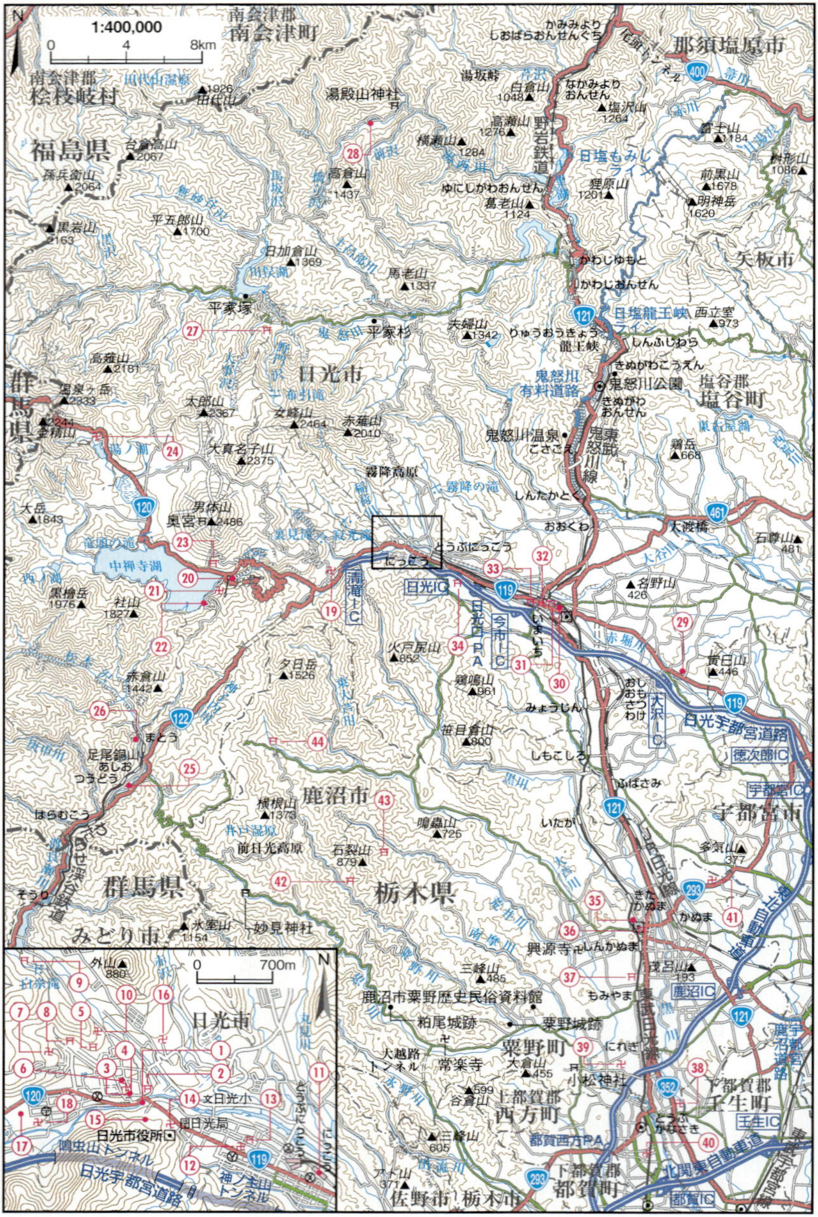

◎日光・上都賀散歩モデルコース

1. JR日光線日光駅 _2_ 東武日光線東武日光駅 _15_ 日光郷土センター _10_ 神橋 _8_ 日光山輪王寺三仏堂 _7_ 日光東照宮 _10_ 大猷院 _5_ 日光二荒山神社 _25_ 滝尾神社 _15_ 開山堂 _10_ 本宮神社・四本竜寺 _25_ JR日光駅

2. JR日光線日光駅 _2_ 東武日光線東武日光駅 _7_ 竜蔵寺 _1_ 稲荷神社 _3_ 虚空蔵堂 _15_ 日光金谷ホテル _5_ 神橋 _5_ 小杉放菴記念日光美術館 _15_ 浄光寺 _7_ 田母沢御用邸記念公園 _8_ 清滝寺 _30_ 栃木県立日光自然博物館 _15_ 中禅寺（立木観音） _30_ 英国・イタリア大使館別荘記念公園 _50_ 日光二荒山神社中宮祠 _20_ 温泉寺 _85_ JR日光駅

3. わたらせ渓谷鉄道通洞駅 _10_ 足尾銅山観光 _10_ 足尾代官所跡 _2_ 鋳銭座跡の碑 _35_ 古河掛水倶楽部旧館・新館 _10_ わたらせ渓谷鉄道足尾駅 _4_ わたらせ渓谷鉄道間藤駅 _10_ 旧間藤水力発電所水圧鉄管 _15_ 古河橋 _5_ 竜蔵寺 _30_ 間藤駅

4. JR日光線下野大沢駅 _8_ 日光杉並木寄進碑 _10_ 大沢御殿跡 _15_ JR日光線今市駅 _15_ 報徳二宮神社 _1_ 如来寺 _3_ 今市宿市縁ひろば _15_ 日光杉並木公園 _10_ 滝尾神社 _1_ 日光市歴史民俗資料館・二宮尊徳記念館 _15_ JR今市駅 _10_ 日枝神社 _5_ 生岡神社 _10_ JR日光線日光駅

5. JR日光線鹿沼駅 _10_ 鹿沼城跡 _10_ 今宮神社 _10_ 東武日光線新鹿沼駅 _3_ 東武日光線樅山駅 _10_ 生子神社 _10_ 東武樅山駅 _8_ 東武日光線金崎駅 _15_ 金井薬師堂 _15_ 東武金崎駅

6. JR日光線鹿沼駅 _40_ 常楽寺 _20_ 賀蘇山神社 _20_ 古峰神社 _60_ JR鹿沼駅

①神橋	⑫竜蔵寺	使館別荘記念公園	㉞日枝神社・生岡神社
②本宮神社・四本竜寺	⑬稲荷神社	㉓日光二荒山神社中宮祠	㉟鹿沼城跡
③日光山輪王寺宝物館・逍遙園	⑭観音寺	㉔温泉寺	㊱今宮神社
④三仏堂	⑮日光金谷ホテル	㉕足尾銅山観光	㊲生子神社
⑤日光東照宮	⑯興雲律院	㉖本山坑跡	㊳広済寺
⑥日光東照宮宝物館	⑰田母沢御用邸記念公園	㉗野門東照宮	㊴医王寺
⑦大猷院	⑱浄光寺	㉘平家の里	㊵金井薬師堂
⑧日光二荒山神社	⑲清滝寺	㉙日光杉並木寄進碑	㊶栃窪薬師堂
⑨滝尾神社	⑳栃木県立日光自然博物館	㉚追分地蔵尊	㊷賀蘇山神社
⑩開山堂	㉑中禅寺（立木観音）	㉛報徳二宮神社	㊸加蘇山神社
⑪JR日光駅駅舎	㉒英国・イタリア大	㉜如来寺	㊹古峰神社
		㉝滝尾神社	

世界遺産日光の社寺を歩く

東照宮を始め，世界遺産に指定された日光山内地区の神社・仏閣をめぐり，江戸時代初期に開花した独自の宗教文化を探る。

神橋 ❶
0288-54-0535
(日光二荒山神社社務所)

〈M ▶ P. 82, 86〉 日光市上鉢石町1112
JR日光線日光駅・東武日光線東武日光駅🚌中禅寺温泉行神橋🚶1分

「日光の社寺」の入口「山菅の蛇橋」の伝承をもつ朱塗りの橋

　神橋バス停から西へ約50m歩くと，神橋(国重文)がある。「日光の社寺」の入口で，大谷川に架かる朱塗りの橋である。「日光の社寺」とは，日光市山内に位置する日光東照宮・日光二荒山神社・日光山輪王寺の二社一寺である。現在の橋は，1902(明治35)年の台風で流出後に再建されたものであるが，1637(寛永14)年に建てられた巨大な石の橋脚も現存する。

　日光を開いたのは，芳賀郡高岡(現，真岡市)出身の僧侶勝道上人である。勝道は，7歳のとき明星天子の告げにより，日光開山を志した。766(天平神護2)年，補陀洛山(男体山)を目指したものの，大谷川を渡れなかった。そのとき，深沙大王(蛇王権現)があらわれ，赤・青2匹のヘビを投げ，その上に山菅を敷き詰めて橋とし，勝道の日光入山を助けたという。このことから，神橋は「山菅の蛇橋」ともよばれた。

　明星天子は，神橋南岸の坂の上にある磐裂神社(星の宮)，深沙大王は神橋北岸，樹齢約550年を数える太郎杉の脇に立つ深沙王堂(深沙王祠)にまつられている。

神橋

　神橋は，江戸時代には日光に社参(参詣)する将軍と，山で修行する修験(山伏)にのみ通行を許され，神聖な橋とされた。庶民は普段，現在の日光橋の前身にあたる仮橋を通行した。神橋の南東側

日光山麓とその周辺

の広場は下馬とよばれ、「下乗」と大きく陰刻された下乗石が立つ。ここから先は，将軍も馬から降りて参詣しなければならなかった。

本宮神社・四本竜寺 ❷
0288-54-0535
(日光二荒山神社社務所)

〈M ▶ P. 82, 86〉日光市上鉢石町2383／2384
JR日光駅・東武日光駅🚌中禅寺温泉行神橋
🚶5分

勝道上人日光開山の史蹟
下野三十三観音第3番札所の観音堂

　神橋バス停から西へ約80m行った日光橋の北側，日光杉並木寄進碑の右手にある石段をのぼると，勝道上人が初めて日光の神々をまつったと伝える本宮神社(祭神味耜高彦根命，国重文)と，勝道が建立した四本竜寺(天台宗)がある。

　四本竜寺には，下野三十三観音札所の第3番にあたる観音堂(国重文)がある。平安時代初頭，下野国司 橘 利遠が千手観音をまつったといわれる堂で，金剛堂ともよばれる。また，鎌倉幕府3代将軍 源 実朝の供養のために建立された三重塔(国重文)がある。もとは，現在の東照宮付近にあり，江戸時代に現在地に移されたが，1684(貞享元)年の大火で焼失し，1686年に現在の塔が再建された。

日光山輪王寺宝物殿・逍遙園 ❸
0288-54-0531(輪王寺寺務所)

〈M ▶ P. 82, 86〉日光市山内2300
🅿
JR日光駅・東武日光駅🚌世界遺産めぐり循環バス勝道上人像前🚶3分

輪王寺伝来の文化財
本坊庭園の遺構逍遙園

　神橋北側の石段をのぼって行くと，日光東照宮の例大祭千人行列の際，神輿が渡御し，東遊が舞われる御旅所(国重文)がある。御旅所から西へ坂をのぼると，山内への表参道である長坂に合流する。坂をのぼり切ると，錫杖を手にした勝道上人銅像が立つ。

　勝道上人銅像から中山通りを西へ直進し，道なりに曲がると，右手に日光東照宮の石鳥居がみえる。石鳥居は，参道の手前側の幅が東照宮側より若干広いため，実際よりも遠くにあるようにみえる。

　中山通りの西の端から北へ60mほど進むと，右手に江戸時代の日光山本坊(中心となった寺院)の正門であった黒門がある。黒門内の旧本坊跡には，日光山輪王寺宝物殿と庭園逍遙園がある。宝物殿には，輪王寺が所蔵する仏像・絵画・典籍などの文化財や，徳川記念財団が所蔵する徳川将軍家の伝世品が展示されている。逍遙園は本

坊庭園の遺構で，季節ごとの美観が堪能できる池泉回遊式庭園である。庭園名は昌平坂学問所の儒者佐藤一斎が命名したものである。

　日光山の本坊は，初め四本竜寺であったが，鎌倉時代に，将軍の護持僧もつとめた日光山座主弁覚があらたに建立した光明院となった。光明院の時代，最高責任者である座主には，皇族や公家出身者が就任し，普段は鎌倉（現，神奈川県）に住んだ。

　応永年間（1394～1428）末頃に光明院が中絶すると，その後は権別当座禅院が本坊としての役割をはたし，戦国時代末期には，戦国大名壬生氏の一族が座禅院住職に就任した。日光山は，1590（天正18）年豊臣秀吉の小田原攻めの際には，北条氏方についたため，天下統一後，衰退した。

　1613（慶長18）年，徳川家康の信頼が厚い慈眼大師天海が日光山に迎えられると，再び活気を取り戻した。天海は東照宮を始め「日光の社寺」の堂宇の多くを整備し，本坊の地も定めた。さらに，後継者として後水尾上皇の第2皇子守澄法親王の下向を要請した。のちに日光門跡となった守澄法親王は，1655（明暦元）年に輪王寺の号を与えられ，輪王寺宮の初代となった。以降，歴代の輪王寺宮は，東照宮や大猷院を始め，「日光の社寺」の祭祀を司った。輪王寺宮は，

日光市中心部の史跡

86　日光山麓とその周辺

通常は兼任する江戸上野(現，東京都台東区)の東叡山寛永寺におり，日光で祭礼・法会のあるときなどに輪王寺に赴いた。

本坊の建物は，明治維新後の火災によって焼失した。現在，**本坊**(寺務所)は，表参道を挟んだ向かい側，江戸時代前期に将軍の宿泊施設とされた御殿地の跡にある。本坊の建物は，もとは1890(明治23)年に日光御用邸として皇太子嘉仁親王(のちの大正天皇)の避暑にも用いられた朝陽館である。

三仏堂 ❹
0288-54-0531(輪王寺寺務所)
〈M ▶ P.82, 86〉日光市山内2300 P
JR日光駅・東武日光駅 世界遺産めぐり循環バス勝道上人像前 3分

輪王寺の本堂
強飯式・延年舞の舞台

日光山輪王寺宝物殿の北側約100mの所に，山内で最大規模の建築物である**三仏堂**(金堂，国重文)がある。本尊は向かって右手の木造千手観音坐像，中央の木造阿弥陀如来坐像，左手の木造馬頭観音坐像の3仏である。3仏は，日光二荒山神社の祭神にあたる日光三所権現の本地仏である。現在の堂は1647(正保4)年に再建されて以降，明治時代初期まで日光二荒山神社本社の東側(現，社務所)に位置していたが，神仏分離令発布により相輪橖とともに現在地に移された。山伏姿の強飯僧から飲食を強要されることにより，七難即滅・七福即生の現世利益を得るという**強飯式**(毎年4月2日)，天下泰平・国土安穏・延年長寿を祈る**延年舞**(毎年5月17日)は，ここで行われる。

堂内には，もとは滝尾神社境内にあり，諸国から参詣する**六十六部聖**が経典を投げ入れて供養した**鉄多宝塔**(滝尾鉄塔，国重文)がある。三仏堂前にある壮観な**金剛ザクラ**(国天然)の見頃は，4月下旬～5月初旬である。

相輪橖は，慈眼大師天海が1643(寛永20)年，比叡山延暦寺(滋賀県大津市)にある伝教大師最澄建立の

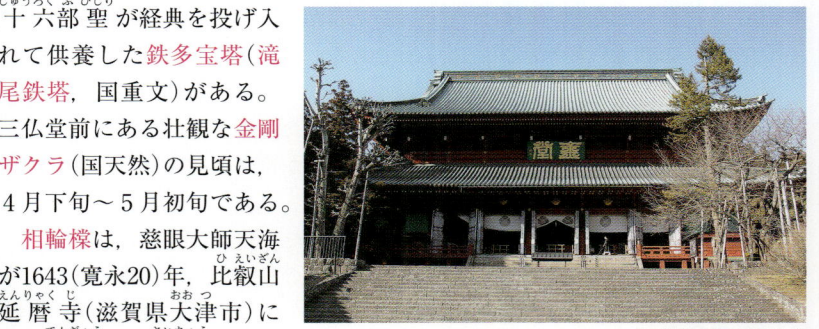

日光山輪王寺三仏堂

世界遺産日光の社寺を歩く

相輪橖を模して建てたもので、現在は三仏堂の裏手にある。ここには、1648(慶安元)年に、生糸貿易をになう糸割符仲間が、徳川家康による生糸貿易の特権付与に対する謝意を示して、東照宮に寄進した唐銅製灯籠もある。

その北側には、護法天堂(国重文)、人間国宝であった吉原北宰晩年の大作「大昇竜図」が天井を飾る大護摩堂がある。また、かつての光明院の鎮守と伝えられる光明院稲荷もある。

日光東照宮 ❺
0288-54-0560
〈M ▶ P. 82, 86〉日光市山内2301　P
JR日光駅・東武日光駅🚌世界遺産めぐり循環バス表参道
🚶 5分

徳川家康をまつる神社 江戸時代初期を代表する建築

日光総合会館前バス停で降り、北側の石段を140mほどのぼると、日光東照宮の表参道に出る。

江戸幕府初代将軍徳川家康は、1616(元和2)年4月に死去すると神としてまつられた。家康は、後水尾天皇から東照大権現の神号を与えられ、初め久能山(静岡県)に葬られたが、遺言により1年後、日光山に遷された。当初の社殿は、城郭建築で名高い中井正清によるものであったが、1636(寛永13)年に3代将軍徳川家光の命で家康の二十一回忌にあわせて寛永の大造替がなされ、現在の社殿になった。初め東照社とよばれていたが、1645(正保2)年、後光明天皇から宮号が与えられて東照宮となった。

1618(元和4)年に、福岡藩(現、福岡県)初代藩主黒田長政が寄進した全長9mもの巨大な石鳥居(国重文)の下は、10段の石段からなる千人桝形で、城の入口のようである。石鳥居に架けられる「東照大権現」の額は、後水尾天皇の宸筆である。左手には1818(文政元)年再建の五重塔(国重文)が聳える。その3年前に、1649(慶安2)年大老酒井忠勝寄進の塔が落雷により焼失したため、改めて忠勝の子孫である忠進により寄進された。大名個人が寄進を許可された木造建造物は、この五重塔のみである。

京都七条仏師康音作の仁王像が安置された表門(国重文)は、古くは仁王門・総門とよばれた。2体の仁王像の裏手には、唐獅子があり、神仏習合の時代の作であることをうかがわせる。表門に入る前には、門の右下にある石垣の1690(元禄3)年の大修理のときに

日光東照宮上神庫

埋め込まれた阿房丸という巨石もみておきたい。

　表門をくぐり，最初に目に入るのは，校倉造の三神庫（上神庫・中神庫・下神庫）と西浄（いずれも国重文）である。三神庫は千人行列の装束・道具を納める蔵であり，左手の上神庫の切妻にあるゾウの極彩色彫刻がひときわ目立つ。その下絵は，江戸時代初期，江戸狩野派の祖であり幕府御用絵師の狩野探幽の筆による。東照宮で目にする襖絵や彫刻の下絵の大部分は，探幽とその一門の作である。上神庫の向かいには，境内で唯一の素木造の建築物である神厩（国重文）がある。神厩には，「見ざる・言わざる・聞かざる」の三猿など，猿の一生を描く8面の欄間彫刻がある。

　神厩から先に進むと，正面に水屋（国重文）がある。その手水石は佐賀藩（現，佐賀県）初代藩主鍋島勝茂が，1618年に寄進したものである。その北側には宝形造の輪蔵（経蔵），その先には，道を挟んで対称的に袴腰形で櫓造の鐘楼・鼓楼（いずれも国重文）がある。輪蔵内部の回転式の書架には，慈眼大師天海が開版した一切経が納められている。

　鐘楼・鼓楼の間には，17世紀前半，オランダ寄進の蓮灯籠・回転灯籠・八角型灯籠，朝鮮寄進の朝鮮鐘（いずれも国重文）がある。

　ここまでくると，神厩付近からみえていた陽明門（国宝）が間近に迫る。陽明門は，1日中みていても飽きないことから「日暮門」ともよばれる。508の彩色彫刻があるが，とくに2層目の勾欄下にある，孟母断機，司馬温公の甕割りなど中国の故事にちなむ唐子遊びの彫刻は愛らしい。また，8本の柱のうち1本は，門の永続を願う魔除けのため，逆向きにした逆さ柱となっている。門の両脇に連なる左右の袖塀（国宝）は，花鳥の彫刻が美しい。陽明門下の石柵（国重文）には，備前西大寺（岡山県）の築太夫作とされ，意匠が奇抜な飛越の獅子1対の彫刻がある。

　陽明門をくぐると，正面に東照宮の本社がある。本社には，唐門

世界遺産日光の社寺を歩く　89

日光東照宮奥社宝塔

と東西透塀(いずれも国宝)に囲まれた空間に、本殿と拝殿を石の間でつないだ、権現造とよばれるエ字型の複合社殿建築が配置される。拝殿・石の間の内部は、祭事が行われていなければ拝観できる。白い胡粉塗りの唐門は、中国古代の帝王舜帝の朝見の様子を描いた彫刻や、唐破風上におかれた霊獣悪の金工が目を引く。

本社の左には神輿舎、右には神楽殿・祈禱殿(いずれも国重文)がある。神輿舎には、東照宮の例大祭である千人行列(毎年5月18日・10月17日)で用いられる徳川家康・豊臣秀吉・源頼朝の3基の神輿が納められている。神輿は、明治時代以前は東照大権現・山王権現・摩多羅神とされていた。3神輿(秋は家康1基のみ)は、その前後に武者・猿引きなどの行列を引き連れ、御旅所に渡御する。なお、5月17日には下新道で流鏑馬が行われる。また毎年4月下旬には、門前町から人手を出して境内の掃除を行う栗石返しが行われる。栗石返しは大猷院でも行われるが、ともに江戸時代に、門前町の人びとに課せられた役が現在に伝わるものである。

家康の墓所にあたる奥社を見学する際には、神楽殿と祈禱殿の間で受け付けした後、200段余りの石段をのぼっていく。その入口の坂下門(国重文)手前の東廻廊には、飛騨(現、岐阜県)の左甚五郎作とされる眠り猫の彫刻がある。石段をのぼり切ると、銅鳥居と、神宝を納める銅神庫(ともに国重文)がある。銅鳥居をくぐると拝殿があり、その裏手に、唐銅製の鋳抜門と宝塔(いずれも国重文)が目に入る。1622(元和8)年に建立された宝塔は木造の多宝塔であったが、1641(寛永18)年石造につくりかえられた。しかし1683(天和3)年大地震で倒壊したことから、現在の唐銅製につくりかえられた。幕府の御用鋳物師椎名良寛の作である。

もときた道を戻る途中、陽明門を出たら、右手の鼓楼奥にみえる

コラム
「日光の社寺」を演出する動植物

「日光の社寺」の装飾彫刻 平和と政治の理想を演出

「日光の社寺」の建造物や文化財は、動植物を題材とした意匠の宝庫である。日光東照宮の場合、彫刻の数を数えると、動物は1600、植物は1500を超える。実在する動植物はもちろん、想像上のものもある。

類似した意匠でもよく観察すると、指・爪の数、牙・ひげの有無などで、異なる動物を表現していることに気づかされる。

それらの配置も奥深い。たとえば東照宮の神厩には、火伏やウマの守り神とされるサルの彫刻が欄間に並ぶ。奥社参道入口の蟇股には有名な「眠り猫」を、その背面にはスズメを配置する。

「眠り猫」と向かい合う場所には「常世国」の果物とされるミカンの彫刻がある。つまり、奥社は東照宮における「常世国」と見立てられていたことになる。一見、無造作にみえる動植物の配置は、宗教的・呪術的な意味合いを込めた演出といえる。

また、本社拝殿の将軍着座の間・法親王着座の間は、日光に参詣する江戸幕府代々将軍と輪王寺宮専用の部屋である。それらの杉戸には麒麟と白沢の絵が描かれる。

麒麟は、善政が行われると出現するという霊獣である。白沢は王の政治を正し、忠告を聞き入れないと姿を隠すとされる。本社には、将軍と輪王寺宮が江戸時代の平和と理想的な政治を体現していることを示す演出がされているのである。

日光東照宮眠り猫

日光東照宮神厩欄間彫刻(三猿)

本地堂(薬師堂、国重文)も見学したい。東照大権現の本地仏薬師如来を本尊とする堂で、鳴竜とよばれる竜の天井絵(堅山南風筆)がある。絵の下で拍子木を打つと、その反響音が、竜の鳴き声のように聞こえる。

石鳥居東側には東照宮の修理時に神体を遷す御仮殿(国重文)、1812(文化9)年火災で焼失した神宝を埋納した災害供養塔、1915(大正4)年建築の剣道場である武徳殿(国登録)がある。また、表門東側を進むと、江戸時代の東照宮別当大楽院の遺構である黒門、1928(昭和3)年建立の旧社務所(朝陽閣)を公開する日光東照宮美術館がある。昭和時代初期に活躍した横山大観・中村岳陵・荒井

寛方・堅山南風らが描いた杉戸絵・襖絵を鑑賞することができる。

日光東照宮宝物館 ❻
0288-54-2558
〈M ▶ P. 82, 86〉 日光市山内2301　P
JR日光駅・東武日光駅🚌世界遺産めぐり循環バス表参道大5分

東照宮伝来の神宝 家康の遺品も収蔵

　日光東照宮宝物館は，2015(平成27)年の東照宮400年式年大祭を記念して開館した。東照宮見学のためのガイダンス施設でもあり，映像による紹介などもある。展示室には，南蛮銅具足，東照社縁起(いずれも国重文)，征夷大将軍宣旨，刀剣類など，家康・東照宮ゆかりの神宝が展示されている。

　下新道の南側にある旧宝物館の敷地にも足をのばそう。ここには，明治時代に「日光の社寺」の保全にあたった保晃会の碑(勝安芳〈海舟〉撰文・書)がある。保晃会は，国が日光の社寺の文化財を保護する以前，多額の浄財を集めて山内堂社の修繕を行った。初代会長は東照宮宮司もつとめた旧会津藩主の松平容保，2代は旧幕臣榎本武揚であった。ここでは，東照宮旧奥社石唐門・石鳥居(国重文)も見学したい。ともに1683(天和3)年の大地震で倒壊し埋もれていた破片を回収し，1965(昭和40)年に復元したものである。

大猷院 ❼
0288-54-0531(輪王寺寺務所)
〈M ▶ P. 82, 86〉 日光市山内2306　P
JR日光線日光駅・東武日光線東武日光駅🚌世界遺産めぐり循環バス大猷院・二荒山神社前大2分

3代将軍徳川家光の廟 東照宮と並ぶ江戸時代初期の建築美

　下新道を抜けた北西方向に，「日光廟大猷院」と刻む石標がある。大猷院は，江戸幕府3代将軍徳川家光(法名大猷院殿)をまつる霊廟である。家光は，祖父家康を崇敬し，死後，東照宮の近くに葬るように遺言した。その一周忌にあたる1653(承応2)年，大棟梁平内応勝の手により完成した。

　正面の仁王門から入ると，左右に宝庫・

大猷院本殿

92　日光山麓とその周辺

水盤舎がある。正面には別当所竜光院(いずれも国重文，竜光院は非公開)がある。長い石段が続く順路上には二天門・鐘楼・鼓楼(いずれも国重文)がある。夜叉門(国重文)をくぐると，本殿・相の間・拝殿(いずれも国宝)からなる権現造建築を核とする中心区域に入る。その正面は鬼門にあたる北東側に面するが，それは家光が崇敬した家康の墓所である東照宮奥社の方向にあたる。正面の唐門(国重文)から拝殿内は拝観可能である。竜を描いた拝殿の格天井は狩野派一門の合作である。

構造は東照宮によく似ているが，仏式で，全体に装飾・規模・彩色は控えめであるとしばしば評される。しかし，漆黒の中に輝く金銀の装飾は，決して東照宮に引けを取らぬ豪華絢爛さをもっている。

本殿の北西にある竜宮造の皇嘉門は，家光を葬る奥院の入口で，天女が舞う天井絵がある。奥院には唐銅宝塔と拝殿，銅包宝蔵があるが，通常は非公開である。

大猷院の南東には，渡廊で結ばれた輪王寺(天台宗)の常行堂・法華堂(いずれも国重文)がある。天台宗寺院に特徴的な堂で二つ堂ともよばれる。常行堂は，頼朝堂ともよばれ，鎌倉幕府初代将軍源頼朝のものと伝えられる遺骨が安置されている。

渡廊から続く三縁坂の上には，慈眼大師天海をまつる慈眼堂がある。見学する際には，三縁坂は現在通行禁止なので西参道を約130mくだり，舗装された林道をのぼって行く。大猷院の拝観受付で一言断っていくとよい。慈眼堂の裏には，天海の墓である五輪塔があり，その周囲は石造の六部天が取り囲む。境内には，天海が収集した聖教・典籍を納めた校倉造の天海蔵がある。また，天海の後継者公海や輪王寺宮歴代の墓所もある。最後の輪王寺宮公現法親王は，明治維新後還俗し，北白川宮能久親王となった。日清戦争中の1895(明治28)年台湾に出征し，病没後，護王殿にまつられた。隣り合う奉安殿内には能久親王の像がある。

日光二荒山神社 ❽
0288-54-0535
〈M ▶ P.82, 86〉 日光市山内2307　P
JR日光駅・東武日光駅🚌世界遺産めぐり循環バス大猷院・二荒山神社前🚶2分

常行堂前の銅鳥居から坂をのぼり，神門をくぐると，日光の地主

日光二荒山神社本殿

神をまつる日光二荒山神社(祭神大己貴命(おおなむちのみこと)・田心姫命(たごりひめのみこと)・味耜高彦根命(あじすきたかひこねのみこと))の本社がある。1215(建保3)年鎮座以降,明治維新までは新宮(しんぐう)とよばれた。東側の楼門(ろうもん)から東照宮五重塔前に続く上(かみ)新道も,古くは新宮馬場と称した。

日光山の地主神 春を彩る弥生祭

神門の正面に拝殿があり,その西側から神苑(しんえん)に入ると,右手に本殿がみえる。本殿は八棟造(やつむねづくり)で,1619(元和5)年,江戸幕府2代将軍徳川秀忠が鈴木長次を大工として造営した。江戸時代初頭の建築の特徴を残す。本殿脇には,刀の疵痕を残し「化け灯籠(ば)」と俗称される,1292(正応5)年鹿沼権三郎入道教阿(こんざぶろうにゅうどうきょうあ)が奉納した銅灯籠(国重文)がある。

本殿西側には,日枝(ひえ)神社(祭神大山咋命(おおやまくい)),朋友(みとも)神社(祭神少彦名命(すくなひこなのみこと)),大国殿(だいこくでん)(祭神大国主命(おおくにぬし))などの摂社(せっしゃ)や,例大祭である弥生祭(やよいさい)で滝尾(たきのお)神社・本宮神社へ渡御する3神輿を納める神輿舎(みこしのお)がある。神輿舎は,日光東照宮で1617(元和3)年仮殿として中井正清が建造した建物が遷されたもので,山内に残る唯一の元和期の東照宮遺構である。

弥生祭(毎年4月13〜17日)の本祭は,神輿渡御を中心とし,古風な八乙女(やおとめ)の舞もみられる。また門前の東西11カ町から家体(やたい)(屋台)が繰り出す付祭(ばやし)(毎年4月16・17日,県民俗)があり,日光囃子が鳴り響く。17日に付祭で,各町の若い衆が口上を述べつつ町名入りの名刺を交換しあう名刺交換は,一見の価値がある。

滝尾(たきのお)神社 ❾
0288-54-0535(日光二荒山神社社務所)
〈M ► P.82〉日光市山内2313 Ⓟ
JR日光駅・東武日光駅🚌世界遺産めぐり循環バスホテル清晃苑前🚶30分

日光三社の1つ 境内・参道に残る民間信仰

大猷院と日光二荒山神社の間にある山道をのぼると,1675(延宝3)年江戸幕府3代将軍徳川家光の忠臣であった阿部忠秋(あべただあき)の家臣が建てた空烟地蔵(くういんじぞう)がある。さらに進むと,修験道の開祖役行者(えんのぎょうじゃ)(役

小角)をまつる行者堂に出る。

　行者堂の先から道をくだり，南東からの道と合流する地点で，左手に進む。その先に庶民も読めるように仮名まじりで「大小へんきんせい」と記された大小便禁制の碑があり，ここから滝尾神社の神域に入る。天狗沢にかかる筋違橋からは，1486（文明18）年に参拝した京都聖護院の道興准后も愛でた白糸の滝がみえる。

　筋違橋を渡り，如法経供養塔の脇の石段をのぼると滝尾神社（祭神田心姫命）の社殿（拝殿・本殿・平唐門）に出る。滝尾神社は弘法大師空海が820（弘仁11）年に建立した神社で，二荒山神社（新宮）・本宮神社（本宮）とともに日光三社の1つである。滝尾は，かつて六十六部聖が法華経を納める聖地でもあった。神仏分離以前，社殿前に立つ楼門には神社の旧称の1つである「女体中宮」の扁額がかけられていた。本殿裏には神の降り立つ神木三本杉が立つ。

　石段との間には，かつて滝尾神社を管理した滝尾上人という僧の在所であった別所跡，空海が田心姫命を拝したという影向石，梶定良が1690（元禄3）年に奉納した石鳥居がある。この石鳥居は「運試しの鳥居」とよばれ，小束に開く丸穴に石を3度投げ，1度でも通れば願いごとがかなうといわれる。

開山堂 ⑩
0288-54-0531（輪王寺寺務所）
〈M ▶ P. 82, 86〉 日光市山内2318　P
JR日光駅・東武日光駅　世界遺産めぐり循環バスホテル清晃苑前　15分

勝道上人をまつる堂宇周辺に日光を訪れた人びとの足跡

　滝尾神社から南東へ進み，北野神社（祭神菅原道真）を過ぎると，勝道上人をまつる開山堂がある。本尊は運慶作と伝える木造地蔵菩薩坐像で，勝道とその十大弟子の像もまつられており，毎年4月1日開山祭のときに拝観できる。堂の裏手の石柵内には勝道の墓とされる五輪塔がある。

　境内南側には，香車の駒が数多く奉納されている観音堂（産の宮・香車堂）がある。将棋で香車は直進する駒であり，妊婦がこれを借りると安産できるという信仰がある。その隣には陰陽石，その裏手，切り立った断崖には六部天をまつる仏岩がある。開山堂の南東には，1689（元禄2）年『おくのほそ道』の旅に出た松尾芭蕉が訪れた養源院跡がある。

世界遺産日光の社寺を歩く

2 門前町から奥日光・足尾・栗山へ

世界遺産「日光の社寺」を取り囲む周辺地域をめぐり、世界的に価値のある文化財を支えてきた人びとの生活と文化を探る。

JR日光駅駅舎 ⑪
0288-54-0046

〈M ▶ P. 82, 86〉 日光市相生町115 P
JR日光線日光駅 大 すぐ、または東武日光線東武日光駅 大 2分

日光の表玄関 JR東日本最古の駅舎建築

JR日光駅駅舎

日光の表玄関は、JR日光駅と東武日光駅である。JRは日本鉄道日光支線として1890(明治23)年に、東武鉄道は1929(昭和4)年に全線開通し、以来、多数の旅客を運んできた。東武日光駅前は江戸時代、日光道中の鉢石宿への入口にあたる場所であった。

JR日光駅駅舎は、1912(大正元)年8月に建てられたJR東日本最古の駅舎建築である。2階建ての洋風建築で、皇族や外国の要人が利用した貴賓室もある。

竜蔵寺 ⑫
0288-54-0247

〈M ▶ P. 82, 86〉 日光市御幸町396 P
JR日光線日光駅・東武日光線東武日光駅 🚌 中禅寺温泉行石屋町 大 2分

御幸町など3町の檀那寺 鎌倉幕府御家人畠山氏ゆかりの寺

石屋町バス停から国道19号線を西へ70m余り行くと、竜蔵寺(天台宗)がある。

松原町・石屋町・御幸町は、1640(寛永17)年の町割で、山内から移されて成立した町である。このとき山内仏岩から移って3カ町の檀那寺となった竜蔵寺は、御幸町・石屋町の境にある。竜蔵寺は、鎌倉時代、北条氏に滅ぼされた御家人畠山重忠の末子重慶阿闍梨が隠れ住んだ庵に始まる。重慶は、日光山座主弁覚の密告により、3代将軍源実朝から捕縛を命じられた長沼宗政によって殺害された。境内にはその供養塔がある。また、戊辰戦争(1868～69

年)で戦死した安芸藩(現,広島県)藩士の墓や,1817(文化14)年に日光に詣でた浄土宗の行者徳本が,寺内で布教した際に結縁した講中によって建てられた名号塔がある。名号塔には,徳本の筆跡による南無阿弥陀仏の6字が刻まれている。

　竜蔵寺から西側は御幸町である。東照宮鎮座にともない,山内中山通りに成立した新町が1640年に移転して成立した。その町名は,1633(寛永10)年慈眼大師天海から与えられたもので,そのとき諸役免除の特権と祭礼その他の奉公を命じた御墨付が出された。天海以後,幕末まで歴代門跡がその特権を認めた安堵状14通は,御幸町文書として現存する。正・5・9月の3回,天海の遺徳を偲び,町内の女性たちが集まる「御大師様の御日待」の本尊となる慈眼大師(天海)画像は,1832(天保3)年幕府御用絵師木村了琢の作である。

稲荷神社 ⓭
0288-54-0376

〈M ▶ P. 82, 86〉 日光市稲荷町1-665
JR日光駅・東武日光駅🚌中禅寺温泉行石屋町🚶3分

稲荷町の鎮守
西行ゆかりの旧跡

　竜蔵寺の境内を抜けて北側,稲荷町の通りに出ると,正面に稲荷町鎮守である稲荷神社(祭神稲倉魂命)の境内に出る。鎌倉時代の遊行僧西行の伝説を残す西行戻石とその歌碑がある。

　稲荷町は江戸時代初期までは稲荷川東岸にあり,稲荷川町(皆成河町)といって300軒を超える町屋が立ち並んでいたが,1662(寛文2)年の稲荷川大洪水で壊滅した。

　残った90軒が鉢石裏に集団移転して成立したのが稲荷町であり,古くは出町ともよばれた。このとき,1218(建保6)年創建の稲荷神社も現在地に移された。石屋町南側を流れる志度淵川にかかる志度淵橋の南にある竜蔵寺十王堂墓地内には,その多数の犠牲者の名前・戒名を刻む2基の水難供養塔がある。

　稲荷神社の西,約250m先には,鉢石町・御幸町・石屋町・松原町の鎮守で,観音寺が管理する虚空蔵堂がある。1641(寛永18)年に神橋かたわらの磐裂神社(星の宮)か

1662年稲荷川大洪水の水難供養塔

門前町から奥日光・足尾・栗山へ

ら勧請された星の宮で,神仏分離後,その本地仏虚空蔵菩薩をまつる仏堂とされた。建築は1833(天保4)年の修復によるもので,田沼(現,佐野市)出身で,鹿沼宿に住む彫刻師石塚知興による極彩色彫刻が冴える。境内には,東町の職人の祖神である太子堂,東町全町の鎮守大杉神社がある。

　稲荷神社・虚空蔵堂の境内には多数の石塔がある。とくに17世紀に建てられた日光型庚申塔が目立つ。日光型庚申塔は,月天・日天や2匹のサルを陽刻した板碑型の塔で,日光とその周辺に分布する。

観音寺 ⓮
0288-54-0339
〈M▶P.82, 86〉日光市上鉢石町1003　P
JR日光線日光駅🚌中禅寺温泉行日光郷土センター前🚶1分

鉢石町の檀那寺
女人信仰の勧音講

　日光郷土センター前バス停南側には日光郷土センターがあり,歴史や文化財・伝統工芸・自然環境の展示がある。かつて日光二荒山神社弥生祭に繰り出した,16人でかつぐ底抜け屋台型の稲荷町本家体も展示される。

　日光郷土センターから国道119号線を260mほど北西に向かうと,左手には,木造4階建ての旧日光市庁舎本館(国登録)がある。外国人観光客向けのホテルとして1919(大正8)年に竣工したが,1954(昭和29)年から旧日光市役所庁舎となった。2006(平成18)年3月に,今市市ほか3町村との新設合併以降は,日光総合支所・行政センター庁舎としても用いられた。

　旧日光市庁舎本館から山内方面に,100mほど進んだ右手に鉢石がある。鉢を伏せた形状をもつ石で,鉢石の地名の起源である。

　上鉢石町の入口左手には,弘法大師空海開基と伝えられ,1627(寛永4)年天台宗に改宗され,鉢石町3カ町の檀那寺となった観音寺(天台宗)がある。境内には,子院宝珠院から遷された聖観音堂,山門西側の石段上にある観音堂,境内から旧日

鉢石

鉢石宿とみやげ物

コラム

日光道中の終点
日光みやげの今昔

　鉢石町は中世の三斎市を起源とする町で，古くは坂本とよばれた。上・中・下の3カ町からなる町並みは，東照宮鎮座以降に整えられ，江戸日本橋（現，東京都中央区）と結ぶ日光道中の宿場町鉢石宿となり，1644（正保元）年に伝馬宿となった。1843（天保14）年には名主兼問屋1軒（中鉢石町），本陣2軒（下鉢石町・御幸町），脇本陣2軒（中・下鉢石町），そのほか旅籠が23軒あった。

　みやげ物は，日光彫・日光茶道具・日光下駄などの伝統工芸品，しそ巻き唐辛子，湯波，羊羹などが有名である。貝原益軒の『日光名勝記』や御幸町の商人鷹橋義武の『日光山名跡誌』，八王子千人同心植田孟縉の『日光山志』など，江戸時代の名所案内に紹介されている。曲物・椀・折敷など日光物とよばれた工芸品，海苔などの特産品は，現在生産されていない。

光市庁舎本館裏を通り抜けた先の坂上に薬師堂がある。女性による観音講を始め，民間信仰も盛んである。薬師堂の下の道路脇には，戊辰戦争時の安芸藩士の墓がある。

　上鉢石町の町並みの西端にある日光物産商会店舗（国登録）は，明治時代末期の建築で，漆黒の外観と彩色彫刻が特徴的である。

日光金谷ホテル ⓯
0288-54-0001

〈M ▶ P. 82, 86〉 日光市上鉢石町1300　Ｐ
JR日光線日光駅・東武日光線東武日光駅🚌中禅寺温泉行神橋🚶5分

近代化遺産のホテル建築
著名な外国人が宿泊

　日光は，幕末維新期以降，外国から訪れた外交官や貿易商，知識人などから避暑地として注目された。もと日光山の楽人（雅楽師）であった金谷善一郎は，1873（明治6）年ヘボン式ローマ字で知られるアメリカ人ジェームス・カーティス・ヘップバーン（ヘボン）博士にすすめられ，四軒町（現，本町）内の自宅の一部を宿泊施設とした（現，金谷ホテル歴史館）。以後，金谷家はイザベラ・バード『日本奥地紀行』や外国人向けの新聞などで紹介された。

　上鉢石町の日光物産商会店舗西側の長い坂の上に，金谷家が1893（明治26）年に営業を開始した日光金谷ホテルがある。その本館（国登録）は優雅で気品があふれる。新館（1904年），観覧亭（竜宮）・展望閣（ともに1921年），別館（1935年）も国登録文化財で，クラシックホテルの偉観を誇る。

敷地内には，かつて日光修験の回峰修行の行場であった星宿があり，金剛堂の石祠や「元禄十七(1704)年」銘のある護摩壇，石造不動明王立像がある。

興雲律院 ⓰
こううんりついん
0288-54-0260
〈M ► P. 82, 86〉 日光市萩垣面2404 Ｐ
JR日光駅・東武日光駅🚌中禅寺温泉行神橋🚶15分

天台宗安楽律法流の寺院 鐘楼門など江戸時代中期の建築

神橋交差点から本宮神社の階段下を右手に約80m行くと，小杉放菴(未醒)の作品を中心に，日光ゆかりの美術品を収蔵・展示する小杉放菴記念日光美術館がある。放菴は1881(明治14)年日光で生まれ，旧水戸藩士の洋画家五百城文哉に学んだ。横山大観らとも親しく，日本美術院再興時から同人となり，のちには春陽会を結成するなど，1964(昭和39)年に没するまで活躍した。代表作に東京大学安田講堂壁画，「水郷」「山幸彦」「奥の細道画冊」などがある。

美術館の北東側，稲荷川橋を渡ると，正面の坂の入口に石造の地蔵と珍しい英文の道標が並んでいる。その坂の上にのぼった左手に興雲律院(律院，天台宗)がある。妙立和尚が江戸時代中期，戒律兼学の教学の復興を提唱した安楽律法流の寺院である。1729(享保14)年に創建され，江戸時代には，比叡山飯室(現，滋賀県大津市)の安楽院，江戸上野(現，東京都台東区)東叡山の浄名院とともに同流の本山の１つであった。

本堂の本尊は，東叡山内から移された江戸時代初期の作である木造阿弥陀如来両脇侍坐像(県文化)である。脇侍の観音・勢至両菩薩は正座していて珍しい。境内には，1731年建立と推定される竜宮造の鐘楼門，1732年に今市宿滝尾神社から移築され，日光三所権現・東照大権現の神像４体をまつっている一間社流造の三天堂(駒堂)，中国から輸入された一切経を納める宝形造の経蔵(いずれも県文化)がある。

興雲律院鐘楼門

赤沢橋を渡って道

をさらに進むと，日光木彫りの里がある。その工芸センターには，「日光の社寺」の周辺ではぐくまれた日光彫・日光下駄・日光曲物など伝統工芸の実演や展示，日光彫の体験学習室がある。弥生祭の稲荷町万度，下鉢石町台子(茶瓶)も見学できる。

田母沢御用邸記念公園 ❶
0288-53-6767

〈M ▶ P. 82, 86〉日光市本町 8-27 **P**
JR日光駅・東武日光駅🚌中禅寺温泉行田母沢御用邸🚶1分

大正天皇の愛でた御用邸
江戸〜大正時代の和様建築の粋

　日光総合会館前バス停で下車するとすぐ西側には，落合源七・巴快寛顕彰碑がある。明治時代初期の神仏分離で三仏堂が解体されると，門前町でその保全を求める運動がおこった。その代表となった落合・巴の両名は，1876(明治9)年東北を巡幸途中の明治天皇に直訴した。その結果，三仏堂の移転・復元と景観の保護を命じられ，「日光の社寺」周辺の歴史的景観は守られたのである。

　総合会館から国道120号線を西へ250mほど進むと，日光奉行所跡の標柱がある。日光奉行は，1700(元禄13)年に設置された江戸幕府遠国奉行の1つで，当初は日光の社寺の警備・営繕・祭祀をおもな任務としたが，寛政改革以降，それまで日光目代がになっていた門前町や日光神領の民政も担当するようになった。

　奉行所跡から西へ約90m進むと，日光真光教会礼拝堂(県文化)がある。立教大学校(現，立教大学)初代校長をつとめたジェームズ・マクドナルド・ガーディナーの設計により1914(大正3)年竣工した石造建築で，ガーディナー自身も埋葬されている。その先には，弘法大師空海が建立した青龍神社，日光金谷ホテル創業の地で，江戸時代の武家屋敷建築を残している金谷武家屋敷がある(非公開)。

　武家屋敷の西側300mほど先の左手に，田母沢御用邸記念公園がある。旧日光田母沢御用邸(国重文)は1898(明治31)年，皇太子嘉仁親王(のちの大正天皇)の静養のため，東京赤坂離宮から紀州徳川家江戸中屋敷の殿舎の一部を移築して翌年完成された。その後，1918(大正7)年から3年間にわたって増改築され，第二次世界大戦後に廃用となるまで大正・昭和2代の天皇の避暑，また明仁親王(今上天皇)・正仁親王(のちの常陸宮)の疎開に利用された。御座所・皇后御座所など10棟は，旧御用邸のうち唯一現存する本邸の建築で，

江戸・明治・大正時代の和様建築の粋を伝える。

御用邸と国道119号線を挟んだ向かいにある駐車場西側には，釈迦堂（県文化）がある。1641（寛永18）年，山内から現在地に移された。本尊は木造阿弥陀三尊像で，隣接して建てられた妙道院（廃寺）から移されたものである。また，境内西側には，堀田正盛以下5人の殉死の墓および藤堂高虎以下19人の徳川家譜代家臣の墓（ともに県史跡）が立つ。妙道院は，日光山一山の香華院として1628（寛永5）年に建立された寺で，1651（慶安4）年3代将軍徳川家光の殉死者や，徳川家3代に仕えた家臣も供養した。

釈迦堂の西側，田母沢に沿って延びる道を約2km進むと寂光の滝があり，二荒山神社摂社若子神社がある。

浄光寺 ⑱
0288-54-1589
〈M▶P.82, 86〉 日光市匠町7-17
JR日光駅・東武日光駅🚌中禅寺温泉行田母沢御用邸🚶5分

西町の檀那寺 古河公方足利成氏の名を残す銅鐘

田母沢御用邸バス停から御用邸の塀に沿って東側の横町に入り，突き当りを左折，さらに200m先で右折して進むと，右側に浄光寺（天台宗）がある。日光山一山の墓地を管轄する往生院と光明院の六供僧が，1640（寛永17）年に移されて成立した寺で，西町町人の檀那寺である。門前右手には日光型庚申塔群や，日光宇都宮道路建設により移された向山稲荷神社がある。

浄光寺の境内には「長禄三（1459）年」銘の銅鐘（県文化）がある。もとは本宮神社に奉納されたもので，1470（文明2）年東円坊昌源により往生院に施入された。その銘文には「当将軍源朝臣成氏公」の文字があり，古河公方足利成氏を将軍と記している点で注目される。本堂前の菅笠日限地蔵尊は毎年4月27日の縁日に多くの参詣者が訪れる。また，「天文十九（1550）年」「文禄五（1596）年」銘の石造地蔵尊2軀，江戸時代を通じ，幕命により日光火の番として派遣された八王子千人同心の殉職者を供養する「天保五

匠町に残る簡易水道石升

治山・治水の近代化遺産

コラム

大谷川水系の砂防堰堤
国の登録文化財

日光の山々と、そこから流れ出る大小の河川は、ときとして山津波や洪水などの自然災害を引き起こした。大規模な山野の開発は、災害の規模を大きくもした。近代国家にとって、周辺地域に暮らす人びとの生活を守るため、治山・治水は大きな課題であった。

日光の稲荷川・荒沢など大谷川の支流において、内務省が大水・土砂の大量流出を防ぐために砂防堰堤の建設を開始したのは、1918（大正7）年である。稲荷川第二砂防堰堤（1920年）を始め、稲荷川第三・第四（1921年）、第六（1922年）、第十（1923年、昭和時代に増築）・小米平（1931年）・釜ツ沢下流（1932年）・釜ツ沢（1933年）、荒沢の丹勢山（1928年）・大久保（1929年）、方等滝上流の方等上流（1952年）の各砂防堰堤がつぎつぎに完成した。これらはまさしく近代化の所産であり、2002（平成14）〜03年に国の登録文化財に指定された。

稲荷川砂防堰堤群

（1834）年」銘の防火隊碑、詩人田岡嶺雲・白河鯉洋ゆかりの文豪連理塚、戊辰戦争で落命した幕臣小花和重太郎の墓がある。墓地には、往生院から移された昌源から昌淳に至る権別当座禅院6代の供養塔（五輪塔）を始め、日光奉行所同心や社家の墓碑もみられる。

浄光寺の門前を東へ約100m進むと、その間の道沿いに、田母沢御用邸周辺の衛生管理のために敷設された簡易水道の石升が9個点在する。道の突き当り左手には、匠町の鎮守磐裂神社（星の宮）があり、町内の職人が建立した巨大な聖徳太子講の石塔が目を引く。

磐裂神社の南側に出て大谷川を渡り、西へ500mほど進むと含満が淵がある。慈眼大師天海の高弟の1人である晃海僧正が1654（承応3）年に開いた場所で、霊庇閣から大谷川対岸の岸壁をみると「カンマン」の梵字がある。その200mほど上流には、化地蔵（並地蔵）とよばれる74体の地蔵が並ぶ。

清滝寺 ⑲
0288-54-1270
〈M ► P.82〉日光市清滝1-9-27
JR日光駅・東武日光駅🚌中禅寺温泉行清滝🚶1分

清滝バス停で降りると、周辺には古河電気工業日光事業所とその

清滝寺

日光電気精銅所のお膝元
女性が男体山を遙拝

関連工場が立ち並ぶ。ここは，1906（明治39）年に足尾銅山から産出される銅鉱石を精錬するために日光電気精銅所が設けられた場所である。

毎年8月6・7日に近い金曜日には和楽池前で日光和楽踊が行われ，賑わう。和楽踊は，1913（大正2）年に大正天皇・貞明皇后が工場視察をした記念に始められた，県内を代表する盆踊りである。

清滝バス停から北東に延びる旧道に入ると左手に清滝寺（天台宗）がある。もとは清滝観音堂とその別当円通寺の境内であった。入口に立つ碑に「中禅寺前立」とあるが，中禅寺が女人禁制であった時代，女性はこの観音堂から男体山を遙拝した。本尊の木造千手観音立像は，勝道上人が中禅寺立木観音の材料の末木（こずえ）で刻んだと伝える。このほか円空作の不動明王・衿伽羅童子・勢多迦童子（いずれも県文化）がある。

清滝寺から山内方面へ1kmほど行った左手に清滝神社（祭神大海津美神）がある。820（弘仁11）年に弘法大師空海が，境内背後の岸壁にあった滝を天竺の大鷲山の清滝に見立てて勧請したものと伝える。清滝寺は明治時代初期の神仏分離まで，清滝神社の別当寺で，この境内にあった。清滝神社では毎年5月15日に，ササの葉をかざして大釜の熱湯を浴びる湯立神事が行われる。

栃木県立日光自然博物館 ⑳
0288-55-0880
〈M ▶ P. 82, 105〉 日光市中宮祠2480-1 P
JR日光駅・東武日光駅🚌中禅寺温泉行終点 🚶 1分

奥日光の歴史・自然の展示
「巌頭之感」で知られる華厳の滝

清滝から大谷川沿いに進むと馬返に着く。この地名は，中禅寺が牛馬の乗り入れを禁じていたことによる。馬返から奥日光方面へ，上り専用の第二いろは坂をのぼる。いろは坂は，旧中禅寺坂を改修したつづら折りの道路である。その名は一説に，現在下り専用である第一いろは坂に，1954（昭和29）年の改修以前，48のカーブがあったためという。カーブは現在，第一に28，1965年開通した第二に20

ある。第一いろは坂の第32・33カーブの間には，1876（明治9）年の明治天皇巡幸の際に休憩所になった中ノ茶屋跡，第45・46カーブの間には，1872（明治5）年以前，中禅寺が女人禁制であった時代に，女性が男体山を遙拝した女人堂（地蔵堂）がある。

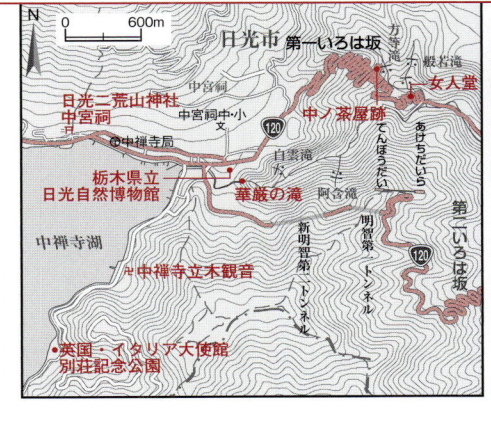

中禅寺湖周辺の史跡

　第二いろは坂途中の明智平から中禅寺湖方面へ向かい，中禅寺湖から流れる大尻川を渡ると，中宮祠の町並みに出る。左手には，赤く巨大な日光二荒山神社中宮祠の一の鳥居がある。その真下にある巫女石は，女人禁制を破った巫女が石になったという悲話を伝える。

　いろは坂の突き当りから右に行くと，栃木県立日光自然博物館がある。奥日光の歴史や環境，動植物の特色をわかりやすく展示している。その奥には，旧制第一高等学校生藤村操の辞世の一文である「巌頭之感」で知られる華厳の滝の展望台がある。

中禅寺（立木観音）㉑
0288-55-0013　〈M▶P.82,105〉日光市中宮祠2578　Ｐ
JR日光駅・東武日光駅🚌中禅寺温泉行終点🚶15分

輪王寺の別院立木観音をまつる本堂

　日光二荒山神社中宮祠一の鳥居から中禅寺湖畔沿いを1kmほど南に行くと，輪王寺別院で，坂東三十三所第18番札所でもある中禅寺（天台宗）がある。中禅寺は，もと二荒山神社中宮祠の別所（別当寺）で，その境内にあったが，1902（明治35）年の大山津波による倒壊後，日光修験の修行地での1つであった歌が浜の現在地に再建された。

　境内には，勝道上人作と伝える高さ4.8m余りの木造千手観音立像（立木観音，国重文）と四天王像をまつる本堂を始め，波之利大黒天堂・愛染明王堂・五大堂などがある。

門前町から奥日光・足尾・栗山へ

英国・イタリア大使館別荘記念公園 ㉒
0288-55-0880（栃木県立日光自然博物館）

〈M▶P. 82, 105〉日光市中宮祠2482 P
JR日光駅・東武日光駅🚍中禅寺温泉行終点🚶40分

近代化の遺産　国際避暑地の偉観

　明治時代以降の中禅寺湖畔には，国際避暑地として外国大使館や貿易商の別荘が設けられ，ヨット・マス釣りなど欧米の娯楽が国内でいち早く導入されたことで知られている。

　湖畔東側には，春〜秋ごろに公開される英国大使館別荘記念公園，イタリア大使館別荘記念公園が並び立つ。英国大使館別荘ははじめ，1896（明治29）年に外交官アーネスト・サトウの別荘として建てられた。イタリア大使館別荘の本邸（国登録）は，アメリカ人建築家アントニン・レーモンドの設計による1928（昭和3）年の建築である。落ち着いた雰囲気の洋風建築の中で，往時の調度品や関係資料を見学することができる。

　中禅寺湖畔にはこのほか，幕末から明治時代初期にかけて活躍した貿易商トーマス・ブレーク・グラバーの別荘跡を整備した西六番園地，1947年連合軍の調達要求により，アメリカの水辺リゾート地の建物をモデルに日米親善交流施設として建設された中禅寺湖畔ボートハウス記念館がある。

日光二荒山神社 中宮祠 ㉓
0288-55-0017

〈M▶P. 82, 105〉日光市中宮祠2484 P
JR日光線日光駅・東武日光線東武日光駅🚍湯元温泉行二荒山神社前🚶1分

修験道の美術　男体山の登拝口

　日光二荒山神社中宮祠一の鳥居から西側には，中禅寺温泉街がある。ここは，江戸時代には，栃木県内を中心として，関東周辺に広がる男体講の行人が，男体山に登拝する際に宿泊する行人小屋や六軒茶屋とよばれる旅籠が立ち並んでいた。

　二荒山神社前バス停から東へ約60m行くと二の鳥居があり，日光二荒山神社中宮祠の境内に入る。中宮祠は，勝道上人が784（延暦3）年男体山登拝の際，男体山を背に，中禅寺湖を眼下におく現在地に創建されたと伝えられる。神仏習合の時代には，別所の仏堂とともに中禅寺と総称された。国重要文化財である江戸時代の建築物には，本殿・拝殿・中門・掖門・透塀・銅製明神鳥居がある。本

殿右側に，男体山への登拝口である登拝門（毎年5月5日〜10月25日開門）がある。毎年7月31日から8月7日までの男体山登拝大祭は，旧暦7月7日に男体講の行人が登拝した神仏分離以前の七夕禅頂を前身とし，多くの参拝者で境内が賑わう。

中宮祠境内には宝物館があり，国宝の大太刀（銘備州長船倫光）・小太刀（銘来国俊）や山岳信仰の遺物である男体山頂出土品（国重文）を始め，日光二荒山神社に伝来する刀剣・神輿・文献など国重要文化財を含む数多くの社宝が展示されている。

温泉寺 ㉔
0288-55-0013（中禅寺）

〈M ▶ P.82〉日光市湯元　P
JR日光駅・東武日光駅 🚌 湯元温泉行湯元 🚶 10分

勝道上人以来の湯元温泉入浴できる珍しい寺院

中禅寺湖畔からさらに国道120号線を西へ進むと，湯の湖の畔，湯元温泉に着く。湯元温泉は，江戸時代には10軒の湯守によって管理されていた。現在も湯守の屋号を引き継ぐ旅館が数軒残る。温泉街西側にある日光湯元ビジターセンターには，湯元温泉の歴史や自然を解説する展示がある。

湯元バス停の約120m南から温泉神社通りを東に進むと，高台に，788（延暦7）年勝道上人が開創した温泉神社（祭神大己貴命）がある。神社に伝わる「永正十（1513）年」銘の銅祠（国重文，中宮祠宝物館保管）は佐野天明（現，佐野市）の鋳物師の代表作の1つである。

湯元バス停から東へ60mほど進むと，勝道上人が開いた輪王寺別院温泉寺（天台宗）の入口に出る。温泉神社境内にあった薬師堂が，1966（昭和41）年に台風で倒壊した後，1973年に移転・再建された寺である。源泉から引いた温泉を入れた湯船が庫裏にあり，参籠後に

入浴できる珍しい寺院である。ただし，冬季は入浴できない。

足尾銅山観光（あしおどうざんかんこう） ㉕
0288-93-3240

〈M ▶ P. 82, 109〉日光市足尾町通洞9-2 P
JR日光駅・東武日光駅🚌足尾行銅山観光入口🚶1分，
またはわたらせ渓谷鉄道通洞駅🚶10分

通洞坑の史跡　日本近代の盛衰の象徴

　銅山観光入口バス停から西へ入るとすぐ足尾銅山観光が目に入る。ここは，足尾銅山の採掘坑跡の1つで，1885（明治18）年から11年かけ，初めて削岩機の導入により開かれた通洞坑跡を公開する施設である。往時の採掘の様子が紹介され，またその資料館では，古河鉱業の各種資料・写真が展示されている。

　銅山観光の北西に聳（そび）える備前楯山（びぜんたてやま）に銅鉱脈があり，1610（慶長15）年から江戸幕府直轄の銅山として開発された。最盛期の17世紀後半には年間1000 t 余りを産出し，「足尾千軒（せんけん）」とよばれる繁栄をみた。採掘された銅鉱石は山元（やまもと）で精錬され，渡良瀬川に沿う銅山街道（銅（あかがね）街道）を牛馬を用いて送り，群馬県内から利根川（とね）の水運を通じ，江戸浅草御蔵（あさくさおくら）（現，東京都台東区）まで輸送された。足尾の銅は，江戸城や日光東照宮の銅瓦に用いられたほか，長崎からオランダ・中国にも輸出された。

　足尾銅山は，1877（明治10）年に古河鉱業の創業者古河市兵衛（いちべえ）の手に渡り，古くからの本山坑に加え，通洞坑・小滝坑（こたきこう）が開発され，その10年後には国内産銅の40％を占める近代日本最大の銅山となった。しかしその一方で，1884年に創設された精錬所から出る亜硫酸ガスを含む排煙と金属成分を含む排水は，緑豊かな山をはげ山と化し，渡良瀬川下流の田畑を耕作不能にしてしまった。その被害は「足尾鉱毒」とよばれ，日本近代における公害問題の嚆矢になった。

　近代の戦争にともない，発展と衰退を繰り返したが，1973（昭和48）年2月28日，資源の枯渇・コスト高・

鋳銭座跡の碑

公害を理由に閉山した。以来，足尾地区では，人口の流出が著しく，過疎化が進行している。その景観と史跡は，近代日本の発展とその功罪を後世に伝える産業遺産として，注目されるようになった。

足尾銅山観光から線路に沿って県道250号線を通り10分ほど北西に歩くと，わたらせ渓谷鉄道通洞駅前に出る。駅からさらに北東へ100mほど歩くと，日光市役所足尾行政センターがあり，ここは江戸時代の足尾代官所(陣屋)跡である。行政センターから北東へ70mほど行くと，旧足尾町商工会館前に鋳銭座跡の碑が立つ。鋳銭座では，1741(寛保元)年から5年間，足字銭とよばれる，裏に「足」の字を記す銅銭「寛永通宝」(1文銭)がつくられた。

足尾銅山観光周辺の史跡

本山坑跡 ㉖

〈M ▶ P. 82, 109〉日光市足尾町本山
JR日光駅・東武日光駅🚌足尾行間藤駅前🚶10分，またはわたらせ渓谷鉄道間藤駅🚶10分

足尾銅山町の中心周辺に残る近代化遺産

足尾駅は，旧国鉄足尾線の重要な貨物駅であった。駅前の掛水地区には，かつて社宅や宿泊・遊興施設など，古河鉱業の関連施設が集中していた。駅から県道250号線を約200m北西へ進んだ所にある，明治時代以来，古河鉱業が華族・政府高官などを招いたときに迎賓館とした古河掛水倶楽部旧館・新館(ともに国登録)もその1つである。内部は4～11月の土・日・祝日にのみ公開される。

わたらせ渓谷鉄道の終点である間藤駅を出て，右手に約10分ほど歩くと，道路端の崖に腐食した鉄管がある。1890(明治23)年に竣工した旧間藤水力発電所の水圧管である。さらにこの先の赤倉地区に出ると，渡良瀬川に架かる古河橋(国登録)がある。ドイツからの輸入材が用いられた長さ50mのトラス式鉄橋で，1890年に架けられた

門前町から奥日光・足尾・栗山へ

古河橋・旧足尾精錬所跡

橋である。その先にみえる工場は、1893年ベッセマー法による近代工場として建設された古河鉱業の足尾精錬所遺構である。

　古河橋を本山地区へ渡り、約1kmほど発電所・沈殿池などの跡をみながら道をのぼると、足尾銅山の中心であった本山坑跡がみえる。北側には本山坑の鎮守杉菜畑山神社（祭神大山祇命ほか）が残る。

　古河橋からさらに500mほど、左側に精錬所遺構をみながら上流に向かうと、竜蔵寺（天台宗）がある。境内には、他所からやってきて亡くなった坑夫を葬った友子供養塔、旧松木村に住んでいた銅山労働者の無縁仏をまつる無縁塔がある。

　松木村跡は松木渓谷の奥、渡良瀬川上流の松木川沿いにあるが、立ち入るのは危険である。松木村は、足尾精錬所の操業が活発化するなか、その生活を支えた豊富な山林資源を亜硫酸ガスに冒され、1901年に古河鉱業により買収されて廃村となった。荒涼たる松木渓谷の風景は、かつて「日本のグランドキャニオン」と評されたが、現在では一部に緑地が回復しつつある。

野門東照宮 ㉗　〈M ▶ P. 82〉日光市野門
東武鬼怒川線鬼怒川温泉駅🚌女夫渕温泉行野門🚶15分

家康をまつる山里の東照宮

　鬼怒川温泉駅から北へ向かい、竜王峡を過ぎて2kmほどで会津田島に向かう会津西街道と、栗山へ向かう県道23号線に分かれる。県道へ進み急な坂をのぼると川治ダムがある。1970（昭和45）年に着工し、総工費450億円を投じて1981年に竣工した。ダムの近くにある川治ダム資料館では、その概要を知ることができる。

　ダム資料館から県道23号線を西へ向かい、日向・日蔭集落を過ぎて、途中上栗山バス停から鬼怒川に架かる橋を渡って、西へ200mほど歩くと平家杉がある。この地に逃れた平家の落人が、一門の運命を占って植えたという伝説がある。スギの実が落ちても小杉が生

栗山の食

コラム

山里の郷土食

　山深く冷涼な栗山では，ほとんど米作りが行われてこなかった。そのかわりに，栗山のソバはうまいと昔からいわれている。観光客が多く訪れるようになった近年では，たくさんのソバ屋があり，その味を競っている。

　栃餅はかつては冬場の日常食の1つであり，稗餅や粟餅などもさかんにつくられていた。村内の食堂や観光施設には，こうした郷土食を食べさせてくれる所もある。

　栗山では昔から狩猟もさかんであり，熊鍋やシカの肉の刺身は名物料理として受け継がれている。珍しいものとしては，強精剤や疳の虫の薬として珍重されるサンショウウオがある。

　サンショウウオを捕ることは，栗山では明治時代末に山梨県の人が川俣温泉にきて始まったといわれ，一時は多くの村民がたずさわっていた。捕ったサンショウウオは，串刺しにして囲炉裏で乾燥させ，東京方面の薬屋に卸すが，一部の旅館などで食べられる。近年では，和牛やハムも栗山の特産品として人気がある。

えないので，子無し杉ともいわれる。

　上栗山からさらに西へ向かい，野門入口バス停で下車し，南側にある坂道をのぼると野門集落に出る。家康の里とよばれる民宿村の右手に野門東照宮がある。戊辰戦争(1868〜69年)では，野門の村民が旧幕府軍に徴用され，野門と日光を隔てる富士見峠付近の戦闘で，死傷者も出ている。旧幕府軍が日光から退却する際，山内の宿坊からか男体山三社の神体と徳川家康の神体を持ち出し，この地の小栗久右衛門に守護を命じたといわれ，これが野門東照宮の由来となっている。

　萱峠を越えて西へ向かうと，平家の落人伝説が色濃く残る川俣集落である。民俗文化財の宝庫でもあり，川俣の三番叟・恵比寿大黒舞(県民俗)は，独特の民俗芸能である。集落の手前には川俣平家塚があり，その背後の愛宕山には，大日如来や毘沙門天の石像が残り，往時の山岳信仰の様子を偲ぶことができる。山頂からは1966(昭和41)

野門東照宮

年に完成した川俣ダムが一望できる。このダムの建設にともない，かつての川俣本村46戸が水没した。

さらに西へ向かい，川俣温泉から車で奥鬼怒林道（冬季閉鎖）に入れば，日光の光徳に出ることができる。川俣温泉の南方約4.5km，門森沢上流西沢付近が西沢金山跡である。湯川橋を渡った高台がかつての金山付属施設の中心部で，事務所や学校，役宅や鉱夫住宅などの跡が急峻な地形の中で木々に埋もれている。

平家の里 ㉘　〈M▶P.82〉日光市湯西川1042　P
東武鬼怒川線鬼怒川温泉駅🚌湯西川温泉行本家伴久旅館前
🚶6分

平家落人の伝説

鬼怒川温泉から五十里ダムを過ぎてバスの終点が近づくと，平家落人伝説が残る湯西川温泉の中心部である。1185（文治元）年壇ノ浦の戦いに敗れた平家一門は全国に四散し，東国に逃れた平家の一族は鶏頂山に身を隠したが，幟を立てて男子誕生を祝ったことから源氏方にみつかり，追手を逃れて秘境湯西川に落ち延びたという伝承がある。このため，湯西川では現在まで鯉のぼりを立てないという禁忌がある。また地元に残る伴という姓は，平家の末裔が平に人偏をつけて名乗ったものといわれる。本家伴久旅館前バス停から西へ700mほど進むと，湯西川の平家塚がある。平家の落人が甲冑や刀剣を埋めた場所と伝えられている。平家塚に隣接して，落人の生活をさまざまな観点から再現した民俗村平家の里がある。広い敷地内には9棟の民家が点在し，落人伝説に関する展示や特産品である木製品や木杓子を紹介する棟のほか，栃餅やそばがきなどの郷土食が味わえる。

ブナを材料とする杓子づくりは，かつては湯西川の重要な生業であった。個人所有の杓子つくり道具は県の有形民俗文化財になっている。湯西川集落には，出羽三山の1つ湯殿山を勧請した湯殿山神社がある。8月18日に行われる湯西川湯殿山神社祭礼（県民俗）は，神仏習合の古俗を残す祭りである。慈光寺（浄土宗）から湯殿山神社に向かう神輿渡御では，天狗面に一本歯の高下駄のいでたちの猿田彦が行列を先導する。

日光杉並木を歩く

3

世界遺産「日光の社寺」への参道である日光道中とその宿場町をめぐり、生活と文化を探る。

日光杉並木寄進碑 ㉙

〈M ▶ P.82〉日光市山口450
JR日光線下野大沢駅 🚶 35分、または 🚗 8分

日光杉並木街道の出発点 江戸幕府将軍の日光社参史跡

下野大沢駅から東方へ2.7kmほど行き、国道119号線(旧日光道中)に出ると旧日光道中の宿場町大沢宿である。

国道119号線の大沢交差点から、宇都宮方面への並木道に続く旧国道に入る。この並木は日光杉並木(国史跡・国天然)で、その東端に日光杉並木寄進碑が立つ。ここは江戸時代、大沢宿と、宇都宮藩領山口村(現、日光市山口)との境界で、寄進碑は境石ともよばれていた。

大沢交差点から国道119号線を北西に250mほど進み、右に入ると、大沢宿鎮守で、推定樹齢200年を超す大イチョウがある王子神社(祭神源頼朝)、その奥には江戸幕府8代将軍徳川吉宗以降、将軍の日光社参のときに休憩所となった竜蔵寺(真言宗)がある。竜蔵寺は明治時代初期まで、国道西側の大沢小学校校庭付近にあった。

国道119号線に戻り日光方面へ進むと、再び日光杉並木が続く。大室入口交差点を通りさらに約50m進むと、右側に大沢御殿跡がある。大沢御殿は、1617(元和3)年大沢周辺を領した結城山川藩主水野忠元によって造営され、江戸幕府2代将軍徳川秀忠から4代家綱まで、日光社参時に将軍が休憩する御成御殿とされた。ここはのちに御殿地とよばれ、日光奉行配下の大沢御殿番によって管理された。現在は、土塁・桝形・井戸跡など、南西側の半分ほどしか残されていない。この先、300mほど行くと大沢の一里塚がある。

追分地蔵尊 ㉚
0288-22-4804

〈M ▶ P.82〉日光市今市117
JR日光線今市駅 🚶 5分

JR今市駅前通りから国道119号線(旧日光道中)へ進むと、市街地に出る。日光道中の宿場町今市

日光杉並木寄進碑(日光市山口)

日光杉並木を歩く　113

追分地蔵尊の二十三夜祭

今市宿の入口　北関東最大の石造地蔵尊

宿である。今市宿は、宇都宮から日光に至る日光道中、日光道中から小山市喜沢で分岐し、壬生・鹿沼を経由する日光道中壬生通（日光例幣使街道、国道121号線）、福島県会津若松市方面からの会津道（会津西街道、国道121号線）が合流する交通上の要衝で、周辺経済の中心地であった。宿場町は上町（現、春日町1・2丁目）・中町（現、住吉町）・下町（現、小倉町1〜3丁目）の3町からなっていた。

　国道119号線小倉町交差点から宇都宮方面へ約40m先に、日光道中と日光例幣使街道が分岐する追分に追分地蔵尊が立つ。石造の地蔵尊は高さ3mで、北関東最大である。大谷川の洪水で流されてきた日光含満が淵の化地蔵の親地蔵を、1625（寛永2）年に如来寺（今市、浄土宗）から移したものという。

　縁日は毎年8月23日（二十三夜祭、御三夜様）と9月24日（千灯供養祭）。境内には、1676（延宝4）年の庚申石灯籠、1794（寛政6）年の追分の道標などがある。

報徳二宮神社 ㉛
0288-21-0138　〈M▶P.82,117〉日光市今市743 🅿
東武日光線下今市駅 🚶3分

二宮尊徳を祭神　尊徳最期の地

　追分地蔵尊から国道119号線を北西に150mほど行くと、右手に標柱があり、その横丁を参道とする報徳二宮神社が奥にみえる。今市は二宮尊徳が没した地であり、1897（明治30）年尊徳を祭神とし、その遺徳をたたえて創建された神社である。

　尊徳は相模国小田原（現、神奈川県）の農民出身で、小田原藩に登用されたのち、各地で報徳仕法とよばれる農村復興事業を行った。下野では桜町（現、真岡市）・茂木（現、茂木町）・烏山（現、那須烏山市）で仕法を推進後、幕命により日光神領の仕法を開始した。その結果、1854（安政元）年に開鑿されたのが用水路二宮堀である。

　現在の日光市松原町から引かれた二宮堀は、和泉・平ヶ崎・千本木（いずれも現、日光市）3カ村に受益するもので、今市高校正門

二宮尊徳の墓

前付近が見学しやすい。その西側、原町には二宮堀の安全を願って建立された水神碑がある。日光仕法は尊徳の死後、尊徳長男弥太郎(やたろう)によって継続されたが、1868(明治元)年の幕府の崩壊により中断された。

神社の社殿裏にある「誠明院功誉報徳中正居士」と法名を刻む墓石と円墳は二宮尊徳の墓である。社殿東側には尊徳の遺品を展示する報徳文庫がある。

神社境内の北東側には、如来寺末の玄樹院(げんじゅいん)(浄土宗)があり、その参道入口左側には、頭部を欠くものの、「弘治三(1557)年」の銘をもつ蔵助地蔵(くらすけじぞう)がある。

如来寺(にょらいじ) ㉜
0288-21-0105　〈M ▶ P.82,117〉日光市今市710　P
東武日光線下今市駅 徒歩5分

浄土宗の古刹
日光社参の御殿跡

報徳二宮神社の西へ約200m行った所には、1856(安政3)年に二宮尊徳の葬儀が営まれた如来寺(浄土宗)がある。寺伝によれば、室町時代の文明年間(ぶんめい)(1469～87)、常陸国瓜連(ひたちうりづら)(現、茨城県那珂市(なか))常福寺(ふくじ)超誉(ちょうよ)の門弟暁誉(ぎょうよ)によって開かれた。1632(寛永9)年の日光社参では、江戸幕府3代将軍徳川家光の宿泊する御成御殿が境内に造営され、以後家光は3度、4代将軍家綱は1度宿泊した。

寺の北西約350m、大谷川近くにある同寺の墓地回向庵(えこうあん)には、戊辰戦争(1868～69年)時の土佐(とさ)・佐賀(さが)両藩士ら戦死者24人を葬った官修墓地(ぼしゅう)がある。

国道119号線に戻り、如来寺入口の標柱から100mほど西に行くと、会津西街道の旧道である相の道(あいのみち)(相生町(あいおいちょう))の横丁が北に延びる交差点に出る。さらに春日町(かすがちょう)交差点を越えると、今市宿市縁(いちえん)ひろばがある。ここは今市宿の脇本陣跡(わきほんじん)である。1876(明治9)年明治天皇の日光巡幸時に、小休所とされた記念碑が立っている。

市縁ひろばの西側には、1572(元亀3)年創建の浄泉寺(じょうせんじ)(浄土宗)がある。境内には、「弘治三(1557)年」銘の石幢(せきどう)のほか、二宮弥太郎が信仰した沢蔵司稲荷(たくぞうしいなり)、聖徳太子堂がある。

国道119号線を挟んだ南側は、下野国内幕府領の年貢米(ねんぐまい)を貯蔵し

日光杉並木を歩く　115

日光杉並木の歴史

コラム

日光東照宮への参道を飾る神木 ギネスブックにも載る世界一長い杉並木

日光杉並木は東武日光駅前を起点に、日光市大沢までの日光道中（現、国道119号線）、同市小倉までの日光道中壬生通（日光例幣使街道、国道121号線）、同市大桑までの会津道（会津西街道、国道121号線）沿いにあり、日光東照宮に至る参道を飾っている。

現在、目通りの直径が30cm以上あるスギは、1万3600本を数える。国内で唯一、国の特別史跡と特別天然記念物の2重指定を受けている。また、世界一距離が長い並木でもあり、1992（平成4）年からギネスブックに掲載された。

日光杉並木は、徳川家康・秀忠・家光の3代に仕え、東照宮造営の奉行をつとめた大名松平（大河内）正綱により日光東照宮へ寄進されたもので、神木でもある。スギの木は当初5万本を数えた。

神橋の袂および小倉・大沢・大桑には、正綱による1648（慶安元）年の寄進碑が立つ。しかし大桑の寄進碑は洪水で流失し、現在の碑は、1864（元治元）年に建てられた3代目の碑である。

正綱は植栽のために家臣を日光に派遣した。苗木は日光神領の農民に育てさせた。正綱が大名となった1625（寛永2）年から1633年頃までの間に3里（約11.8km）ほど、ついで日光神領が加増された1644（正保元）年から1648年の間に約7里（約27.5km）分が植栽された。

さらに1653（承応2）年大猷院が建立されると、正綱の子正信によりあらたに日光神領となった日光市文挟地区に植樹された。杉並木は日光神領の拡大に対応して拡張されてきた。

第二次世界大戦後、道路の舗装・拡幅により、根の成長を阻害されたスギの枯損が目立つようになった。しかし、近年、保護基金やオーナー制度、そして土留め技術の改良などにより、樹勢の回復を図る努力が続けられている。

如来寺

た今市御蔵跡である。その南側、今市郵便局の西側に二宮尊徳による日光仕法の拠点であった報徳役所跡がある。ここには、報徳の教えの学習と実践によるまちづくりを目指して設立さ

日光山麓とその周辺

今市周辺の史跡

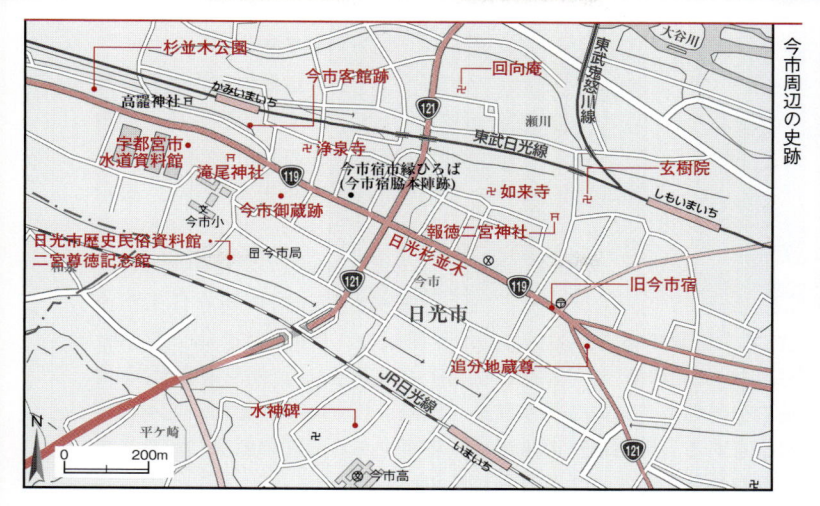

れた日光市歴史民俗資料館・二宮尊徳記念館がある。その展示では，近世日光山の所領である日光神領にほぼ相当する現在の日光市域に育まれた歴史・文化や，報徳仕法が紹介される。報徳役所の現存する唯一の遺構である報徳役所書庫も，ここに移築されている。

滝尾神社 ㉝
0288-21-0765

〈M ► P. 82, 117〉 日光市今市531 P
東武日光線上今市駅 2分

今市宿の鎮守 境内に六斎市の市神

上今市駅から国道119号線に出て南東へ約150m行くと，今市宿の西のはずれに滝尾神社（祭神田心姫命ほか）がある。勝道上人が日光山内の滝尾神社と同時にまつったものと伝える。例祭は，毎年4月14・15日で，宿内の氏子各町から彫刻屋台・花屋台が繰り出す。

境内に入ると，二の鳥居脇に市神神社（祭神事代主命）がある。もとは上町の通りの中央に立っていた神社で，明治時代以前，1と6のつく日に立った今市宿の六斎市の市神であった。市の名残りは2月11日の花市で，多数の露店が立ち並ぶ。また，本殿南側には八坂神社（祭神誉田別命）があり，毎年7月7～14日の例祭には350人もの担ぎ手が大神輿をもみ，市街地を練り歩く。

神社西側には宇都宮市水道局今市浄水場がある。1916（大正5）年竣工の宇都宮市水道資料館（国登録）は，その旧管理棟である。

滝尾神社の北側から日光方面へ向かう日光杉並木は，1kmほどが杉並木公園として整備されている。日光東照宮に参詣した朝鮮通

日光杉並木を歩く　117

滝尾神社

信使の宿舎礎石を残す今市客館跡、瀬川の鎮守高龗神社（祭神素戔嗚命）、瀬川の一里塚のほか、瀬川の集落手前に南小倉村（現、日光市小倉）名主屋敷である1830（天保元）年建設の江連家住宅、および轟村（現、日光市轟）で、報徳仕法により再興された1865（慶応元）年建築の報徳仕法農家の2棟が移築・復元されている。また、大小14の水車もある。今市地区の水車は、特産である線香の原料になるスギの葉を搗いて粉末にするときにも用いられた。

瀬川から西へ日光杉並木を進むと、戊辰戦争時の砲弾跡を残す砲弾打込杉があり、さらに250mほど歩くと、野口の薬師堂が右手にある。出羽（現、山形県）羽黒修験の錫杖頭であった龍蔵寺（廃寺）の跡で、境内正面には珍しい石造の釣鐘がある。堂の西側には徳本行者の書による名号塔など多くの石塔が立ち並ぶ。堂内から、円空作の閻魔王坐像（小杉放菴記念日光美術館保管）が近年発見された。

日枝神社・生岡神社 ㉞

〈M ▶ P. 82, 119〉日光市野口989／七里186-2
P
JR日光線日光駅・東武日光線東武日光駅🚌宇都宮駅行生岡神社前🚶5分

勝道・空海・円仁の旧跡 上野の強飯式の舞台

野口小学校から日光方面へ200mほど国道119号線を進むと、左手に「生岡山王」と刻む石灯籠があり、さらにその100mほど先に「生岡大日道」の道標がある。それぞれ日枝神社（祭神大山咋命ほか）・生岡神社（祭神大己貴命ほか）の旧参道入口である。両神社の立つ生岡および上野地区は、この南側の台地上にある。生岡は神が生まれた地という意で、勝道上人が日光開山前に修行した古跡という。見学する場合には、安全のため、西側のJR日光線中妻ガードか、国道119号線を戻って野口小学校前の踏切を渡って進むとよい。

日枝神社は、慈覚大師円仁が開いた生岡山王社で、中世には野

日枝神社周辺の史跡

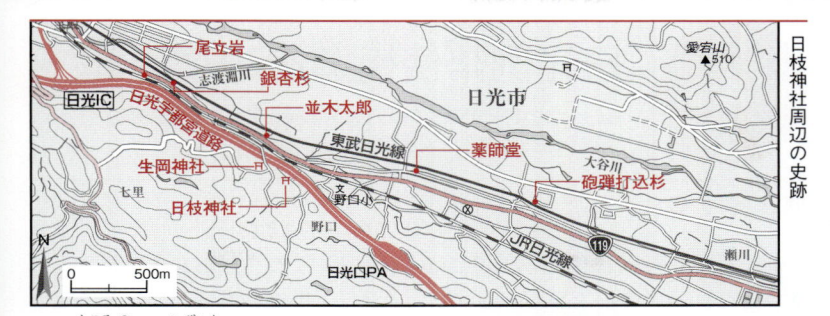

口・所野・小百・瀬尾・瀬川・和泉・平ヶ崎・吉沢(いずれも現,日光市)8カ村の総鎮守であった。日光宇都宮道路建設時に旧境内地から移築された一間社流造の現本殿は,1684(貞享元)年の建築で,ベンガラ塗りの朱色が映える。

生岡神社は七里村(現,日光市)の鎮守で,もと生岡大日堂とよばれ,弘法大師空海の創建と伝える。七里の名は神橋までの距離にちなむ。毎年11月25日の例祭では,「上野の強飯式」を子どもが演じる。境内には推定樹齢500年を数える生岡のスギ(県天然)がある。

日枝神社本殿

中妻ガードから国道へ戻り,日光方面に進むと,右手に日光杉並木随一の巨木である並木太郎,さらに先には銀杏杉がある。街道の南側には,1876(明治9)年日光巡幸時に明治天皇が休んだ七里小休所がある(非公開)。そのすぐ西には巨岩尾立岩が,JR日光線脇に聳える。日光山の本宮権現(祭神味耜高彦根命)が大蛇となってこの岩上で尾を立て,宇都宮に移ったといわれる。その通り道の跡は,田川の支流である明神川の河道になったと伝承される。

日光杉並木を歩く　119

④ 日光例幣使街道をめぐる

もう1つの日光街道である日光例幣使街道が通る鹿沼市,および西方町域にはぐくまれた歴史と文化財を探る。

鹿沼城跡 ㉟ 〈M ► P. 82, 121〉鹿沼市今宮町1666-1ほか P
JR日光線鹿沼駅🚉東武鹿沼駅行市役所前🚶10分

中世の城郭遺構
戦国大名壬生氏の居城

　鹿沼駅前から国道293号線を西へ直進し,府所バス停前から右折すると帝国繊維鹿沼工場がある。その前身は下野麻紡織会社で,近代鹿沼地域の重要な産業である麻生産をになった。その裏側を進むと,黒川の東岸,城山とよばれる小丘の上に水神宮が立つ。この周辺が中世の府所城跡であり,宇都宮氏旗下の城であったという。

　国道293号線に戻って黒川を渡り,上田町東交差点を北上した鹿沼市立図書館脇に,版画家川上澄生の作品を収蔵・展示する鹿沼市立川上澄生美術館と,鹿沼今宮神社祭の屋台など鹿沼の文化財を展示し,歴史を紹介する文化活動交流館がある。交流館前の通りを西へ約200m行き,北へ進むと富島弁財天がある。その湧水は,かつて鹿沼の市街地をうるおす上水の水源の1つであった。

　再び国道293号線に戻り,上田町交差点を南へ80mほど進むと,右手に十二所神社(祭神 天御中主神ほか)がある。『鹿沼町古記録』によれば,古くは押原郷(現,鹿沼市市街地)の鎮守であった。さらに南へ100m余り行き,左折すると右側に清林寺(浄土宗)がある。この墓地からは「暦応四(1341)年」から「文明二(1470)年」の銘がある6基の板碑が出土している。

　三たび国道293号線に戻り,西へ向かった正面に鹿沼市役所がある。その裏手の御殿山公園の周辺は,中世の鹿沼城跡である。

　鎌倉時代,鹿沼には御家人宇都宮氏の勢力が広がった。日光二荒山神社に銅灯籠を寄進した,鹿沼権三郎入道教阿もその1人とみる説がある。鹿沼の市街地周辺は押原郷とよばれ,鹿沼北小学校の校地にある御所森は,日光山の里坊である押原御所があり,その拠点であった。

　やがて戦国時代,日光山の惣政所に就任した壬生氏が勢力を伸ばすなか,鹿沼城は,しだいに周辺の坂田山・拳骨山・岩上山なども含む大城郭として整備された。最後の城主は1590(天正18)年に

豊臣秀吉の小田原攻めのとき北条氏に味方した壬生義雄で，その戦後に壬生家は断絶，鹿沼城も廃城となった。

御殿山公園の北へ抜け，切り通しに出て南西に5分ほど坂道をくだると，1538(天文7)年開基の雄山寺(曹洞宗)があり，壬生義雄の墓(宝篋印塔)がある。寺号の雄山は義雄の法名である。

きた道を戻り，御殿山公園の600mほど北側にある千手山公園の東側には千手院(真言宗)がある。初め千手堂とよばれ，その僧能賢は，1525(大永5)年京都東寺の宝菩提院から下向した亮恵から法流を伝授され，千手院の院号を授与された。その千手観音堂にまつられる本尊木造千手観音坐像は鎌倉時代末期の作で，日光の中禅寺立木観音・清滝観音と同木でつくられた像といい，壬生義雄が鹿沼市板荷の観音原から移したものと伝える。

東武日光線北鹿沼駅の西側に，1487(長享元)年開基の瑞光寺(曹洞宗)がある。上野国白井(現，群馬県渋川市)の双林寺で修行した永謙が開いた寺で，鹿沼周辺の曹洞宗の拠点の1つである。日光山座禅院昌源が開基と伝える。

今宮神社 ㊱
いまみやじんじゃ
0289-62-2679
〈M ▶ P. 82, 121〉 鹿沼市今宮町1692 P
東武日光線新鹿沼駅🚌宇都宮行市役所前🚶1分

市役所前バス停で降りると，南側に今宮神社(祭神大己貴命・田心姫命・味耜高彦根命)がある。782(延暦元)年に鹿沼市内の御所森に創始され，大同年間(806〜810)に日光三所権現が勧請されたと伝える。壬生綱房が鹿沼城を築いたとき，1534(天文3)年に城の

日光例幣使街道をめぐる

今宮神社

鹿沼宿の鎮守 屋台の繰り出す10月の祭礼

鬼門の守りとして現在地周辺に移されたという。神社所蔵の銅製鰐口(わにぐち)(県文化)は，1559(永禄2)年に日光山座禅院昌歆(しょうきん)が大檀那となり寄進したものである。以後，壬生義雄も，同社の造営・修復を座禅院とともに行っている。国道293号線の市役所前交差点から100mほど北，左手にある天神町(てんじんちょう)の天満宮(てんまんぐう)(祭神菅原道真(みちざね))は，今宮神社の摂社で，「天正(てんしょう)十七(1589)年」の銘のある旧宮殿屋根にも，日光山僧の名が墨書(ぼくしょ)されている。

唐門と，本殿・拝殿・幣殿および宮殿(いずれも県文化)は江戸時代の作風をよく残す。本殿は，墨書・銘文によれば1681(延宝9)年，下沢村(しもさわむら)(現，鹿沼市)の大工斉藤宮春(さいとうぐうしゅん)の作である。1845(弘化(こうか)2)年から1849(嘉永(かえい)2)年の修復では，田沼(現，佐野市)出身で，鹿沼宿に来住した彫刻師石塚吉明(いしづかよしあき)により本殿に彫刻が加えられたほか，唐門が新造され，富田(とみだ)(現，栃木市)の彫刻師磯辺隆信(いそべたかのぶ)が腕を振るった。

今宮神社の祭礼は，中世には壬生氏の庇護のもと，日光市・宇都宮市域にもおよぶ村々の頭郷役(とうごうやく)によって行われたが，壬生氏滅亡後は鹿沼宿の町衆(まちしゅう)が成長し，鹿沼宿の鎮守祭礼として確立された旧6月の例祭では18世紀に付祭が開始された。現在それは，10月第2日曜日とその前日の鹿沼今宮神社祭屋台行事(国民俗)となっている。その彫刻屋台や資料は，文化橋町(ぶんかばしちょう)の文化活動交流館のほか，仲町屋台展示収蔵庫，銀座1丁目の屋台のまち中央公園，麻苧町(あさうまち)の木のふるさと伝統工芸館などで見学できる。

今宮神社の参道を200mほどくだって西に入ると，中央小学校がある。ここは御殿地とよばれる場所で，1663(寛文(かんぶん)3)年日光社参で通行する江戸幕府4代将軍徳川家綱(いえつな)のために，鹿沼藩2代藩主内田(うちだ)正衆(まさもろ)が建てた御成御殿の跡地である。宇都宮氏のもとで勢力を拡大した壬生綱雄が，1532(天文元)年に築城(つなかつ)した鹿沼城の有力な比定地の1つでもある。

日光山麓とその周辺

国道293号線に戻って南へ進むと，下材木町に薬王寺(真言宗)がある。ここには日光へ向かう徳川家康の神柩が安置されたという伝承がある。その南に隣接する寺町の雲竜寺(浄土宗)には，鹿沼宿本陣をつとめた石橋町鈴木家の当主で，蒲生君平を教育した鈴木石橋や，江戸時代に郷土史『押原推移録』を著し出版した山口安良の墓がある。

生子神社 ㊲　〈M ▶ P.82〉鹿沼市樅山町1167　P
東武日光線樅山駅 🚶10分

　樅山駅から日光例幣使街道に出て右折し，1kmほど先にある町並みは，日光道中壬生通の宿場町奈佐原宿で，奈佐原文楽(国民俗)を伝えている。伝来する43頭の奈佐原文楽人形頭(県文化)には，1839(天保10)年作のものがある。一時衰微したものの，1892(明治25)年，大阪文楽座主吉田国五郎の門弟吉田国造や竹本蔦太郎らによって復興された。現在も奈佐原文楽座が伝承されている。

　奈佐原宿から2.7kmほど北へ街道を戻ると，光明寺(曹洞宗)がある。本尊は木造阿弥陀如来立像(県文化)で，鎌倉時代の作である。

　光明寺から街道に戻った北側，大門宿のY字路から粟野方面へ県道15号線を150mほど行って右折し，線路を渡ると生子神社(祭神瓊々杵命)がある。社名は，1549(天文18)年に疱瘡で死んだ氏子の幼児がその利益によって蘇生したことによる。その幼児の蘇生を機に始められたと伝わる旧暦正月8日の日の出祭りでは，氏子のオトヤ(当番)が42種の供物を供え，7歳の男児が大蛇を模した的を射抜く弓取式が行われる。また毎年9月19日以降の最初の日曜日には，泣き相撲(国民俗)が行われる。幼児2人を向かい合わせてはやし立て，先に泣き出したほうを勝ちとする奇祭である。

　再び県道15号線に戻って粟野方面に約3.7km行くと，右手に油田町の勝願寺

樅山地区の鎮守
泣き相撲と日の出祭り

生子神社の泣き相撲

日光例幣使街道をめぐる

（真言宗）がある。幹の空洞に2体の地蔵をまつる地蔵ケヤキ（県天然）が寺の参道東側にある。

さらに県道を西へ200mほど進むと、江戸湯島（現、東京都文京区）霊雲寺の末寺である、西沢町の正蔵院（真言宗）がある。「明和七（1770）年」銘の厨子内に安置される木造愛染明王坐像（県文化）は、御三卿田安宗武が霊雲寺に寄進した仏師幸慶の作で、極彩色の台座上で獅子冠をいただく真紅の像を、ガラスの光背をつけた16の菩薩が囲む特色ある作品である。このほか絹本著色両界曼荼羅図（県文化）も所蔵されている。

広済寺 ㊳ 〈M ▶ P. 82, 127〉 鹿沼市北赤塚町263 Ｐ
東武日光線楡木駅🚌10分

天台宗の古刹 鎌倉時代の阿弥陀三尊

楡木駅から東へ、日光例幣使街道に出ると、旧日光道中壬生通の楡木宿の町並みに出る。楡木町交差点を左折すると、右手に成就院（真言宗）がある。境内にしだれあかしで（県天然）がある。楡木宿の南には追分があり、分岐する右側の道が、日光例幣使街道、左側が壬生通である。壬生通は3km先の北赤塚町まで並木道が続き、旧道の趣がある。

楡木宿の追分から壬生方面へ向かって1.4km先の左手に、磯町の磯山神社（祭神大己貴命ほか）がある。本殿（県文化）は、ベンガラの朱が美しい、1662（寛文2）年造営の三間社流造である。

街道に戻ってさらに約100m南下すると、右手の田の中に、判官塚古墳（北赤塚古墳）がある。古墳時代後期、全長60mほどの中型の前方後円墳で、源義経の冠を埋めたとも伝える。

古墳からさらに800mほど南に行くと、左手に広済寺（天台宗）がある。本尊は銅造阿弥陀三尊立像（県文化）で、鎌倉時代の作である。また、境内の堂内に円空仏（木造千手観音立像）がある。円空が1682（天和2）年に中禅寺立木観音を模して彫った像で、幕末に日光から移された仏像と伝えられる。

医王寺 ㊴ 〈M ▶ P. 82, 127〉 鹿沼市北半田1250 Ｐ
0289-75-2399　東武日光線楡木駅🚌10分

真言宗の道場 多数の文化財

楡木宿の追分から日光例幣使街道へ1.4kmほど進み、左折して県道307号線を1kmほど行くと、医王寺（真言宗）がある。開山は8世

医王寺

紀後半，勝道上人と伝える。中世以降，真言宗の道場として栄え，東高野山(ひがしこうやさん)を称する大寺である。

境内には，寛永(かんえい)年間(1624〜44)の火災後に再建された金堂・唐門・大師堂・講堂・客殿(いずれも県文化)などが立ち並ぶ。絵画・仏像・聖教(しょうぎょう)・金工(きんこう)・石造物など県指定の文化財も数多い。本堂内の春日厨子には「康応(こう)二(1390)年」，鰐口には「正長(しょうちょう)二(1429)年」の銘がある。墓地の宝篋印塔・五輪塔各2基(いずれも県文化)など鎌倉時代の遺品もみられる。

県道307号線に戻り，2.2kmほど西へ行くと，粟野地区内，深程(ふかほど)の宮端(みやはし)に出る。県道の突き当りにある小松神社(祭神大己貴命ほか)の前を右折して200mほど行くと，石造の双体道祖神(そうたいどうそじん)がある。道祖神は道の辻や村境などにまつられ，村に侵入する悪霊や災害を防ぎ，村の安穏を守る賽神(さえのかみ)である。栃木県内では，男女2神を刻む双体道祖神は珍しいが，粟野地区にはこのほかに，中粕尾(なかかすお)から下粕尾(しも)にかけての路傍に8基もある。

深程宮端双体道祖神

金井薬師堂(かないやくしどう) ㊵

〈M▶P.82,127〉栃木市西方町(にしかたまち)金井495
東武日光線東武金崎(かなさき)駅🚶15分

西方町内の史跡
鎌倉時代の鉄仏

日光例幣使街道は，思川の小倉橋を渡ると，国道293号線から分かれて県道3号線に入る。金崎駅東側周辺は，その宿場町であった金崎宿である。駅から西にみえる城山は西方城跡である。中世宇都宮氏の西側を守る出城(でじろ)で，その分家西方氏の居城である。江戸時代初期におかれた西方藩の藩庁であった二条(にじょう)城も，城山東南部にあった。

金崎駅から線路沿いの道を北に450mほど行き，踏切を渡ってすぐに右に曲がると，愛宕神社(あたごじんじゃ)(祭神火産霊神(ひのむすびのかみ)ほか)がある。社殿は

日光例幣使街道をめぐる　125

金井薬師堂の鉄造薬師如来坐像

1607(慶長12)年西方藩主藤田信吉の命により建立されたが、その彫刻は日光東照宮造営の職人の作という伝承がある。また、境内には金崎駅前から移された江戸時代の宇都宮領境界標がある。

県道3号線に戻り、駅前から1.3kmほど南へ行き右折し、踏切を渡ると、すぐ右手に金井薬師堂がある。「建治三(1277)年」銘の鉄造薬師如来坐像(国重文)が安置されている。関東特有の数少ない鉄仏の1つで、丸みをおび、重量感ある優品である。台座は、1740(元文5)年佐野天明(現、佐野市)の鋳物師の作である。

薬師堂前の道を西南に500mほど行った十字路を右折し、1kmほど行った十字路から県道177号線を北上し、約1km先の西方中前交差点で国道293号線に出る。さらに北へ進み、西方中学校前を通過して最初の交差点を左折し、突き当りを右に行き、すぐ左折して200m先にある東北自動車道の高架をくぐると、前方に、1600(慶長5)年に結城晴朝が開基したという実相寺(曹洞宗)があり、江戸時代の作である木造出山釈迦像(県文化)が安置される。ここは幕末の世直し騒動の農民集結地にもなった。

西方中学校から道なりに北へ1.4kmほど進んだ右手には、近津神社(祭神武甕槌命・大己貴命・事代主命)がある。宇都宮二荒山神社から西方氏の氏神として勧請され、のちに西方郷の総鎮守とされた神社である。

栃窪薬師堂 ㊶ 〈M ▶ P.82〉鹿沼市栃窪766
JR日光線鹿沼駅🚌荒針回り宇都宮行木喰堂🚶1分

栃窪の木喰堂バス停で下車すると、北側に栃窪薬師堂(木喰堂)がある。100mほど東にある等持院(真言宗)が管理する堂で、素朴で個性的な作風の木造薬師如来坐像と日光・月光菩薩立像、薬師十二神将立像(いずれも県文化)が安置される。1780(安永9)年、

栃窪の天念仏の民間信仰　素朴で個性的な木喰仏

榆木駅から東武金崎駅周辺の史跡

当地に5カ月ほど滞在した木喰五行が彫った木喰仏である。

薬師堂では旧暦4月7～9日に、五穀豊穣・家内安全を祈る栃窪の天念仏(国民俗)が行われる。境内に組み立てられ、梵天を飾った天棚の内外で、4人の行人を中心に、囃子方の演奏にあわせて念仏や行道を行う行事で、梵天を栃窪の鎮守君子神社(祭神大山咋命)に奉納して終える。天棚は1884(明治17)年の作である。

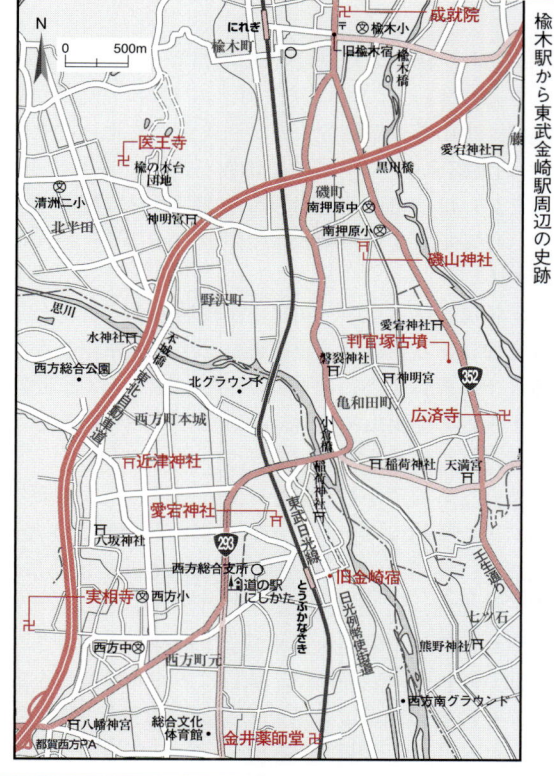

賀蘇山神社 ㊷
0289-86-7717

古代朝廷も崇敬した石裂山の神粟野口にまつられた神社

〈M ▶ P.82〉鹿沼市入粟野713
JR日光線鹿沼駅・東武日光線新鹿沼駅🚌口粟野車庫行粟野支所入口乗換え入粟野・上五月行尾ざく山神社🚶2分

口粟野車庫行バスに乗り、ファミリータウン入口バス停で下車すると、その北側の鹿沼市立図書館粟野館の隣に、鹿沼市粟野歴史民俗資料館がある。思川の上流方向へ、粟野支所前を進んだ右手にある城山公園は、中世に佐野氏や皆川氏の属城であった粟野城跡である。

城山公園から県道15号線を通って4.5kmほど粕尾方面へ西に行くと、右手に常楽寺(真言宗)がある。境内には、後鳥羽天皇の病を治したことにより、録事法眼の位を授かった粟野出身の名医中野智元をまつる録事尊がある。録事尊には病気平癒のほか、雷除けの信

仰があり，毎年2月11日の大祭では，雷除けの護摩祈禱が行われる。

さらに4kmほど進んだ右手，中粕尾には粕尾城跡がある。粕尾城は，小山義政が鎌倉公方足利氏満に敗北した後に逃れた地で，義政は1382(永徳2)年に粕尾山赤石河原で自刃した。城跡から15kmほど先には上粕尾発光路の鎮守妙見神社(祭神天御中主命)がある。毎年1月3日に発光路の強飯式(国民俗)が行われることで有名である。

下粕尾に戻る途中，粕尾小学校前のすぐ東側から，南に入って永野方面に出る県道32号線を進むと，大越路峠に着く。この峠をおりると下永野に出る。永野川に沿って10kmほど北西に行くと，左手に上永野の尾出山神社(祭神大己貴命ほか)がある。関白流獅子舞が伝承されている。

粟野支所周辺から入粟野・上五月行のバスに乗り，尾ざく山神社バス停で下車すると，右手に石裂山(尾鑿山，879m)がみえる。古代以来，勝道上人・日光修験の伝承も残る山岳信仰の霊場で，『日本三代実録』元慶2(878)年9月16日条によれば，その山の神である賀蘇山神は，朝廷から従五位下の神階を授与された。

江戸時代後期以降には，独自に多くの参詣者を集めるようになった。その登山口は2カ所ある。加蘇山神社(旧石裂大明神，祭神磐裂命・根裂命・武甕槌命)をまつる久我口(上久我)と，賀蘇山神社(旧尾鑿大権現，祭神天之御中主神・武甕槌命・月読命・大国主命)をまつる，粟野口である。賀蘇山神社の遙拝殿は1701(元禄14)年の造営であり，1889(明治22)年再建の本殿脇には，推定樹齢1800年といわれた大スギの切株があり，神社には，関白流獅子舞が伝承されている。山頂には奥宮がある。

賀蘇山神社

彫刻屋台と天棚

コラム

栃木県内各地に残る彫刻屋台・天棚
日光東照宮と結びついた伝承

日光山麓を始め栃木県内では、地区の祭りに繰り出す屋台(家体)や天念仏の道場とする天棚をよく目にする。とくに江戸時代後期から明治時代にかけてつくられた屋台(本屋台や彫刻屋台とよばれる)や天棚は、彩色や彫刻・錺金具の美をきわめた秀作が少なくない。

屋台を繰り出す代表的な祭礼には、4月16〜17日の日光弥生祭付祭 家体献備行事(県民俗)、4月14〜15日の今市 滝尾神社例祭、10月第2日曜日とその前日の鹿沼今宮神社祭の屋台行事(国民俗)がある。また、天棚は、鹿沼市の栃窪・上石川・深津などのほか宇都宮市・高根沢町の旧村部に残されている。

彫刻屋台・天棚をもつ地区の人びとは、しばしばその装飾の見事さを日光東照宮の陽明門になぞらえ、説明してくれる。屋台・天棚の多くは、日光東照宮の造営にあたった職人が冬、日光山から里に下り、つくったものという伝承を残す。しかし、建造年代を考えれば、それは史実ではない。

江戸時代後期から明治時代にかけて活躍した、上久我(現、鹿沼市)出身の神山政五郎や、田沼町(現、佐野市)出身で鹿沼宿を本拠地とした石塚直吉(知興・吉明・喜代松)を始め、地域に育った彫刻師による屋台・天棚も数多い。

ただし、鹿沼市仲町、上田町、日光市大桑町の屋台、宇都宮市上桑島町天棚の彫刻は後藤周二正秀の作品である。正秀は19世紀初頭の東照宮修復時の彫刻師で、その経歴を肩書にして腕を振るった。確かに日光東照宮の意匠を意識して屋台と天棚を装飾した職人も確かに存在した。

栃窪の天念仏と天棚

加蘇山神社 ㊸
0289-65-8627

〈M▶P.82〉鹿沼市上久我3440
JR日光線鹿沼駅・東武日光線新鹿沼駅🚌上久我・石裂行
石裂山🚶5分

久我口にまつられた石裂山の神
古代・中世武士も信仰

石裂山の久我口に鎮座する加蘇山神社の本社は、石裂山バス停の南側にある。現在の本社はもとの下ノ宮で、北側中腹の岩窟にまつられる旧本社は奥社とよばれている。社伝によれば、前九年合戦(1051〜62年)に向かう源頼義や戦国時代の武将壬生義雄・皆川広照らの帰依が伝えられている。江戸時代には輪王寺宮の支配下にあっ

た。境内には，18世紀以降の多数の石造物や絵馬がある。

バスで新鹿沼駅に戻る途中，加園の八幡越路バス停で下車し，南側に入る道を行くと，興源寺（曹洞宗）がある。中世宇都宮氏の勢力下にあった加園城主渡辺備前守が開基で，その墓といわれる石碑が境内にある。また，薬師堂に安置される木造薬師如来坐像は，1349（貞和5，正平4）年に宇都宮公綱によって造立されたもので，同じ加園にあった東園寺（廃寺）から移された仏像である。

古峰神社 ㊹
0289-74-2111

〈M ▶ P.82〉鹿沼市草久3027
JR日光線鹿沼駅・東武日光線新鹿沼駅🚌古峰原神社行終点
🚶1分

東北・関東の講中による古峰信仰 大天狗面で著名

古峰原神社行のバスが大芦川沿いに進むと，一の鳥居バス停の先で巨大な銅鳥居がみえてくる。古峰神社（祭神日本武尊）の一の鳥居で，銅製の鳥居としては日本一の大きさを誇る。ここから2.5kmほどで古峰ヶ原の古峰原神社バス停に着く。古峰ヶ原は，勝道上人が出流山（栃木市）から日光へ向かったときの修行場と伝えられる。日光修験は，境内北西部にある深山巴の宿（深山宿・巴宿，県史跡）での修行を重んじ，江戸時代，回峰修行の1つである花供峰では，入峰の地になっている。

古峰神社は，古峰ヶ原を守護する前鬼石原隼人がまつった私邸の堂から始まった神社である。隼人は，江戸時代後期から「天狗使ひ」として名を馳せ，古峰神社の火伏せ・嵐除け・魔除けの信仰が広まった。神社の参籠所にかけられた2面の大天狗面は，古峰神社のシンボルでもある。東北や関東各地に講中がとくに増加するのは1880年代以降のことで，1890（明治23）年に，日本鉄道日光支線（現，JR日光線）が開通すると，いっそう盛んになった。

古峰神社

Yaita Nasushiobara

那須塩原とその周辺

上大貫の鍬秋舞(那須塩原市)

箒根神社の梵天上げ(那須塩原市)

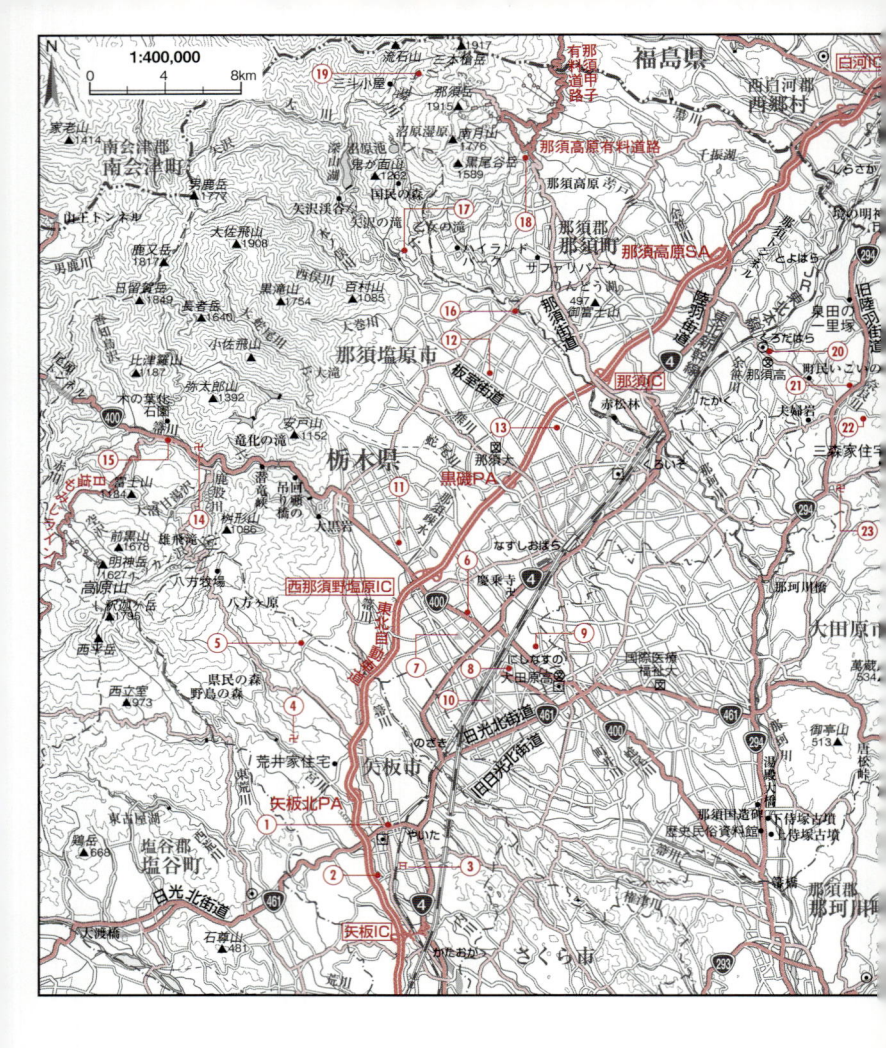

①矢板武記念館	⑦烏ヶ森	⑬旧藤田農場事務所跡	⑱殺生石
②川崎城跡	⑧大山別邸	⑭妙雲寺	⑲三斗小屋宿跡
③木幡神社	⑨乃木別邸	⑮逆杉	⑳旧黒田原駅舎
④寺山観音寺	⑩常盤ヶ丘	⑯那須疏水取入口	㉑遊行柳
⑤山縣有朋記念館	⑪松方別邸	⑰板室古戦場跡	㉒芦野氏陣屋跡
⑥那須野が原博物館	⑫青木別邸		㉓専称寺

◎那須野が原周辺と那須・塩原散歩モデルコース

矢板の城跡と文化財コース　　　JR東北本線矢板駅_5_矢板武記念館_40_川崎城跡_15_木幡神社_15_御前原城_40_JR矢板駅

那須野が原開拓コース　　　JR東北本線西那須野駅_25_三島開墾記念碑_5_那須野が原博物館_5_三島神社_20_烏ヶ森公園_5_烏森神社_25_JR西那須野駅

明治の元勲コース　　　JR東北本線西那須野駅_15_大山巌別邸_15_大山巌墓所_15_ポッポ通り_15_乃木神社_30_JR西那須野駅

奥州街道芦野宿コース　　　JR東北本線黒田原駅_10_芦野仲町バス停_3_石の美術館_5_平久江家門と構え_3_那須歴史探訪館_5_芦野氏陣屋跡_15_芦野氏陣屋裏門_3_芦野氏旧墳墓_25_遊行柳_8_芦野支所バス停_10_JR黒田原駅

伊王野の里コース　　　東北自動車道那須IC_25_道の駅東山道伊王野_3_北向き地蔵_10_専称寺_5_伊王野氏居館跡_20_伊王野城跡_25_道の駅東山道伊王野_25_那須IC

矢板の史跡をめぐる

矢板市には，中世の豪族塩谷氏にゆかりの城跡や社寺，そして那須野が原開拓の先人の旧宅などが残されている。

矢板武記念館 ❶
0287-43-0032
〈M ▶ P. 132, 135〉矢板市本町15-3 Ⓟ
JR宇都宮線矢板駅🚶10分

那須野が原開拓の功労者の旧宅

矢板駅から300mほど北進して，国道461号線を左折し500mほど行った本町交差点の角に，那須野が原開拓に尽力し，実業家としても活躍した矢板武の旧宅がある。1997（平成9）年に矢板家から矢板市に寄贈されたのを機に，矢板武記念館として公開された。

矢板武記念館

母屋は1912（明治45）年に大修理が行われ，現在の姿になった。母屋の正面玄関奥には，勝海舟の書といわれる「聚麀亭」の額が掲げられている。矢板武は，印南丈作とともに，1880（明治13）年に那須野が原最大の農場であった那須開墾社を設立し，印南丈作の死後2代社長となった。矢板と印南の運動により，那須疏水の開削が決定し，1885年に開通している。

邸内のシダレザクラは，樹齢約160年と推定され，矢板武の先代坂巻五右衛門の代に植えたものと考えられる。

川崎城跡 ❷
〈M ▶ P. 132, 135〉矢板市川崎反町・館ノ川 Ⓟ
JR宇都宮線矢板駅🚌宇都宮行木幡🚶15分

塩谷朝業ゆかりの城跡

木幡バス停から県道242号線を西に約1kmほど進むと，東北自動車道に沿う形で川崎城跡がある。宇都宮朝綱の孫で，鎌倉時代前期の武将塩谷朝業が，正治・建仁年間（1199〜1204）に築城したと伝えられる平山城である。本丸・二の丸・三の丸・東出丸・南曲輪・空堀などが確認できる。1990（平成2）年度から94年度にかけて発掘調査が実施された。塩谷朝業は鎌倉幕府に出仕し，3代将軍

川崎城跡

　源実朝(みなもとのさねとも)の側近となり，その歌才を愛されたが，実朝の死後出家し，信生(しんじょう)と号した。晩年の紀行文『信生法師集』は，鎌倉時代の日記文学として著名である。

　現在，城跡の大部分が川崎城跡公園として整備されている。城跡の北端には，江戸時代までは星宮大明神(ほしのみやだいみょうじん)とよばれていた川崎神社(祭神天津瓊々杵尊(あまつにニぎのみこと))があり，南端には北久保不動堂(きたくぼふどうどう)がある。北久保不動尊には，地蔵のように赤い腹掛け・頭巾(ずきん)が着せられており，病気平癒祈願などの信仰がある。

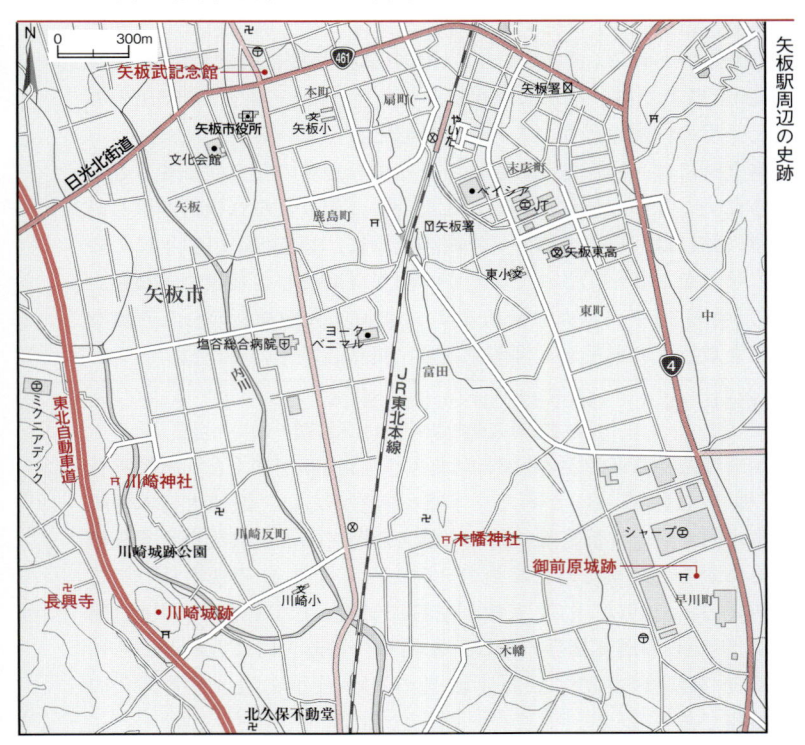

矢板駅周辺の史跡

矢板の史跡をめぐる

麻疹地蔵尊

　城跡から東北自動車道を挟んだ西側には，信生法師（塩谷朝業）の開山と伝えられる長興寺（曹洞宗）があり，塩谷氏歴代の墓碑がある。長興寺の北西約300mの地は，1423（応永30）年宇都宮持綱が，塩谷教綱によって殺害された所といわれ，「上らんとうの碑」がある。

　川崎城跡から東に2km行くと，シャープ栃木工場に隣接して，平山城である御前原城跡（県史跡）がある。平安時代末期頃，堀江（塩谷）左衛門尉頼純が築城したと伝えられ，塩谷朝業も当初居住したといわれる。中村城ともいわれる。規模は南北約700m・東西400m以上であったが，現在は，南北約180m・東西約185mの本丸と土塁の一部が残り，市の都市公園となっている。

　本丸跡には，麻疹地蔵尊がある。この石地蔵の粉を飲ませると，麻疹に効くという信仰があったことから，削りとられ損傷が激しい。後背の銘には，塩谷由綱が父孝綱のために，1549（天文18）年にこの地に移したことが記されていたが，現在は磨滅して判読できない。1867（慶応3）年の世直し騒動では，「世直し大明神」のむしろ旗を立てた数百人の農民が，御前原城跡に集結したという。

木幡神社 ❸
0287-43-8634
〈M ▶ P. 132, 135〉矢板市木幡1194-1
JR宇都宮線矢板駅🚌宇都宮行木幡🚶5分

塩谷氏の氏神
国重文の楼門と本殿

　川崎城跡から県道242号線を東北東へ1kmほど歩くと，木幡神社（祭神天忍穂耳尊）がある。木幡バス停からは，県道大宮木幡線を東へ向かい，宇都宮線の踏切を越えた所である。鳥居をくぐり階段をあがると，室町時代築造の3間1戸入母屋造の楼門（国重文）がみえる。以前は，仁王立像が左右に安置されていたが，1961（昭和36）年からの解体修理の際に，木幡神社参道入口に近いところにある下宮に移された。三間社流造の本殿（国重文）も，室町時代の建造物である。

木幡神社

社伝によれば、795（延暦14）年坂上田村麻呂が蝦夷征討から凱旋した際に、山城国宇治郡木幡村（現、京都府宇治市）の許波多神社を勧請したのが始まりとされる。中世には、豪族塩谷氏の氏神として崇拝され、また、1193（建久4）年の源頼朝の那須野の巻狩の際、愛犬の病気平癒に効験があったという。1648（慶安元）年に、江戸幕府3代将軍徳川家光から朱印地200石を寄進され、その後、日光二荒山神社を相殿にまつった。境内には、1617（元和3）年土佐藩（現、高知県）2代藩主松平（山内）忠義が、徳川家康の供養のため日光東照宮に寄進した鉄灯籠があり、また現在、当社の下宮に安置される木造馬頭観音坐像（県文化）は、明治時代初期の神仏分離以前には、本殿にまつられていた。

寺山観音寺 ❹　〈M▶P.132〉矢板市長井1875　P
0287-44-1447　JR宇都宮線矢板駅🚗50分

山深くにある古刹秘仏の千手観音像

矢板市内から県道30号線を通って関谷方面に進み、下太田公民館で左折して県道272号線を西に入り、県民の森方面に向かう。2kmほど行って右折し約1km進むと、左手に荒井家住宅（国重文）がある。荒井家は江戸時代庄屋をつとめた家で、17世紀後半頃の建築物と考えられている。桁行12間半（24.2m）・梁間5間半（10.3m）、寄棟造・茅葺きで、県内の民家でももっとも古い様式を残す。

県道272号線に戻り、県民の森方面へ約650m行き、三差路を右に入って山道をのぼり詰めると、寺山観音とよばれている観音寺（真言宗）がある。寺伝によれば、行基が高原山の山中に千手観音像を安置したが、806（大同元）年に徳一が千手観音像を現在地に移し、七堂伽藍を建立したという。中世には、川崎城主塩谷氏の祈願所となり、塩谷氏滅亡後の江戸時代には、宇都宮藩主の保護を受けた。

本尊である木造千手観音像（国重文）は、カツラ材を用いた寄木造で、鎌倉時代初期の作とされる。当初から漆箔も彩色も施され

矢板の史跡をめぐる

寺山観音寺銅造大日如来坐像

ていない珍しい素木の像で，60年に1回（甲子年）開帳される秘仏である。脇侍の木造毘沙門天立像・木造不動明王立像（国重文）も鎌倉時代初期の作とされる。

本尊御前立像の銅造千手観音菩薩坐像（県文化）は，もとは銅円板に取りつけられた懸仏であったと考えられている。木造行縁僧都坐像（県文化）は，寺山観音寺中興の祖行縁の像で，胎内墨書銘から，正治2（1200）年の作と知られる。木造二十八部衆像（県文化）は，「永享十三（1441）年」の銘から，室町時代初期の作とわかる。木造風神・雷神像（県文化）は14世紀頃の作，本堂の東にある銅造大日如来坐像（県文化）は，1781（天明元）年佐野天明町（現，佐野市）の鋳物師によって制作されたものである。

山縣有朋記念館 ❺
0287-44-2320

〈M▶P.132〉矢板市上伊佐野1022　P
JR宇都宮線矢板駅🚗20分

明治の元勲の洋館

矢板市内から県道30号線を通って北に進み，上伊佐野小学校の手前から北西に入り4kmほど行くと，山縣有朋記念館がある。山縣有朋は，長州藩（現，山口県）出身で，内相・首相などを歴任，その後，元老として政界に絶大な権力をもった明治の元勲である。

1885（明治18）年，この地に山縣農場を開いた。向かって左側にある旧山縣有朋別邸（県文化）は，1909年に建設された小田原にある山縣の別荘古稀庵内の建物を，関東大震災翌年の1924（大正13）年に長

山縣有朋記念館

那須塩原とその周辺

男伊三郎が移築したものである。

　設計は伊東忠太。伊東は、帝国大学工科大学造家学科（現、東京大学工学部）を卒業し、近代日本の建築界で指導的役割をはたした人物である。別邸は、2階建ての純洋風建築で、山縣有朋のイニシャル「AY」をかたどったドアの意匠は、アール・ヌーヴォー風である。

　記念館内には、山縣有朋の遺品や、1892（明治25）年農場管理人の森勝蔵が、絵と文で当時の農場の様子を記録した『伊佐野農場図稿』などが展示されている。向かって右側の建物は、1928（昭和3）年に建てられた山縣睦邸である。

② 那須野が原開拓の夢をたどる

那須塩原市には、那須野が原開拓に関する史跡や、農場主であった明治時代の高官たちの別邸が残っている。

那須野が原博物館 ❻
0287-36-0949

〈M▶P.132, 143〉 那須塩原市三島5-1 Ｐ
JR宇都宮線西那須野駅🚌塩原温泉行三島農場🚶3分

那須野が原を案内する総合博物館

　三島農場バス停で降りると、すぐ右手に那須野が原博物館がある。那須野が原博物館は、「那須野が原の開拓と自然・文化のいとなみ」のテーマのもとに、2004（平成16）年に開館した総合博物館である。「那須野が原の開拓」や「那須疏水」「那須野が原の農場」「開拓地のくらし」などの常設展示のほか、古代からの歴史・自然についても学ぶことができる。また、携帯情報端末（PDA）やナビゲーションシステムを用いて、博物館の常設展示や地域の史跡の紹介・案内なども行っている。

　博物館は三島農場事務所跡に建てられ、以前は木造２階建ての事務所があった。三島農場は、３代栃木県令三島通庸らによって、1880（明治13）年に創設された肇耕社に始まる開拓農場である。当時の様子は、洋画家高橋由一の作品「鑿道八景」からうかがうことができる。

　国道400号線を挟んだ博物館西側には三島神社があり、三島通庸と三島家累代の人びと、開拓の先人たちをまつっている。また、国道400号線を600mほど西那須野駅方面に戻ると、移住者や関係者によって建てられた三島開墾記恩碑がある。博物館から千本松方面へ約1.5km行った、国道沿い左手の丘陵赤田山には、母智丘神社がある。三島通庸が三島開墾を創業する際に、宮崎県都城市の母智丘

那須野が原博物館

140　那須塩原とその周辺

那須野が原の開拓

コラム

那須野が原をうるおした那須疏水

　那須野が原は、那珂川と箒川に挟まれた広さ約4万haにおよぶ広大な複合扇状地である。中央には蛇尾川と熊川が流れるが、山地を出ると地下に浸透し、「水なし川」になっている。

　那須野が原に水を引く試みは近世からあったが、明治時代に入ると殖産興業の観点から、本格的に開発が進められることになった。1876(明治9)年には、県令鍋島幹が運河構想を打ち出すが、実現には至らなかった。

　那須野が原の灌漑に尽力したのが、地元の名望家印南丈作と矢板武である。彼らは1877年に、那珂川・鬼怒川間の水路調査を行い、1884年には私費を投じて、西岩崎・亀山の隧道(トンネル)を試削している。

　彼らの尽力により、国の事業として那須疏水を開削することが決定し、1885年に那須疏水本幹水路(西岩崎・千本松間、約16.3km)が完成、翌年までにおもな分水路(約46.5km)が通水した。

　那須野が原の開拓は、印南・矢板らの結社農場や、三島通庸・大山巌・西郷従道・松方正義・毛利元敏・青木周蔵・戸田氏共ら、政府高官や旧藩主などによる大農場によって進められた。開拓地には、近隣の村々を始め、全国から人びとが入植し、初期の困難な生活を克服して、豊かな大地をつくりあげていった。

神社の神鏡を模した鏡を神体として、建立したものである。

那須野が原開拓の出発点

烏ヶ森 ❼

0287-37-5107(那須塩原市産業観光部西那須野支所商工観光課)

〈M ▶ P. 132, 143〉那須塩原市三区町636　P
JR宇都宮線西那須野駅🚌塩原温泉行三島🚶10分

　三島バス停で降り、交差点を南西に約1km直進すると、小高い丘陵地に広がる烏ヶ森がある。1879(明治12)年印南丈作・矢板武らの要請にこたえて、伊藤博文・松方正義がここから那須野が原を視察し、1881年の明治天皇の東北・北海道巡幸の際には、名代として有栖川宮熾仁親王が訪れた。さらに、1885年の那須疏水起工式、1894年には那須開墾社成業式が行われるなど、那須野が原開拓・那須疏水開削に深いゆかりのある地である。

　丘の上には、烏森神社(祭神天照大神 ほか)がある。社伝によれば、その前身である烏ヶ森稲荷神社の創建は902(延喜2)年とされるが、1888(明治21)年に現在の社殿が完成し、「開拓のおやしろ」として崇敬されてきた。境内には、那須野が原開拓の功労者印南丈

烏森神社

作の頌徳碑が建てられている。撰文は佐々木高行、書は金井之恭である。また、源実朝の「武士の矢並つくろふ こ手のうえに あられたばしる 那須の篠原」の歌碑や、2003（平成15）年に建てられた矢板武の歌碑もある。

　烏ヶ森から西へ約400m進むと那須開墾社第二農場跡に至る。途中、加治屋堀を渡るが、この堀はかつて、那須開墾社敷地内から加治屋開墾場（大山巌・西郷従道によって開設された農場）を経て、深川堀にそそぐ那須疏水の分水路である。那須開墾社は、印南丈作・矢板武らが開設した那須野が原最大の農場で、那須疏水の通水とともに移った農場事務所は、第二農場とよばれた。第二農場跡は現在、歴史公園として整備され、防風土塁や事務所堀の跡などに、当時の面影を残している。

大山別邸 ❽

〈M▶P.132, 143〉那須塩原市下永田6　Ｐ
JR宇都宮線西那須野駅 🚶10分

明治の元勲大山巌の別邸

　西那須野駅東口正面を約300m進み、最初の信号を越え、すぐ先を右折して南南東へ斜めに入る道を500mほど行くと、左手にある県立那須拓陽高校の大山農場内に、明治の元勲大山巌の別邸（大山記念館、見学には、那須拓陽高校の許可が必要）がある。大山巌は、薩摩藩（現、鹿児島県）出身で、幕末の倒幕運動に参加、戊辰戦争（1868〜69年）で活躍し、明治維新後は陸軍の要職を歴任。日露戦争（1904〜05年）では満州軍総司令官をつとめた。

　別邸は、赤レンガ造りの洋風建築と和風建築の２棟がある。1901（明治34）年に和風の別邸が、遅れて洋館が建てられた。大山記念館洋館（県文化）は、軍人大山の人柄を感じさせる質実な造りである。那須野が原の農場別邸建築としては、唯一のレンガ造りとして貴重である。使用された赤レンガは、ここで焼かれたものといわれる。大山巌は、従弟である西郷従道（西郷隆盛の実弟）とともに、1881（明

治14)年加治屋開墾場を開設し、1901年に分割して大山農場と西郷農場とにした。

　大山別邸から北へ800mほど行き、大田原方面へ向かう街道沿いに、大山巌の墓所があり、参道は、美しいモミジ並木になっている。墓所には先妻沢子、後妻捨松の墓もある。大山捨松は、津田梅子らとともに、明治政府の女子留学生としてアメリカに留学し、帰国後、鹿鳴館時代には、社交界で活躍した。

乃木別邸 ❾
0287-36-1194（乃木神社）
〈M ▶ P. 132, 143〉 那須塩原市石林820　P
JR宇都宮線西那須野駅 大田原行乃木神社前 10分

　大田原方面に向かう街道にある乃木神社前バス停から、北東に桜並木の参道を800mほど進むと乃木神社があり、その奥に乃木別邸

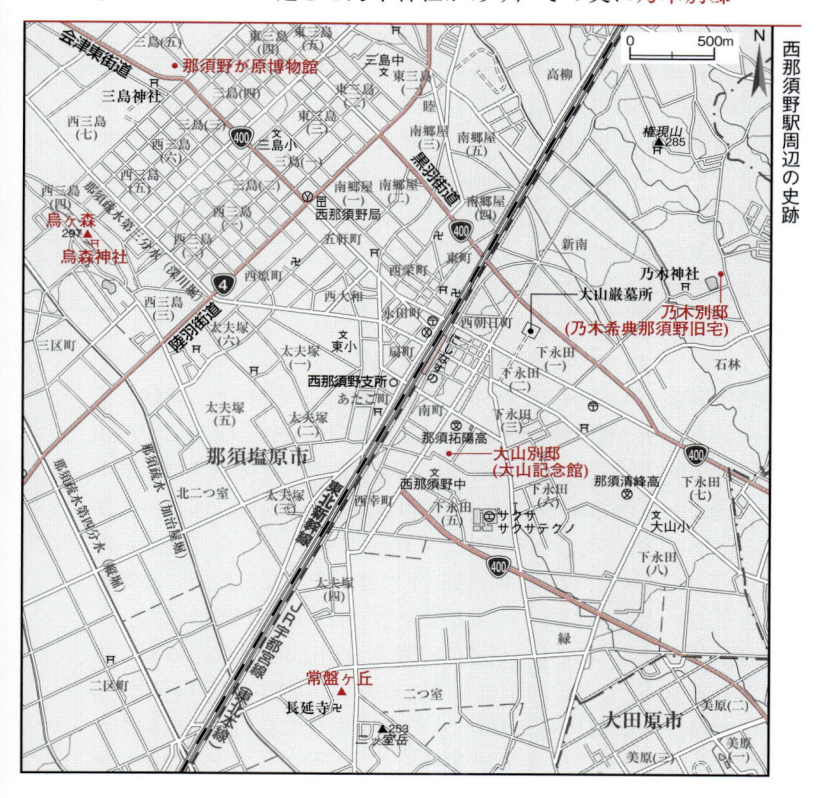

西那須野駅周辺の史跡

那須野が原開拓の夢をたどる　143

(乃木希典那須野旧宅，県史跡)がある。途中，西那須野・黒羽間を結んでいた東野鉄道の軌道跡を，歩行者・自転車専用道路として整備したポッポ通りを横切る。乃木神社前には，江戸時代に大田原城まで引かれた蟇沼用水が流れ，境内には古くからの自然の姿を残す樹林がある。

乃木希典は，長州藩(現，山口県)出身の軍人で，西南戦争(1877年)・日清戦争(1894～95年)・台湾出兵(1874年)・日露戦争(1904～05年)に従軍し，日露戦争後には学習院(東京都)院長をつとめた。その間の1891(明治24)年この土地を購入，翌年みずからの設計で，和風の簡素な別邸を建設した。「農は国の大本」の信念のもと，休職期間中はこの別邸で，晴耕雨読の生活を送ったという。乃木は，厚い信任を得ていた明治天皇の大葬の礼が行われた1912(大正元)年9月13日，妻静子とともに殉死し，1916(大正5)年別邸のすぐ西側に，乃木神社が創建された。乃木家の水田跡に後設された池は，静子にちなみ静沼とよばれる。旧宅は放火により1990(平成2)年焼失したが，1993年に復元された。

乃木邸から南へ約200m行くと，大正時代に松方農場より移築された乃木青年講堂があり，その東側近くには，江戸時代原街道と塩原街道の分岐点に建てられた石林の道標がある。

常盤ヶ丘 ❿

〈M▶P. 132, 143〉那須塩原市二つ室73 P
JR宇都宮線西那須野駅 5分

西那須野駅から一区町に向かって南へ約2.5km進むと，常盤ヶ丘がある。那須野が原開拓の中心をになった印南丈作と矢板武が開拓を誓った場所という。いずれも開拓に功績があった印南丈作と妻トメ・矢板武・安藤治輔・品川貞之進の5基の墓がある。また，現在，丘の東面には多くのアンズが植えられ，「杏の里」とよばれている。常盤ヶ丘の麓には，1885(明治18)年に建てられた説教所に始まる長延寺(浄土真宗)があり，子どもたちの教育の場にもなった。

常盤ヶ丘からさらに南へ約2.5km進み，国道461号線を渡ってさらに500mほど行くと，左手に親王台がある。1881(明治14)年，明治天皇の東北・北海道巡幸の際に，天皇の名代有栖川宮熾仁親王が台覧する場所としてつくられた塚である。この辺りは那須開墾社第

一農場事務所跡にあたり，近くには，第一農場の防風土手の一部が残っている。

親王台からさらに南へ約200m向かうと，江戸時代に大田原宿と日光を結んだいわゆる日光北街道と原街道との交差点の南側に道標が残る。東には，水戸藩（現，茨城県）2代藩主徳川光圀が，木の名前を尋ねたが，誰も知らなかったという逸話から名づけられたという「なんじゃもんじゃの木」がある。

さらに南に約700m進むと観象台（南点）がある。日本における近代的三角測量の発祥地の1つであり，千本松にある北点と1対をなす。ここからは，明治時代の基線測量に端を発する10kmにおよぶ直線道路縦道が走り，那須開墾社農場の中央を縦貫していた。

松方別邸 ⓫　〈M▶P.132〉那須塩原市千本松
JR宇都宮線西那須野駅🚌塩原温泉行千本松🚶15分

松方正義の大農場経営と「万歳閣」

千本松バス停で下車すると，南側にある畜産草地研究所正面左側に，観象台（北点）がある。関東の三角測量の基点となった地点で，1876（明治9）年水準測量が，1878年に基線測量が行われた。

松方正義は，この地に1893（明治26）年，東西約4.5km・南北約7kmにおよぶ広大な千本松（松方）農場を開いた。松方農場は，那須野が原のほかの多くの農場が小規模な農法を採用するなか，西洋式の大農具を使用し，大農法を続けたことで知られる。現在は，自然豊かな体験型牧場となっており，多くの観光客を集めている。当時，千本松農場で使用されたアメリカ製大農具の一部は，那須野が原博物館東側に展示されている。

千本松バス停から北へ約1km歩いてから右折し，しばらく行くと，瀟洒な2階建て洋風建築の松方別邸がある。内部を見学することはできないが，外から建物を鑑賞することができる。1903年の建築で，1階は石

松方別邸

那須野が原開拓の夢をたどる　145

那須野が原公園

造，2階は木造である。建築当初は，南側バルコニーにガラス戸はなかった。1904年の日露戦争時に，皇太子（のちの大正天皇）が滞在していたとき，遼陽(りょうよう)陥落の報が届き，一同が「万歳」をしたことから，万歳閣(ばんざいかく)とよばれるようになった。

　千本松付近は，那須疏水本幹水路が第3分水と第4分水に分岐する地点で，本幹水路沿いは那須疏水探訪の小径が整備され，緑のなかを散策できる。千本松から北東およそ1.5kmの所には，那須野が原公園があり，サンサンタワーから那須野が原を360度眺望できる。公園と隣接して，那須疏水の有効利用を図るために整備された赤田調整池があり，那須疏水記念碑・那須疏水通水百周年記念碑もある。

青木別邸(あおきべってい) ⑫
0287-63-0399
〈M▶P.132〉那須塩原市青木29　P
JR宇都宮線黒磯駅(くろいそ)🚌板室温泉行青木別荘前(いたむろ)🚶4分

ドイツ翁青木周蔵の瀟洒な別邸

　黒磯駅から板室街道を7.5kmほど行った青木別荘前で下車すると，北側に道の駅明治の森黒磯がある。この一角に，美しい白亜の洋館，**旧青木家那須別邸**(国重文)がある。この洋館は，明治時代の外交官青木周蔵(しゅうぞう)が，1881（明治14）年の青木開墾（青木農場）創設後，1888年に建築したものである。その後，1909年に大改築が行われ，現在の姿になった。

　外壁には，蔦(つた)型や鱗(うろこ)型のスレートが貼られ，中央棟の屋根は勾配が途中で切りかわる腰折れ屋根で，頂部には手摺り

青木別邸

那須塩原とその周辺

のついた見晴台が設けられている。ドーマーウィンドウ（屋根窓）やアメリカのコロニアルスタイルを取り入れたベランダが，全体に瀟洒な印象を与える。

設計は，ドイツに留学し，日本近代建築におけるドイツ派の祖といわれる松ヶ崎萬長である。1996（平成8）年から1998年にかけて，大規模な修理が行われるとともに，当初の位置からやや街道よりに移され，1999年国の重要文化財に指定された。現在は，とちぎ明治の森記念館として公開され，館内には青木周蔵や松ヶ崎萬長に関する資料などが展示されている。

青木周蔵は，長州藩（現，山口県）出身で，1868（明治元）年ドイツに留学し，以後ドイツ公使・外務大臣・アメリカ大使などを歴任した。20年以上におよぶドイツでの滞在経験から，ドイツのさまざまな制度・文化の紹介に努めた。

妻のエリザベートは，ドイツ貴族の出身である。青木は，ドイツからシカを輸入して農場内で飼育し，鹿狩りをした。輸入されたシカは，やがて在来種と交雑して，一時は1500頭を数えたともいわれている。

旧藤田農場事務所跡 ⓭ 〈M ▶ P.132〉 那須塩原市埼玉9-5 Ｐ
JR宇都宮線黒磯駅🚌板室温泉行藤田🚶2分

藤田バス停から東に500mほど進んで右折すると，100mほどで栃木県農業試験場黒磯農場の入口がある。ここは，1900（明治33）年から1917（大正6）年にかけて，那須町黒田原の薪炭商藤田和三郎が旧埼玉開墾や天蚕場の土地を買収し創設した，藤田農場事務所があった場所である。事務所兼別荘は1913（大正2）年に建造されたが，建物は現存せず，1935（昭和10）年頃建てられた公会堂が敷地内に残っている。公会堂は，農場小作人の集会などのために建てられたも

旧藤田農場事務所跡（公会堂）

那須野が原開拓の夢をたどる　　147

ので，現在は研修展示館として使用されている。

　旧藤田農場事務所跡から東側の道を通って，南に3kmほど行った埼玉小学校西側の小さな公園内に，那須野陸軍飛行場跡の記念碑が立っている。1942(昭和17)年，この地に熊谷陸軍飛行学校那須野分教所が開設され，陸軍パイロットの養成が行われた。設置された飛行場は，約280haにおよび，埼玉飛行場あるいは黒磯飛行場ともよばれた。その後所属や名称の変遷があり，第二次世界大戦末期の1945(昭和20)年には鉾田教導飛行師団の基地となり，7月には第26飛行団の司令部となった。終戦直前の8月13日には，ここから6機の特攻機が飛び立っている。

妙雲寺 ⑭
0287-32-2313
〈M▶P.132, 148〉那須塩原市塩原655
JR宇都宮線西那須野駅🚌塩原温泉行塩原支所前🚶5分

　塩原支所前バス停から北西へ200mほど行くと，旧塩原町役場近くの温泉街に面して，甘露山妙雲寺の大門があり，階段をのぼると妙雲寺(臨済宗)がある。寿永年間(1182〜85)に，源平の戦いに敗れた平家一門の平重盛の妹妙雲禅尼がこの地に逃れ，草庵を結んだのが始まりとされる古刹で，本尊の釈迦牟尼仏は，平重盛の念持仏と伝えられる。境内には老杉に守られるかのように，九重塔の妙雲禅尼墓がある。

　戊辰戦争で，塩原の多くの建物は会津軍によって焼き払われ，焼

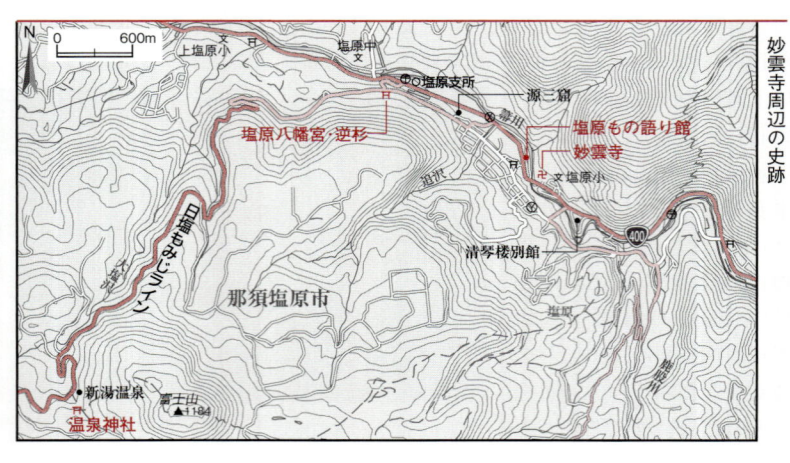

妙雲寺

失を免れたのは古町の温泉神社,逆杉で知られる塩原八幡宮,そしてこの妙雲寺だけであったという。妙雲寺が焼失を免れたのは,会津軍の斥候となり協力した住民の渡辺新五右衛門が,会津軍の隊長に歎願したことによると,本堂にある俳句額の裏面に記されている。

本堂の格天井には,88の菊の紋章が描かれているが,2つを残して墨の×印がある。会津軍撤退の際につけられたものと伝えられている。境内の念仏庵は,品川弥二郎が1885(明治18)年,塩原の塩釜に建てた別荘を移築・整備したものである。また,斎藤茂吉や夏目漱石,松尾芭蕉・尾崎紅葉らの文学碑があり,「文学の森」とよばれている。境内には,2000株のボタンがあり,毎年5月にぼたんまつりが開催される。

妙雲寺から西へ300mほど先の箒川沿いに,塩原もの語り館があり,塩原を訪れた文人墨客や塩原の歴史などを紹介している。塩原は,奥蘭田の『塩渓紀勝』や尾崎紅葉の『金色夜叉』で紹介され,その後も田山花袋や国木田独歩,北原白秋ら多くの作家が訪れて,作品を残している。そのため,塩原には妙雲寺境内のほかにも多くの文学碑があり,文学の郷の趣がある。

塩原もの語り館から東南に500mほど行った畑下温泉の旅館清琴楼は,尾崎紅葉の『金色夜叉』にも登場し,本館には紅葉ゆかりの遺品などが展示されている。また別館は,奥蘭田の別荘を数寄屋造に大改築したものである。

逆杉 ❶

〈M▶P.132, 148〉那須塩原市中塩原11 P
JR宇都宮線西那須野駅🚌塩原温泉古町営業所行逆杉🚶8分

源頼義・義家父子の伝説

逆杉バス停を降りると,南に塩原八幡宮に入る道がある。坂道をのぼると,逆杉とよばれるスギの巨木が境内にある。樹高約40mにもおよぶ1対のスギで,幹の高い部分から垂れた枝が多くあることから逆杉といわれる。

那須野が原開拓の夢をたどる　　149

逆杉

　社伝によれば，1058（康平元）年，源頼義・義家父子が前九年合戦（1051～62年）に際して，八幡宮で戦勝祈願したときに，箸がわりに用いたスギの小枝が根づいたとも，四方竹のかわりに差したスギが育ったものともいわれている。地元では，逆杉に絶対のぼってはならないという禁忌が伝えられている。また，社殿脇には，源頼義・義家父子が訪れた際，一夜にしてタケノコが生えたという一夜竹がある。逆杉の東約400mには，源三窟とよばれる鍾乳洞があり，源三位頼政の孫で，源義経腹心の武将源有綱が隠れ住んだ所といわれる。

　塩原八幡宮境内には，有綱をまつった有綱神社がある。かつては松の木平地区にあったが，1884（明治17）年の三島通庸による道路建設に際して移された。また，逆杉から箒川を渡った対岸を500mほど北へ行くと，木の葉化石園がある。

　化石園から国道400号線に戻り西に1500mほど進むと，赤川・伊崎川・善知鳥沢の合流点に面し，上塩原小学校から箒川の対岸辺りが，要害山城（塩原城）とよばれる古城跡である。治承年間（1177～81）に，塩原八郎家忠が築城したと伝えられる。

　国道400号線をさらに西へ4kmほど向かうと，尾頭峠に至る。1884（明治17）年県令三島通庸は，会津三方道路と陸羽街道を結ぶ塩原新道を開削した。塩原の古町と山王峠を結ぶルートは，当初，尾頭峠を通る計画であったが，車両通行が困難であるとして，善知鳥沢経由に変更された。同年10月には，太政大臣三条実美らを招き，塩原でも新道開通式が挙行された。しかし，善知鳥沢経由の道は急峻なため，しばらくして廃道となり，かわって尾頭峠越えの道が1893（明治26）年より整備された。

　なお，塩原から日塩もみじラインを4kmほど南にくだった新湯温泉に鎮座する温泉神社には，「永正十五（1518）年」の銘がある石

幢（県文化）がある。かつて集落があった元湯の温泉寺にあったが，1659（万治2）年の大地震による山津波で，元湯は大きな被害を受け，その後も度重なる地震により，集落は壊滅状態となり，1713（正徳3）年村人の新湯への移住にともない，この神社や石幢も移された。

那須疏水取入口 ⓰

〈M▶P.132〉那須塩原市西岩崎 Ｐ
JR宇都宮線黒磯駅🚗25分

那須野が原に水をもたらす

黒磯から板室温泉に通じる板室街道を戸田バス停で右折して，那須横断道路を北東へ4kmほど進んだ西岩崎に，那須疏水取入口（国重文）がある。那珂川を渡る那須高原大橋たもとの駐車場に至る前で左折し，那須疏水沿いにしばらく進むと駐車場がある。そこから那珂川の河原におりていくと，現在の那須疏水の西岩崎頭首工がみえる。付近は，那須疏水公園として整備され，多くの見学者が訪れている。

那須疏水は，1885（明治18）年に国営事業として，総工費9万3000円を投じて開削された。本幹水路の延長は約16.3kmであり，蛇尾川以東の那須東原に2本，那須西原に2本ある分水路などの支線を加えると，総延長は100km以上におよぶ。安積疏水（福島県）・琵琶湖疏水（京都府）と並ぶ日本三大疏水の1つとされ，現在も那須野が原をうるおしている。

1976（昭和51）年に完成した現在の取入口（頭首工）は，4代目にあたる。1885年の第1次取入口は頭首工の右手，第3次取入口

那須疏水第2次取入口

那須疏水第3次取入口

那須野が原開拓の夢をたどる

と同じ場所にあった。1905(明治38)年の第2次取入口は，200mほど上流に移され，現在は取入口跡と水路跡が残る。1915(大正4)年の第3次取入口跡は，頭首工右手の岩山にあり，アーチ型石積の姿は那須野が原開拓のシンボル的存在となっている。

板室古戦場跡（いたむろこせんじょうあと） ⑰

〈M ▶ P. 132〉那須塩原市板室3527ほか
JR宇都宮線黒磯駅🚗25分

板室街道を穴沢（あなざわ）支所前バス停で右折し，板室本村（ほんそん）に向かう道をおよそ3km行くと那珂川の谷に出る。那珂川の南側が油井（ゆい），北側が阿久戸（あくと）の集落である。

1868(慶応4)年閏（うるう）4月，大田原から進んだ薩摩・長州・大垣（おおがき）藩（現，岐阜県）兵からなる新政府軍と，三斗小屋宿（さんどごやしゅく）から南下した旧幕府・会津軍が，この付近で会戦した。両軍は，まず那珂川を挟んだ河岸段丘上に対峙して砲撃戦を行ったが，新政府軍の一部が迂回して側面から攻撃を加え，旧幕府・会津軍を混乱に陥らせた。新政府軍は，その間に渡河に成功し，阿久戸坂上の台地で激しい戦闘となった。旧幕府・会津軍は，多くの戦死者を出して板室本村に後退したが，戦いは続けられた。

那珂川を渡って那須フィッシュランドを過ぎ，河岸段丘上を大きく左折する所に，板室古戦場の戦死者供養塔（くよう）がある。塔は旧道の分岐点と思われる地点にあり，「左いたむろ（板室），右ろくとち（六斗地）」と刻まれ，道標をかねたものとなっている。1894(明治27)年4月に，板室村有志が戦死者17人をまつったものである。幕末の板室村は，阿久津6戸，板室本村28戸，三斗小屋宿14戸からなっていたが，板室の戦いと三斗小屋の戦いで，板室本村の1戸をのぞきすべてが焼失したという。この塔が建てられた頃，村がようやく復興を遂げたのであろう。

板室古戦場跡

戊辰戦争の戦死者供養塔

板室街道を北に向かい,木の俣集落を過ぎて,ニュー米屋という旅館の反対側の林道を2kmほど進むと広場があり,供養塔と観音像がある。1966(昭和41)年の,新木の俣用水改修工事中におきた事故の犠牲者25人を供養したものである。さらに,木の俣川上流に約2km進んだ広場のおよそ150m先に,新木の俣用水取水口がある。

　林道をもとの道に戻って深山ダム方面に向かい,およそ3km進んだ左手に,木の俣地蔵がある。安倍貞任の守り本尊と伝えられ,参道脇には,かつて地蔵が安置されていたというカツラの大木がある。伝説によれば,会津の農民がこの地蔵を自宅にもち帰ったが,毎夜「きのまたこいし」と泣くので,仏罰を恐れてもとの場所に戻したのだという。

③ 那須と東山道

那須には殺生石の伝説があり、かつて東山道が通っていた芦野・伊王野には、中世の城跡も残っている。

殺生石 ⑱

〈M▶P. 132, 154〉那須郡那須町湯本 P
JR宇都宮線黒磯駅🚌那須湯本行終点🚶5分

殺生石

九尾の狐の伝説

　那須湯本バス停から北西へ200mほど進むと、亜硫酸ガス・硫化水素などの有毒ガスが噴出する場所がある。この奥にあるのが、那須の殺生石（県史跡）で、殺生石とよばれる石は、大分県の大船山・久住山など各地にあるが、那須がもっとも有名である。松尾芭蕉は『おくのほそ道』にその光景を、「石の毒気いまだほろびず。蜂蝶のたぐひ、真砂の色の見えぬほどかさなり死す」と記している。

　謡曲「殺生石」となった伝説は、つぎのようなものである。昔、宮中に学芸すぐれた美女がいて、どのような問いにも答えたので、玉藻前と名づけられた。帝が病気になったとき、占いにより玉藻前が化生の者とわかり、玉藻前は那須野に逃げ、殺生石となった。のちに、通りかかりの高僧玄翁が仏事を営むと、石が2つに割れて、天竺・唐土・日本の王朝に危害を加えた妖狐があらわれ、今後、悪事をしないことを誓って消えたという。この話はまた、人形浄瑠璃「玉藻前曦袂」などのもとになった。

　殺生石左手には、那須

殺生石周辺の史跡

那須温泉神社

温泉(ゆぜん)神社(祭神大己貴命(おおなむちのみこと)・少彦名命(すくなひこなのみこと))がある。『延喜式(えんぎしき)』式内社(しきないしゃ)で，那須与一(よいち)が屋島(やしま)の戦い(1185年)で，扇を射落とす際に祈願したともいわれる，由緒ある神社である。

また，殺生石より2kmほど手前の湯本の喰初寺(くいぞめじ)(日蓮宗(にちれん))には，このキツネが九尾稲荷(きゅうびいなり)としてまつられている。日蓮聖人がこの地にきた際，法華経の功徳によって妖狐を成仏させたと伝えられ，のちに黒羽藩主大関家(おおぜき)の守護神となったという。

三斗小屋宿跡(さんどごやしゅくあと) ⑲

〈M ► P.132〉那須塩原市板室(いたむろ)
JR宇都宮線黒磯駅🚌ロープウェイ行山麓駅(さんろく)🚶160分

ひっそりとたたずむかつての宿場跡

ロープウェイ山麓駅から2時間ほど登山道を歩くと，三斗小屋温泉に至る。平安時代末期に発見されたと伝えられ，板室宿(いたむろしゅく)から三斗小屋宿を経て大峠(おお)を越え，福島県側の野際新田(のぎわしんでん)へ続く，いわゆる会津中街道(あいづなか)の湯治場として賑わい，幕末には5軒の旅館があった。しかし，戊辰戦争(ぼしん)(1868～69年)で全戸が焼失し，現在は2軒の旅館があるのみの秘湯である。東に3分ほど歩くと，見事な彫刻が施された三斗小屋温泉神社がある。

三斗小屋温泉から西へ3kmほど歩くと，三斗小屋宿跡に着く。会津新街道(会津中街道)は，1695(元禄(げんろく)8)年に開かれた氏家(うじいえ)(現，さくら市)と会津若松(わかまつ)(現，福島県会津若松市)を結んだ街道である。会津方面の廻米(かいまい)・生活物資の輸送に利用され，下野(しもつけ)最奥部の三斗小屋宿では，幕末に旅宿など34軒があったという。また，白湯山(はくとうさん)信仰

三斗小屋宿跡

那須と東山道

三斗小屋宿石造大日如来坐像

の拠点としても栄えた。白湯山とは茶臼岳の西側の温泉湧出地で、茶臼岳(月山)、朝日岳とあわせて信仰の対象となった。

戊辰戦争では激しい戦いが行われ、三斗小屋宿は新政府軍によって、全戸焼き打ちにあった。三斗小屋宿のはずれの墓地には、1880(明治13)年に建てられた「戊辰戦死若干墓」が残っている。

三斗小屋宿は、その後、1904年に岩越鉄道(現、JR磐越西線)が開通したことで、宿場としての賑わいを失い、1957(昭和32)年には最後の1戸が当地を離れた。現在は、石造大日如来坐像や石灯籠・金灯籠などが残り、かつての姿がうかがえる。三斗小屋宿から会津中街道を南に進み、麦飯坂を越えると、沼原湿原に至る。

那須町民俗資料館 ㉒

〈M▶P. 132, 159〉那須郡那須町寺子丙3-13 Ⓟ
JR東北本線黒田原駅🚶5分

町内の民俗資料を展示

黒田原駅から南東へ300mほど進んで左折し、50mほど行った那須町役場の裏手に、那須町民俗資料館がある。皇居内にあった1910(明治43)年築の模型資料館の建物を、那須町が払い下げを受けて1977(昭和52)年に開館した。江戸時代から明治時代にかけての生活用具などが展示されている。

遊行柳 ㉑

〈M▶P. 132, 159〉那須郡那須町芦野2530
JR東北本線黒田原駅🚌伊王野行芦野支所前🚶8分

芭蕉ゆかりの柳

芦野支所前から東に250mほど進み、国道294号線のバイパスに出て、600mほど北に進むと、田圃のなかに遊行柳がある。謡曲「遊行柳」にうたわれた伝説では、時宗の遊行上人がこの地に立ち寄った際、ヤナギの精があらわれ、上人の念仏により成仏したという。また平安時代末期、西行法師がこの地で、「道の辺に 清水流るる 柳蔭 しばしとてこそ 立ちどまりつれ」と詠んだといい、その故事により松尾芭蕉は『おくのほそ道』の旅の途中にこの地を訪れ、

遊行柳

「田一枚植えて立ち去る柳かな」の句を残した。ほかに与謝蕪村の句碑もある。

遊行柳から北へ500mほど行った旧道沿いには、ウシが寝た形をしたベコ石の碑がある。自然石に神農の姿と道徳を説いた約3500字が刻まれた碑で、芦野の人戸村忠恕の撰文である。

バイパスに戻って北に200mほど進み、また旧道に入って100mほど行くと、峰岸館兵従軍之碑がある。幕末に黒羽藩が農兵訓練のため開いた施設の1つである峰岸館があった所で、碑は戊辰戦争従軍を記念して建てられたものである。さらに700mほど北に向かった板屋の旧道沿いには、ベコ石と同じく戸村忠恕の撰文による諭農の碑がある。

諭農の碑から北へしばらく進んだ切通しの左右には、奥州道中の板屋の一里塚が残る。さらに、国道294号線を通って北へ4.3kmほど行くと、整備された駐車スペースに、泉田の一里塚が残っている。さらに福島県との県境まで向かうと、「境の明神」とよばれる玉津島神社が、県境を隔て両県側に1社ずつある。

泉田の一里塚

境の明神（玉津島神社）

那須と東山道

芦野氏陣屋跡 ㉒

中世から近世にかけての芦野氏居城

〈M▶P.132, 159〉 那須郡那須町芦野2530 P
JR東北本線黒田原駅🚌伊王野行芦野仲町🚶4分

芦野氏陣屋跡

芦野宿の中心部，芦野仲町バス停を降りた東側の丘陵が，芦野氏陣屋跡（芦野城跡）である。芦野城は，芦野氏の居城で，御殿山・桜ヶ城ともよばれる。天文年間（1532～55）に芦野氏によって築城されたといわれ，江戸時代は交替寄合旗本芦野氏の陣屋がおかれた。城跡の高台からは，芦野宿の西方500mほどに，水田に囲まれた栗林と畑からなる区画がみえる。ここが，鎌倉時代初期に芦野氏の祖が築いたといわれる，芦野氏居館跡である。芦野宿の本陣は，現在，那須屋商店と石の美術館ストーンプラザになっている。

江戸時代の番所跡にある芦野郵便局から東に進むと，芦野氏陣屋の大手口にあたる所に江戸時代に芦野氏の上級家臣であった平久江家の門と構えがある。平久江家から南に行くと三の丸のあった場所で，通称根古屋に那須歴史探訪館がある。那須町の歴史を「道」をテーマに展示している。

芦野氏陣屋裏門

芦野郵便局から150mほど南に進むと，1876（明治9）年の明治天皇東北巡幸の際の行在所跡に，明治天皇巡幸記念碑がある。道を隔てた向かい側には，江戸時代の旅宿安達家の蔵座敷が残る。さら

に南に600mほど行くと，左手に移築された芦野氏陣屋裏門がある。さらに南へ向かい，国道294号線バイパスと合流する手前の山林に，芦野氏旧墳墓がある。

芦野宿から旧奥州街道を1.7kmほど南に進むと，夫婦石の一里塚がある。この近くの旧道と思われる道沿いの高台には，明治天皇夫婦石御野立所の碑が立っている。一里塚からさらに南へ約1km進み，黒川を渡る直前で右折して，テニス場へ向かう道を500mほど進む。小さな十字路を左折して約150m行くと，水田のなかに「浮浪徒十四人墓」がある。1864(元治元)年，天狗党の田中愿蔵らが処刑された場所で，墓碑は1876(明治9)年に建てられたものである。

専称寺 ㉓　〈M▶P. 132, 159〉那須郡那須町伊王野1622
0287-75-0117　JR宇都宮線黒磯駅🚌伊王野行伊王野小学校前🚶3分

伊王野小学校前バス停から，国道294号線に向かって南に150mほど進み，右折して細い道を進むと，100mほどの所に専称寺(時宗)がある。1267(文永4)年，那須氏の一族である伊王野資長の開基といわれ，中世を通じて伊王野氏の菩提所であり，初期の墓がある。現在の本堂は1771(明和8)年の建造である。「文永四年」銘がある本尊の金銅阿弥陀如来立像は，国の重要文化財に指定され，脇侍の金銅勢至菩薩立像も県の文化財になっている。伊王野小学校前バス

専称寺

停すぐ北の伊王野小学校は，伊王野氏の居館跡で，1239（延応元）年頃の築城といわれる。その裏手の丘陵は伊王野城跡で，1487（長享元）年頃の築城といわれ，1627（寛永4）年に廃城となるまで，伊王野氏の居城であった。霞ヶ城ともよばれた本格的な山城で，現在は伊王野城山公園として整備されている。国道294号線を南に200mほど進むと，道の駅東山道伊王野があり，国道を挟んだ路傍に北向き地蔵がある。行き倒れになった旅人を葬ったガキ塚に向かって建てられたという伝説がある。

伊王野の中心部，伊王野郵便局前から東北東に福島県白河方面へ向かう道が，旧東山道である。伊王野郵便局から約2.5km行くと，左側に三森家住宅（国重文）がある。江戸時代の名主の家で，寄棟造・茅葺きの母屋と長屋門があり，享保年間（1716～36）の建造とされる。

東山道は義経伝説を残す道でもある。三森家住宅からおよそ4kmの白河方面に向かうと杙石集落で，三蔵川に架かる橋を渡り，左に折れると，道路沿いに義経愛馬のひづめ跡があるという杙石がある。さらに3kmほど先の下野と陸奥の国境には，義経が平家追討を祈願したという追分明神（住吉玉津島神社，中筒男命・衣通姫）がある。

北向き地蔵

160　那須塩原とその周辺

Ashikaga Sano

渡良瀬川に沿って

鑁阿寺節分鎧年越(足利市)

牧歌舞伎(佐野市)

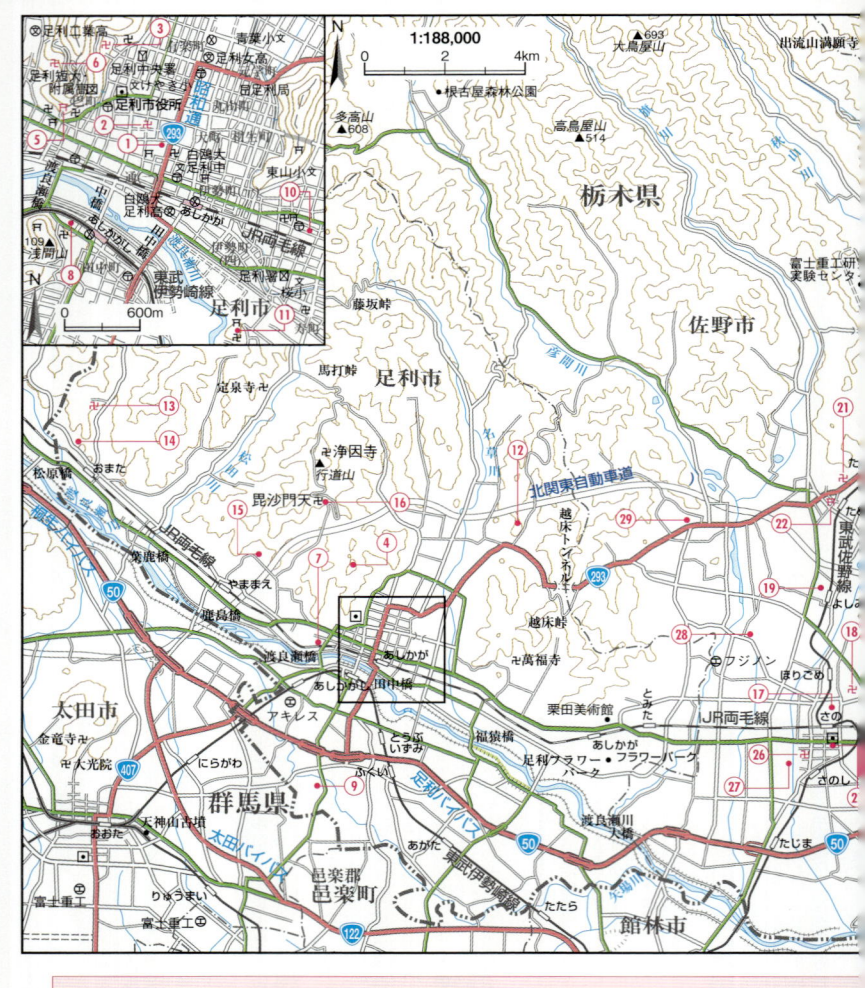

①足利学校跡	⑧旧足利模範撚糸工場	⑬鶏足寺	⑲清水城跡
②鑁阿寺	⑨藤本観音山古墳	⑭大川家住宅	⑳唐沢山城跡
③法楽寺	⑩旧木村輸出織物工場	⑮智光寺跡(平石八幡宮)	㉑本光寺
④足利城跡	⑪勧農城(岩井山城)跡	⑯最勝寺	㉒一瓶塚稲荷神社
⑤織姫神社	⑫樺崎寺跡	⑰佐野城(春日岡城)跡	㉓佐野市立吉澤記念美術館
⑥長林寺		⑱一向寺	㉔佐野源左衛門常世館(豊代城)跡
⑦足利市立草雲美術館			

渡良瀬川に沿って

◎足利・佐野周辺散歩モデルコース

1. JR両毛線足利駅_8_足利まちなか遊学館_2_足利学校跡_1_松村記念館_1_鑁阿寺_15_法楽寺_20_織姫神社_5_機神山山頂古墳_10_長林寺_15_八雲神社_3_足利公園古墳_5_足利市立草雲美術館_10_通七丁目バス停_5_JR足利駅
2. 東武伊勢崎線足利市駅_1_中橋_5_旧足利模範撚糸工場_3_東武足利市駅バス停_10_堀込十字路バス停_10_藤本観音山古墳_10_宝性寺_15_八木宿_5_旧足利織物工場_1_東武伊勢崎線福居駅
3. JR両毛線小俣駅_20_鶏足寺_5_小俣板碑_10_恵性院・笛吹坂遺跡_5_大川家住宅_15_木村半兵衛邸跡_3_長福院_5_JR両毛線小俣駅
4. 東武佐野線吉水駅_5_清水城跡_5_東明寺古墳_5_吉水駅_5_東武佐野線田沼駅_40_唐沢山城跡_40_一瓶塚稲荷神社_10_本光寺_10_東武佐野線多田駅_5_東武佐野線葛生駅_5_佐野市立吉澤記念美術館・葛生伝承館・葛生化石館_5_葛生駅
5. JR両毛線・東武佐野線佐野駅_3_佐野城跡_5_人間国宝田村耕一陶芸館_3_影沢医院_1_日本キリスト教団佐野教会_10_惣宗寺_10_佐野市郷土博物館_30_佐野駅

㉕人間国宝田村耕一陶芸館
㉖惣宗寺
㉗佐野市郷土博物館
㉘田中正造旧宅
㉙出流原弁天池

① 足利氏のふるさとを訪ねる

足利市の中心部には，足利学校・鑁阿寺などの見どころがある。時間をかけて，ゆっくりと探索したい。

足利学校跡 ❶
0284-41-2655

〈M ▶ P. 162, 165〉足利市昌平町2338
JR両毛線足利駅🚶10分，または足利駅🚌小俣・行道線足利学校前🚶5分

坂東の大学

足利学校跡

足利駅から駅前の中央通りを西に約500m，足利織物に関する資料を展示する足利まちなか遊学館の角を右折すると，正面に足利学校跡（国史跡）がある。往時，坂東随一の大学として，全国にその名を知られた。近年まで，1668（寛文8）年に建立された孔子廟（大成殿）・三門を残すだけだったが，1990（平成2）年学術調査の成果をもとに，方丈・庫裏・書院・庭園や周囲の堀・土塁など，江戸時代中期の姿に復原された。

足利学校の創建については諸説ある。代表的なものに，①律令制下，国ごとにおかれた地方教育機関である国学を起源とする説，②平安時代初期の学者・歌人小野篁が創建したとする説，③足利義兼が，一族の子弟教育のため創建したとする説などがある。

足利学校入徳門

創建後，一時荒廃した足利学校は，15世紀に関東管領上杉

渡良瀬川に沿って

足利駅北部の史跡

憲実によって再興された。憲実は、貴重な儒書である『宋版尚書正義』『宋版礼記正義』(ともに国宝)などを寄進したほか、庠主(学校長)に鎌倉円覚寺の僧侶快元を招聘している。当時、将軍家の御料所であった足利荘の代官は、関東管領上杉氏であり、憲実の子憲忠・孫憲房も足利学校を保護し、憲忠が寄進した『宋版周易註疏』(国宝)も現存する。

　上杉氏の衰退後、足利学校は、足利荘を領した長尾氏の保護を受けた。1466(文正元)年に荘内勧農(岩井山)城に入った長尾景人が、翌年足利学校を足利荘の政所付近(現、伊勢町)から現在地に移したという。移転は、勧農城下での戦乱や渡良瀬川の水害を避けるためだったとみられる。

　戦国時代、足利学校では従来の儒学のほか、兵学・医学・卜筮なども講じられ、全国から多くの学徒が訪れた。来日したキリスト教宣教師にもその名は知られ、イエズス会のフランシスコ・ザビエルは、本国のイエズス会宛の書簡で、足利学校について、「坂東の大学」「坂東の学院」(「耶蘇会士日本通信」)と記した。戦国時代末期、

足利氏のふるさとを訪ねる　　165

足利学校は北条氏との関わりを深めた。1560(永禄3)年, 北条氏政は大隅国(現, 鹿児島県)への帰郷を願う7世庠主九華を再住させ,『宋刊本文選』(国宝)を寄進している。

江戸時代, 足利学校は江戸幕府から朱印地100石を下付され, 寺社奉行支配下におかれて, 庠主も幕府の任命制となった。以降, 学問所としての性格を薄め, かわって徳川将軍家を護持する寺社的な性格を帯びるようになっていった。ただし, 貴重な書物を蔵する図書館機能は残り, 谷文晁・渡辺崋山ら多くの知識人が訪れている。明治維新期, 足利学校は一時足利藩の藩校になったが, その後, 版籍奉還にともなって廃校となった。

足利学校には, 南から三門(入徳門・学校門・杏壇門)を通って入る。杏壇門の内側に孔子廟がある。中央にまつられているのが, 儒教の開祖である孔子坐像(県文化)で, 1535(天文4)年の作。その右隣は, 小野篁坐像で江戸時代の作である。足利学校では毎年11月23日に, 孔子とその弟子をまつる釈奠が行われている。

学校門をくぐって左側には, 足利学校所蔵の典籍を保存・継承した遺蹟図書館がある。1903(明治36)年に開設され, 現在の建物は1915(大正4)年に建てられた。典籍自体は, 遺蹟図書館の北にある収蔵庫に保存されている。前掲の国宝4点のほか, 上杉憲実の寄進による『毛詩註疏』『唐書列伝残巻』『春秋左伝註疏』や『周易』『周易伝』『周礼』『古文孝経』『論語義疏』の国指定重要文化財8種98冊, そのほか約2000冊におよぶ貴重な典籍が今に伝えられている。収蔵庫の北には, 足利学校の歴代庠主の墓所がある。無縫塔など石塔17基が確認できる。

孔子廟の東側一帯には, 1990年に復原された建物や庭園がある。中心的な建造物であった方丈・書院・庫裏のほか, 敷地内には学徒が生活した衆寮や木小屋なども復原されている。

鑁阿寺 ❷
0284-41-2627
〈M▶P. 162, 165〉足利市家富町2220　P
JR両毛線足利駅🚶15分, または足利駅🚌小俣・行道線, 松田・富田線 通二丁目🚶5分

室町将軍家足利氏のふるさと

足利学校跡を出て西に約100m行くと, 鑁阿寺への参道と交差する。参道のすぐ横には, 松村記念館(国登録)がある。1925(大正14)

鑁阿寺大御堂

年に,有力商人であった4代目松村半兵衛によって建てられたもので,主屋・内蔵・表門が残る。記念館では,江戸時代以来,松村家に伝わる生活調度品などを展示している。

松村記念館からは,参道を100mも歩けば鑁阿寺(真言宗)に着く。足利市街地の中心部に位置し,「大日様」とよばれ,親しまれている。

鑁阿寺は,足利氏宅跡(国史跡)に立ち,約200m四方の寺域には,堀と土塁がめぐらされている。足利氏は清和源氏で,源義家の孫義康が足利荘を本拠とし,足利姓を名乗ったのに始まる。義康は,鳥羽上皇に仕えて北面の武士となり,のち保元の乱(1156年)で活躍して,昇殿を許された。その子義兼は,平氏追討・奥州藤原氏追討などにも活躍して源頼朝の信頼を得,北条時政の娘(政子の妹)を妻とした。出家後は,法名鑁阿を称し,足利の館に隠居,1196(建久7)年に持仏堂を建てた。これが鑁阿寺の始まりという。

鑁阿寺の開山は,伊豆走湯山の理真上人朗安。義兼の子義氏の頃,寺院としての本格的な整備が進み,寺を囲む堀の外縁部に12の支院を配する,一山十二坊へと発展したという。当時の景観・建物配置は,鎌倉時代の成立とされる「一山十二坊図」からうかがえるが,同図からは,寺の南に門前町が形成されていたこともわかる。

鑁阿寺は,南北朝時代以降も室町幕府の歴代将軍・鎌倉公方足利氏の氏寺として保護され,また在地の武士たちの崇敬を集めた。寺宝の青磁浮牡丹香炉・花瓶(ともに国重文)は,それぞれ足利尊氏・義満の寄進と伝える。また,鑁阿寺宛の「鑁阿寺文書」615通(国重文)は,足利氏を始めとする中世武士の信仰の様子を,具体的にうかがわせる貴重な史料である。

鑁阿寺は,戦国時代に荒廃したが,江戸時代には,京都の醍醐寺無量寿院の末寺として朱印地60石を認められ,江戸幕府歴代将軍の保護を受けた。明治時代初期の廃仏毀釈で,12支院はすべて廃

されたが，現在も足利市を中心に広く信仰を集めている。

　鑁阿寺には，4つの門がある。南門は，三間一戸・入母屋造・唐様の楼門(県文化)で，室町時代の建立とされる。楼門内の両側には，鎌倉時代作の木造金剛力士像(県文化)が立つ。東門・西門(県文化)も，鎌倉時代の特徴をもつ切妻造の四脚門である。北門は，12支院の1つだった千手院の門を転用したもので，1845(弘化2)年の建立である。

　境内中央部には，本堂の大御堂(国宝)がある。入母屋造の禅宗様で，五間四面の堂々たる規模を有する。足利義兼の造営で，その子義氏の再建とされるが，その後焼失し，1299(正安元)年，足利貞氏が再び造営したという。本尊は，木造大日如来坐像(県文化)で，本堂と同じ時期の作とされる。

　本堂西側の経堂(国重文)は，五間四面・宝形造の唐様である。1196年に創建後，1407(応永14)年と1708(宝永5)年の修築を経ているという。鎌倉・室町時代の様式をとどめるものの，江戸時代の雰囲気も有する。堂内には，江戸時代の仏師朝雲の作とされる，木造足利歴代将軍坐像15体が安置されている。

　本堂の南東，茂みのなかに立つ鐘楼(国重文)は，桁行3間(約5.4m)・梁間2間(約3.6m)の入母屋造で，鎌倉時代の建造と考えられている。本堂の南西にある多宝塔(県文化)は，1709年に再建され，堂内には鎌倉時代作の木造大日如来坐像(県文化)が安置されている。ほかにも境内には，江戸時代に建立された御霊屋(県文化)・校倉造の宝庫など，多くの堂舎が立ち並んでいる。

　寺宝には，鎌倉時代の仮名法華経8巻・室町時代の『魯論抄』5冊・金銅鑁字御正体(いずれも国重文)や，絹本著色釈迦八大菩薩像・涅槃図・不動明王二童子像・真言八祖像・弘法大師四所明神像，青磁人物燭台・金銅透釣燈籠・花鳥文刺繡天鵞絨(いずれも県文化)などもある。

源姓足利氏略系図

足利義家 ― 義国 ― 義康 ― 義兼 ― 義氏 ― 泰氏 ― 頼氏 ― 家時 ― 貞氏 ― 尊氏
　　　　　　　└ 義重(新田)
　　　　　　　　　　　　　　　　　　　　　　　　　　　　　　　　　└ 直義

法楽寺 ❸
ほうらくじ
0284-21-5884

〈M ▶ P. 162, 165〉 足利市本城3-2067 P
東武鉄道伊勢崎線足利市駅🚶20分，または足利市駅🚌松田・富田線市役所前🚶5分

　鑁阿寺から北西に約200m向かい，足利市役所前を西に100m行くと，柳原用水に突き当る。この用水は，足利市街北部に広がる水田を灌漑するため，1667(寛文7)年に上野(現，群馬県)新田郡代官の岡上景能により開削された。用水沿いを500mほど北に行くと，足利城跡がある両崖山の麓に立つ法楽寺(曹洞宗)がある。

　法楽寺は，足利義兼の子義氏を開基とする。義氏は，和田合戦・承久の乱・宝治合戦などで活躍。母は北条時政の娘，妻は北条泰時の娘で，幕政に重きをなした。また，勅撰和歌集の『続拾遺集』に入集するなど，文人としての素養にも恵まれた。1241(仁治2)年に出家後は，正義と号し，法楽寺に隠棲した。1254(建長6)年に没したといわれ，法楽寺の本堂南側には，義氏の墓所がある。義氏の五輪塔の周囲には，鎌倉時代から室町時代頃の大小の五輪塔・宝篋印塔が集められている。かつて，法楽寺には池があり，「阿弥陀ケ池」とよばれていた。池底から阿弥陀如来像があらわれ，義氏はそれを法楽寺の本尊にしたという。阿弥陀如来像は現存しないが，法楽寺が当初は，浄土庭園を有する寺院であったことがわかる。また，義氏の墓所の奥には，江戸時代の足利藩主戸田氏の墓も残されている。

　足利藩は，1705(宝永2)年に戸田忠利(忠時)が1万1000石で入封，譜代藩として明治維新まで存続した。陣屋は，法楽寺の南500mで，現在の雪輪町一帯におかれた。雪輪の町名は，戸田氏の小馬印が雪印であったことにちなむという。市街化により，陣屋の面影はほとんど失われたが，足利商工会議所友愛会館の真向かいに立

足利義氏五輪塔(法楽寺)

足利氏のふるさとを訪ねる

つ「陣屋大門」の石柱が往時を偲ばせる。友愛会館の地階にある足利まち歩きミュージアムには足利藩陣屋の復原模型が展示され、参考になる。

足利城跡 ❹

足利の領主長尾氏の本城

〈M ▶ P. 162, 165〉足利市本城1丁目・西宮町地内 [P]
東武鉄道伊勢崎線足利市駅🚶40分、または足利市駅🚌松田・富田線、小俣・行道線通五丁目🚶30分

法楽寺門前を北に向かう道は、織姫山山頂に続く。織姫山は、北の両崖山から連なる尾根の最南端にあたり、織姫山から両崖山にはハイキングロードが整備されている。両崖とは要害の転訛で、標高約250mの両崖山頂を中心とする一帯が、中世の要害、足利城跡である。

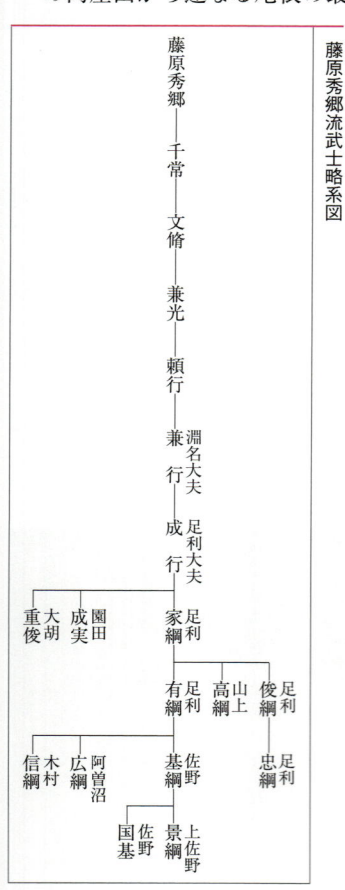

築城者は定かでないが、一説に天喜年間(1053〜58)に、藤原秀郷の6代の裔足利成行が築城したという。成行は、足利地方を領して、足利大夫を称し、藤原姓足利氏の祖とされた。以後、足利氏は足利郡内の棟梁として君臨し、その一族は下野西部から上野(現、群馬県)東部に勢力をふるった。当時の下野では、同じく秀郷の子孫である小山氏が、下野南部から下総(現、茨城県の一部・千葉県北部)北部にまで勢力を広げ、足利氏と小山氏は、下野「一国の両虎」とさえ称された(『吾妻鏡』)。

しかし、その後足利地方には源氏が進出。源義家の子義国は、足利に別業(別荘)を構え、その子義康は足利荘支配を本格化させた。これにより、藤原姓足利氏との対立も深刻

藤原秀郷流武士略系図

藤原秀郷―千常―文脩―兼光―頼行―兼行(淵名大夫)―成行(足利大夫)
成行の子:家足利綱、園田実、大胡重俊
家綱の子:足利俊綱、山上高綱、足利有綱
俊綱の子:足利忠綱
有綱の子:佐野基綱
基綱の子:上佐野景綱、佐野国基、阿曽沼広綱、木村信綱

足利城跡

化し、結局、治承・寿永の乱（源平の争乱、1180〜85年）で、藤原姓足利氏の俊綱・忠綱親子は平家に属して滅亡した。藤原姓足利氏の遺領は、源姓足利氏の領有するところとなり、藤原姓足利氏の痕跡自体もほとんど失われた。

　現存する足利城跡の遺構は、両崖山山頂部を中心として、周囲の各尾根部分にも郭が残されている。それぞれの郭は、堀切によって防御されており、本丸にあたる山頂部を守る堀切は、規模が大きい。本丸は、東西約15m、南北約27mの広さで、周囲には武者走りの跡が残る。東南と北の尾根には、それぞれ3つの堀切があり、とくに厳重に守られていた。山麓部の遺構も含めれば、おおむね東西約600m、南北約400mの規模をもつ。自然地形を巧みに利用した山城で、戦国時代の足利地方を領した長尾氏の本城にふさわしい。

　1466(文正元)年、長尾景人が足利荘代官として入部し、勧農(岩井山)城を荘支配の拠点とした。永正年間(1504〜21)、景人の子景長のときに、足利城は大規模な改修が加えられ、以後、足利長尾氏の本拠となった。のちに、小田原北条氏の勢力が下野に及ぶようになると、長尾顕長は隣接する太田金山城主で、実兄の由良国繁との同盟関係を強化して、北条氏に対抗した。しかし、1585(天正13)年には北条氏に降伏し、足利は北条氏の領国となった。1590年に、北条氏が豊臣秀吉によって滅ぼされると、足利城も廃城となり、北条氏に従っていた長尾顕長も、足利城主の地位を失った。

織姫神社 ❺
0284-22-0313
〈M▶P.162, 165〉足利市西宮町3889　🅿
東武鉄道伊勢崎線足利市駅🚶20分、または足利市駅🚌松田・富田線、小俣・行道線通五丁目🚶10分

織都足利のシンボル

　織姫山の中腹に、織姫神社がある。通五丁目のバス停から織姫山の麓まで歩き、そこから長い石段をのぼってもよいし、車なら法楽寺門前を通る登山道で、織姫山頂まで行ける。

足利氏のふるさとを訪ねる　171

織姫神社

織姫とは雅な名前だが、もともとの名前ではない。山自体は、古くは梵天山・月見山などとよばれていた。足利織物業の繁栄を祈って、1879(明治12)年に八雲神社境内から遷宮された。織物の神八千々姫命と天御鉾命がまつられるようになってからは、機神山と称された。当初、簡素だった機神の社殿が、大衆向けの織物「足利銘仙」の発展にともない、近代的神社建築へと姿をかえた。1937(昭和12)年に完成した現在の織姫神社社殿と社務所・手水舎・神楽殿(ともに国登録)のうち、社殿は当時としては珍しい鉄筋コンクリート造りで、花崗岩がふんだんに用いられている。京都の宇治平等院鳳凰堂をモデルに、寺社建築の第一人者小林福太郎が設計した。朱塗りの社殿は、織姫山の緑によく映えてとても美しい。また、境内からは、足利の市街地や渡良瀬川が眼下に臨める。現在では、足利を代表する景勝地の1つである。

織姫山頂部には、マツが茂ったこんもりとした塚がある。機神山山頂古墳である。全長約36m、高さ約3mの前方後円墳で、西側が前方部、後円部の南側に横穴式石室がある。石室からは、直刀・鉄鏃・銅鏡・馬具・須恵器が、また墳丘からは埴輪・須恵器が出土している。6世紀頃この地方を支配した首長の墓と考えられている。山頂からの眺望は素晴らしく、山麓から仰ぎみるのにも絶好の場所である。

長林寺 ❻
0284-21-5636
〈M ▶ P. 162, 165〉足利市西宮町2884 Ｐ
東武鉄道伊勢崎線足利市駅🚶25分、または足利駅🚌松田・富田線、小俣・行道線通六丁目🚶10分

長尾氏代々の菩提寺

織姫山から両崖山へと至る尾根の西麓に、長林寺(曹洞宗)がある。足利長尾氏代々の菩提寺である。創建は1448(文安5)年で、長尾景人が越前(現、福井県)龍興寺の2世住持大見禅龍を招いて開山

渡良瀬川に沿って

足利織物の歴史

コラム
産

足利織物は、古代以来、足利の名産であり、朝廷や東大寺・伊勢神宮などに献上され、権貴に重用されたことが史料にみえる。吉田兼好の『徒然草』には、つぎのような逸話が記されている。

鎌倉幕府執権の北条時頼は、鎌倉鶴岡八幡宮参詣の帰りに、鎌倉の足利義氏邸に立ち寄り、義氏夫妻の接待を受けた。その際、時頼は足利の染物を義氏に無心し、義氏は「色々の染物三十」を小袖に仕立て上げて、献上したという。

江戸時代中期以降、最新技術の導入や商圏拡大に支えられ、足利は上野(現、群馬県)の桐生とあわせて両毛機業地の中心となった。

明治時代以降も、技術革新や輸出向け絹織物生産などに努め、1928(昭和3)年には「足利銘仙」が開発されて、日本を代表する銘仙産地へと成長した。しかし、第二次世界大戦後、「足利銘仙」は需要が激減し、かわって急成長を遂げたのが、縦編みニットのトリコット産業であった。

1970(昭和45)年頃には、足利のトリコット生産は、国内生産高の3分の1を占めて全国一となったが、まもなく景気の減退とともに衰微した。現存する市内の近代産業遺跡の多くは、足利織物の盛衰と密接に関連している。

古代からの足利の特産品

としたという。当初は、勧農(岩井山)城付近にあり、長雲寺、のちに龍沢寺と号した。現在地に移したのは景人の子景長の代で、大見禅龍の弟子傑伝禅長を住持とし、寺号も長林寺に改めた。景長は長尾氏の本拠を勧農城から足利城へと移しており、長林寺の移転もこれにともなうものと考えられる。

山門をくぐり石段をのぼると、本堂・開山堂(ともに国登録)がある。織姫神社社殿と同様に小林福太郎の設計で、鉄筋コンクリート造りながら、禅宗様式を巧みに表現している。そして、境内奥の墓地に、景人・景長ら足利長尾氏歴代の墓がある。上段には宝篋

長尾氏歴代の墓(長林寺)

足利氏のふるさとを訪ねる

印塔3基と五輪塔5基,下段には宝篋印塔11基が並ぶ。また田崎草雲・近藤徳太郎らの墓もある。田崎は旧足利藩士で,明治維新後は南画家として活躍した。近藤は,栃木県工業学校(現,県立足利工業高校)の初代校長で,両毛織物業の発展に尽力,足利の「近代織物の父」と仰がれた。ともに足利の近代史を代表する人物である。

　寺宝には,紙本著色長尾景長・憲長・政長像がある。景長像は大和絵風,憲長・政長像は漢画風様式が取り入れられている。長尾氏には画才にすぐれる者が多く,憲長・政長像はともに自画像とされる。ほかに,狩野派の祖狩野正信筆とされる絹本淡彩観瀑図(国重文)なども残る。山水図の上部には,五山文学僧として名高い横川景三の画賛がある。また,開山の大見禅龍が所持したとされる印文「禅」の木印や鎌倉彫で装飾された木製の笈,「応永二十三(1416)年」の銘がある銅鐘なども貴重である。

　なお,1566(永禄9)年に長尾政長が学英宗益を開山に創建した心通院(曹洞宗)にも,紙本著色長尾政長像が残る。長林寺の政長像と同様の筆致で,やはり自画像とされる。境内には,政長の父憲長と政長夫妻の宝篋印塔3基がある。心通院は,両崖山の東山麓にあり,長林寺と同様,足利城下の重要寺院の1つであった。

足利市立草雲美術館 ❼
0284-21-3808

〈M ▶ P. 162, 165〉足利市緑町2-3768 Ⓟ
東武鉄道伊勢崎線足利市駅🚶30分,または足利市駅🚌松田・富田線,小俣・行道線行通七丁目🚶10分

明治の南画家田崎草雲の画業をたどる

　織姫神社から足利市の中心街を通る中央通りに戻って,西に約500m。通七丁目交差点を今度は南へ約500mくだると,八雲神社に着く。八雲神社は素盞嗚尊をまつり,現在の足利市域にあたる旧足利郡・梁田郡66郷の総鎮守であった。八雲神社からさらに南へ約200m,北から続く丘陵の南端に,足利市立草雲美術館がある。草雲美術館は,1968(昭和43)年に開館した。栃木県を代表する明治時代の南画家田崎草雲の作品を広く収集・所蔵し,一般公開している。

　草雲は,1815(文化12)年に足利藩士の子として江戸に生まれた。幼名頼助,本名芸,梅渓とも号した。江戸で文人画家の谷文晁らに師事して,才を磨いた。1861(文久元)年国元詰めとなり,足利に

田崎草雲旧宅

暮らした。1868(慶応4)年には，足利藩によって組織された民兵隊である誠心隊の結成に尽力し，足利学校の古書散逸も防いだ。

草雲は，明治維新後，1898(明治31)年に84歳で没するまで，画業に没頭した。1887年の皇居内の杉戸絵を制作，1893年にシカゴ万国博覧会に出品した「富嶽図」には，名誉銀牌が授与され，のち帝室技芸員に任命された。

草雲美術館に隣接する2階建ての日本家屋は草雲の旧宅で，1878年に完成した。東隣の平屋が草雲の画室である。晩年の作品の多くは，この画室から生み出されたが，草雲はこの地を白石山房と称した。草雲生誕にあたり，家計が苦しかった田崎家では，堕胎の薬を買い求めるために訪れた薬屋で，母親は前夜夢にみた白い碁石を拾う。これを聞いた父親は，白色は吉兆として草雲の堕胎を思いとどまったという。白石山房の由来である。

なお，草雲美術館や草雲旧宅のある一帯には，かつて中世寺院蓮岱寺があり，現在も周辺には中世の五輪塔が点在する。また，美術館の北の丘陵は足利公園として，1885(明治18)年に整備された。丘陵上には，古墳時代後期の群集墳(足利公園古墳)があり，第1号墳では，1886年に人類学者坪井正五郎らによって，近代日本で初めて本格的な古墳の学術調査が行われた。横穴式石室をもつ小円墳で，事前に足利市教育委員会文化課に申し込めば，石室内を見学できる。

② 近代の足利をたどる

足利の名産品である足利織物に関連する近代化遺産が、今も市内各地に残されている。

旧足利模範撚糸工場 ❽
0284-72-8739

〈M ▶ P.162, 176〉 足利市田中町906-13 P
東武鉄道伊勢崎線足利市駅🚶5分、または
JR両毛線足利駅🚌小俣・行道線、松田・富田線、山辺・中央循環線東武足利市駅🚶5分

現存する全国唯一の撚糸工場遺構

旧足利模範撚糸工場

　足利市の中心街を2分する渡良瀬川は、足尾（日光市）の山中に源を発し、群馬県の大間々、桐生を経て足利に至る。JR足利駅と並んで、足利市のもう1つの玄関口である東武伊勢崎線足利市駅は、この渡良瀬川の堤防のすぐ南にある。東武鉄道の開通は1907（明治40）年で、織物産地の足利と集散地の東京を結ぶためにつくられた。足

足利駅南部の史跡

利市駅を出ると，渡良瀬川に架かる美しい橋が目に入る。1936(昭和11)年に完成した中橋である。ドイツ風の鋼橋で，三連アーチが美しいシルエットを描き出している。

　中橋を右手にみながら，西に400mほど進むと，大谷石の外壁が特徴的な，旧足利模範撚糸工場の工場棟(国登録)に至る。1903(明治36)年に建設された足利模範撚糸合資会社の洋風工場で，現在はスポーツクラブとして利用されている。平屋建て鋸屋根瓦葺きで，半円アーチがついた縦長の窓がモダンな印象を与える。鋸屋根の北面は，大きな明かり窓になっている。

　足利模範撚糸合資会社は，輸出絹織物の振興をはかる明治政府の国策に基づき，全国6カ所に設置された「模範工場」の1つである。全国各地に建設された撚糸工場のうち，現存する唯一の工場遺構として貴重である。

　足利の織物産業の盛衰と密接な関連をもつ近代化遺産として，旧足利織物工場(現，トチセン工場)がある。東武伊勢崎線福居駅前に位置し，赤レンガの工場群が現存する。大正時代初期に設立された足利織物会社は，輸出綿生産を目的とした，足利で最初の近代工場であった。工場入口の右側にある赤レンガサラン工場(国登録)は，レンガ造り・平屋建てで，切妻造・スレート葺きの細長い工場棟である。また，入口正面の赤レンガ捺染工場(国登録)は，レンガ造りの外壁と内部は木造の軸組からなり，六連の鋸屋根が特徴的である。ともに1913(大正2)年に建てられた。

藤本観音山古墳 ❾

〈M ▶ P. 162, 178〉足利市藤本町533
東武鉄道伊勢崎線足利市駅🚶40分，または足利市駅🚌山辺・中央循環線堀込十字路🚶10分

県内最大の前方後方墳

　足利市駅前を南北に走る県道足利千代田線を一路南に行く。約2kmで国道50号線を横切り，そのまま約500m行くと，堀込町の交差点である。交差点の右手にあるのが宝性寺(真言宗)で，八木節の創始者初代堀込源太の墓がある。交差点を東西に走るのが例幣使街道で，東に約1.5km行くと八木宿(現，足利市福居町)に至る。
　藤本観音山古墳(国史跡)は，堀込町交差点からさらに南に1kmほどくだったところにある。藤本町の交差点を過ぎ，つぎの十字路

福居駅周辺の史跡

を右に折れると、まもなく右手にこんもりとした丘陵が目に入る。全長117.8m、県内最大の前方後方墳である。4世紀中頃の築造と考えられている。近年の調査結果では、周溝を含めると東西約210m、南北約150mの規模を有する。中世には、墳丘東側に観音堂があったことから観音山とよばれたというが、観音堂は現存しない。

旧木村輸出織物工場 ❿
0284-44-0791(足利市助戸公民館)

〈M▶P.162, 176〉足利市助戸仲町453-2 P
JR両毛線足利駅🚶10分、または足利駅🚌
松田・富田線助戸仲町🚶5分

大正・昭和時代における全国有数の輸出絹織物工場

足利駅は1888(明治21)年、小山・足利間を結ぶ両毛鉄道の開業により開設された。現在のJR足利駅の駅舎は、1934(昭和9)年の昭和天皇行幸にともなって、改築されたものである。近年、JR両毛線沿線の駅舎があいついで改築されたため、昭和時代初期のレトロな雰囲気をとどめる足利駅は、足利の玄関口として貴重な存在である。

足利駅北口から中央通りに出て東に約500m行くと、助戸3丁目交差点で、道は五差路に分かれる。さらに直進して約500m行くと足利市助戸公民館がある。公民館の一角が、旧木村輸出織物工場(県文化)である。現在は、1892(明治25)年に建造された土蔵造・寄棟平屋建ての工場棟と、1911年に建造された洋風木骨2階建て石張り・モルタル造りの事務所棟が残されている。それぞれ、公民館の多目的ホールと織物資料館として活用されている。

木村輸出織物工場の創業は、幕末まで遡る。当初は、国

旧木村輸出織物工場

178　渡良瀬川に沿って

例幣使街道と八木節

コラム

八木節のふるさと

例幣使街道とは、江戸時代に朝廷から日光東照宮に派遣された勅使が通った街道を指す。倉賀野（現、群馬県高崎市）で中山道から分かれた例幣使街道は、その後、足利・佐野・栃木・鹿沼・今市を経由して、日光に至る。例幣使街道の宿場であった八木宿（現、足利市福居町）は、隣接する梁田宿（現、足利市梁田町）とあわせて繁栄をみせ、多くの旅籠が軒を連ねていた。

八木宿の旅籠屋で働く越後（現、新潟県）出身の飯盛女たちが宴席などで歌った「新保広大寺くずし」が、八木節の原型ともいわれる。それを明治時代になって、山辺村（現、堀込町）の馬方であった渡辺源太郎（初代堀込源太）が、アップテンポに編曲し、現在の八木節になったという。

大正時代以降、レコードやラジオ放送で全国に広まり、日本三音頭の１つにまで数えられるようになった。音頭取りが樽を叩き、鉦、笛、鼓などで賑やかに囃すなかで、笠踊りや手踊りをする八木節は、まさに夏の風物詩といえる。

初代堀込源太の墓がある堀込町の宝性寺（真言宗）は、「堀込の薬師さん」として親しまれ、八木節記念碑も立つ。

内向け織物の生産にあたっていたが、明治時代中期の不況を機に、輸出織物に転じた。以後、輸出織物工場としては、全国有数の規模にまで発展した。最盛期は大正時代から昭和時代にかけてで、２代目木村浅七のもと、力織機60台以上を用いて生産にあたり、横浜や神戸のほか、中国大陸各地にも支店を設けた。浅七は、第二次世界大戦後、長く足利市長として市政の発展に尽力し、初の名誉市民となった。足利市役所玄関前には、木村浅七の銅像が建てられている。

勧農城（岩井山城）跡 ⓫

長尾氏最初の居城

〈M▶P. 162, 176〉足利市岩井町752　P
JR両毛線足利駅🚶20分、または足利駅🚌松田・富田線助戸仲町🚶10分

　助戸公民館から西に約100m行くと交差点に出る。左折して両毛線の線路を渡り、約500mで足利警察署がある。その前を過ぎると、まもなく渡良瀬川の堤防である。堤防上から南を眺めると、渡良瀬川の清流に突き出すようにして小高い丘がある。通称岩井山、丘陵全体が勧農城跡である。比高約20mの丘頂部が中心の郭で、周辺には帯郭が設けられ、東西約160m、南北約200mの規模を有する。

近代の足利をたどる　　179

勧農城跡遠景

近年の発掘調査によって、石垣の遺構が発見された。

勧農城は、戦国時代に足利を支配した長尾氏最初の居城である。1466(文正元)年に、長尾景人が入部していることから、築城はこの時期と考えられ、足利荘管理にあたる政所もおかれた。勧農とは農業の振興を意味し、中世における領主の責務でもあった。勧農城一帯は古くから足利荘の中心的な位置を占め、足利荘の政所があったことから勧農の地名が残ったと考えられる。永正年間(1504～21)、景人の子景長は、足利城跡のある両崖山一帯に拠点を移した。これには、渡良瀬川による水害が関係していたことが推測されている。岩井山の中腹には赤城神社がまつられ、乳房地蔵尊の小堂がある。また、明治維新頃までは、千年寺(黄檗宗)があったという。

樺崎寺跡 ⑫

〈M ► P. 162, 181〉 足利市樺崎町1723 Ｐ
JR両毛線足利駅 🚶60分、または🚗15分

足利市の中心部から北東に約5km。佐野市へ向かう国道293号線が越床トンネルに入る手前の交差点を左に約700m行くと、こんもりとした八幡山の東麓に、樺崎八幡宮がある。樺崎八幡宮は、足利義氏により正治年間(1199～1201)に創建されたと伝え、現在の本殿は天和年間(1681～84)の再建である。桁行2間(約3.6m)、梁間2間の春日造で、側面は高欄付縁張、屋根は銅板葺きとなっている。本殿床下には、足利義兼の墓標があり、義兼の生き入定の地と

樺崎八幡宮

足利氏の霊廟

光得寺五輪塔の旧状

伝えられる。

　明治時代初期の神仏分離令によって，樺崎八幡宮のみが現存するが，八幡宮境内一帯が，足利義兼の創建以来，足利氏代々の廟所として崇敬された樺崎寺跡（国史跡）になる。近年の発掘調査によると，現在の八幡宮本殿がある場所には，義兼をまつる赤御堂があり，その南には多宝塔や義兼の供養塔である石造層塔，足利氏歴代の五輪塔が立ち並んでいた。伽藍前面には浄土庭園が広がり，池には中島があった。庭園の北側で発見された3棟の礎石建物，遺跡を南流する樺崎川の東西では，僧侶たちの生活空間である坊舎の遺構が確認されている。また境内からは青白磁の壺・柿経（短冊状の木片に書写した経）・護摩壇の炉・かわらけ（素焼きの陶器）・漆椀など，中世寺院の様相をうかがわせる遺物の数々が出土した。なかでも，創建期にまで遡る三鈷杵文軒平瓦は類例も少なく，貴重である。遺物からも，樺崎寺が足利氏にとって鑁阿寺（真言宗，家富町）と並ぶ重要寺院だったことがうかがえる。

　神仏分離令以降，樺崎寺の寺宝の多くは，樺崎寺から西に1.5kmほど離れた菅田町の古刹光得寺（臨済宗）へと移され，現在に至っている。智拳印を結ぶ大日如来坐像（国重文）は，厨子とともに鎌倉時代の運慶作と伝えられる。また，木造地蔵菩薩坐像は，樺崎寺4代住持重弘の等身像といわれ，黒地蔵と通称される。そのほか，境内には，樺崎寺にあった五輪塔19基も安置されている。銘文から，それらのなかには，足利尊氏の父貞氏や足利氏の重臣高師直・南宗継らの供養塔が含まれていることが判明した。

樺崎寺跡周辺の史跡

近代の足利をたどる

③ 足利市郊外を訪ねる

足利市の郊外には,歴史のある古刹・名刹が散在し,多くの文化財を伝える。

鶏足寺（けいそくじ）⓭
0284-62-0276

〈M ▶ P. 162, 183〉 足利市小俣町 2784　P
JR両毛線小俣駅🚶20分,または小俣駅入口🚌小俣・行道線鶏足寺前🚶5分

真言密教慈猛派の総本山

小俣駅を降りて線路を渡り,県道名草坂西線を一路北へ向かう。1.5kmほど歩くと,正面に標高約300mのこんもりとした山がみえてくる。足利氏の一族小俣氏の居城で,地元では城山とよばれている。

鶏足寺山門

山頂部周辺には,今も郭跡・堀切などが残る。

城山の山懐に抱かれるようにして鶏足寺（真言宗）がある。寺伝によると,809（大同4）年に東大寺の僧定恵が創建し,一乗山世尊寺と称した。その後,慈覚大師円仁が仏手山金剛王院と改称。940（天慶3）年,平将門の乱調伏の祈禱にあたって,護摩壇に鶏の足跡があらわれたという奇瑞にちなみ,鶏足寺に改めたとされる。1269（文永6）年には,天下三戒壇として著名な下野薬師寺（現,下野市）の長老慈猛を迎えて,真言密教慈猛派の総本山となり,以後も発展を続けた。

山門である勅使門は,鎌倉時代末期の正和年間（1312～17）に築かれたと伝えられる。四脚門・切妻造で,屋根は柿葺だが,現在はその上を銅板で覆っている。

寺宝としては,後嵯峨天皇の皇子誕生を祈願して寄進されたと伝えられる太刀（銘力王）や,「鶏足寺印」の印文をもつ平安時代の銅印,「弘長三（1263）年」の銘がある梵鐘（ともに国重文）などがある。また,鎌倉時代の絹本著色五大明王像,南北朝時代の紺紙

金泥両界曼荼羅図（ともに県文
化），戦国時代の銅造釈迦牟尼仏
坐像も貴重である。坐像の銘文に
は，小俣城主として渋川義昌・義
勝父子の名前が刻まれている。渋
川氏は足利氏の一族で，それまで
鶏足寺の寺務職を有し，小俣郷一
帯を支配していた小俣氏にかわっ
て，戦国時代に勢力を伸ばした。

　小俣には，中世の石造物が豊富
に残されている。鶏足寺の南東約
500m，小俣川近くの阿弥陀堂内
には，小俣板碑1基（県文化）があ
る。緑泥片岩を用いた石造の卒
塔婆で，阿弥陀三尊像が刻まれて
いる。「文永十二(1275)年」の銘
があり，188cmの高さをもつ，県
内最大の板碑である。

小俣駅周辺の史跡

　鶏足寺から小俣駅に戻る途中，サラックス製造の三差路を右に折
れて約500m行くと恵性院（真言宗）がある。恵性院裏山の墓地にあ
る石造卒塔婆1基（県文化）は，凝灰岩製で塔身前面を五輪塔の形
に浮彫にした珍しいもので，「延文五(1360)年」の銘がある。五輪
のうち，水輪には梵字を彫
り，その下の地輪には銘文
が刻まれている。稚子の碑
ともよばれ，鶏足寺の若い
修行僧と土地の娘との悲恋
が語り伝えられている。ま
た，その隣に立つ凝灰岩製
の五輪塔は，南北朝時代に
活躍した小俣尊光の供養塔
で，「法印尊光　永和三

石造卒塔婆「稚子の碑」と五輪塔（恵性院裏山）

足利市郊外を訪ねる　　183

(1377)季四月十七日」の銘がある。恵性院墓地の東隣一帯は，鎌倉時代から室町時代にかけての霊場(笛吹坂遺跡)であり，今も多くの板碑・五輪塔が残る。

大川家住宅 ⓮
0284-62-0003

〈M▶P.162, 183〉足利市小俣町1412 Ｐ
JR両毛線小俣駅🚶15分，または小俣駅入口🚌小俣・行道線小俣境町🚶3分

恵性院正面の道を西に約300m行き，清水川を渡る。橋のすぐ右手にあるのが大川家住宅(国登録)である。築地塀をめぐらした壮大な邸宅で，現在は保育園として活用されている。江戸時代末期から明治時代初期にかけてつくられた，主屋・本蔵・西蔵・旧納屋・巽蔵・続蔵・大門などが残る。

大川家住宅

> 元機の広大な屋敷地

大川家は，足利有数の旧家で，名主をつとめるとともに，織物業者を統括する元機であった。大川家に伝わる「大川家文書」1267点(県文化)は，江戸時代の天保年間(1830～44)から明治時代にわたる史料群で，元機に関する史料としても，小俣村の村政史料としても貴重である。江戸時代の日光例幣使が使用した馬具1領(県文化)は，日光輪王寺納戸役高野将監達久が朝廷から拝領した馬具で，高野家と親戚関係にあった大川家に伝存されることになった。打掛2領(県文化)については，江戸幕府老中水野忠邦の夫人から拝領したものとされる。往時の大川家の繁栄・財力のほどがうかがえる。

小俣には，元機大川家のほかにも，有力な織物業者がいた。通称木半こと，木村半兵衛である。木半は，織物の流通と金融に携わった買継商であり，文政年間(1818～30)頃から有力化した。とくに3代木村半兵衛は，栃木町に設立された第四十一国立銀行の頭取をつとめた。小俣小学校の創立・運営にも尽力し，小学校の校庭には3

代半兵衛を顕彰する「郷校創設之碑」が立つ。4代半兵衛は両毛鉄道(現,JR両毛線)の敷設に努めた。木村家の墓は,小俣駅の南約300m,長福院(真言宗)にある。また,木村半兵衛邸跡は長福院から西南に約200m,かつての小俣宿の中ほど(現,小俣中町バス停辺り)にあり,土蔵と江戸時代につくられた屋敷の石垣が,わずかに残る。

智光寺跡(平石八幡宮) ⓯

⟨M ▶ P.162⟩ 足利市山下町2094
JR両毛線山前駅🚶15分,またはJR両毛線足利駅🚌松田・富田線山下四丁目🚶10分

足利泰氏が隠棲した中世寺院

JR両毛線山前駅を降りて,北に向かって線路を渡り,県立足利清風高校への案内板に従って1kmほど歩くと,県立足利清風高校に着く。その前身である足利商業高校を新設するにあたって,1964(昭和39)年に周辺の発掘調査が行われ,中世寺院智光寺の往時の姿が明らかになった。

足利義氏の子泰氏が建立した智光寺は,平石郷内で三方を山に囲まれ,南に開けた谷戸の奥に立地し,堂山を背に阿弥陀堂が立ち,その前面には浄土庭園を配していた。園池には中島を浮かべ,園池の周囲に諸堂宇を構えた。寺域は,南北約300m・東西約180mにおよんだと推定される。智光寺跡からは,巴文をもつ鐙瓦や天目茶碗,古瀬戸焼・常滑焼などが出土している。

泰氏は,1251(建長3)年に許可なく出家して鎌倉幕府に咎められ,平石に隠棲し,智光寺を建立したという。智光寺跡から出土した平瓦には,「智光寺 文永二年 三月日」と刻まれており,1265(文永2)年の創建とみられる。

智光寺は立地からみて,鑁阿寺(家富町)の場合と同様に,平石郷一帯の開発拠点となっていた居館が,寺院化したものと考えられる。足利荘の西端小俣郷を

平石八幡宮(智光寺跡)

足利市郊外を訪ねる

領した小俣氏は，泰氏の10男賢宝より始まるとされ，足利荘西部の開発は泰氏以降，本格化したとみられる。

現在，足利清風高校の北隣，かつての智光寺跡の一画には，平石八幡宮（祭神誉田別命）がある。泰氏が智光寺建立に際し，源氏の守護神である八幡神を鎌倉鶴岡八幡宮から勧請したという。本殿は1720（享保5）年の建立で，かつて平石郷にあった平石七堂の1つとされる。

最勝寺 ⓰
0284-21-8885

〈M ▶ P.162〉足利市大岩町264 P
JR両毛線足利駅🚌小俣・行道線 行道山🚶30分

行基開山の山岳霊場

足利駅前の中央通りを駅から西へ約1.6km行く。今福町の三差路を右に折れて約1km行き，モマサレース工場前で再び右折する。あとは道なりに約3kmのぼれば，大岩山中腹の毘沙門天本堂に着く。足利市中心部の織姫神社や両崖山の足利城跡からは，「足利県立公園ハイキングコース」が整備されており，毘沙門天を経て栃木県の名勝指定第1号の行道山浄因寺（臨済宗）まで約6kmあり，3時間の行程である。浄因寺は深山幽谷の地にあり，奈良時代の高僧行基の開山と伝えられる。浄因寺からは市内に戻るバスもあるので，新緑・紅葉の季節にはお勧めのハイキングコースである。

大岩山最勝寺（真言宗）は，京都鞍馬山・奈良信貴山と並ぶ，日本三毘沙門天の1つとされる。最勝寺も行基の開山と伝えられ，かつては山岳霊場として12の塔頭を有したという。本堂は，1762（宝暦12）年の建造で，堂内には本尊の毘沙門天および両脇侍像（ともに県文化）がまつられている。毘沙門天は高さ1.8m，木造で写実性や逞しさなど，鎌倉時代の特徴をもつ。また，本堂の外陣には，大小49枚の絵馬・奉納額が掲げられている。本堂が再建された，江戸時代中期から明治時代にかけての

石造層塔（大岩山最勝寺参道）

足利市の日本一の三名所

コラム

足利市の観光名所

　足利市が日本一を誇る三名所として、ガイドブックなどでとりあげられることが多い場所が、足利学校・栗田美術館・あしかがフラワーパークである。

　すでに紹介した足利学校は、坂東随一の大学として著名であり、日本最古の総合大学ともいわれる。栗田美術館は、足利市駒場町にあり、1万点余りにのぼる伊万里・鍋島を収蔵する世界最大級の陶磁器美術館である。3万坪（約9万9000m²）の敷地内には、本館・歴史館・阿蘭陀館・世界陶磁館などの展示館が立ち並ぶ。代表作品として、鍋島焼最盛期の鍋島色絵岩牡丹文植木鉢紋大皿（国重文）などがある。

　あしかがフラワーパークは、足利市迫間町にある。8万3000m²の広大な園内には、樹齢130年以上、300畳敷きの大フジ棚を始め、長さ80mの白フジのトンネル、樹齢80年以上のクルメツツジ1500本など、四季折々の花が咲き誇る。まさに世界一のフジの楽園である。

ものである。奉納額からもうかがえるように、最勝寺が江戸時代には商売繁盛・心願成就の神として、広く庶民の信仰を集めていた。

　山門には、木造金剛力士像2体が安置されている。高さ2.8mで、江戸時代の作である。山門から本堂に至る参道の石段は、1704（宝永元）年に3人の信徒から寄進された。境内の東端には、樹齢約600年と推定されるスギの木があるほか、一帯は県内でも珍しい暖地性植物の自生地で、モミ・ヤブツバキ・マルバウツギなどを目にすることができる。

　参道途中には、鎌倉時代の石造層塔（県文化）がある。凝灰岩製で、塔の軸部には、胎蔵界大日如来像が彫られている。背面には、「建長八（1256）年丙辰四月日　孝子敬白」と刻まれる。1994（平成6）年の本堂半解体修理にともなう発掘調査では、現在の本堂の基壇下から、2つの時期の基壇面や瓦・銭・青磁破片などが出土し、なかでも軒平瓦は平安時代末期から鎌倉時代初期に遡るとされる。足利の北西に位置する最勝寺は、中世以来の山岳霊場であり、足利を守護する毘沙門天をまつる霊地であった。

足利市郊外を訪ねる

④ 佐野氏興亡のあとをめぐる

鎮守府将軍藤原秀郷の末裔佐野氏にまつわる史跡・文化財が,この地には数多く残されている。

佐野城(春日岡城)跡 ⑰
0283-23-0728(城山記念館)

〈M ▶ P.162, 201〉 佐野市若松町504 Ｐ
JR両毛線・東武鉄道佐野線佐野駅 🚶 3分

短命に終わった近世城郭

佐野氏略系図

佐野基綱 ─ 景綱 ─ 国基(国綱) ─ 実綱 ─ 成綱 ─ 広綱 ─ 興綱 ─ 資綱 ─ 師綱

重綱 ─ 季綱 ─ 盛綱 ─ 秀綱 ─ 泰綱 ─ 豊綱 ─ 昌綱 ─ 宗綱 ─ 氏忠

天徳寺宝衍 ─ 信吉

┃ は養子関係を示す。

佐野駅のすぐ北側に,緑の丘陵がある。城山公園として,市民に親しまれている佐野城跡である。

佐野城は,1600(慶長5)年に佐野信吉によって築かれた。春日岡・春日山と通称される南北に長い丘陵を,東西3本の堀切によって区切り,北から北出丸・本丸・二の丸・三の丸と連なる連郭式の城であった。丘陵の最高地点(約56m)が本丸跡で,一帯からは礎石や瓦なども出土している。二の丸跡には,城山記念館が建てられ,瓦・陶器・かわらけなどの出土品が展示されている。城郭のまわりには,外堀(水堀)がめぐらされていたが,現在ではほとんどが埋め立てられ,北側部分に外堀の名残りがうかがえる。城域は,南北約600m・東西約400m以上におよんだとみられる。

佐野信吉は,伊勢安濃津(現,三重県)城主富田知信の子で,佐野唐沢山城主佐野氏忠(北条氏康の子)が,豊臣秀吉の小田原攻めで廃嫡されたあと,佐野家の家督を継ぎ,佐野領3万9000石を領した。当初,唐沢山城を居城とし,ついで春日岡に居城を移した。一説に,佐野城の築城は,山城の廃止を求める徳川家康の命にしたがったためとも伝えられる。信吉は,1614年に兄富田信高に連座して改易となり,佐野城も廃城となった。

現在の佐野市街の中心部は,かつて佐野城の城下町であり,碁盤の目状の町割を特徴とする。町並み自体は,佐野城廃城後もとくに改変されることなく,現在に至っている。佐野城の南に広がってい

渡良瀬川に沿って

天明(天命)鋳物

コラム

筑前芦屋釜と並ぶ名品

　佐野には、天明(天命)宿があり、足利と小山を結ぶ交通の要衝として、繁栄をみせていた。天明宿近郊は、佐野を流れる秋山川上流の豊富な山林資源・鉱産資源と、水陸交通の拠点という恵まれた立地条件によって、東国を代表する鋳物師の集住地へと発展した。

　とくに、天明でつくられた茶釜は名品として、筑前国遠賀川河口の芦屋津(現、福岡県芦屋町)でつくられた芦屋釜と並び賞された。

　近世佐野城下の東端に位置する引地山観音堂(佐野市富岡町)には、天明鋳物の名品、鋳銅梅竹文透釣灯籠(国重文)がある。鋳銅製、円筒形の透し彫で、梅と竹の模様を描いている。笠の上面には銘文が刻まれ、1545(天文14)年に日向寺観音堂(引地山観音堂)に奉納されたことがわかる。現在は、佐野市郷土博物館に寄託、展示されている。

　これと同形式の灯籠は東京国立博物館にも残されており、「天文十九年」の銘がある。かつて下総千葉寺(現、千葉市)にあったもので、戦国時代に天明鋳物が東国各地で流通していたことがうかがえる。

た城下町のうち、とくに天明(天命)鋳物師が集住した金井上町・金屋仲町・金屋下町など、東西方向の街路にその面影がうかがえる。

佐野城跡

鎌倉時代の来迎三尊像板碑が残る

一向寺 ⑱
0283-22-4664
〈M ▶ P. 162, 201〉 佐野市堀米町1102　P
JR両毛線・東武鉄道佐野線佐野駅🚶10分

　一向寺(時宗)は、佐野城外の北東角地に位置しており、佐野城を中心とする城下町建設にともなって、この地に移ったとみられる。城山公園からなら、佐野駅北側の道をまず東に約200m行き、突き当りの道を、今度は北に700mほど行く。この道が、かつての佐野城東端のラインである。2つ目の信号の交差点が佐野城の北端であ

佐野氏興亡のあとをめぐる

189

り，そこを右折すると一向寺がある。一向寺の創建は1275(建治元)年で，一向上人によって建立されたという。一帯は，中世には堀籠郷に属しており，創建にあたっては，当時，この地を領していた堀籠氏の支援を受けたと考えられる。

一向寺には，板石塔婆が保管されている。明治時代に，一向寺近くの畑から出土したという。高さ151cm・幅45.5cmで，緑泥片岩製である。上部には，阿弥陀如来を中心に，脇侍として観音・勢至両菩薩が刻まれている。下部には宝篋印塔が彫られているが，現在は相輪部分だけを残して折損している。大きさといい，彫刻の繊細さといい，鎌倉時代の来迎三尊像板碑としては，見事な出来栄えである。

清水城跡 ⑲
0283-62-1845

〈M▶P.162, 191〉 佐野市吉水町739 P
東武鉄道佐野線吉水駅 🚶 5分，または吉水駅入口 🚌 野上・下彦間線吉水南 🚶 5分

鎌倉時代の佐野氏の居館

清水城跡（興聖寺）

吉水駅前を西に約200m向かい，最初の信号を過ぎて，つぎの交差点を右折する。北に向かって約300m歩くと，左手にこんもりとした森がある。この森が清水城跡である。現在は興聖寺（曹洞宗）が立つ。

清水城は，東西約116m・南北約133m，ほぼ方一町の規模を有していた。現在も興聖寺の周囲には，高さ約3mの土塁とその外側に幅約10mの空堀がめぐる。城の出入口である虎口は東側にあり，今も中世居館の遺構を良好にとどめる。興聖寺は，戦国時代に佐野豊綱によって創建され，豊綱は興聖寺殿と称された。興聖寺は，当初，佐野氏の居城唐沢山城の山麓田之入（現，佐野市田之入町）にあったが，佐野氏の改易後，1635（寛永12）年に現在地に移ったという。こ

のため清水城は興聖寺城とも称される。

　清水城の築城・廃城の時期はともに不明だが、1228(安貞2)年に佐野国綱が築城したとの伝えがある。規模や立地から、清水城は鎌倉時代の佐野惣領家の居館だった可能性が高い。

　清水城の南約500mには、佐野氏の祖藤原秀郷の墳墓と伝えられる東明寺古墳がある。径35.6m、高さ5mの規模をもつ。古墳の名称は、かつてこの地に大同山東明寺があったことによる。東明寺は、藤原秀郷の開基、大僧都知海法印の開山といい、991(正暦2)年9月に没した秀郷も、当寺に葬られたという。東明寺は、1617(元和3)年に廃寺となり、1705(宝永2)年寺跡に村人によって田原八幡宮が建てられた。

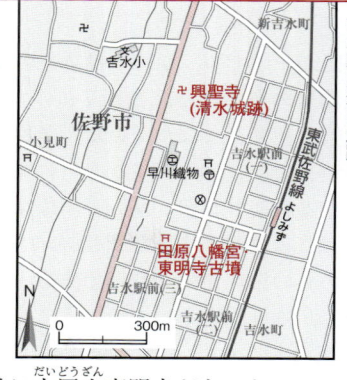

吉水駅周辺の史跡

唐沢山城跡 ⑳
0283-24-1138(唐沢山神社)

〈M ▶ P. 163, 192〉佐野市栃本町・吉水町・富士町　P
東武鉄道佐野線田沼駅 🚶 40分、または 🚗 10分

関東七名城の1つ

　田沼駅前を南にくだり、最初の交差点を左折。線路を渡り、目の前に聳える唐沢山に向かって歩く。約20分で、唐沢山西麓の県立田沼高校跡地に着く。付近一帯が、唐沢山の城下である。

　関東七名城の1つに数えられる唐沢山城(国史跡)は、唐沢山(247m)の山頂を中心とする広大な山城である。一帯は、「唐沢山県立自然公園」に指定され、豊かな自然をとどめている。城郭は、山頂から東西に伸びる尾根や山腹を巧みに利用して、堀や土塁が設けられている。現在、山頂の本丸跡には唐沢山神社があり、車で山頂まで行くことができる。

　レストハウスや駐車場は蔵屋敷跡にあたり、枡形を越えると絶景を誇る天狗岩がある。天狗岩からは関東

唐沢山城跡

佐野氏興亡のあとをめぐる　　191

平野が一望でき、かつては物見台の役割をはたしていたとみられる。天狗岩の左手には、直径7mの大炊井戸がある。その南側の郭跡は、天徳丸とよばれている。名称のいわれは不明だが、佐野一族で豊臣秀吉に仕えた天徳寺宝衍に関連すると考えられる。天徳丸の空堀が通称四つ目堀、続いて馬場跡に沿って、三つ目堀・二つ目堀とよばれる竪堀がある。馬場跡の突き当りが御局と称される郭跡で、その先の堀切が一つ目堀である。本丸跡には、御局から石段でのぼれる。本丸からその西側にある二の丸にかけての石垣は、とくに保存状況もよく、一見に値する。また、本丸の東側尾根にも郭跡が累々として残り、西から長門曲輪・金の丸・杉曲輪・北城とよばれている。

　唐沢山城の原型は、940（天慶3）年、藤原秀郷により築かれたとされる。秀郷は、俵藤太の別称で知られ、大ムカデ退治の伝説で有名である。藤原北家の流れをくむ下野の豪族として平将門の乱で活躍し、下野・武蔵国守を歴任した。のちに下野では、秀郷の子孫である藤原姓足利氏や小山氏が台頭し、下野「一国の両虎」と称された。前者からは佐野氏が、後者からは長沼・結城氏らが分出した。藤原姓足利氏の滅亡後は、佐野氏が勢力を広げ、戦国時代には唐沢山城を修築して居城とした。その後、唐沢山城は、越後上杉氏と小田原北条氏の攻防の的となったが、1586（天正14）年に北条方の足利長尾氏との合戦（須花坂の戦い）で、城主佐野宗綱が戦死したのちは、北条氏忠を家督に迎え

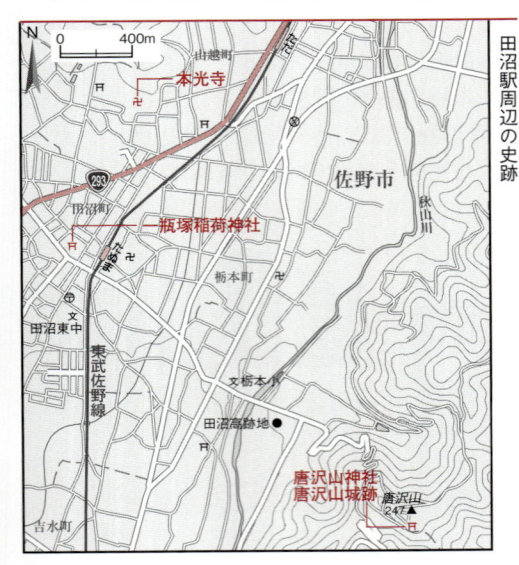

田沼駅周辺の史跡

て，北条氏に服属した。豊臣秀吉の小田原攻めによって北条氏が滅亡すると，佐野氏も断絶の危機に直面したが，一族の天徳寺宝衍の奔走により，存続を許された。しかし，1600（慶長5）年に佐野信吉が平城の佐野城へ居城を移したため，唐沢山城は廃城となった。

山頂の唐沢山神社は，1881（明治14）年の創建で，藤原秀郷をまつる。神社に伝わる甲冑金具「号避来矢」（国重文）は佐野家の家宝で，江戸時代に火災に遭ったため，鉄製部分のみが残された。平安時代の特徴がみられ，秀郷がムカデ退治の謝礼として，龍王より贈られたとの由来が伝えられている。「避来矢」の号は，飛んでくる矢を避ける甲冑という意味をもつ。なお唐沢山城の一画，レストハウスの北にある出丸（229m）は，避来矢山とよばれている。そのほか，室町時代末期の脇差「銘　守勝」（県文化）も残る。守勝一派は，宇都宮の徳次郎（現，宇都宮市徳次郎町）を拠点に活躍していた刀工集団である。

唐沢山の西麓には，唐沢山城の根小屋（城下集落）として土塁や堀がめぐらされ，家臣団の屋敷が立ち並んでいた。城下町は，秋山川に沿って南北に連なり，佐野氏の菩提寺である興聖寺や本光寺も，城下の一画に配置されていた。城下町は秋山川の西岸にもあり，南北に松並木表町・反町・下宿・四日市場などの町並みがあったという。佐野から宇都宮に向かう街道に沿うような形で，城下町が展開していたと考えられる。西岸の栃本地区には，今も街道沿いに古い町並みが残されているが，これは1616（元和2）年，佐野を領した本多正純が行った宿割によって成立した栃本宿の名残りである。唐沢山城が廃城となるまで，佐野は，経済的中心地である天明（天命）宿と，政治的中心地である唐沢山城下が併存する，二元的な構造を特徴としていた。

本光寺 ㉑
0283-62-0631

〈M ► P. 162, 192〉 佐野市栃本町1470　P
東武鉄道佐野線田沼駅🚶10分，または田沼駅前🚌野上・下彦間線佐野市民病院🚶3分

佐野氏代々の菩提寺

田沼駅前の通りを北に約500m歩くと，国道293号線に突き当る。突き当ってすぐの国道沿いに，本光寺入口の標柱が立つ。案内に従って北へ200mも歩けば，こんもりとした緑の丘陵を背にして，本

佐野氏歴代の墓(本光寺)

光寺(曹洞宗)がある。

本光寺は、1502(文亀2)年に唐沢山城主佐野盛綱により建立された。武蔵国龍淵寺(埼玉県行田市)の僧大朝宗賀を招いて開山とし、唐沢山城の北、青柳山の麓に寺地を定めた。盛綱は本光寺殿と称され、盛綱以降、本光寺は佐野氏の菩提寺として、代々の崇敬を集めた。1522(大永2)年には、本光寺住職象天宗礎が宮中に参内し、後柏原天皇より勅願寺とする旨の綸旨を得たと伝えられる。1586(天正14)年の須花坂の戦いで、佐野宗綱が戦死したことにより、北条氏から家督を継いだ氏忠は、1587(天正15)年、本光寺に57貫文の寺領を安堵するとともに、改めて佐野氏の菩提寺であることを認めている。唐沢山城の廃城と佐野氏の改易により、本光寺は1620(元和6)年に、青柳山麓から現在地に移ったという。寺宝としては、上記の後柏原天皇の綸旨や佐野氏忠の判物が残されている。裏山の墓地には、佐野盛綱以降の歴代の墓がある。

一瓶塚稲荷神社 ㉒
0283-62-0306

〈M▶P.162, 192〉 佐野市田沼町1404 P
東武鉄道佐野線田沼駅🚶3分、または田沼駅前🚌野上・下彦間線角町🚶1分

初午祭で有名

田沼駅前の西、約200mの市街地のなかに、一瓶塚稲荷神社(祭神豊受姫命)がある。942(天慶5)年、藤原秀郷が鎌倉松ケ岡の稲荷を、唐沢山城の南、富士村(現、佐野市富士町)に勧請したのが

一瓶塚稲荷神社

神社の創建といい，1186(文治2)年，佐野成俊によって現在地に移されたと伝える。

社殿は，何度かの再建を経ており，現存する棟札から，本殿(県文化)は1778(安永7)年，拝殿は1856(安政3)年に建造されたことがわかる。本殿は，一間社としては規模も大きく，周囲に施された彫刻もすぐれている。拝殿は，銅板葺きで，ケヤキの権現造である。

社殿の前に立つ銅製鳥居は，1746(延享3)年に，天明(命)鋳物師の丸山氏らによって鋳造された。寄進者は，佐野豊前守・榊原安芸守ら旗本のほか，近郷の村民240人以上におよび，寄進総額は金278両と銭23貫文を数えたという。一瓶塚稲荷神社が，近隣住民を中心に，広く庶民の信仰を集めていたことがうかがえる。鳥居の高さは約4.7m，笠木の長さは約7mで，均整がとれて優美である。材料には，銅980貫(3675kg)，木炭1100俵を要したとされる。天明鋳物全盛期の代表作として，美術的価値も高い。

初午祭を迎えると，一瓶塚稲荷神社は大変な賑いをみせる。初午とは旧暦2月で最初の午の日に，豊作祈願・商売繁盛・招福のため，稲荷神社に詣でる行事で，当社の初午祭はすでに江戸時代から著名であった。一瓶塚稲荷神社は，初午祭のときにつくられる「しんこまんじゅう」でよく知られている。しんこ(米の粉)で餡をくるみ，紅と緑に色づけしたまんじゅうで，佐野市民に親しまれている季節の味である。

佐野市立吉澤記念美術館 ㉓
0283-86-2008

〈M ▶ P.163, 196〉 佐野市葛生東1-14-30 ℗
東武鉄道佐野線葛生駅 徒歩5分

旧家吉澤家の美術品を展示

葛生は，石灰岩・ドロマイト(白雲岩)などの鉱産資源に恵まれ，すでに慶長年間(1596〜1615)には，豊富な埋蔵資源をもとに，石灰産業が始まったとされる。明治時代以降，石灰需要の拡大とともに，「鉱都葛生」も発展を続け，現在に至っている。

石灰の販路拡大のため，1889(明治22)年には，葛生・佐野間を結ぶ安蘇馬車鉄道が開業。葛生駅は，その5年後に，佐野鉄道葛生駅として開設された。1912(大正元)年，東武鉄道と合併して東武葛生駅となり，地元で採掘された石灰・セメント・採石を，首都圏に運

佐野氏興亡のあとをめぐる

佐野市立吉澤記念美術館

ぶターミナルとして重要な役割をはたした。最盛期の1970（昭和45）年には，年間輸送量248万tを数えたが，高度経済成長の終焉にともなって輸送量も減少し，貨物線としての役割を終えた。旧駅舎は，1928（昭和3）年の建造とされ，かまぼこ型のドーマー窓付きの切妻屋根（きりづま）は，木のぬくもりあふれる駅舎にモダンな印象を与えていたが，2014（平成26）年より現在の駅舎となった。

葛生駅周辺の史跡

葛生駅を降り，小曽戸川（おそど）に沿って北に600mほど歩くと，佐野市立吉澤記念美術館に着く。江戸時代以来の豪農で，石灰産業などで財を成した旧家吉澤家が代々にわたり収集してきた美術品の寄贈を受け，2002（平成14）年に開館した。狩野探幽（かのうたんゆう）・田崎草雲（たざきそううん）・高久靄厓（たかくあいがい）・橋本雅邦（はしもとがほう）・川合玉堂（かわいぎょくどう）・東山魁夷（ひがしやまかいい）らの絵画や，板谷波山（いたやはざん）・富本憲吉（とみもとけんきち）らの陶芸作品を収蔵する。とくに注目すべき作品としては，

196　渡良瀬川に沿って

江戸時代中期の画家で、花鳥画にすぐれる伊藤若冲が描いた「菜蟲譜」がある。約11mにおよぶ巻物には、色鮮やかな野菜・果物や水辺に遊ぶ生き物たちが、いきいきと描かれている。

　美術館と道を隔てた南側には、葛生伝承館と葛生化石館がある。2004年に開館した伝承館には、江戸時代以来、牧地区に伝えられる牧歌舞伎（県民俗）に関わる衣装・台本や襖絵などが、保管・展示されている。牧歌舞伎は、江戸時代の中頃、巡業に訪れた江戸歌舞伎役者関三十郎によって始められ、以後、地芝居として村民に連綿と受け継がれてきた。一時、後継者不足によって中絶したものの、1981（昭和56）年に10年ぶりに復活して、現在に至っている。伝承館では、旧家吉澤家に残された人形浄瑠璃の頭も、あわせて展示されている。江戸時代に、葛生地方で盛んだった古浄瑠璃の面影をうかがわせる。

　石灰岩地帯である葛生地区では、多くの化石が発見されるが、それらは、石灰岩のもととなるフズリナ・ウミユリ・サンゴなどの化石と、動物の化石に大別できる。動物の化石が残る地層は葛生層とよばれ、新しい層で5万年前、古い層は50万年前まで遡る。発見された化石動物のおよそ半分は絶滅種であり、現生種で現在本州に生息しているのは、全体の2割にとどまるという。

　化石館では、絶滅したナウマンゾウ・ニッポンサイ・ヤベオオツノジカ・クズウアナグマ・ニッポンムカシジカなどの化石が、保管・展示されているほか、石灰岩を中心に、地質に関する展示も行われている。

佐野源左衛門常世館（豊代城）跡 ㉔

〈M ▶ P. 163, 196〉　佐野市豊代町　[P]

東武鉄道佐野線葛生駅🚶40分、または葛生駅入口🚌秋山・仙波線えびすや🚶1分

　えびすやバス停から約100m北西に進むと、道沿いに佐野源左衛門常世館跡の標柱が目に入る。その左手一帯が、東西113m・南北159mの規模をもつ中世の館跡で、謡曲「鉢木」で知られる佐野源左衛門の館跡と伝えられる。

　謡曲では、鎌倉幕府の執権だった北条時頼が、諸国を行脚してい

謡曲「鉢木」の舞台

佐野氏興亡のあとをめぐる

佐野源左衛門常世館跡

る途中，大雪で一夜の宿を求めたときに，佐野源左衛門は大切に育てた鉢の木を焚いて，時頼をもてなす。零落の身ながら，幕府への忠誠心を時頼に語った源左衛門は，のちに幕府の招集に応じて鎌倉へと馳せ参じ，時頼から恩賞を与えられる。

　佐野源左衛門の実在については諸説あるが，一般には上野国佐野（現，群馬県高崎市）の武士とされ，当豊代城跡と直接の関係はない。この館跡が所在する豊代が，かつて佐野荘（現，佐野市）に属し，豊代を含む秋山川上流一帯を上佐野とよんだことと，謡曲「鉢木」の流布が，当地と源左衛門を結びつけたとも考えられる。豊代城は，実際は佐野氏の有力支族である上佐野氏の居館であったとみられ，ほかにも周辺には，中世佐野氏に関連する史跡が濃密に分布している。規模的には，鎌倉時代の佐野惣領家の居館といわれる清水城（興聖寺城）を凌駕し，佐野荘内に残る館跡としては最大である。

　現在，館跡の多くは畑地になっているが，周囲には上辺2m・下辺5m，高さ1.5〜2mの土塁が残る。館跡西側には，佐野源左衛門常世の守り神と伝えられる矢越天神がまつられている。東南側には，常世とその母の位牌，そして守り本尊の薬師如来と地蔵尊を安置する実相院があったという。位牌は，館跡内にある正雲寺公民館に保存されている。

　常世の墓は，南に隣接する鉢木町の梅秀山願成寺（臨済宗）の境内にある。願成寺の前身は，延寿山安心院蓮華坊（天台宗）と称し，藤原秀郷の開基で，そ

阿土山城跡

仙波そば

コラム

栃木県の霧下そば

　ソバは，やせた土地が適地とされ，とくに山に囲まれて，霧の立ちこめるような場所で育ったソバが最高とされる。いわゆる霧下そばである。

　全国でも有数のソバ生産量を誇る栃木県ではあるが，霧下そばの条件を満たす地域は少ない。佐野市郊外の山間部にある仙波地区は，霧下そばにまさにうってつけの場所で，古くからソバの産地として知られていた。

　過疎化に悩む仙波地区の村おこしのため，仙波そばを安価で提供する農林魚家高齢者センターがオープンしたのは，1988(昭和63)年のことである。地粉をもとに，腕に覚えのある地元の主婦たちが打った仙波そばは評判をよび，営業日の週末には遠来の客で賑わう。

　中山間地域の活性化策として，国・県などの補助金をもとに，栃木県内に設立された農村レストランの第1号が，仙波の高齢者センターであり，その後，県内各地でふえつつある。佐野市内では，飛駒・下彦間・作原などの各地区にも，農村レストランがオープンし，それぞれソバの味を競っている。

の母の廟所であったという。建長年間(1249〜56)に，常世が臨済宗に改宗させて再興し，代々の菩提寺にしたとされる。

　常世の墓と伝えられているのは，鎌倉時代中期の特徴をもつ宝篋印塔で，完形でないのが惜しまれる。境内からは，鎌倉時代の板碑も出土している。藤原秀郷の開基という延寿山蓮華坊自体は，のちに唐沢山城下へと移ったらしく，城下には円寿堂の地名が残る。

　豊代城跡の北約1kmには，阿土山城跡がある。中世の山城跡で，豊代城主の上佐野氏が非常の際に立てこもる要害であった。現在は麓から登山道があり，途中には数条の堀切が確認できる。山頂付近には，石垣もわずかながら残っている。

　阿土山城山麓を流れる仙波川を，北西に約2km遡った仙波地区には，今宮神社(祭神天津児屋根命)がある。今宮神社は，940(天慶3)年に，藤原秀郷が平将門征討のために勧請したと伝えられ，佐野荘の総鎮守であった。社殿は江戸時代の再建ながらも，荘厳な雰囲気をとどめる。平安時代末期から，戦国時代に至るまで，豊代城跡を中心とする一帯が，佐野氏の重要拠点だったことがうかがえる。

佐野氏興亡のあとをめぐる

5 近代佐野の光と陰をめぐる

公害の原点ともいうべき足尾鉱毒問題で活躍した，田中正造ゆかりの史跡が市内に点在する。

人間国宝田村耕一陶芸館 ㉕
0283-22-0311
〈M ▶ P. 162, 201〉佐野市高砂町 2794-1　P
JR両毛線・東武鉄道佐野線佐野駅 🚶 5分

名誉市民田村耕一の作品をたどる

　佐野駅前をまっすぐ南に約300mくだると交差点に面して，人間国宝田村耕一陶芸館がある。

　田村は，1918（大正7）年に佐野市富岡町に生まれた。富本憲吉に師事して陶芸を学び，鉄釉を用いた草花模様の作品で，高い評価を得た。数々の技法を駆使し，高い芸術性をもった陶器を制作し続けたことにより，1986（昭和61）年，国の重要無形文化財保持者（人間国宝）の認定を受け，翌年に死去した。当館は，栃木県を代表する陶芸家の1人で，佐野市名誉市民でもあった田村耕一の功績をたたえ，その作品公開の場として2004（平成16）年に開館した。

　田村耕一陶芸館から南へ約200m，交差点の左側に旧影沢医院（国登録）がある。1911（明治44）年の竣工で，木造2階建て。外壁は下見板張りで，正面にポーチを設ける。明治時代後期の役場・学校建築物とほぼ同様の特徴をもち，佐野市内に残る貴重な明治建築である。

　医院のある交差点を右折して，金井通りを西へ50mほど行くと，道の左側に日本キリスト教団佐野教会（国登録）がある。木造2階建て，塔屋付きのゴシック風建築物である。1934（昭和9）年に，永島与八牧師と信者によって建設された。永島は，足尾鉱毒事件で活躍した田中正造とも親交があったという。1階は，近年までは幼稚園や学童保育の場として利用され，2階は礼拝堂になっている。

日本キリスト教団佐野教会

渡良瀬川に沿って

佐野駅周辺の史跡

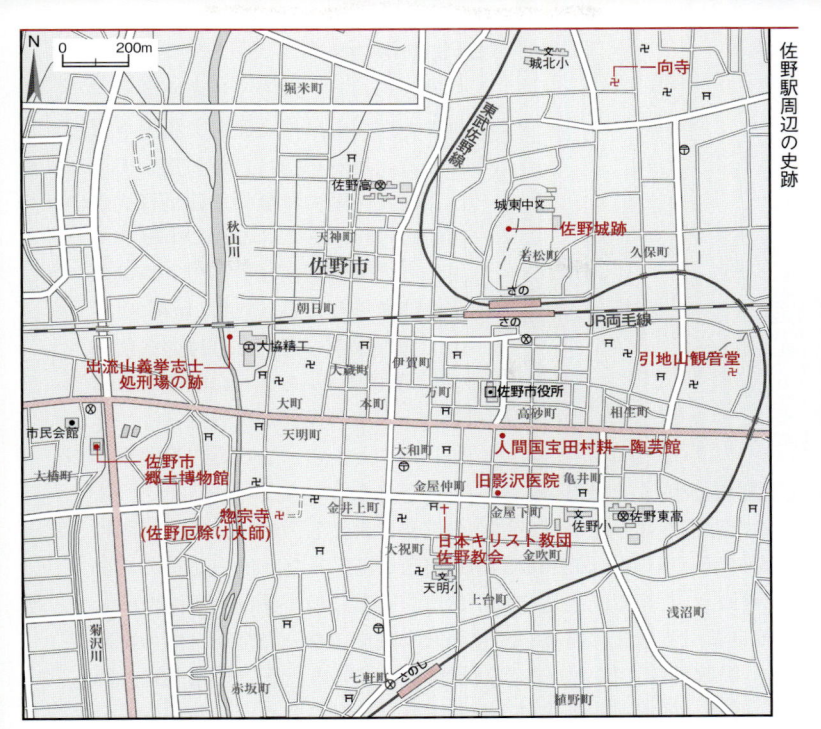

惣宗寺 ㉖
そうしゅうじ
0283-22-5229

〈M ▶ P. 162, 201〉佐野市金井上町2233　P
JR両毛線・東武鉄道佐野線佐野駅🚶15分，または佐野駅🚌佐
野市内循環佐野厄除け大師🚶1分

　佐野教会からそのまま金井通りを西に約500m行くと佐野厄除け
大師として知られる惣宗寺
（天台宗）がある。惣宗寺の
開基は，藤原秀郷と伝える。
かつては，佐野城跡のある
春日岡（現，佐野市若松
町）にあったが，1600（慶
長5）年の佐野城築城にあ
たり，現在地へと移転する
こととなった。
　境内の北西部には東照

東照宮唐門

近代佐野の光と陰をめぐる　　201

田中正造の墓（惣宗寺）

宮がまつられ，本殿・拝殿を始め，唐門や透塀が県の文化財に指定されている。1828（文政11）年の造営で，江戸時代後期の特徴的な建築様式が随所にうかがえる。なかでも欄間・妻飾りの装飾彫刻は見事で，絢爛豪華な印象を与える。1617（元和3）年に，徳川家康の遺骸を駿河の久能山（現，静岡市）から日光に改葬する道中で，家康の霊柩が佐野惣宗寺で1泊したことから，惣宗寺に東照宮が造営されたという。

また惣宗寺は，足尾鉱毒事件の解決に奔走し，1913（大正2）年に吾妻村下羽田（現，佐野市下羽田町）で客死した，田中正造の本葬儀が行われた寺で，正造の墓がある。墓石には，生前，正造が愛した渡良瀬川流域産の自然石が使われ，親交のあった島田三郎の揮毫で，「嗚呼慈侠 田中翁之墓」と刻まれている。正造の遺骨は，埼玉・群馬・栃木など鉱毒被害地6カ所に分骨されたが，惣宗寺に分骨されたのは，正造らによる自由民権運動の政治結社「中節社」の事務所がおかれていたことによる。

佐野市郷土博物館 ㉗
0283-22-5111

〈M▶P.162, 201〉佐野市大橋町2047　Ⓟ
JR両毛線・東武鉄道佐野線佐野駅🚶20分，または佐野駅🚌佐野市内循環佐野厄除大師🚶10分

惣宗寺を出て西に100mほど向かうと，まもなく秋山川を渡る。橋の上流約500mのJR鉄橋付近が，出流山義挙志士処刑場の跡である。1867（慶応3）年12月，江戸幕府軍の後方攪乱をねらって，竹内啓ら志士たち約300人が，出流山（栃木市）で挙兵。やがて岩舟山（栃木市）へと転戦した彼らは，足利藩・壬生藩など周辺諸藩の軍勢によって鎮圧され，その際生捕りとなった48人が，この秋山河原で斬首されたという。

秋山川に架かる橋を渡って佐野環状線の交差点を北へ200mほど行くと，左側に佐野市郷土博物館がある。1983（昭和58）年に開館し

佐野市郷土博物館

　た。入口には，田中正造の銅像が立つ。

　館内には，佐野市の歴史・民俗・産業にかかわる資料が展示され，なかでも田中正造と足尾鉱毒事件に関する展示は充実している。田中正造関連の資料（県文化）としては，正造が愛用した山岳帽・袴・脚絆・黒頭陀袋などの遺品や墨跡・水害見取図などがある。

　地元の伝統工芸品で，名品として筑前の芦屋釜と並称された天明（天命）鋳物もみられる。とくに，当館に寄託されている富岡町の引地山観音堂の鋳銅梅竹文透釣灯籠（国重文）や馬門町の浅田神社の「永正五(1508)年」銘がある銅造鰐口は貴重である。中世の天明は，佐野市南部一帯をさし，浅田神社は天明の総社として信仰を集めていた。

　注目されるのは，上羽田町の龍江院（曹洞宗）が所蔵するエラスムス立像（国重文）である。現在は，東京国立博物館に寄託されているため，その複製が展示されている。エラスムスは，15～16世紀にオランダで活躍した神学者・人文主義者である。立像は，オランダ船リーフデ号の船尾に取り付けられていたといわれ，1600（慶長5）年に，豊後国臼杵（現，大分県）に漂着後，江戸幕府旗本の牧野成里・成純父子の手に渡り，のち牧野家歴代の菩提寺であった龍江院に伝えられた。

　このエラスムス立像は，地元では長い間，中国の伝説に登場する貨狄尊像などとして親しまれてきた。大正時代になって，郷土史家らにより，エラスムス立像であることが明らかにされた。像高は121cm，帽子をかぶり，右の手には巻物をもつ。巻物には，「ERA(S)MVS R(OT)TE(RDA)M　1598」と刻まれている。

近代佐野の光と陰をめぐる

田中正造旧宅 ㉘
0283-24-5130

〈M ▶ P.162〉佐野市小中町975 P

JR両毛線・東武鉄道佐野線佐野駅🚶50分，または東武堀米駅入口🚌野上・下彦間線朱雀町十文字🚶40分

　佐野市郷土博物館から，佐野環状線を北に約1.5km行き，菊川町の交差点を左に折れて，県道赤見本町線を約2km行くと，道沿い右側に田中正造旧宅(県史跡)がある。道路を隔てて南側は，正造分骨地の1つ田中正造誕生地墓所である。墓石の文字「義人田中正造君碑」は，友人島田三郎の揮毫。碑面にある正造の蓑笠姿は，正造と同じく小中村出身の歴史画家小堀鞆音の筆になる。

　正造は，1841(天保12)年に安蘇郡小中村の名主の家に生まれた。1880(明治13)年に県会議員に当選後，4年にわたって県会議長をつとめ，1890年の第1回総選挙で衆議院議員に当選した。足尾銅山から流れ出す鉱毒が，渡良瀬川流域の村々に深刻な被害をおよぼした足尾銅山鉱毒事件では，被害者農民のために，帝国議会で政府の不正を鋭く追及した。1901年には衆議院議員を辞職し，明治天皇への直訴を試みている。

　のちに，渡良瀬川の洪水被害防止を理由に，政府が進めた谷中村(現，栃木市)遊水池化計画をめぐっては，谷中村に移住して，住民とともに反対した。正造らの反対運動にもかかわらず，谷中村は1907年に強制的に廃村となり，正造自身も1913(大正2)年に73歳で没した。

田中正造旧宅

　田中正造旧宅は，道路に面して門があり，その東側には2階建ての隠居所が付属する。奥にあるのが木造平屋の母屋で，広さ91m²，名主宅としては質素な印象を受ける。室内には，正造が生活した頃の

佐野ラーメン

コラム

佐野の代名詞

　佐野は，古く『万葉集』に「下毛野美可毛の山の小楢のすま麗し児ろは誰がけか持たむ」と詠まれた風光明媚な場所。「水と緑と万葉のまち」佐野は，近年，ラーメンの街としても名高い。

　「日本名水100選」にも選ばれた出流原弁天池などの湧き水に恵まれ，透明感のある，さっぱりスープができあがる。また，地元では良質な小麦が生産されており，青竹打ちという独特の製麺法で手打ちした麺は，コシがあり，歯ごたえもよい。まさにおいしいラーメンの条件が，佐野には揃っている。

　佐野ラーメンの歴史は，大正時代にまで遡る。青竹打ちの技法は，佐野で初めてラーメンを取り扱った洋食店の中国人コックが紹介したものという。以来，地元で長い間愛され続けてきた佐野ラーメンは，今や全国にも知られるようになった。現在，市内のラーメン店は200軒を超える。佐野の代名詞となった佐野ラーメンの味巡りも，楽しくて，おいしい。

調度品が展示されている。旧宅内には，ほかに土蔵も残されている。

出流原弁天池 ㉙

日本名水100選

〈M ► P. 162〉佐野市出流原町1117　P
JR両毛線・東武鉄道佐野線佐野駅🚗20分

　田中正造旧宅前の県道を北に約4.5km行くと，国道293号線と交差する。国道を越えて県道を約200m行った突き当りを左折し，600mほど行くと，まもなく右手に出流原弁天池（県天然）がある。石灰石の採掘によって東側半分を失ってしまった磯山の麓にあり，磯山中腹には朱塗りの弁天堂がある。弁天堂は，藤原秀郷の勧請と伝えられ，三層楼の舞台造になっている。

　弁天池は，古生層石灰岩の割れ目から清水が湧き出したもので，周囲138m，面積約2300m²である。湧水を利用して，現在はコイ・マスなどの養殖が行われている。環境省の「日本名水100選」にも選定されており，夏にはひとときの涼を求めて訪れる観光客も

出流原弁天池

近代佐野の光と陰をめぐる

多い。

　弁天池から南へ約1.5km、赤見小学校の西側約500mの所に、赤見城跡がある。現在は保育園となっており、園を囲むようにして土塁と堀がよく残されている。本丸部分だけでも、東西約50m・南北約60mの規模を有する。本丸の周囲には外郭がめぐらされ、城域は東西約164m・南北約191mにおよんだと考えられている。周辺には町屋・大門などの地名が残る。

　城は東を出流川、西を駒場川に挟まれた台地上にあり、足利俊綱が1178（治承2）年に築いたとされる。源平の争乱で俊綱が没落したのちは、戸賀崎義宗が城主となり、以後、義宗の子孫赤見氏が居城にしたという。1601（慶長6）年の廃城と伝えられる。城のあった赤見一帯は、足利荘に属し、戦国時代には足利長尾氏と佐野氏の境界領域であった。現存する遺構は、戦国時代のものである。

栃木とその周辺

Tochigi

とちぎ秋祭り（栃木市）

東宮神社の鏑流馬（栃木市）

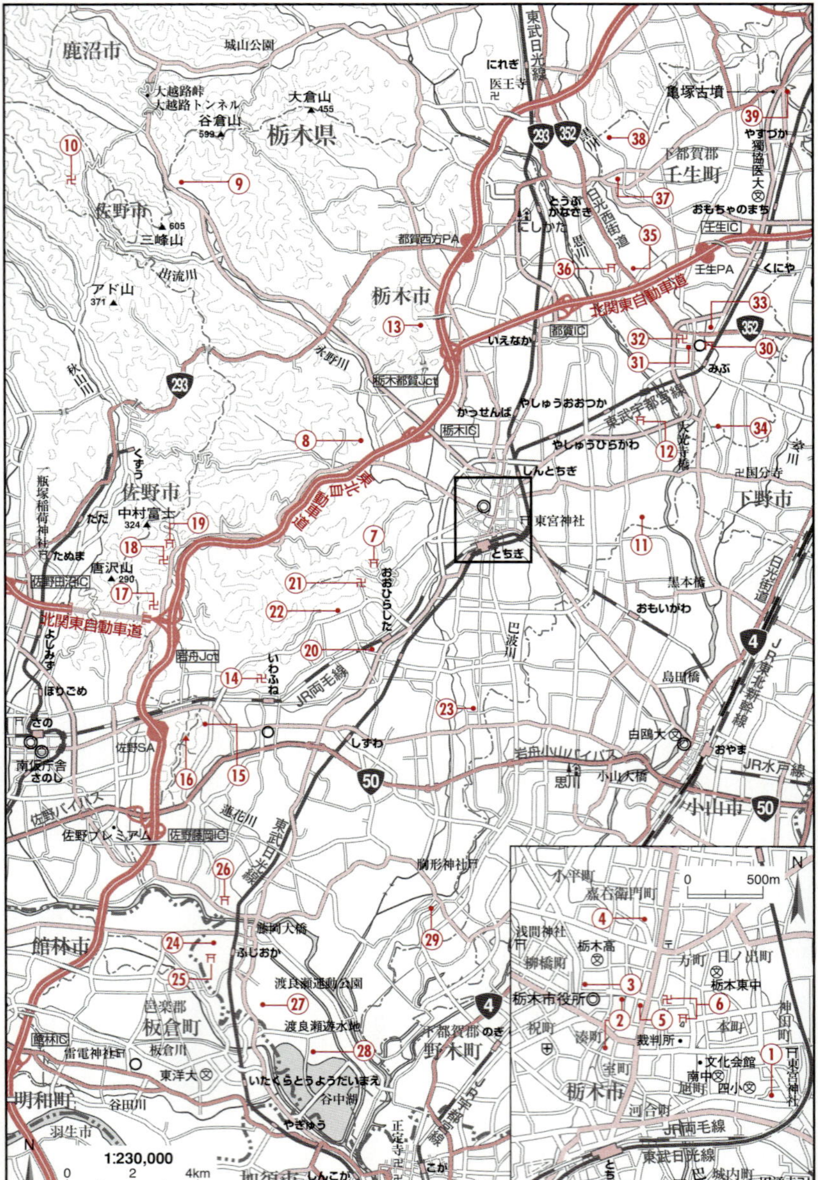
鹿沼市
城山公園
大越路峠
大越路トンネル
大倉山
455
谷倉山
599
栃木県
佐野市
605
三峰山
出流川
アド山
371
秋山川
293
栃木市
都賀西方PA
東武日光線
にれぎ
医王寺
293
352
亀塚古墳
やすづか
獨協医大
下都賀郡
壬生町
とうぶかなさき
にしかた
日光西街道
思川
おもちゃのまち
壬生IC
壬生PA
くにや
北関東自動車道
都賀IC
いえなか
352
みぶ
永野川
栃木都賀Jct
かっせんば
やしゅうおおつか
東武宇都宮線
栃木IC
やしゅうひらかわ
大光寺橋
国分寺
しんとちぎ
下野市
東北自動車道
くずう
佐野市
一瓶塚稲荷神社
ただ
中村富士
324
たぬま
東宮神社
とちぎ
唐沢山
290
佐野田沼IC
おおひらした
黒本橋
日光街道
北関東自動車道
よしみず
岩舟Jct
巴波川
おもいがわ
いわふね
JR両毛線
島田橋
JR東北新幹線
ほりごめ
さの
佐野SA
しずわ
白鴎大
おやま
南仮庁舎
さのし
50
岩舟小山バイパス
思川
小山大橋
JR水戸線
小山市
50
佐野バイパス
蓮花川
東武日光線
佐野プレミアム
佐野藤岡IC
胸形神社
藤岡大橋
ふじおか
館林市
渡良瀬運動公園
邑楽郡
板倉町
渡良瀬遊水地
下都賀郡
野木町
のぎ
館林IC
雷電神社
板倉川
東洋大
東北本線
谷田川
いたくらとうようだいまえ
谷中湖
明和町
羽生市
やぎゅう
正定寺
こが
1:230,000
0
2
4km
加須市
しんこが
長谷寺
古河市
N
小平町
嘉右衛門町
0
500m
浅間神社
栃木高
柳橋町
万町
日ノ出町
栃木東中
栃木市役所
神田町
祝町
湊町
裁判所
本町
文化会館
南中
東宮神社
室町
旭町
四小
栃木市
河合町
JR両毛線
東武日光線
とちぎ
巴波川
城内町
円通寺
愛宕神社
1
2
3
4
5
6
7
8
9
10
11
12
13
14
15
16
17
18
19
20
21
22
23
24
25
26
27
28
29
30
31
32
33
34
35
36
37
38
39

◎栃木市周辺散歩モデルコース

1. JR両毛線・東武日光線栃木駅_15_塚田歴史伝説館_5_横山郷土館_10_旧栃木県庁_10_岡田記念館_10_山本有三ふるさと記念館_5_あだち好古館_8_おたすけ蔵（とちぎ蔵の街美術館）_8_近龍寺_5_神明宮_5_定願寺_15_栃木駅

2. JR両毛線岩舟駅_5_石の資料館_10_高勝寺_10_新里の戦いの地(新里八幡神社前)_20_円仁の産湯_10_高平寺_20_みかも山公園_20_三毳神社_40_JR岩舟駅

3. JR両毛線大平下駅_8_富田城跡_40_大中寺_25_戸長屋敷・おおひら歴史民俗資料館_20_清水寺_50_JR大平下駅

4. 東武日光線藤岡駅_10_藤岡城跡_10_藤岡神社_20_稲荷神社_15_藤岡歴史民俗資料館_10_田中霊祠_25_繁桂寺_10_湿地資料館_10_篠山貝塚_15_旧谷中村合同慰霊碑_25_旧谷中村跡_30_藤岡駅

5. 東武宇都宮線壬生駅_10_雄琴神社_8_興光寺_10_壬生城跡・壬生町立歴史民俗資料館_3_精忠神社_5_常楽寺_5_壬生寺_20_車塚古墳・牛塚古墳_15_愛宕塚古墳_25_壬生駅

①栃木城跡	⑪下野国庁跡	㉒戸長屋敷	㉛壬生城跡・精忠神社
②塚田歴史伝説館・横山郷土館	⑫大神神社	㉓(榎本)大中寺・榎本城跡	㉜常楽寺
③旧栃木県庁跡	⑬華厳寺跡	㉔藤岡城跡	㉝愛宕塚古墳
④岡田記念館(畠山陣屋跡)	⑭高勝寺(岩船地蔵)	㉕藤岡神社・藤岡神社遺跡	㉞吾妻(岩屋)古墳
⑤おたすけ蔵	⑮慈覚大師円仁の生誕地	㉖田中霊祠	㉟鯉沼九八郎の碑
⑥近龍寺・神明宮	⑯三毳山	㉗篠山貝塚	㊱市兵衛八幡
⑦太平山神社	⑰住林寺	㉘旧谷中村跡	㊲羽生田城跡
⑧皆川城跡	⑱大慈寺	㉙部屋河岸・新波河岸跡	㊳茶臼山古墳・富士山古墳
⑨星野遺跡	⑲村檜神社	㉚雄琴神社	㊴戊辰戦争の碑
⑩満願寺	⑳富田城跡		
	㉑大中寺		

① 蔵のまち,旧県都栃木を訪ねる

戦国武将皆川氏の本拠地,江戸時代は巴波川舟運と例幣使街道の交通の要地として栄えたまち,栃木とその周辺を訪ねる。

栃木城跡 ❶

〈M ▶ P.208, 213〉栃木市城内町1-9
JR両毛線・東武日光線栃木駅🚶20分

近世初期に築城された皆川氏の栃木城

栃木駅北口を出て,右(東方)へ道なりに進むこと約1.2km,東武線踏切手前を左折し,約100m先の信号を左に入ると,栃木城址公園に至る。ここが栃木城跡で,皆川城落城の翌年,1591(天正19)年に,皆川広照によって築城された平城である。皆川氏は北条氏に属し,のち豊臣・徳川氏に従った。広照は,家康の6男松平忠輝の付庸大名となり,信濃国飯山藩(7万5000石,現,長野県飯山市)に移封され,栃木城には弟俊勝をおいたが,忠輝改易の際に連座して除封となり,1609(慶長14)年栃木城も廃城となった。

城の周囲は510間(約928m)あり,本丸・二の丸・三の丸・蔵屋敷などが築かれた。当時は,西側にある栃木第四小学校・栃木南中学校の敷地にまでおよんでいたが,現在は二の丸東方の東丸の北側に,堀と土塁がわずかに残るのみである。築城時は城域内にあった寺社を転出させ,計画的な町割が行われた。

城址公園の南方約600mにある円通寺(天台宗)は,栃木城築城に先立って移転してきた寺院で,もとは太平山頂にあった。825(天長2)年慈覚大師円仁が創建したとの由緒をもつ古刹で,天台密教の道場として発展したが一時衰退,室町時代に再興された。1563(永禄6)年皆川俊宗が大平町川連に移転し,さらに1579(天正7)年に,皆川広照が栃木城の南方をかためるため,当地に移した。徳川家康から朱印地10石を安堵され,末寺や門徒寺を擁する寺院であった。中興2世救海(高慶大師)が,太平山内の石窟で入定した際に,救海がみずから記したと伝えられる手記「入定記」が残されている。

境内南方に,独鈷泉とよばれる湧水がある。また東側に,6世紀後半のものと考えられる前方後円墳(城内町1号墳)があり,発掘調査の結果,東日本では初の樹木が描かれた埴輪片が出土している。

塚田歴史伝説館と横山郷土館 ❷

0282-24-0004／0282-22-0159

〈M▶P. 208, 213〉栃木市倭町2-16／入舟町2-16
JR両毛線・東武日光線栃木駅🚶10分

巴波川と栃木河岸の面影

　水陸交通の要地として発達した栃木の繁栄をうかがえる土蔵や古い商家は，今日も市内の各所でみられる。栃木駅からメインストリート（県道3号線）を北へ約800m歩き，足利銀行のある信号を左折する。200mほど行くと，巴波川に架かる幸来橋がみえてくる。幸来橋袂が栃木河岸で，塚田家住宅（国登録）の入口である。塚田家は，弘化年間（1844〜48）開業の木材回漕問屋で，巴波川沿い113mにおよぶ長い黒板塀の内側には，総2階建ての旧主屋（国登録）のほか，白壁の土蔵が8棟立ち並ぶ。内部は，塚田歴史伝説館として書画・骨董などを展示し，当地の伝説を紹介している。

　幸来橋から巴波川の西岸を約400m北上すると，左に横山郷土館（国登録）がみえてくる。明治時代に巴波川の舟運を利用して麻苧問屋を営んでいた横山家の住居・店舗などである。1900（明治33）年，横山家は栃木共立銀行を創業した。主屋北側は麻問屋として使用し，南側は銀行として使用していた。現在も銀行入口のガラス扉には，「共立銀行」の文字がみえる。

巴波川栃木河岸跡

旧栃木県庁跡 ❸

〈M▶P. 208, 213〉栃木市入舟町7
JR両毛線・東武日光線栃木駅🚶15分

明治時代の県庁で近代県政の発祥地

　横山郷土館から西へ約200m歩くと，旧栃木市役所がみえてくる。旧庁舎すぐ手前を南北に走る堀が，県庁堀とよばれる旧県庁の名残りである。かつての県庁舎はこの堀の内側にあった。現在では，堀の内側の敷地内に，旧栃木市役所・栃木中央小学校・県立栃木高校があり，堀もこれらを囲むように残っている。木造2階建て，塔屋付の洋風建築物である市役所別館（旧栃木町役場庁舎，国登録）前には「栃木県庁跡」「栃木県議会発祥の地」の碑がある。明治時代

蔵のまち，旧県都栃木を訪ねる

旧栃木町役場庁舎

初期の県庁舎は、薗部村(現、栃木市入舟町)鵜島に1872(明治5)年に落成、翌73年に開庁した。1884年に宇都宮へ移転するまで、鍋島幹・藤川為親・三島通庸の3人の県令が歴任した。なお、県立栃木高校には、1896(明治29)年建造の旧栃木県尋常中学校栃木分校本館(栃木高校記念館)、ルネサンス風の窓が施された栃木高校講堂、栃木高校記念図書館(いずれも国登録)がある。

岡田記念館(畠山陣屋跡) ❹
0282-22-0001

〈M▶P. 208, 213〉栃木市嘉右衛門町1 P
JR両毛線・東武日光線栃木駅🚶20分

旗本高家畠山氏の代官屋敷

　横山郷土館から巴波川沿いの道を約400m北上する。途中川からそれるが、道なりに進むと県道に出る。ここを右折し、泉橋を渡ると、右手に1913(大正2)年建造の洋風建築栃木病院(国登録)がある。ベランダ中央の左右に翼部が突出した、ハーフティンバーの洋館である。病院の50mほど先で、左手へ入る道が2つに分かれる辻がみえる。このうち手前の道を左折する。この道が旧例幣使街道である。左手には麻問屋を営んだ商家の土蔵がみえ、旧街道の商家の面影をとどめる家々をみて行くと、右手に岡田記念館がある。

　江戸時代初め、当地一帯を開発、嘉右衛門新田村の立村に尽力し、例幣使街道栃木宿の本陣・名主をつとめた岡田嘉右衛門家の屋敷である。当地が旗本5000石畠山氏の知行地になると、岡田家は畠山氏の代官に任命され、1689(元禄2)年屋敷内に畠山陣屋が設置された。現在、陣屋の建物が公開され、土蔵

岡田記念館

を利用して武具や富岡鉄斎筆「韓信堪忍図」(県文化)などの美術品,「畠山領御用留」などの史料が展示されている。

記念館から約100m西へ歩くと,翁島別邸(国登録)がみえてくる。1924(大正13)年,巴波川の荷揚場の近くに岡田家の隠居所として建てられたもので,木造2階建てで,桟瓦葺きの主屋と土蔵がある。

「おたすけ蔵」とその周辺 ❺
0282-20-8228(とちぎ蔵の街美術館)

〈M▶P.208,213〉栃木市万町
JR両毛線・東武日光線栃木駅 🚉 20分

蔵造りの商家の家並み山車にみる町の繁栄

栃木病院から東へ150mで蔵の街大通りの万町交差点に出る。この通りにも,多くの土蔵が立ち並ぶ。万町交差点から大通りを約300m南下すると,道の東側に黒漆喰土蔵造の山本有三ふるさと記念館がある。栃木の出身で,『路傍の石』などで知られる文豪山本有三の愛用の品や自筆原稿が,江戸時代末期の見世蔵を改修した館内に展示されている。さらに,約100m南側にはあだち好古館がある。あだち好古館は呉服商だった安達家の旧店舗で,江戸時代末期から明治時代中期に建てられた蔵や大正時代の石造りの洋館があり,浮世絵や錦絵などが展示されている。好古館の南側並びにあるとちぎ蔵の街観光館は,江戸時代末期から荒物問屋を営んでいた田村家(八百金)の土蔵・見世蔵を改造したものである。

大通りを挟んだ観光館の向かいにとちぎ山車会館がある。栃木の山車は,1874(明治7)年県庁構内

栃木市中心部の史跡

蔵のまち,旧県都栃木を訪ねる

とちぎ蔵の街美術館

で行われた神武祭典に始まる。各町ごとの山車が収蔵されていて、その中でもっとも古いものは、倭町3丁目が東京日本橋の町内から購入した静御前の山車（県文化）で、1848（嘉永元）年の作である。山車会館の北隣が通称「おたすけ蔵」とよばれる、近江商人の質屋善野家（釜佐）の土蔵である。1868（慶応4）年4月、幕末の政情不安のなか、善野家が蔵の米穀を栃木町民に施行したことにちなんでいる。現在築約200年の土蔵3棟が、とちぎ蔵の街美術館として公開されている。栃木市郷土参考館は山車会館の南側にあり、栃木町内で有数の質屋だった坂倉家（井筒屋）の約200年前の土蔵を改装したもので、地元の歴史・民俗、麻・下駄・瓦など、地場産業の資料を展示している。

近龍寺と神明宮 ❻
0282-22-0802/0282-24-4530

〈M ▶ P. 208, 213〉栃木市万町22／旭町26-3 P
JR両毛線・東武日光線栃木駅 徒 20分

「路傍の石」で知られる文学者山本有三の墓

蔵の街大通りの東側に寺院が偏在するのは、皆川氏の栃木城築城時に、城下町建設のため栃木城内から移転させられたためと考えられている。山本有三ふるさと記念館から、東に入った所にある近龍寺（浄土宗）も、その1つである。1421（応永28）年に現在の栃木市城内町に創建されたが、栃木城築城に先立ち現在地に移った。寛文年間（1661～1673）以来、栃木町の時鐘を撞く寺であった。また宿内に脇本陣がなかったため、定願寺（栃木市旭町）とともに脇本陣にあてられた。境内に、栃木市出身の小説家山本有三の墓がある。

近龍寺の南側にある神明宮（祭神天照大神ほか）は、栃木町の総鎮守である。1403（応永10）年栃木城内神明宿（現、栃木市城内町）に創建されたが、1589（天正17）年に皆川氏が現在地に遷宮したと伝える。1872（明治5）年に県社となり、大教宣布によって、栃木県神道中教院が境内に設置された。「応永十年」銘ほか数点の棟札が伝わっている。なお、栃木の地名は、当社の屋根串の10本の千木に

山本有三墓碑（近龍寺）　　　　　　　　　　　　　　　　　　　栃木神明宮

由来するといわれている。神明宮入口前の道を南へ250m歩くと定願寺（天台宗）がある。大通りからは，栃木警察署・NTTの角を東に入った所である。幕末に成立した『下野国誌』には，1563（永禄6）年，皆川成勝が亡父と戦死した家臣の供養を川連（現，栃木市片柳町・旧大平町川連）で行い，以後，信仰を集めたとみえる。1864（元治元）年の天狗党事件では，栃木入りした浪士が当寺を本営とした。1871（明治4）年から翌年まで，当寺に栃木県仮庁舎がおかれた。

太平山神社 ❼
0282-22-0227
〈M ▶ P.208〉栃木市平井町659　P
JR両毛線・東武日光線栃木駅🚌太平山行終点🚶30分

水戸天狗党が立て籠もった神仏習合の霊場

栃木駅北口から蔵の街大通り2つ目の信号を左折する。約1.8km西進し，県道太平山公園線を国学院大学栃木短期大学方向へ進むと，太平山神社（祭神天津日高彦穂瓊瓊杵命）に至る。創建は827（天長4）年円仁が当山に登拝した際とも，神護景雲年間（767〜770）に奈良大神神社を勧請したともいわれるが，明らかではない。

境内には，太平山神社（太平権現）・連祥院般若寺（現，連祥院）・大山寺などの寺社があり，平安時代以来，神仏習合の霊場であった。現在は太平山は栃木市と旧大平町にまたがっており，県立自然公園として人びとの憩いの場となっている。約1000段あるあじさい坂の上にある随身門は，1723（享保8）年の建造。表裏に随身・仁王をそれぞれ安置しており，神仏習合の名残りを示している。太平権現は，15世紀末頃後小松天皇から勅額を受け，連歌師宗長の『東路のつと』によれば，宗長が当山を訪れ，連歌会を催している。

連祥院は，江戸時代に江戸寛永寺（現，東京都台東区）の末寺となり，朱印地50石を与えられた。1864（元治元）年の天狗党事件では，

蔵のまち，旧県都栃木を訪ねる　　　215

藤田小四郎率いる尊攘派が当山に立て籠もった。明治時代初期の廃仏毀釈により山内の寺院は破壊されたが，1904（明治37）年太平山神社の二の鳥居脇に，京都六角堂を模した六角堂が建立され，連祥院は再興された。また公園内には，かつて山内にあった円通寺（現，栃木市）の中興高慶大師が入定したという入定平がある。

太平山神社の北東，山の麓にある大山寺（真言宗）は，円仁の開基で，江戸幕府4代将軍徳川家綱の生母宝樹院（お楽の方）の再建という。千手観音立像（県文化）は鎌倉時代の作。境内のシダレザクラは樹齢350年，宝樹院が植えたといわれ，栃木市の天然記念物である。

皆川城跡とその周辺 ❽

〈M ▶ P. 208, 216〉栃木市皆川城内町
JR両毛線・東武日光線栃木駅🚌皆川岩舟行
皆川郵便局前🚶30分

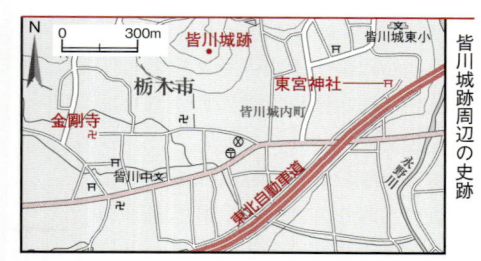

中世皆川氏の本拠地で歴代の墓所が残る

皆川郵便局前バス停で降り，皆川中学校の北裏の山をのぼると皆川城跡がある。東西約430m・南北約480mの主郭をもつ山城で，その城山の形から螺貝城ともいわれた。この南東部にある白山台は，古墳時代の祭祀遺跡としても知られるが，寛喜年間（1229〜32）に，皆川荘（現，栃木市）を治め，皆川氏を称した長沼宗員（第1次皆川氏）の居館跡で

皆川氏歴代の墓（金剛寺）

あった。同氏はその後断絶し，15世紀前半に再び長沼氏（第2次皆川氏）が皆川城を本拠とした。現在の皆川中学校はそのときの居館跡である。周囲に，土塁や堀がめぐらされていた跡がみられる。

1590（天正18）年，豊臣秀吉の小田原攻めで，城主皆川広照は北条

方につき，皆川城は落城した。広照は，豊臣方に降伏後，豊臣・徳川両氏に仕え，翌年栃木城に移転したため，皆川城は廃城となった。

皆川中学校南側から北へ約100m歩き，突き当りを左折すると金剛寺(ごうじ)(曹洞宗)に至る。江戸時代初期の改易後，旗本として続いた皆川氏歴代の墓が，中世以来の墓標とともに整然と並んでいる。

皆川郵便局前バス停から栃木市街地方向へ停留所2つ，皆川城東小学校入口バス停で降り，北方約150mに東宮神社(とうぐう)(祭神武甕槌命(たけみかずちのみこと)・天児屋根命(あまのこやね)ほか)がある。皆川城の守護神として勧請された神社で，皆川氏の氏神(うじがみ)である。安政(あんせい)年間(1854～60)から続くという流鏑馬(やぶさめ)と草競馬が5月5日の春の大祭に行われている。

星野遺跡 ⑨
0282-31-0366

〈M▶P.208〉栃木市星野町(まち)267 P
JR両毛線・東武日光線栃木駅🚌星野・出流(いずる)行星野遺跡🚶10分

縄文時代の復元住居と旧石器時代の地層

星野遺跡バス停で降りて，バスが進行する方向へ約100m歩き，右手の山のほうへ入る道なりに約500m歩くと，星野遺跡公園に至る。縄文時代早期から後期の土器が出土し，縄文時代の住居跡3軒が復元されている。遺跡に隣接して星野遺跡記念館がある。遺跡公園からさらに奥に入ると，星野遺跡地層たんけん館があり，星野遺跡調査のきっかけとなった亀の子型石核(せっかく)などの出土品や，約10mの関東ローム層を剥(は)ぎ取ったものなどを展示している。周辺にはカタクリの自生地もある。

星野遺跡

満願寺(まんがんじ) ⑩
0282-31-1717

〈M▶P.208〉栃木市出流(いずる)町(まち)288 P
JR両毛線・東武日光線栃木駅🚌寺尾線終点🚶10分

勝道上人ゆかりの霊場幕末出流山事件の舞台

出流観音バス停で降りて，約500m山のほうへ歩くと満願寺(出流山千手院，真言宗)に至る。勝道上人(しょうどうしょうにん)が，767(天平神護(てんぴょうじんご)3)年に開山(かいさん)したと伝え，日光山の修験者(しゅげんじゃ)が1度は訪れる寺であった。本尊は，南北朝時代の作といわれる木造十一面千手観音立像である。

1609(慶長14)年に改易となった皆川広照は，当寺に蟄居(ちっきょ)した。江

蔵のまち，旧県都栃木を訪ねる

満願寺

戸幕府3代将軍徳川家光から朱印地50石を与えられ,守護不入・竹木諸役等免除の朱印状を受けた。坂東三十三所観音霊場の第17番札所でもあり,多くの参拝者が訪れた。

本堂(県文化)は江戸時代後期の建造で,山門の奥750mにある奥の院の拝殿は,石灰岩質の剣ヶ峰山の中腹にあるため,周囲には大師の窟などの鍾乳洞が点在する。

なお,満願寺は1867(慶応3)年に,江戸薩摩藩邸を出た浪人らが立て籠り倒幕挙兵をした,出流山事件の地でもある。

下野国庁跡 ⓫
0282-27-8900
〈M ▶ P. 208, 220〉 栃木市田村町宮辺300 Ｐ
JR両毛線・東武日光線栃木駅🚗15分

古代下野国府の中心地 平将門の乱の一舞台

県道栃木二宮線を東へ約4.5km,国府南小学校角の信号から案内板がみえてくる。これに従い南へ向かうと,**下野国庁跡**(国史跡)に至る。1976(昭和51)年から始まった大規模な発掘調査により,1979年田村町宮辺の**宮目神社**(宮野辺神社・宮延神社とも,祭神大山祇命)が国庁正殿跡と判明した。神社周辺からは多数の瓦や木簡,「延暦」「天平元」などの年紀がある漆紙文書も出土した。また国庁以外にも国府諸施設の遺構が発見された。

平安時代初期,東北侵略のため,東山道を進軍してきた征夷大将軍坂上田村麻呂が立ち寄ったのも,承平・天慶の乱(935～941)で平将門が,下野国府を襲撃して国司藤原公雅らを襲い,印鑑を奪い取ったのも当地と考えられている。

1994(平成6)年に,国府役人が朝賀などの儀式を行った**前殿**が神社南側に復元され,北側には**下野国庁跡資料館**が開館,出土品などを展示して,国庁の当時の様子を紹介している。

大神神社 ⓬
0282-27-6126
〈M ▶ P. 208, 220〉 栃木市惣社町477 Ｐ
JR両毛線・東武日光線栃木駅🚗15分

国府南小学校の交差点から北に約1.5km行くと,県道2号線に突き当る。ここを右折し,郵便局を右折して約200m行くと,左に大

幕末・明治の栃木町

コラム

天狗党事件から自由民権運動までの栃木

　江戸時代，栃木町(現，栃木市)は例幣使街道の宿場町の1つであり，巴波川舟運の拠点栃木河岸を擁し，近在で産する麻・藍玉・煙草・石灰の流通によって栄えた商業の町であった。

　1864(元治元)年の水戸天狗党事件では，田中愿蔵率いる浪士200人余りが栃木宿に止宿し，豪商らに軍用金を要求した。これが断られると焼打ちし，栃木町の大半を焼失した(愿蔵火事)。

　1867(慶応3)年には，薩摩藩士を称する竹内啓率いる浪士たちが出流山で挙兵し，倒幕運動をおこした。これよりわずか3年前に天狗党の襲撃・焼打ちを受け，苦い経験をもつ栃木町や周辺の村々では，浪士たちを「出流天狗」とよんで恐れた。

　この浪士たちは，幕府の追撃を逃れて岩船山に移動するところを，岩船山麓の新里村(現，栃木市)で鎮圧されている。

　明治維新後は，栃木町に栃木県庁が設置され，県政の中心地となった。明治10年代から全国で盛んとなった自由民権運動では，栃木町が県内の運動の中心地となり，とくに吹上村(現，栃木市吹上町)の新井章吾や塩田奥造らが運動を主導した。吹上出張所を西に入った正仙寺は，当時の民権運動家が多く集会を開いた場所で，県内最初の演説会が行われた所でもある。栃木町には，国会開設請願のために，地元の運動家らが集会した近龍寺などがあり，これらの集会を通じていくつもの政治結社が生まれた。

神神社(祭神大国主命・瓊瓊杵命ほか)がある。室八島明神・総社大明神などともいう。社伝では，崇神天皇の子豊城入彦命が奈良三輪山の大神神社を勧請したのが始まりという。939(天慶2)年，平将門の乱の際，下野押領使藤原秀郷が戦勝祈願をした。

　下野国府が開かれると，下野国内の諸神を勧請し，総社と称した。1689(元禄2)年には松尾芭蕉が当社を訪れており，境内の室八島に「いと遊に　結ひつきたる　けふりかな」の句碑がある。8つの浮島をもつ池から，絶えず水煙がたち

大神神社

蔵のまち，旧県都栃木を訪ねる

下野国庁跡周辺の史跡

下野国の惣社 歌枕「室八島」で知られる

のぼっていたといわれた室八島は，藤原実方や藤原俊成らの古歌に詠まれ，連歌師宗長も訪れた歌枕であった。

江戸時代後期には当社神主を中心に，一円流という在村剣術が盛行した。門弟は栃木・壬生の村役人層が多く，寛政頃（1789～1801）から，古河公方の流れを引く喜連川家への上覧試合を行った。4月の例祭には日光東照宮から伝わったとされる岩戸神楽（県民俗）が奉納される。

華厳寺跡 ⓭

勝道上人創建と伝えられる平安時代初期の伽藍跡

〈M▶P.208〉栃木市都賀町木　P（つがの里）
東武日光線家中駅🚗25分

家中駅を出て，都賀総合支所前の家中交差点を西へ約3km行くと，東北自動車道と交差する。東北自動車道の下をくぐりすぐ右折，自動車道に併走する一般道を約1km北上すると，左に「つがの里」がある。つがの里は，標高200mの出井山（通称観音山）東麓にある眺望のすぐれた自然公園で，山頂からは町全体が見渡せる。この公園一帯が華厳寺跡である。

789（延暦8）年，日光山の開山で知られる勝道上人によって創建されたといい，空海の『性霊集』にも「城山」としてその名がみえる。しかし明治時代初期の廃仏毀釈で廃寺となり，1872（明治5）年には焼失したため，現在は1744（延享元）年再建時の観音堂や礎石，参道の石垣，井戸跡などが残るのみである。金堂・塔・僧坊・観音堂などが立ち並ぶ大伽藍は，山岳信仰と密教が結びついた平安時代初期の仏教の特徴をあらわしている。

華厳寺跡観音堂

栃木とその周辺

❷ 岩船山から三毳山へ，岩舟町を歩く

岩舟石が露出している岩船山，『万葉集』にも詠まれる三毳山などを眺めながら，円仁ゆかりの地を訪ねる。

高勝寺（岩船地蔵） ⓮
0282-55-2014
〈M▶P. 208, 221〉 栃木市岩舟町 静3 Ⓟ
JR両毛線岩舟駅🚶15分

岩肌荒い岩船山「関東の善光寺」といわれる霊場

　岩舟駅で降りると，駅の北側 兜山公園の奥に大きな岩山がみえる。古くから岩舟石とよばれる安山岩質角礫凝灰岩を切り出していたことで知られる岩船山である。岩船山の頂上にあるのが，高勝寺（岩船山蓮華院，天台宗）である。岩山にある境内は奇岩怪石が多い。同寺の縁起によれば，宝亀年間（770〜781），伯耆国（鳥取県）大山の僧弘誓坊明願が生身の地蔵菩薩を求めて霊夢により岩船山にのぼったところ，夢の通りに地蔵を拝したとして，当寺を開山したという。慈覚大師円仁は，『入唐求法巡礼行記』で唐へ渡る際に当山に祈願したと記している。新田義貞は，本尊地蔵菩薩像に病気平癒を祈願し，効験を得たという。

　入口の山門（県文化）は弁柄塗装の楼門で，1742（寛保2）年の再建，棟高は12.95mあり，県内一の大きさである。山門をくぐると，1751（寛延4）年建立の三重塔（ともに県文化）がみえる。九輪の伏鉢銘から，駒場村（現，岩舟町）の大工棟梁の大山平六による作とわかる。鐘楼も三重塔と同時期の造立と考えられており，岩舟石で下部の袴腰をつくる点が特徴的である。境内の「賽の河原」には霊が集まると

岩舟駅周辺の史跡

岩船山

いわれ，関東の高野山または善光寺などともいわれている。江戸時代中期以降，病気平癒・子育て祈願で各地から崇敬を集め，多くの講が結成された。1719(享保4)年には，石の船に乗った岩船地蔵が村継ぎで送られ，通過した村で岩船地蔵を建立する信仰が流行した。この信仰は，関東から甲斐(現，山梨県)・信濃(現，長野県)にまで広まった(福田アジオ『歴史探索の手法』)。

　岩船山をおりて西へ700mほど行くと，新里八幡神社(祭神誉田別命)を北に望む，平坦な田園に出る。この神社前は，1867(慶応3)年出流山事件で，浪士勢が壊滅した新里の戦いの地である。

慈覚大師円仁の生誕地 ❶❺
〈M▶P. 208, 221〉栃木市岩舟町下津原1198
JR両毛線岩舟駅🚗15分

一円仁産湯の井戸一帯は幕末世直し一揆の舞台

　岩舟駅から南へ800m，県道桐生岩舟線に出て西へ1.5kmほど行くと，左手は下津原の集落である。ここは，『延喜式』にある古代の三鴨駅家の比定地で，1868(慶応4)年の下野世直し一揆で知られる地でもある。「世直し大明神」を標榜した人びとが，周辺の質屋・酒造家・村役人宅の打ちこわしを行った際，当村の酒造家は，降参を示す紙旗を立て，質物の無償返還に応じた。

　下津原交差点から下都賀西部広域農道をみかも山公園に向かって南へ300mほど行くと，右手に慈覚大師円仁の生誕地の標柱がみえる。三毳山側奥に約150m入ると堂庵がある。円仁はここで，794(延暦13)年に壬生氏の子として誕生，堂前の井戸は産湯に使ったと伝わる。これにちなみ付近は手洗窪という。生誕地については諸説あり，上岡地区の実相院跡とも，壬生町の壬生寺ともいわれる。

三毳山 ❶❻
〈M▶P. 208, 221〉栃木市岩舟町下津原・栃木市藤岡町大田和，佐野市西浦町
JR両毛線岩舟駅🚗20分

　円仁生誕地の背後，南北に長い3つの峰からなる山が三毳山(229

m)である。この山は現在の栃木市岩舟町・栃木市藤岡町・佐野市の境界であり、都賀郡と安蘇郡との郡境をなしていた。古代の東山道もこの付近を通っていた。古代から歌枕として知られ、山の南端にある三毳神社(祭神日本武尊、藤岡町)境内には、この地にちなんだ歌「下毛野の みかもの山の 小楢のす まぐはし児らは 誰が笥か持たむ」(『万葉集』)と刻まれた、歌人武島又次郎の書になる歌碑もある。山の中央部には三毳の関跡がある。

山頂からは遙か西方に、赤城山・妙義山・榛名山(群馬県)、東に筑波山・加波山(茨城県)を望むことができる。山の一部は、みかも山公園として整備され、ハイキングを楽しむ人びとで賑わう。

住林寺 ⑰
0282-57-7453

〈M▶P.208, 224〉栃木市岩舟町小野寺1133
JR両毛線岩舟駅🚗10分

下津原交差点の西50mの信号を北に入り、県道中岩舟線を4kmほど北上すると、小野寺集落に入る。中世に当地を治めた領主小野寺氏は、宇治平等院の戦い(1180年)で平家方に与したが、のち源頼朝に従って鎌倉幕府の御家人となり、承久の乱(1221年)で活躍した。同氏の小野寺城館は、東北自動車道が縦貫して跡形もないが、承久の乱で戦死した小野寺通綱(禅師太郎)の墓は、東北自動車道に併走する県道中岩舟線の東側の水田の一角に立っている。

東北自動車道を越えて西に入ると、小野寺の中心地である。県道栃木佐野線を道なりに南下すると、住林寺(玄松山、時宗)に至る。この一帯は『一遍上人絵伝』にも描かれている。一遍は、信濃から奥州白河(現、福島県)に向かう途中、小野寺で雨に見舞われ、「ふればぬれ ぬるればかはく 袖のうへを あめとていとふ ひとのはかなき」と詠んでいる。住林寺は、小野寺通綱の孫泰綱が通綱の菩提を弔うために建立し、一遍を招いて開山したといわれ、通綱の位牌と一遍上人像が安置されている。本尊阿弥陀如来像(県文化)は、寿永年間(1182〜84)の作。関東では最古の彫眼像である。

大慈寺 ⑱
0282-57-7286

〈M▶P.208, 224〉栃木市岩舟町小野寺2247
JR両毛線岩舟駅🚗10分

住林寺から、県道栃木佐野線を1.5kmほど北上すると、左手に大慈寺(小野寺山転法輪院、天台宗)がある。737(天平9)年、行基

大慈寺相輪樔

円仁の修行した寺 天台宗北辺鎮護の古刹

が創建したという古刹で、比叡山3代座主慈覚大師円仁が、比叡山にのぼる前の9〜15歳まで修行をした寺である。中世の在地領主小野寺氏とのかかわりも深く、一遍上人もこの寺を訪れたといわれる。

また815(弘仁6)年、最澄が全国6カ所に相輪樔を建立した寺院の1つで、同寺は天台宗の北辺鎮護、北方布教の拠点とされた。現在の相輪樔は、1725(享保10)年に再建されたもの。佐野天明の鋳物師長谷川明清と小見綱信の作で、直径80cm、高さは3.2mある。ほかに銅製華鬘や、1718(享保3)年の天明鋳物師による金銅製の聖観音菩薩坐像(ともに県文化)がある。

村檜神社 ⑲ 〈M▶P.208, 224〉栃木市岩舟町小野寺4697 P
0282-57-7285　JR両毛線岩舟駅🚶12分

延喜式内社で下野国三の宮 檜皮葺き本殿は県内唯一

大慈寺の北隣にある村檜神社(祭神誉田別命)は『延喜式』式内社で、小野寺十郷の総鎮守である。社伝によれば、創建は646(大化2)年に遡る。807(大同2)年に皆川小野口(栃木市)の八幡宮を勧請して合祀した。藤原秀郷が、939(天慶2)年平将門の乱の鎮定を祈願したとも伝えられ、中世以降は小野寺氏や唐沢山城(佐野市)の城主佐野氏の崇敬を受けた。

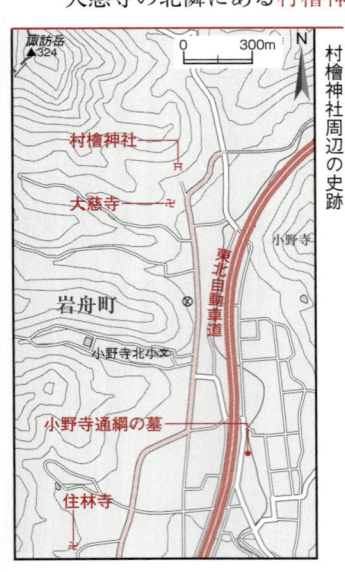

村檜神社周辺の史跡

現在の本殿(国重文)は、三間社春日造、屋根は県内に唯一現存する檜皮葺きで、1553(天文22)年の建立である。本殿の柱の瓜の彫刻は、左甚五郎の作といわれる。社叢は町の天然記念物に指定されている。

③ 太平山の麓を歩く

上杉氏と北条氏和議の場でもある古刹大中寺や，戦国・江戸時代初期の榎本城とそのゆかりの地を訪ねる。

富田宿と富田城跡 ⑳　〈M▶P.208〉栃木市大平町富田
JR両毛線大平下駅・東武日光線新大平下駅🚶10分

例幣使街道の宿場 巨大木棺で知られる古墳群

東武日光線新大平下駅の西口を出て，大平総合支所前の道を西に向かうと，富田に至る。かつては例幣使街道富田宿があった。例幣使とは，日光東照宮に幣帛を供えるため，朝廷から派遣された勅使のことである。富田の信号のある交差点付近が宿場の中心で，この北西角には富田宿本陣跡の石標がある。

富田バイパス（県道栃木藤岡線）の西にある大平西小学校付近は，中世の富田城跡である。東西約400m・南北約500mの複郭の平城で，学校周辺には土塁や空堀が残っている。1441（嘉吉元）年に富田成忠が築城して以来富田氏の居城であったが，皆川俊宗に攻略され，のち天正年間（1573〜92）に，富田秀重の居城になったという。小学校の北側には，現在も城山・本丸・馬場などの地名が残っている。

JR両毛線大平下駅西側の線路を北へ渡り，丘陵を右にみながら北へ約600m行くと，七廻り鏡塚古墳がある。古墳時代後期の円墳で，もとは直径約30m・高さ約5m，深さ5〜7mの周溝を備えていたが，1969（昭和44）年宅地造成のために削平されてしまった。造成時に行われた発掘調査では，古墳の基底部と推定される地点から，主棺の舟形木棺や副棺組み合わせ木棺を始め，木装の太刀などの武具も出土し，下野七廻り鏡塚古墳出土品として，1986年に国の重要文化財の指定を受けた。この一帯は，鏡塚古墳を中心に，計8基の横穴式石室をもった円墳からなる古墳群を形成している。出土品は，おおひら歴史民俗資料館に展示されている。

大中寺 ㉑　〈M▶P.208〉栃木市大平町西山田252　P
0282-43-2116　JR両毛線大平下駅🚶25分

上杉・北条氏の和議の場 曹洞宗関三刹の1つ

七廻り鏡塚古墳の道を北へ500mほど歩く。雷電神社前を通り過ぎると，下都賀西部広域農道に出，道路の北側に大きな池がみえてくる。ここを左折して山側へ入ると，太平山大中寺（曹洞宗）である。山門は，皆川城（栃木市）の城門の1つを移築したものと伝えられる。

太平山の麓を歩く　225

地元では「太平山の七不思議」で知られる古刹である。七不思議は同寺に伝わる怪奇譚で,境内の各所に説明板がある。

当寺は,小山成長が1489(延徳元)年に,快庵妙慶禅師を開山として創建したと伝えられる。6世住持快叟は上杉謙信の叔父にあたり,越後上杉氏との関係も深かった。1568(永禄11)年,関東の支配権をめぐって対峙した,上杉謙信と北条氏康との和議もここで行われた。上杉軍はその後太平山にのぼり,兵馬の訓練を行ったといわれ,今日謙信平と称している。1612(慶長17)年,天下大僧録司職となり,日本曹洞宗大僧録太平山大中護国禅官寺と称した。関東における曹洞宗の中核寺院(関三刹)の1つとなり,越前(現,福井県)の大本山永平寺から住持を迎える慣行であった。江戸幕府から朱印地100石を与えられる大寺であったが,数度の火災で,寺宝・記録類の多くを失った。なお,上田秋成『雨月物語』の1節「青頭巾」は,当寺の開山縁起を題材としたもので,鬼となり人を食べる僧を,快庵禅師が改心させるという物語である。

戸長屋敷 ㉒
0282-43-8686

〈M▶P.208〉栃木市大平町西山田898-1 [P]
JR両毛線大平下駅🚶10分

江戸時代後期から明治時代の豪農の邸宅

大中寺から広域農道を通って西へ1kmほど行くと,大きな長屋門が道路の右手にみえてくる。栃木市おおひら郷土資料館「白石家戸長屋敷」とおおひら歴史民俗資料館である。資料館では,町内で発掘された考古遺物を始め,町の歴史・民俗文化にかかわる資料が展示されている。

なかでも,1969(昭和44)年に,七廻り鏡塚古墳から出土した,わが国最大級の舟形木棺や組み合わせ木棺(いずれも国重文)は,圧巻である。資料館東隣の戸長屋敷は,当地の豪農白石家の屋敷跡である。白石家は,1793(寛政5)年山田村(現,栃木市大平町西山田)の名主となり,江戸時代末期には,領主から大庄屋の格を与えられた。明治時代になって戸長をつとめ,1889(明治22)年町村制施行後は,富山村(現,栃木市大平町の西部)の村長を数代にわたりつとめた。屋敷は文政年間(1818〜30)に整備されたもので,母屋のほか長屋門・離れ座敷・味噌蔵などの建物が,豪壮な構えで立ち並んでいる。

資料館から西北の約1.5km山の中に入ると,金龍山清水寺(天台

戸長屋敷

宗）がある。観音堂に安置される1265（文永2）年作の木造十一面千手観音立像（県文化）は「滝の観音」の名で親しまれる。境内は季節ごとにさまざまな花が咲き、参詣者を楽しませる。

（榎本）大中寺・榎本城跡 ㉓
0282-43-5345（榎本大中寺）

〈M ▶ P.208, 227〉栃木市大平町榎本880
東武日光線新大平下駅🚶10分

榎本藩本多氏の居城もう1つの大中寺

新大平下駅南側の県道小山大平線を東へ約1.5km、永野川を越えて川沿いに約1.5km南下すると、榎本とよばれる集落に至る。

両明橋を過ぎた所の正面に、大中寺（曹洞宗）がみえてくる。この大中寺は16世紀中頃、西山田大中寺5世海庵が入寂後、弟子快叟と無学宗棼の法兄弟が法脈を争い、無学が西山田大中寺を退去し、小山高朝があらたに建立した当寺に移ったことに始まる。西山田大中寺に残った快叟も、榎本大中寺に入った無学も共に大中寺6世を名乗り、以後大平には2つの大中寺が存在したのである。宇都宮釣天井事件に連座した榎本城主本多忠純の墓がある。

大中寺の東、八坂神社から北東にかけて榎本城跡がある。古くは、1185（文治元）年頃、小山城の出城として築城されたと伝える。1563（永禄6）年上杉謙信の小山攻略により、同城は占領され、以後、皆川・佐野・北条氏らの諸勢力によって城主は交替した。1590年豊臣秀吉の小田原攻めのとき、城主近藤綱秀（実方）は北条氏照の命により、八王子城（東京都八王子市）を守備して討死し、榎本城は結城晴朝によって落城した。綱秀の墓は、城跡の南西600mほどの妙性院（曹洞宗）にある。その後、1605（慶長10）年本多忠純が榎本城に入るが、1640（寛永17）年本多家が無嗣絶家のため改易となり、榎本藩は廃藩、榎本城は廃城となった。

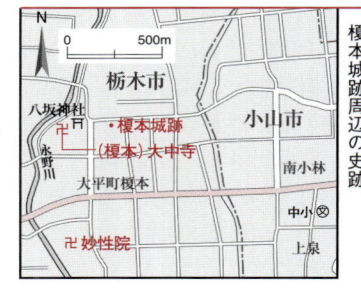

榎本城跡周辺の史跡

太平山の麓を歩く　227

④ 旧谷中村と三国境の町藤岡を歩く

上野・下総国と接する地。舟運が盛んであると同時に，水害と闘ってきた地でもある。明治の足尾鉱毒事件でも有名。

藤岡城跡 ㉔

〈M▶P. 208, 229〉栃木市藤岡町藤岡
東武日光線藤岡駅 🚶10分

> 近年の研究で明らかになりつつある藤岡城

　東武日光線藤岡駅で降り，駅北側の踏切りを渡り，線路の西側に行く。この道を直進し，突き当る工場付近が，藤岡城跡のほぼ中央部二の丸跡である。藤岡城は，藤岡駅付近を東端として，西方に主要な郭をもつ中世城館跡である。城域は東西約600m，南北は東側で約300m。西端のもっとも高い部分に本丸が，東に二の丸・三の丸が広がる。現在は宅地・田畑などになっている。

　所伝では，932(承平2)年に平将門が築城し，花岡城と称したことに始まるという。のち城主がかわるなかで，中泉城・藤岡城とよばれた。1577(天正5)年城主藤岡佐渡守清房が佐野氏と争って自害し落城，その後，北条氏により藤岡氏に戻され，清房の子又太郎が幼くして城主となったという。この城主にかわり，家臣茂呂弾正が城代をつとめたが，豊臣秀吉の小田原攻めで北条方につき，廃城になったとの伝承がある。藤岡城の歴史については，近年の研究により佐野氏の支城であったことや，館林(現，群馬県館林市)赤井氏の家臣茂呂氏の居城であったこと，天正年間(1573〜92)なかばは北条氏の拠点であったことなどが明らかになっている。

藤岡神社と藤岡神社遺跡 ㉕

〈M▶P. 208, 229〉栃木市藤岡町藤岡3976-1周辺
東武日光線藤岡駅 🚶15分

> 芭蕉の笠市を詠んだ句碑発見まもない縄文時代の集落跡

　藤岡城跡から南へ約1km行くと，藤岡神社(祭神天照大神ほか)がある。940(天慶3)年六所神社として創建，1875(明治8)年に藤岡神社と改称された。岩崎清七撰文の森欧村顕彰碑や，乃木希典書の記念碑がある。森欧村は，当地で私塾欧村学舎を開いた漢学者。藤岡出身で，藤清醬油を創業した財界人岩崎清七らを輩出した。松尾芭蕉の笠市にちなむ句や北岱の藤の句の碑もある。社殿左右のケヤキは樹齢400年といわれ，栃木県名木百選に選ばれている。

　神社の北側には，藤岡神社遺跡が広がる。1991(平成3)年に浄化

センター建設工事の際発掘された遺跡で, 縄文時代前期から晩期の集落跡が出土し, 2002年には竪穴住居跡や土器・石器・骨角牙貝製品など1244点が, 国の重要文化財に指定された。とくに尻尾を立ててほえるイヌやイノシシの土製品が注目されている。遺物は, 栃木県立博物館や藤岡歴史民俗資料館で保管・展示されている。

田中霊祠 ❷

〈M▶P.208, 229〉栃木市藤岡町藤岡6387
東武日光線藤岡駅🚶20分, または🚗5分

藤岡駅を出て北上し, 渡良瀬川に架かる新開橋を渡ると, 右手に栃木市藤岡文化会館がある。入口の田中正造銅像をみながら敷地内に入ると, 左奥が栃木市藤岡歴史民俗資料館で, 同館には薬師如来像や石塚倉子の四季折々の花鳥をあしらった花短冊, 藤岡神社遺跡出土品(国重文)が展示されている。

石塚倉子は富吉村(現, 栃木市藤岡町富吉)名主石塚貞克の娘で, 服部南郭ら江戸の文人たちと交流した女流歌人で, 晩年に歌集『室の八嶋』を編んだ。資料館には, 当町出身の11代横綱栃木山にちなむ第1回国分相撲大会優勝旗や, 埼玉県幸手市から返還された旧谷中村(現, 栃木市藤岡町藤岡地先)延命院の半鐘も展示している。

資料館を出て渡良瀬川沿いに西へ1km向かうと, 右手の森の中に田中霊祠がある。足尾鉱毒事件で知られる田中正造の遺骨を分骨した場所の1つである。正造は1913(大正2)年に没し, 初め谷中

村に分骨されたが、渡良瀬川改修工事のため、1917年現在地に移転された。境内には、遺品を納める収蔵庫や正造の歌碑がある。

篠山貝塚（しのやまかいづか）㉗

〈M▶P. 208, 229〉栃木市藤岡町藤岡2469
東武日光線藤岡駅🚶20分、または🚗5分

藤岡城主の供養塔
縄文時代前期の貝塚跡

藤岡駅前の県道佐野古河線を南下すると、右手に元酒造家の鈴木家、岩崎醬油のレンガ煙突など、古い商家の家並みが続く。さらに南下し、道が左にカーブする手前を左折すると潜龍山繁桂寺（せんりゅうさんはんけいじ）（曹洞宗）がある。寺伝によると、1145（久安元）年に初め荒立（あらだち）（現、栃木市藤岡町）に真言宗寺院として創建、戦国時代に榎本大中寺（えのもとだいちゅうじ）（現、栃木市大平町（おおひらまち））の無学和尚（むがくおしょう）が曹洞宗に改宗し、同寺の末寺となったという。開基は、藤岡城主と伝えられる藤岡佐渡守である。8世住持別伝（べつでん）の頃に現在地に移転し、古河藩から除地15石（こく）が与えられた。境内には藤岡佐渡守夫妻の供養塔、漢学者森欧村の墓、その弟子で、財界で活躍した岩崎清七のレリーフなどがある。

繁桂寺から東へ向かい県道11号線を越えると、栃木市藤岡総合体育館と栃木市藤岡遊水池会館がある。東隣の湿地資料館から堤防沿いに南下すると、堤防下の畑一帯が縄文時代前期の貝塚跡の篠山貝塚である。縄文海進（かいしん）によって、東京湾の入江であったことがうかがえる。貝塚は直径約70mの馬蹄形で、ヤマトシジミの貝殻やシカ・イノシシなどの骨が出土し、住居跡や竪穴（たてあな）も発見された。

旧谷中村跡（きゅうやなかむらあと）㉘

〈M▶P. 208, 229〉栃木市藤岡町藤岡地先
東武日光線藤岡駅🚶35分、または🚗10分

足尾鉱毒事件の舞台
明治時代水場の村の姿

篠山貝塚から堤防沿いの道を南に向かって500mほど進んだ、県道佐野古河線との合流地点手前に、旧谷中村合同慰霊碑（きゅうやなかむらごうどういれいひ）がある。谷中村は足尾銅山鉱毒事件の際、田中正造を始め地域の人びとが、足尾銅山操業停止などを求める反対運動を展開し

旧谷中村延命院跡

巴波川の舟運

コラム

栃木と江戸を結んだ河川交通とその繁栄

　栃木市から市内大平町・小山市・栃木市藤岡町へと南流する巴波川は、江戸時代栃木河岸から積まれた物資を、江戸方面へ運搬する河川であった。商業地としての栃木町の繁栄もこの舟運によるところが大きかった。

　栃木市藤岡町にあった部屋・新波両河岸は、栃木と江戸の間の中継地として知られ、江戸方面からの船は、当河岸で喫水の浅い高瀬船に、上流栃木からの船は、大船に荷を積み替えて航行した。江戸方面からは、瀬戸物や多様な日用物資が、栃木からは麻・石灰・米などがもたらされた。

　巴波川は、栃木市藤岡町の南で渡良瀬川、さらに利根川と合流し、境河岸(現、茨城県境町)を経て、関宿(現、千葉県野田市)で江戸川と利根川に分かれ、野田・銚子や江戸へと至った。

　明治時代に入っても、河川交通は栄えたが、西洋技術の導入により、利根川や渡良瀬川では外輪蒸気船が往来した。1880(明治13)年、部屋・新波・栃木の河岸問屋によって、小型蒸気船「通運丸」が建造され、栃木河岸までの運行計画を立てた。その結果、1度だけながら就航が実現している。

　新波河岸と栃木間の陸上交通が明治10年代後半以降に始まると、しだいに競合し、さらに鉄道にもとってかわられるようになり、徐々に衰退していくことになった。

たが、渡良瀬川流域の鉱毒被害の原因が洪水にあると判断した政府は、鉱毒水を沈殿させるための貯水池として谷中村を候補地とし、土地買収を進めた。正造や谷中村民らの反対にかかわらず、1907(明治40)年に強制廃村され、遊水池となった村である。

　慰霊碑は、1971(昭和46)年谷中村から転出した村民の子孫が、遊水池内に点在する墓石をまとめて安置する場所と慰霊碑の建設を要求する運動の結果、設置されたものである。村内共同墓地にあった墓碑のうち、300基余りが移されている。ここから堤防内に入り、道なりに東へ1.5kmほど進むと、途中左手に自然観察ゾーン、右手にヨシ原浄化ゾーンがある。谷中村遺跡の看板を右折して約1km南へ進むと、史跡保全ゾーンに入る。ここが旧谷中村の中心地で、村役場跡や延命院跡・雷電神社跡などのほか、水塚跡も残っている。

部屋河岸・新波河岸跡 ㉙　〈M▶P.208, 232〉栃木市藤岡町部屋・新波
東武日光線藤岡駅🚶15分

　栃木市藤岡文化会館がある新開橋から、県道藤岡乙女線を東へ道

旧谷中村と三国境の町藤岡を歩く　　231

部屋河岸跡周辺の史跡

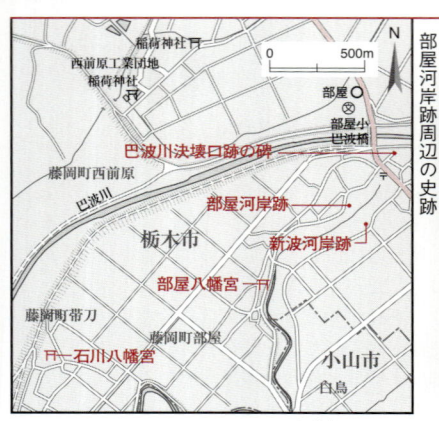

新波河岸問屋田中家の跡

巴波川舟運の積み替え河岸

なりに約5km行くと，巴波川に架かる巴波橋に至る。左側土手の中ほどに，巴波川決壊口跡の碑がある。1947（昭和22）年のカスリン台風による大洪水で，巴波川の右岸堤防が決壊し，付近が水没してしまったことを記した碑である。当時の巴波川は，現在より南側を蛇行して流れていた。

部屋郵便局の裏，わずかに川の水が残る旧巴波川河道の南に，部屋河岸・新波河岸跡がある。両河岸は，旧巴波川を挟んだ斜め向かいにあった。左岸の新波河岸跡には，問屋田中家の屋敷跡があり，河岸場まで続く石垣が残る。部屋河岸跡には土蔵造の商家が散見され，往時の様子がうかがえる。

部屋郵便局西の角を南へ，部屋の集落を道なりに1kmほど南下すると，部屋八幡宮（祭神誉田別命）に至る。部屋・新波両河岸の問屋・船頭が航行安全を祈願して，崇敬を集めた神社である。境内には，松尾芭蕉の句碑や塩なめ地蔵がある。また，当地では古くから若衆相撲が盛んであったため，拝殿右側には鏝絵の相撲絵奉納額がある。

水害に悩まされた部屋周辺では，水塚とよばれる盛土の上に建物を建て，洪水時の避難場所とした。このような建物は，当集落以南の民家に多くみられる。部屋八幡宮の南西約1kmにある石川八幡宮（祭神誉田別命）も，水塚上に社殿がつくられている。石川八幡宮に隣接する公民館には，たびかさなる洪水で犠牲となった人びとをまつった供養塔が立つ。

栃木とその周辺

⑤ 古墳群と城のまち壬生を訪ねる

黒川流域に分布する古墳群，戦国大名壬生氏，近世壬生藩鳥居氏の史跡，幕末の戊辰戦争「安塚の戦い」の地を訪ねる。

雄琴神社 ㉚
0282-82-0430
〈M▶P.208, 233〉 下都賀郡壬生町 通町18-58 P
東武宇都宮線壬生駅 🚶10分

戦国大名壬生氏の氏神 壬生の総鎮守

　壬生駅を出てすぐ右手の道に入り，北へ400mほど歩くと雄琴神社（祭神天照大神・舎人親王ほか）に着く。長い参道の先に，1778（安永7）年造立の青銅鳥居（県文化）があり，本殿がみえる。1091（寛治5）年，鎮守府将軍清原武則の3男保定が，清原氏の祖舎人親王をまつったと伝えられる神社で，当初は藤森神社と称した。その後，1469（文明元）年壬生城を本拠とした壬生胤業が，遠祖をまつる近江国雄琴村（現，滋賀県大津市）の雄琴神社から分霊して当社に合祀し，雄琴神社と改称。以後壬生の総鎮守として崇敬を集めた。

　江戸時代後期，社会秩序が動揺するなかで，壬生氏旧臣との由緒を標榜する当地周辺の村名主らが結束する動きがあった。主家の壬生氏とつながりがあるとして，例幣使として当地を往来していた京都の公家壬生官務家との縁故を求め，名主たちは擬制的な主従関係を取り結び，

壬生町中心部の史跡

古墳群と城のまち壬生を訪ねる　233

雄琴神社

旧臣帳などを作成した。そのとき当社と常楽寺は、戦国時代以来の壬生氏との結束を図る拠り所となった。

また幕末の戊辰戦争時の宮司黒川豊麿は、周辺地域の神主からなる利鎌隊という草莽隊を組織し、新政府軍の先導隊として活動した。

壬生城跡と精忠神社 ㉛

〈M ▶ P. 208, 233〉下都賀郡壬生町本丸1-8-33
P
東武宇都宮線壬生駅 🚶 15分

壬生藩主鳥居家の居城
鳥居家ゆかりの神社

　雄琴神社参道入口から西へ約300m向かうと、蘭学通りに出る。蘭学通りを100mほど北へ行くと興光寺（深度山、浄土宗）がある。江戸幕府3代将軍徳川家光の遺骸を、日光輪王寺大猷院廟へ葬送する途中宿泊した寺院である。応永年間（1394～1428）の創建で、隣村の福和田村（現、壬生町）に建立されたが、家光遺骸の壬生宿泊のため、幕命により現在地に移転したといわれている。境内には、戊辰戦争時の新政府軍の戦死者を葬った官修墓地がある。明治時代には、自由民権運動家の演説会場となった。

　興光寺から蘭学通りを南下、最初の交差点を右折し、西へ400mほど行くと、壬生城跡に至る。現在は公園として整備されている。

　壬生城は、1462（寛正3）年壬生胤業が、壬生城北方（常楽寺の北といわれる）に居館を構えたのを端緒とし、2代綱重のときに、現在地に城を築いたと伝えられる。本丸部分は約140m四方の平城で、現在は本丸南側に堀と土塁が残るのみである。

　壬生氏が豊臣秀吉の小田原攻めで北条氏とともに滅亡すると、結城・日根野・阿部らの城主があいついで入部、1712（正徳2）年譜代大名鳥居忠英が、近江国水口（現、滋賀県甲賀市）から3万石で入封し、以後幕末まで同氏の居城となった。公園入口を入ってすぐ左に「従是南　壬生領」と陰刻された壬生藩領の石標や、最後の藩主鳥居忠宝が稲葉赤御堂（現、壬生町）に隠居所をつくるため、

234　栃木とその周辺

吾妻古墳から切り出した石室の玄門が移設されている。公園の北奥には、壬生町立歴史民俗資料館があり、壬生町の歴史が通観できる。

城址公園内を西へ歩くと、精忠神社がある。鳥居家の初代鳥居元忠をまつり、宝物蔵にその遺品を納めている。元忠は、関ヶ原の戦い直前、徳川家康の命を受け伏見城に籠城し、石田三成軍をとどめ、落城するまで防戦した。落城の際、元忠が自害したときの畳を埋めたと伝える畳塚は、社殿の裏手にある。

境内には宝物蔵・干瓢発祥250周年記念碑がある。カンピョウは現在では栃木県の特産として知られるが、鳥居忠英が旧領近江水口からユウガオの種子を取り寄せ、黒川以東の村々で栽培させたのが始まりで、この碑はこれを記念したものである。忠英は文教を奨励し、1713年に下野最古の藩校学習館も創立した。

常楽寺 ㉜
0282-82-0225

〈M▶P. 208, 233〉下都賀郡壬生町本丸1-1-30 P
東武宇都宮線壬生駅🚶15分

壬生藩主鳥居家の菩提寺
壬生氏旧臣の拠り所

壬生城跡の北東200mほどの所に、向陽山常楽寺（曹洞宗）がある。壬生城主壬生胤業が、1462（寛正3）年に創建した寺院で、江戸時代には壬生藩主鳥居家の菩提寺になった。鳥居家は、中世以来の寺領26石を除地とし、修行道場とした。

境内墓地には、壬生氏供養塔、鳥居家歴代や壬生藩士の墓があり、同藩蘭方医斎藤玄昌の墓もある。玄昌は、1840（天保11）年に壬生領内で人体解剖を行い、1850（嘉永3）年には天然痘予防のため種痘を始めた人物で、二宮尊徳の主治医としても知られる。町内の蘭学通りの称は斎藤ら当地の蘭学の盛んだったことに因む。境内の寺宝館は、藩主鳥居家にかかわる資料や寺の宝物類を展示している。

常楽寺の北西300m、国道352号線（例幣使街道）の北側には、慈覚大師円仁の生誕地と伝えられる壬生寺（天台宗）がある。円仁生誕地の伝承をもつ地は、栃木市岩舟町下津原と壬生寺の2カ所があるが、1686（貞享3）年日光輪王寺門跡が当地にあった台林寺を生誕地としたことで、壬生藩主三浦直次により大師堂が建立された。台林寺はのち飯塚（現、小山市）に移転し、その跡に壬生寺が1916（大正5）年に創建された。境内には、円仁が産湯に使ったと伝えられる井戸や大イチョウ（県天然）がある。

古墳群と城のまち壬生を訪ねる

愛宕塚古墳 ㉝ 〈M▶P. 208, 233〉下都賀郡壬生町壬生甲字車塚
東武宇都宮線壬生駅🚶15分

黒川東岸の古墳群　開口した横穴式石室

　壬生寺から国道352号線を東へ向かって黒川に架かる東雲橋を渡り、最初の信号を左に入ると愛宕塚古墳(国史跡)がある。黒川東岸の台地上にある古墳時代後期の前方後円墳で、頂上には1694(元禄7)年に、壬生城の鬼門除けとして建立された愛宕神社(祭神火産霊神)がある。墳丘は2段あり、1段目が約77m、2段目が約53mある。墳丘部に葺石がみえる。周溝があり、さらに外側に土塁が盾形にめぐらされている。周溝の底から墳頂部までの高さは6.5mにおよび、土塁を含めると総全長100mを超える大規模な古墳である。

　愛宕塚古墳の北約500m、壬生バイパスの車塚歩道橋から北東に入ると、車塚古墳(国史跡)がある。この古墳は基壇上に墳丘が3段に築かれ、第1段は直径82mを超える古墳時代終末期の大円墳である。墳丘全体には葺石がみられる。基壇の外側に周溝、さらに外側に土塁がある。凝灰岩でつくられた横穴式石室が開口しており、内壁には赤い顔料の施された痕が残っている。

　車塚古墳の西側約250mに、牛塚古墳(国史跡)がある。墳丘の全長は約60m、後円部は径27mで前方部が短い、帆立貝式の前方後円墳である。周溝の東側は道路で一部削られている。車塚古墳と同様、埴輪は確認されていない。

吾妻(岩屋)古墳 ㉞ 〈M▶P. 208, 233〉下都賀郡壬生町藤井吾妻原・栃木市大光寺町吾妻
東武宇都宮線壬生駅🚌10分

県内最大級の古墳　藤井古墳群の中核

　壬生駅前の蘭学通り(旧日光道中壬生通、現在の県道小山壬生線)を南下し、東武線を越えた500m右手に壬生一里塚(国史跡)がある。ここは江戸日本橋(現、東京都中央区)より約23里12町(約96.7km)にあたる。一里塚は街道の両側に設けられるものだったが、現在では片側のみが残っている。塚の上にエノキが植えられている。

　さらに南下し、黒川を渡って吾妻工業団地の古河機金を左折、600mほど進むと、右手に吾妻(岩屋)古墳(国史跡)がある。黒川東岸のこの付近には、70基もの古墳が分布しており、藤井古墳群とよばれている。吾妻古墳はこの中核で、墳丘全長134m・幅74〜65m

愛宕塚古墳玄門　　　　　　　　　壬生一里塚

の逆盾形の基壇上に，全長86m・高さ約8mの墳丘が築かれている。周溝を含めると，総全長は170mにおよぶ県内最大級の古墳である。

　内部主体は後円部にあるほか，前方部にも巨大な一枚石造りの横穴式石室があった。幕末に壬生藩主鳥居忠宝が隠居所をつくるため，この古墳前方部の玄門を解体・搬送させたものが，壬生城址公園内に残されている。吾妻古墳は古墳時代後期のものであるが，前方部の石室は終末期のものである。

鯉沼九八郎の碑 ㉟　〈M▶P. 208, 240〉下都賀郡壬生町上稲葉　P
東武宇都宮線壬生駅🚶15分

自由民権運動の激化事件　加波山事件の発端

　壬生駅から役場前を通り，国道352号線を鹿沼方面に進むと，下稲葉を経て上稲葉に入る。北関東自動車道の先約500m，稲葉出張所の一角に鯉沼九八郎の碑がある。九八郎は，1852（嘉永5）年上稲葉村の豪農の家に生まれた自由民権家である。民権運動激化のなか，茨城・福島などの自由党員とともに，独自の急進的な路線を歩んだ。

　福島事件で弾圧を加えた県令三島通庸に抵抗，1884（明治17）年，栃木県庁の宇都宮移転開庁式に出席する三島と政府要人らの暗殺を計画，爆弾を製造した。しかし，爆弾製造中の誤爆により負傷し，これを機に，他の壮士たちが茨城県加波山で挙兵した（加波山事件）。九八郎は懲役15年に処され，北海道空知監獄に収監されたが，恩赦により出獄。のち1899年県会議員に当選し，1911年までつとめた。

市兵衛八幡 ㊱　〈M▶P. 208, 240〉下都賀郡壬生町上稲葉2005
東武宇都宮線壬生駅🚶25分

　顕彰碑から国道352号線をさらに北へ800mほど行ったJAしもつ

古墳群と城のまち壬生を訪ねる　　237

市兵衛八幡

百姓一揆の義民を顕彰
自由民権運動にも影響

けを左折した突き当りにある。円宗寺の山門手前の十字路を南に入り、道なりに進むと、用水路の際に市兵衛八幡がある。1695(元禄8)年、壬生藩領で発生した百姓一揆の指導者神永市兵衛らを義民としてまつった社である。

壬生に入部した加藤明英の7種の作物への年貢増徴に対し、11カ村が免除の訴えをおこした。さらに将軍への直訴まで計画したことにより、頭取の上稲葉村市兵衛・下稲葉村伊左衛門・壬生新町作次郎の3人が処刑されたが、訴えは聞き届けられた。村々は3人を義民としてたたえ、上稲葉村では市兵衛を八幡宮にまつった。

市兵衛らは、自由民権運動の盛んだった1883(明治16)年に出版された小室信介『東洋民権百家伝』に紹介され、鯉沼九八郎らが顕彰会を主催するなど、当地の民権運動にも大きな影響を与えた。

羽生田城跡（はにゅうだじょうあと）㊲

〈M▶P. 208, 240〉下都賀郡壬生町羽生田2139
東武日光線東武金崎(かなさき)駅🚗10分

中世壬生氏の支城

東武線東武金崎駅から、駅前の例幣使街道を北上して国道293号線に入り、思(おもい)川に架かる小倉橋を渡り、すぐ右折し東へ行く。国道352号線と交差する北赤塚交差点も直進し、黒川橋を渡って右折する。この黒川東岸の段丘突端付近の東西310m・南北250mにおよぶ区域が羽生田城跡である。文亀年間(1501〜04)に壬生綱重によって築城され、鹿沼城(かぬま)(現、鹿沼市)と壬生城の中間に位置し、壬生城の支城として機能したが、同氏の滅亡とともに廃城となった。現在、本丸・二の丸跡は羽生田小学校になっている。本丸を中心に、土塁や空堀(からぼり)が4重に設けられている。このうち、小学校西方の三の丸の一部に、土塁・空堀が残る。

小学校北側の歓喜院(かんぎいん)(真言宗)は本丸と土橋で結ばれており、北の丸と推定されている。歓喜院は1170(嘉応2)年、奈良興福寺の巧智により創建。当初は北西に位置する長塚(ながつか)古墳近くにあったが、南北

戊辰戦争・安塚の戦い

コラム

下野の戊辰戦争激戦地の1つ

　1868(慶応4)年4月，江戸から北へと敗走する大鳥圭介率いる旧幕軍は，壬生城を経て宇都宮入りを計画したが，勤王に傾いた壬生藩がこれを拒絶，そのため壬生をさけて間道から合戦場宿へ迂回し，鹿沼から宇都宮に入った。

　旧幕軍は宇都宮城占領に成功したため，再び壬生城攻撃を計画した。その頃，壬生には新政府軍が入り，旧幕軍の攻撃に備えていた。

　壬生城北方の安塚村は両軍の中間地点で，4月21日雨と霧のなかで，姿川から安塚宿北辺の間で激しい戦いとなった。当初は幕軍が優勢であったが，のち新政府軍が挽回し，戦局は宇都宮・今市の戦いに移っていった。

　なお，京都時代祭に登場する山国隊(因幡国〈現，鳥取県〉の草莽隊)も安塚の戦いに参加し，戦死者を出した。山国隊の戦死者は，壬生興光寺の官修墓地に葬られている。ほかに，安塚の安昌寺・壬生の常楽寺にも官修墓地がある。

朝時代に現在地に移転，再興された。小学校から北西約400m，黒川東岸には長塚古墳(県史跡)がある。全長約77mの古墳時代後期の前方後円墳で，葺石が残っている。

茶臼山古墳と富士山古墳 ㊳

県内最大の円墳　国内最大級の家形埴輪

〈M▶P.208, 240〉下都賀郡壬生町羽生田古敷／羽生田富士前
東武日光線東武金崎駅🚗20分

　羽生田城跡や歓喜院の東側を南北に走る，用水路に併走する道を1kmほど北上すると，茶臼山古墳(国史跡)に至る。6世紀後半の2段築成の前方後円墳で，墳丘全長は約68m。前方部が後円部よりやや大きい。周溝と土塁を含めると，総全長は約145mにおよぶ。明治時代の発掘調査で，家形埴輪や人物埴輪が出土した。

　富士山古墳(県史跡)は，茶臼山古墳の約400m東にある。南西部は神徳大神宮になっている。2段築成の円墳で，1段目は径約86m，2段目が55m，総高12m，周溝はないが，円墳では県内最大規模である。墳丘部から2重の大型の円筒埴輪列や形象埴輪列が確認され，国内最大級の家形埴輪・盾形埴輪が出土した。茶臼山古墳よりやや古い築造である。家形埴輪は，壬生町立歴史民俗資料館に展示されている。周辺には多くの古墳が分布し，羽生田古墳群を形成している。

古墳群と城のまち壬生を訪ねる

羽生田城跡周辺の史跡

壬生・安塚の戦いの舞台
下野世直し一揆発生地の1つ

戊辰戦争の碑 ㊴

〈M ► P. 208〉下都賀郡壬生町安塚
東武宇都宮線安塚駅🚶20分

　東武線安塚駅から県道宇都宮栃木線(旧栃木街道)を北上すると、まもなく道路左側に長屋門がみえる。1868(慶応4)年4月の戊辰戦争の際、壬生城攻撃に向かう旧幕府軍を迎え撃つため、新政府軍が本陣とした島田家である。

　さらに約1.5km北上、国道121号線と交差する姿川の淀橋付近が壬生町と宇都宮市の境界である。この川から南にかけて両軍の戦闘が行われた。下野戊辰戦争の激戦の1つ、安塚の戦いの地である。

　橋から200mほど手前の栃木街道東側に、墓碑が2基立っている。右側の碑には、戊辰役戦死之墓と刻まれている。これは1880(明治13)年、安塚村大久保菊十郎ら地元有志が建立したもので、左側の碑は、明治初年に同村木村卯之吉が付近に打ち捨てられていた遺体を集め、県に供養を申請し建碑したもの。新政府軍・旧幕軍のいずれの者かも不明と申請されていたが、実際は当時埋葬の許されなかった幕軍兵士34人の遺体を供養したものである。碑は磨滅が著しい。

　戊辰役戦死之墓から西へ120mほど行った、国道121号線バイパス側にある丘が、亀塚古墳(県史跡)である。5世紀をくだらない時期の築造と推定される前方後円墳で、全長約55m、後円部は径35m・高さ6mである。前方部には磐裂根裂神社(祭神磐裂神・根裂神)が鎮座する。この神社は、戊辰戦争のさなか、当地でおきた世直し一揆の際、村々の百姓が結集した地でもある。

Oyama

小山とその周辺

野木神社「提灯もみ」(野木町)

間々田の蛇祭り(小山市)

小山とその周辺

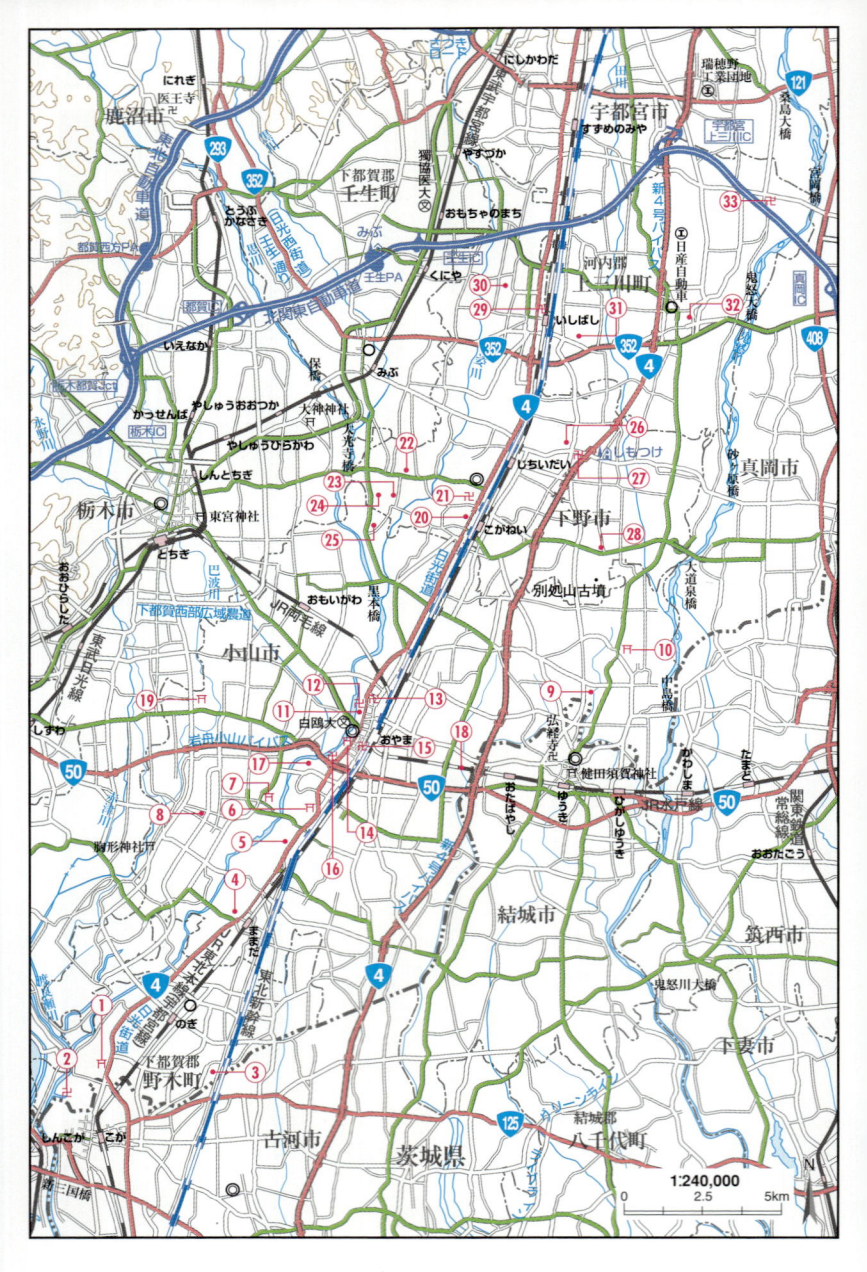

◎小山周辺散歩モデルコース

間々田・粟宮周辺コース　　JR宇都宮線間々田駅_8_乙女不動原瓦窯跡_20_間々田八幡宮_13_千駄塚古墳_20_安房神社_15_鷲城跡_10_光明寺_20_JR宇都宮線小山駅

小山市中心部コース　　JR宇都宮線小山駅_10_興法寺_7_天翁院_10_祇園城跡_3_小山御殿跡_8_妙建寺_2_須賀神社_5_持宝寺_7_常光寺_3_JR小山駅

しもつけ風土記の丘コース　　JR宇都宮線小金井駅_7_小金井一里塚_10_北台遺跡_30_しもつけ風土記の丘資料館_2_下野国分尼寺跡_5_下野国分寺跡_10_伝紫式部の墓_20_琵琶塚古墳_5_摩利支天塚古墳_13_飯塚一里塚_20_愛宕塚古墳_13_丸塚古墳_10_国分寺五輪塔_8_JR小金井駅

下野薬師寺周辺コース　　JR宇都宮線自治医大駅_5_下野薬師寺歴史館_3_下野薬師寺跡_5_薬師寺八幡宮_7_龍興寺_13_薬師寺城跡_23_JR自治医大駅

多功城・児山城跡周辺コース　　JR宇都宮線石橋駅_18_多功城跡_5_見性寺_6_宝光院_17_開雲寺_4_児山城跡_15_横塚古墳_20_JR石橋駅

①野木神社
②満福寺
③大塚古墳
④乙女不動原瓦窯跡
⑤千駄塚古墳
⑥安房神社
⑦間中稲荷神社
⑧毘沙門山古墳
⑨寺野東遺跡
⑩高椅神社
⑪祇園城跡
⑫天翁院
⑬興法寺
⑭須賀神社
⑮常光寺
⑯光明寺
⑰鷲城跡
⑱中久喜城跡
⑲大川島神社
⑳小金井一里塚
㉑慈眼寺
㉒国分寺五輪塔
㉓下野国分尼寺跡
㉔下野国分寺跡
㉕琵琶塚古墳
㉖下野薬師寺跡
㉗龍興寺
㉘東根供養塔
㉙開雲寺
㉚児山城跡
㉛多功城跡
㉜上三川城跡
㉝満願寺

下野の玄関口の史跡を歩く

① 栃木県の南玄関口に位置する野木町・小山市南部の史跡を歩く。

野木神社 ❶　〈M ▶ P. 242, 245〉下都賀郡野木町野木2404　ℙ
JR宇都宮線古河駅🚌 5分

古河駅から西進し，県道261号線（野木古河線）に出て2kmほど北に向かうと，左に野木神社の参道がみえる。野木神社（祭神菟道稚郎子命）は，仁徳天皇の時代に下野国造奈良別命が当国に赴任したおり，現在地の西方約800mの笠懸野台手岡の地に，この神をまつったのが最初とされる。その後，延暦年間（782～806）に坂上田村麻呂が蝦夷征討の帰途に，現在地に社殿をつくり遷座したと伝える。鎌倉時代には，幕府より社領として，寒川郡8カ村（現，野木町・小山市）ならびに神馬の寄進があり，元寇の際には，8代執権北条時宗により息長足比売命を始め，あらたに5祭神が合祀されたという。江戸時代に入ると幕府から社領15石が寄進され，別当は真言宗満願寺（廃寺）がつとめた。

1806（文化3）年の火災で焼失した社殿を，古河藩主土井利厚が再建したのが現在の社殿であり，規模も大きく肘木の重なりや細部の彫刻が見事である。拝殿に奉納された大絵馬「黒馬繋馬図」は，江戸時代後期の文人画家谷文晁の作とされ，浅草寺（東京都台東区）にある「白馬繋馬図」と一対をなすものと伝えられる。また1889（明治22）年に野木在住の野鳥勝次正行（間々田〈現，小山市間々田〉在住の最上流和算家根岸林左衛門の門人）によって奉納された算額がある。

野木神社では，社領であった旧寒川郡内の7郷を神霊が宿る鉾が巡行する「七郷めぐり」が，第二次世界大戦前まで行われていた。現在はこれにかわるものとして，毎年

古河藩主土井利厚の再建による社殿「黒馬繋馬図」の大絵馬

野木神社本殿

244　小山とその周辺

野木神社周辺の史跡

12月3日の夜間に，氏子たちによって「提灯もみ」という行事が行われている。これは「七郷めぐり」の際，神霊の出社と帰社の日に，若者たちが提灯をもって揉み合いをしたことがその起こりであるとされる。

野木神社の参道を出てすぐ右に曲がり，900mほど西に向かうと大きな煙突が目に入る。旧下野煉化製造会社煉瓦窯（国重文）である。ドイツ人技師ホフマンの発明による十六角形，周囲100mの赤レンガ焼成用輪窯で，同会社は1890（明治23）年から1972（昭和47）年までの約80年間，この窯による赤レンガ製造を行った。国内で唯一，完全な形をとどめるホフマン式輪窯の貴重な遺構である。

満福寺 ❷　〈M▶P.242, 245〉下都賀郡野木町野渡706　P
JR宇都宮線古河駅 🚶 5分

本堂前に栃木県内最古の板碑 足利成氏の墓と伝えられる「御所塚」

野木神社参道を出て，県道261号線を南進し，野渡入口バス停を右折し約1km行くと，渡良瀬川の河川敷手前の右側に満福寺（曹洞宗）がある。寺伝によれば1492（明応元）年に古河公方足利成氏により創建されたといわれる。成氏は野渡（現，野木町野渡）・下宮（現，栃木市藤岡町下宮）を寺領として寄進したが，その後の火災で寺勢は衰退した。江戸時代に本寺にあたる成田山竜渕寺（埼玉県熊谷市）の万矢大拶が表裏の門を建立するなど再建に尽力した。その後2度の火災に遭い，現在の堂宇は後世の再建によるものである。

本堂前にある板碑は「正元元（1259）年」の銘をもち，県内ではもっとも古い板碑に属する。また，境内には「御所塚」とよばれる場所があり，足利成氏の墓と伝えられる。さらに，猪苗代兼載の墓と伝えられる場所には，兼載の三百回忌にあたる1811（文化8）年に造立された石塔が建てられている。兼載は室町時代の連歌師で，宗祇に連歌を学び，8代将軍足利義政の師にもなった。晩年は，足利成氏に招かれて古河に来遊し，当地で病没したという。

下野の玄関口の史跡を歩く

満福寺御所塚

　満福寺の西には、渡良瀬川の河川敷が広がっており、満福寺からみて南西の方向に位置するのが、かつての野渡河岸跡である。江戸時代には、古河藩領の村々から納められた御蔵米がここで陸揚げされたが、一般の荷物の扱いは禁止された。しかし18世紀以降、近辺から許可なく船積みされる荷物が多くなり、古河河岸問屋との間にたびたび争いがおこった。野渡河岸が、正式に河岸場として認められるのは、明治時代以降のことであり、1880(明治13)年の記録には「回漕店2軒、高瀬舟12艘、部賀船3艘」とみえる。1885年に東北本線が開通すると、河岸は急速に衰えた。

大塚古墳 ❸　〈M▶P.242〉下都賀郡野木町 南 赤塚
JR宇都宮線野木駅🚗7分

御門古墳群に含まれる方墳 茨城県との県境に位置

　野木駅東口を出て最初の信号を左折し、600mほど行くと、野木町役場に出る。敷地内に中央公民館があり、その隣に野木町郷土館がある。町内から集められた数多くの民俗資料のほか、14〜15世紀の板碑や考古資料などが展示されている。

　郷土館から駅前東大通りに戻り、左折して東へ向かうと、1.8kmほどで東北新幹線の高架にぶつかる。高架に沿って1kmほど南に向かい、茨城県との県境の辺りを右折して200mほど行くと、竹林の中に大塚古墳（県史跡）がある。一辺の長さ約23m、高さ約3.5mの方墳だが、墳丘の北西部分が少し崩れている。墳頂部には稲荷神社がまつられており、数基の江戸時代の石塔がある。この古墳は地元で「五界塚」とよばれる御門古墳群の1つで、その名のとおり5基の古墳が存在したといわれるが、現在確認されるのは4基である。

乙女不動原瓦窯跡 ❹　〈M▶P.242, 247〉小山市乙女1-26 🅿
JR宇都宮線間々田駅🚶8分

　間々田駅西口から西進し、国道4号線を渡ってさらに西へ進むと丁字路に出る。ここを右折して、すぐに左折すると乙女不動原瓦窯

跡（国史跡）に着く。遺跡は、南北に伸びる台地の斜面に位置する。1977（昭和52）年の確認調査と1988年から実施された5カ年にわたる発掘調査の結果、瓦窯4基のほか、工房や粘土採掘坑、灰原（木の燃えかすの廃棄場所）など、8世紀の瓦生産に関するさまざまな遺構が発見された。

当地で焼かれた瓦は、下野薬師寺跡や下野国分寺跡、あるいは水道山瓦窯跡（宇都宮市）から出土した瓦と共通した特徴をもつことから、その供給先や工人の動きを知ることができる遺跡と判断された。1987年から史跡の保存と整備が進められ、1998（平成10）年4月、小山市内初の史跡公園「乙女かわらの里公園」として開園した。公園は「土の広場」「炎の広場」に分けられ、遺構の復元がなされている。

乙女不動原瓦窯跡の南隣にある白い建物が、小山市立博物館である。博物館は1983（昭和58）年、歴史系の博物館として開館した。原始・古代から現代までの、小山市内の歴史に関する文化財を展示し、年数回の企画展も開催されている。

間々田駅周辺の史跡

乙女不動原瓦窯跡

下野薬師寺の瓦を生産した工房の跡

千駄塚古墳 ❺

〈M▶P.242, 247〉 小山市千駄塚
JR宇都宮線間々田駅🚶30分

間々田駅西口から国道4号線を2kmほど北上し、天理教会を右

下野の玄関口の史跡を歩く　247

桃塚古墳出土の石棺

県内でも屈指の大きさの円墳
付近の古墳から発掘された家形石棺

手にみて3つ目の信号を左折すると、突き当りに千駄塚古墳（県史跡）がある。墳丘上に浅間神社がまつられているため、浅間山古墳ともよばれる大型の円墳である。かつてはこの周囲に千駄塚古墳群が形成され、その主墳であったと考えられている。墳丘は直径約70m・高さ約10m、裾部から約3m立ち上がったところにある幅7～8mの平坦な段築面から、2段に築かれていることがわかる。墳丘の周囲には幅15～20mほどの周溝があり、西側と北側によく残っている。古墳内部の発掘調査が行われていないため、築造年代は不明であり、6世紀頃と考えられている。

千駄塚古墳の北側には、かつて当古墳の北西部にあった桃塚古墳から1901（明治34）年に、付近の人びとによって発掘された凝灰岩製の石棺（県文化）がおかれている。県内でも珍しい割り抜き式の家形石棺で、本体と蓋からなり、蓋は3分の1ほどが欠損している。本体外側の法量は、高さ60cm・幅100cm・長さ200cmであり、蓋の形から6～7世紀初め頃のものと考えられている。

千駄塚古墳東側の道を1kmほど南に行くと、間々田中学校に隣接した間々田八幡公園内に、間々田八幡宮（祭神誉田別命・息長帯姫命）がある。八幡宮は、「間々田の蛇祭り」（県選択）で知られる。この祭りは、各町内ごとに、小・中学生が竹・藁・フジツルなどでつくった長さ20mにもおよぶ竜頭蛇体の作りものをもって「ジャガマイタ、ジャガマイタ、4月8日のジャガマイタ」と叫びながら、間々田八幡宮から各町内を練り歩く祭りである。雨乞いや疫病退散を願って始められたものといわれ、かつては旧暦4月8日に行われていたが、現在は毎年5月5日に行われている。

安房神社 ❻ 〈M▶P. 242, 247〉 小山市粟宮1615 Ｐ
JR宇都宮線小山駅🚗7分

小山駅西口から県道265号線（旧国道4号線）を約3km南下すると、粟宮交差点で国道4号線と合流する。信号の先を右折して細い道を

安房神社

西進すると、安房神社（祭神天太玉命・菟道稚郎子命）の参道になる。社伝によれば、崇神天皇代の創建、仁徳天皇代に再建されたといわれる『延喜式』式内社である。939（天慶2）年には、藤原秀郷が平将門の討伐に際して戦勝を祈願し、社領を寄進したとも伝えられる。中世には粟宮とよばれ、小山・結城・佐野諸氏の崇敬を受けた。

毎年11月21日に行われる、粟の穂や「粟むすび」とよばれる紅白の水引で、独特の飾付けをした神輿が渡御する行事は、アワガラ神輿の習俗」として知られる。拝殿には、かつての祭礼の様子を描いた1896（明治29）年の「神輿渡御祭礼図絵馬」がある。ほかに利根川架線工事完成を記念した1886（明治19）年の「東北線工夫の絵馬」（小山市立博物館に展示）など、数々の絵馬が奉納されている。なお、境内にはモミ群落を中心とした、小山市域でも数少ない天然極相林がある。

中世には「粟宮」として発展
11月21日の「アワガラ神輿の習俗」

間中稲荷神社 ❼

〈M▶P.242,247〉小山市間中1369
JR宇都宮線小山駅🚗12分

安房神社から国道4号線に戻って、南に500mほど向かい、酒造店がある1つ目の粟宮南交差点の信号を右折して、1.5kmほど思川を渡って直進すると、右手に間中稲荷神社がある。本殿は1715（正徳5）年に、真弓村（現、栃木市）の大工人見又兵衛によって完成したものであることが、棟札によって明らかとなった。また銅板の勾欄擬宝珠には、「正徳四（1714）年」の銘が刻まれている。一間社造・柿葺き、近世の神社建築としてはもっとも一般的な造りである。装飾彫刻は、彩色が施されつつも素朴で、県内の神社建築が精巧な彫刻で覆いつくされるようになる直前の状態を示している。

また、拝殿にある絵馬の中に「心図絵馬」がある。1869（明治2）年に奉納されたもので、「心」の文字を中心におき、博打・酒・悪心・朝寝という邪心を断ち切る様子を描いた珍しいものである。

本殿は1715年の完成
邪心を断ち切る「心図絵馬」

下野の玄関口の史跡を歩く　249

毘沙門山古墳 ❽

〈M ▶ P. 242, 247〉 小山市中里
JR宇都宮線間々田駅🚕11分

古墳時代中期の帆立貝式前方後円墳
寒川古墳群唯一の現存古墳

　間々田駅から国道4号線を北へ1kmほど行った間々田交差点を左折して、間々田小学校方面に向かう。思川にかかる網戸大橋を渡って、1.5kmほど行った農道の交差点を右折して北上すると、左手に毘沙門山古墳(県史跡)がみえてくる。この古墳は、帆立貝式の前方後円墳で、墳丘は南東に面している。かつて、この周辺には多数の古墳があり、寒川古墳群を形成していたが、現存するものは毘沙門山古墳のみである。前方部と後円部の南側から南西部の裾部が削平されているが、ほかの部分はほぼ原形を保っている。1977(昭和52)年に栃木県教育委員会が実施した周溝確認調査によると推定全長41.2m、後円部径34m・高さ約5.2m、周溝幅は約12mであることが明らかとなった。このときの調査で、周溝内から壺形・甕形・高坏形の土師器や円筒埴輪片が出土し、これらの出土遺物から、古墳の築造時期は5世紀末と考えられている。

毘沙門山古墳

寺野東遺跡

寺野東遺跡 ❾

〈M ▶ P. 242, 252〉 小山市梁2075-4
JR水戸線結城駅🚕7分

遺跡には資料館が併設
環状盛土遺構や水場遺構が復元

　結城駅北口を出て駅前通りを北上し、県道146号線(結城石橋線)に入り、さらに2kmほど北上すると、右手に寺野東遺跡(国史跡)がある。1990(平成2)年から、工業団地造成にともなう発掘調査が開始され、その結果、寺野東遺跡は、旧石器時代から平安時代までの集落や墓地であったことが判明した。なかでも、縄文時代につくられた環状盛土や、木の実のアク抜きに利用した水場などの発見

野木・小山地方の絵馬

コラム

庶民の生活を伝える多種・多様な絵馬

　絵馬とは、その名が示すとおり、薄い板にウマの絵を描き、神仏に奉納したものが始まりといわれている。その絵柄はウマばかりではなく、全国各地には人びとの願いや祈りを具体的に表現したものが数多く奉納されている。野木・小山地方でも大小さまざまな絵馬が奉納され、市または町指定の文化財になっているものも少なくない。

　野木神社（野木町）拝殿に掲げられた、江戸時代後期の文人画家谷文晁の作と伝えられる大絵馬「黒馬繋馬図」は、その大きさもさることながら絵の内容も素晴らしく、みる者を圧倒させる。大川島神社（小山市）の「朝鮮使節来朝図絵馬」は、江戸城に向かう朝鮮通信使の行列の様子を描いている。日常生活とかけはなれた図柄が選ばれている点は興味深く、朝鮮通信使が一般の庶民に与えた影響を考えるうえでも重要なものである。安房神社（小山市）の1896（明治29）年の「神輿渡御祭礼図絵馬」は、現在は行われなくなった神輿の氏子地域の巡行の様子を描いており、当時の人びとの服装も具体的で、庶民の信仰と生活を知るうえで貴重である。また、東北本線の利根川架線工事が完了したことを記念した1886（明治19）年の「東北線工夫の絵馬」も奉納され、これは現在小山市立博物館でみることができる。高椅神社（小山市）の「鯉図絵馬」は1742（寛保2）年、「禁鯉の宮」伝説に基づいて奉納されたもので、この地域に伝わるコイに関する禁忌が古くから存在したことをうかがわせる。高椅神社には1852（嘉永5）年の「酒屋図絵馬」、1879（明治12）年の「養蚕図絵馬」も奉納されており、この地域の生産・生業の様子を知る格好の資料となっている。

　これらの絵馬のうち、野木神社と安房神社の絵馬は社務所に申し込めば見学は可能だが、その他の絵馬は祭礼日をのぞいて非公開であるものが多い。

野木神社の「黒馬繋馬図」絵馬

は、縄文文化の水準の高さを実証するうえで重要なものとなった。遺跡は、原始・古代の生活（社会・祭祀・技術）を考え、追体験できる場としての整備が進められ、2004（平成16）年、史跡公園「おやま縄文まつりの広場」として開園した。

　併設された資料館では、貴重な出土品の数々や模型、映像などを

下野の玄関口の史跡を歩く

通して，遺跡についてわかりやすく学ぶことができるようになっている。

高椅神社（たかはしじんじゃ）❿ 〈M▶P. 242, 252〉小山市高椅702-1
JR水戸線結城駅🚌10分

寺野東遺跡から県道146号線（結城石橋線）を北上し，1つ目の信号を右折して直進し，1つ目の信号を左折して1kmほど北上すると高椅神社に至る。社伝によれば，景行天皇の時代に日本武尊（やまとたけるのみこと）が東国経営のために派遣され，国常立尊（くにのとこたちのみこと）・天鏡尊（あめのかがみ）・天萬神（あめのよろずのかみ）を勧請（かんじょう）して戦勝祈願をしたのが始まりという。その後，683年に高橋朝臣（あそん）が磐鹿六雁命（いわかむつかりのみこと）を合祀（ごうし）し，高椅神社と称したと伝える『延喜式』式内社である。鎌倉時代から戦国時代まで，この周辺を治めた結城氏の保護を受け，「結城七社」の1つに数えられた。1601（慶長6）年に結城氏が越前（えちぜん）（現，福井県）に国替えになった後，江戸時代中期には結城藩主水野（みずの）氏の保護を受けた。「禁鯉（きんり）の宮」伝説で知られ，氏子は現在もコイを食べず，端午（たんご）の節句に鯉のぼりをあげないという。

楼門は16年をかけて宝暦4年に完成「禁鯉の宮」伝説で知られる神社

結城駅周辺の史跡

明神造（みょうじんづくり）の鳥居は青銅製で，1726（享保（きょうほう）11）年の鋳造である。楼門（ろうもん）（県文化）は，結城藩主水野氏の寄進による再建とされ，1754（宝暦（れき）4）年に起工し，1770（明和（めいわ）7）年に竣工した。前後を唐破風（からはふ）とした入母屋造（いりもや）で，屋根はかつて茅葺（かやぶ）きであったが，現在は銅板葺きに改めている。天井の「八方睨みの竜」で知られており，全体的に力強く，安定感がある楼門である。

また，同社の社守（しゃもり）が代々保管してきた，室町時代から江戸時代初期にかけての結城氏4代（政朝（まさとも）・政勝（まさかつ）・晴朝（はるとも）・秀康（ひでやす））の古文書21通は，小山市の文化財に指定されている。

中世小山氏の足跡を訪ねる

2

中世小山氏にかかわる城郭跡と周辺の史跡を歩く。

祇園城跡 ⓫ 〈M▶P. 242, 255〉小山市城山町1-1
JR宇都宮線小山駅 徒歩7分

中世小山氏代々の本拠
土塁や堀などが良好に残る

　小山駅西口を直進し、思川を渡る手前の右側に、祇園城跡（国史跡）がある。平安時代に小山氏の祖藤原秀郷が築いたという伝承もあるが、正確な築城年代は不明で、記録にみえるのは14世紀後半頃からである。築城時に、城の守護神として祇園社（現、須賀神社）をまつったことが、その名の由来といわれている。思川東岸の丘陵上に築かれており、小山義政の乱（1380〜82年）の際には、鷲城とともに重要な役割をはたした。義政が敗れた後は、結城泰朝を迎えて再興され、小山氏代々の本城となった。1575（天正3）年、北条氏照によって祇園城は落城し、城主小山秀綱は追放された。その後、祇園城は、北条氏による大改修が行われたといい、北条氏に服属した形で、秀綱も一時帰城した。しかし、豊臣秀吉によって北条氏が滅亡するとともに、祇園城も落城し、小山氏は没落した。江戸開幕後は、本多正純が3万3000石を領する城主となり、祇園城の最終的な縄張りを完成させたが、正純が1619（元和5）年に宇都宮に転封されると廃城になった。最大拡張時には東西約790m、南北約1300mの規模を誇ったが、現在は中心部のみ土塁や堀などの遺構が良好に残り、城跡公園となっている。

　祇園城跡の南側には、道路を挟んで小山御殿跡（国史跡）がある。もとは祇園城の一角をなしていたが、江戸時代前期には、将軍家の日光社参の際の休憩・宿泊所として御殿が設けられた。残された古図によると、御殿の周囲には堀がめぐらされ、土塁は2重に築かれ、敷地内には16カ所に御番所が設けられ

祇園城跡

中世小山氏の足跡を訪ねる

ていた。1663（寛文3）年に実施された4代将軍徳川家綱の日光社参後は、小山御殿は使用されず、1682（天和2）年、古河藩（現、茨城県古河市）によって解体された。現在は「小山御殿広場」として整備されている。

天翁院 ⓬　〈M▶P. 242, 255〉小山市本郷町1-9-41　P
　　　　　　JR宇都宮線小山駅🚶10分

　小山駅西口を直進して、国道4号線と交差する交差点を右折し、約500mほど北に行くと、左側に天翁院（曹洞宗）がある。初め、小山氏初代政光が、1155（久寿2）年に中久喜の地に創建し、万年寺と称したという。その後、小山氏14代持政の代に現在地に移し、1472（文明4）年に培芝正悦（のちに西山田の大中寺2世となる）を招いて中興開山とした。とくに18代高朝の崇敬が篤く、この頃に小山氏の菩提寺として発展した。

　寺地は、もとは祇園城の北端に位置する城域の一部にあり、境内には現在も土塁の一部が残されている。また、寺には絹本著色培芝正悦像（県文化）、小山高朝書状、年紀の明らかなものでは、1279（弘安2）〜1485（文明17）年の板碑69基など、数々の文化財（非公開）が伝来する。境内の小山氏累代の墓所とされる一角には、あわせて7基の五輪塔・宝篋印塔がある。

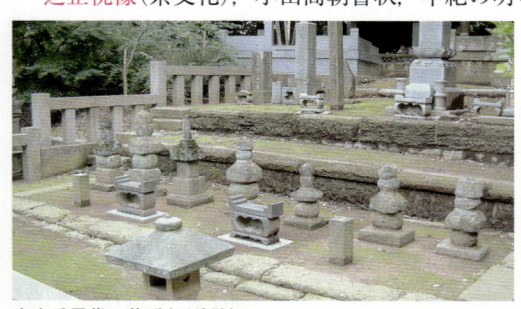

小山氏累代の墓所（天翁院）

小山高朝の菩提寺として発展 境内に小山氏累代の墓

興法寺 ⓭　〈M▶P. 242, 255〉小山市本郷町2-7-37　P
　　　　　　JR宇都宮線小山駅🚶10分

　小山駅西口を出て最初の交差点を右折し、県道265号線（旧国道4号線）を北に600mほど行くと、左側に興法寺（天台宗）がある。849（嘉祥2）年に、慈覚大師円仁が一宇を建立し、妙楽院と号したのが始まりと伝える。

　940（天慶3）年に藤原秀郷が祇園城を築城すると、城内に移転し、

中世小山氏の流れ

コラム 人

小山地方に勢力を築いた武将の興亡

小山氏のおこりは、平将門の乱(931〜940年)を平定した藤原秀郷から7代の子孫である政光が、小山氏を名乗ったことに始まる。

政光の妻(寒河尼)が、源頼朝の乳母であったこともあり、政光は頼朝の幕府創設を支援し、小山氏の祖となった。政光の子朝政は頼朝の信任が厚く、下野国守護となり、次弟宗政(長沼氏初代)・末弟朝光(結城氏初代)と力を合わせ、鎌倉御家人として確固とした地位を築いた。

以後、小山氏は代々の当主が着々と実力を蓄え、11代義政の頃には、かなりの勢力を有するようになった。しかし、小山義政の乱(1380〜82年)により、小山氏の正統は断絶した。その後、同族の結城基光の2男泰朝が小山氏を継承し(重興小山氏)、勢力の回復を目指したが、上杉氏や北条氏らの有力戦国大名に攻略されるようになり、1590(天正18)年、小山秀朝は天下統一をはたした豊臣秀吉により領地を没収され、小山氏は滅亡した。

その後、小山氏の子孫は江戸時代に入ると、水戸藩(現、茨城県)に仕官した。

徳王山妙楽院興法寺と号したともいわれる。

江戸時代には幕府から寺領9石が認められ、1649(慶安2)年の徳川家光朱印状(栃木県立文書館蔵)が現存する。堂宇は1683(天和3)年に焼失したが、1687(貞享4)年に覚栄芳志によって再建された。

興法寺は、絹本著色羅漢図・絹本著色如意輪観音像・絹本著色不動明王像・絹本著色文殊菩薩像・絹本著色涅槃図(いずれも県文化、非公開)など、中世から近世にかけての数多くの仏画を所蔵

小山駅周辺の史跡

中世小山氏の足跡を訪ねる

255

興法寺

菊地淡雅旧蔵の中世仏画を所蔵
戊辰戦争時の流れ弾の痕を残す地蔵像

することでも知られる。これらは，幕末の宇都宮の豪商菊地淡雅の旧蔵であり，淡雅が寄進の約束をはたせずに没したため，女婿である大橋訥庵と実子菊池教中が，父の遺志を受け継いで奉納したものである。また境内には，戊辰戦争時の流れ弾の痕が残る石造地蔵像がある。

須賀神社 ⑭ 〈M▶P. 242, 255〉小山市宮本町1-2-4 P
JR宇都宮線小山駅🚶10分

小山六十六郷の惣鎮守
小山市内最古の石鳥居

小山駅西口を西へ直進し，国道4号線と交差する交差点を左折して約400m行くと，右側に須賀神社（祭神素戔嗚命・大己貴命・誉田別命）がある。通称「天王様」として市民に親しまれている。社伝によれば，藤原秀郷が素戔嗚命に祈願して平将門を討ったとき，京都の祇園社を中久喜に勧請したのが始まりで，平治年間（1159〜60）に現在地に移されたという。中世には小山氏の崇敬が篤く，小山六十六郷の総鎮守であった。1600（慶長5）年，徳川家康が参籠して関ヶ原の戦いの戦勝祈願をしたともいわれ，1605年には，小山城主本多正純により立木村（現，小山市立木）などから計50石を寄進され，のちに喜沢村（現，小山市喜沢）地内に，朱印地15石が認められた。

須賀神社は，「永喜二（大永7〈1527〉）年」の私年号を持つ蓬莱鏡（非公開）など多くの文化財を所蔵する。なかでも朱神輿（県文化）は「万治元（1658）年」の銘があり，その技法などから，日光東照宮の造営にかかわった職人によってつくられたものと考えられている。

須賀神社の北側に妙建寺（日蓮宗）がある。1334（建武元）年の開基と伝えられ，現在の本堂は1717（享保2）年に建立されたものである。境内には，文政年間（1818〜30）に造立された手水石・灯籠があり，刻まれた数多くの寄進者の名前の中には，小山宿の飯盛女と思われるものも含まれている。また，妙建寺と国道4号線を挟んだ

東側にある現聲寺(時宗)には、南北朝時代の制作と考えられる絹本著色阿弥陀来迎図(山越阿弥陀如来図、県文化、非公開)がある。

常光寺 ⓯　〈M▶P. 242, 255〉小山市中央町3-11-28
JR宇都宮線小山駅 🚶 3分

　小山駅西口を出て、すぐ左に250mほど南進すると、常光寺(浄土宗)の門前に出る。常光寺は、1311(応長元)年に、その前身となる時宗の小堂(念仏堂)が開かれたことが始まりとされる。その後の戦乱により寺地を残すのみとなっていたが、1602(慶長7)年、小山政種(豊臣秀吉から所領を没収された小山城主秀綱の子)の子である政重が、牢人生活の後に小山に戻り、良廓呑随を住職に招いて開山とし、浄土宗寺院となったという。

　落語「真景累ケ淵」などに登場する怪談に、1672(寛文12)年、下総国羽生村(現、茨城県常総市羽生町)与右衛門の娘が、与右衛門の先妻の怨霊に苦しめられた際、増上寺(東京都港区)住職祐天が、自刻の数珠によって祈禱を行い、怨霊は成仏したという話がある。このときの数珠と伝えられるものが、当寺に残されている。「祐天自刻の百万遍の数珠」として、かつてはその功徳を求めて数多くの人びとが、この数珠を借り受けにきたという。また、境内には1748(寛延元)年に造立された、露座の青銅製阿弥陀如来坐像があり、台座後部には戊辰戦争時の流れ弾の痕が生々しく残っている。

　常光寺から西に向かい、県道265号線(旧国道4号線)を左折し、南に400mほど歩くと、右手に持宝寺(新義真言宗)がある。弓削道鏡の草創と伝える寺院で、境内には鐘楼からおろされた梵鐘が安置されている。1792(寛政4)年に佐野の鋳物師によって鋳造されたもので、孝謙天皇の名が刻まれていることから、第二次世界大戦時の供出を逃れたという。

「祐天自刻の百万遍の数珠」が伝来　戊辰戦争時の流れ弾の痕が台座に残る阿弥陀如来

常光寺青銅製阿弥陀如来坐像

中世小山氏の足跡を訪ねる

光明寺 ⓰　〈M▶P. 242, 255〉小山市神鳥谷695　P
JR宇都宮線小山駅🚶15分

応安2年造立の宝篋印塔
小山義政の乱の舞台となった長福城跡

　須賀神社から国道4号線を900mほど南下すると，右手に光明寺（天台宗）がある。本堂の前には宝篋印塔が1基あり，塔身には「応安二(1369)年　聖高　逆修　十一月日」の銘が確認される。造立者がみずからの極楽往生を願い，生前に建てたものであり，明治時代に近隣にあった長福寺跡から出土したと伝えられる。

　長福寺は長福城の名の由来ともなった寺で，小山氏政・義政父子の保護を受けて発展し，小山義政の乱(1380〜82年)で長福城とともに兵火にかかり，廃寺になったとされる。

　光明寺の北方約400mにある，市立小山第二中学校のグラウンド西側に，長福城跡がある。長福城は，祇園城跡と鷲城跡の中間に位置し，小山義政の乱で双方のつなぎの城としての役割を担っていたとされる。

　現在は，山林の中に細長く土塁と内堀の一部を残すのみであるが，かつては現在の小山二中グラウンドを含む一帯が城域であった。1994(平成6)年に実施された発掘調査では，中世の大規模な堀跡が確認された。また中世の瓦や「文和二(1353)年」銘の板碑の破片など，数多くの遺物が出土した。

鷲城跡 ⓱　〈M▶P. 242, 255〉小山市外城・神鳥谷　P
JR宇都宮線小山駅🚶25分

小山義政の乱の激戦場
南北朝時代の貴重な城郭遺構

　光明寺から国道4号線を南進し，国道50号線と交わる神鳥谷交差点を通過して600mほど行くと，右側の県南体育館に向かう交差点がある。そこを右折して250mほど行った角をさらに右折し，400mほど行くと鷲神社参道に出る。この付近一帯が鷲城跡（国史跡）である。

　鷲城の正確な築城年代は不明だが，小山義政の乱(1380〜82年)の激戦場になった城として知られる。この乱は，1380(康暦2・天授6)年，鎌倉公方足利氏満の制止を無視して，宇都宮基綱を討った小山義政に対し，氏満が関八州に義政追討の命を下し，2度にわたり小山を攻めたもので，義政の居城である鷲城を中心に激しい攻防が展開された。義政は1381(永徳元・弘和元)年12月に降伏し，祇

鷲城跡

園城に移り出家したが、翌年3月に再度挙兵、一族を率いて粕尾(現、鹿沼市粕尾)に立て籠ったが、4月に自害した。

城跡は、中城と外城の2つの郭からなる。城域は南北約450m・東西約280mで、土塁・空堀がよく残り、中城の奥に鷲城の名の由来となった鷲神社がある。中城部分と外城部分を区画している堀は、深さ約5m、上幅約10m、土塁からの比高が約10mもある。城域の北端には、方形に土を盛り上げた櫓台の跡がある。南北朝時代の城郭跡が、関連の文献史料とともにこれほどよく残っている例は、きわめてまれであり、中世城郭の変遷を知るうえでも貴重な遺構である。

中久喜城跡 ⑱　〈M▶P.242〉小山市中久喜
JR宇都宮線小山駅🚗8分

小山義政の乱の史料に「岩壺城」と記録

小山駅東口から県道264号線(小山結城線)を結城方面に約4km東進し、新4号国道と交差する手前の細い道を右折して、住宅地内を南に進むと、JR水戸線を挟む区域に小高い山林がみえる。この一帯が、中久喜城跡(国史跡)である。中久喜城は、1155(久寿2)年に小山政光によって築かれたと伝えられ、須賀神社や天翁院は、ここから現在地に移転したともいわれる。

城の本格的な縄張りは、小山義政の時代に完成したとされる。小山義政の乱(1380〜82年)のときに、鷲城の支城「岩壺城」として記録にみえる城が中久喜城ではないかと考えられている。戦国時代末期には、結城晴朝が「下野中茎栃井城」に隠居したと記録に残

中久喜城跡

中世小山氏の足跡を訪ねる

ることから，結城氏の出城となっていたようである。1601（慶長6）年の結城氏の越前（現，福井県）転封とともに，廃城になったと考えられている。

遺構は，本丸とその西側に二の丸があり，周囲を2重の土塁が囲んでいる。しかし，本丸北西部と二の丸が，線路によって分断された形となっている。

大川島神社 ⑲

〈M▶P.242〉小山市大川島93
JR宇都宮線小山駅🚗15分

元禄4年建立の鳥居が残る／富田の礒辺氏による本殿彫刻

小山駅西口から県道31号線を西進し，観晃橋を渡り1つ目の信号を左折，国道50号線に合流する信号（大行寺交差点）から，県道36号線（岩舟小山線）に入り，岩舟町方面へ約3km行くと，大川島地区に至る。大川島の信号を右折して北へ500mほどで，大川島神社がある。

大川島神社（祭神大己貴命）は，藤原秀郷が平将門征討の戦勝祈願のために創建したと伝えられる。江戸時代には，「惣大権現」とよばれ，光明寺（廃寺）が別当をつとめた。1691（元禄4）年建立の鳥居は，当時，大川島村を領していた旗本の朝倉・戸田両氏が願主となったもので，江戸在住の鳥居の作者や栃木町（現，栃木市）の石屋，別当寺の僧らの名が刻まれている。

一間社流造の本殿は，1709（宝永6）年に造立され，装飾彫刻は，1774（安永3）年と1808（文化5）年から翌年にかけての2度にわたって施された。その一部は，富田（現，大平町）の礒辺義兵衛隆顕の作である。「朝鮮使節来朝図絵馬」（非公開）が奉納されていることでも知られている。

大川島神社鳥居

❸ 古代下野の寺院跡と周辺の史跡を歩く

古代下野の中心地の寺院跡と周辺の史跡を歩く。

小金井一里塚 ⑳

〈M ▶ P.242, 261〉 下野市小金井
JR宇都宮線小金井駅 🚶 7分

旧道両側にほぼ原型をとどめる一里塚

小金井駅西口を出て国道4号線を右折し，300mほど北上した左側に小金井一里塚（国史跡）がある。江戸から22里（約86.4km）目にあたる一里塚で，1884（明治17）年，日光道中のすぐ東側に陸羽街道（現，国道4号線）が開通したため，新道から取り残される形となって保存された。

江戸時代の日光道中の一里塚としては，旧道両側にほぼ原型をとどめる例できわめて貴重である。1997（平成9）年，一里塚の間の発掘調査が行われ，江戸時代の道路の構造が明らかとなり，現在は史跡ポケット広場として整備されている。

小金井一里塚

小金井一里塚から，国道4号線を北に約250m行き，学校前バス停の角を左折して市立国分寺中学校に向かって進むと，中学校の西側300mほどの久保公園内に北台遺跡（推定東山道跡）がある。1994（平成6）年の区画整理事業にともなう発掘調査で，両側に側溝をもつ古道跡が確認され，出土した土器片から8世紀初め頃の古道跡と推定された。

小金井駅周辺の史跡

古代下野の寺院跡と周辺の史跡を歩く　　261

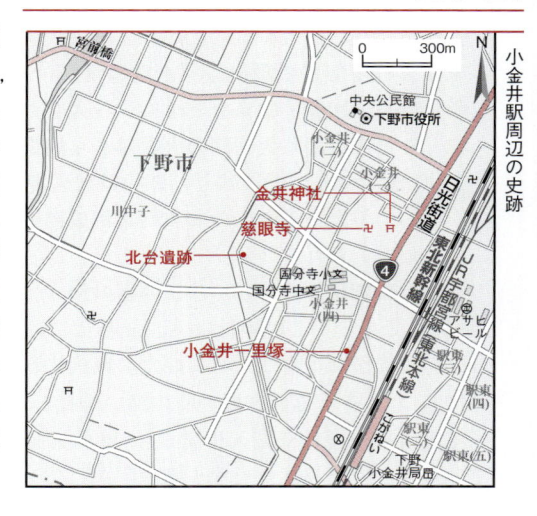

北台遺跡

側溝間の幅約12.3m・道幅約10.5mであり，下野国府から下野国分寺・国分尼寺付近を通り，下野薬師寺方面に向かっていたと推定される東山道の一部と考えられている。現在，公園内に古道跡が復元されている。

慈眼寺 ㉑ 〈M▶P. 242, 261〉下野市小金井1-26 P
JR宇都宮線小金井駅 🚶13分

江戸幕府将軍の日光社参昼休所
観音堂と鐘楼堂は江戸時代の建築

　小金井一里塚から国道4号線をさらに北上すると，旧日光道中小金井宿に入る。そのほぼ中心部，街道の左側に位置するのが慈眼寺(真言宗)である。寺伝によれば，1196(建久7)年に新田義兼を開基として建立され，1401(応永8)年に，醍醐松橋無量寿院の俊海僧正の弟子長宥を中興開山とした。

　江戸時代に入ると，江戸幕府3代将軍徳川家光から朱印地20石を与えられた。1649(慶安2)年，将軍嗣子時代の徳川家綱(のち4代将軍)が日光社参を行うまでは，将軍の小休所であったが，1728(享保13)年に8代将軍吉宗が社参して以降は，昼休所となった。幕末における伽藍の規模は，本堂のほか，2層の山門・客殿・御成所(御殿)・回廊・庫裏などをもつ壮大なものであったが，このうちほとんどが明治時代初期の火災により焼失した。このとき，観音堂と鐘楼堂のみが焼け残り，江戸時代の建造物として現存している。なお，将軍社参の際の御成門と御成御殿は，現在の本堂の南側にあったといわれている。

　慈眼寺に隣接するのが，小金井宿の鎮守金井神社(祭神磐裂神・根裂神)である。この神社は，江戸時代には北辰社(北辰宮)とよばれ，慈眼寺が別当をつとめていた。県内に数多くみられる虚空蔵信仰に基づく星宮信仰と関わりの深い神社である。

　本殿は，一間社三方入母屋造，壁面全面に壮麗な彫刻が施されている。この彫刻は，天保～嘉永年間(1830～54)に製作されたもの

日光道中の発掘

コラム

発掘によって明らかになった日光道中の断面

　1997(平成9)年, 小金井一里塚を史跡ポケット広場として整備するために, 一里塚の間の日光道中部分の発掘調査が行われた。その結果, 江戸時代から明治時代のⅠ～Ⅲ期にわたる砂利敷きの道路跡が発見された。

　Ⅰ期は, 現在の地表面から約80cmの深さで, 路面とみられる砂利層が約9m幅で確認, Ⅱ期の道路は, 路面の高さがⅠ期に比べて約30cm高くなって側溝をともない, 道幅も約10.4mに拡張されたと考えられる。道路の改修時期は, 遺物などから18世紀後半～19世紀代と推定された。Ⅲ期の道路は, Ⅱ期に比べ, 路面がさらに約20cm高くなり, 道幅は逆に約7.3mと狭くなっている。明治時代以降の道路跡と考えられ, 陸羽街道の新設により, 日光道中が役目を終えたことを感じさせる。

と推定され, 各部分に, 小金井宿の商家の女性と思われる人物の名前が数多く刻まれる珍しいものである。

国分寺五輪塔 ㉒ 〈M▶P.242,264〉下野市国分寺 P
JR宇都宮線小金井駅 🚗 8分

境内に中世の3基の五輪塔周囲に6～7世紀の古墳群

　小金井駅西口から国道4号線を北上し, 小金井北交差点を下野市役所方面に向かって左折し, 県道44号線(栃木二宮線)を約3km西に向かうと, 道の右側に国分寺(真言宗)がある。現在は無住の寺院であるが, 1850(嘉永3)年に編纂された『壬生領史略』には, 聖武天皇の発願により建立された下野国分寺が戦国時代に焼失し, その後, この地に再び国分寺が再建されたとある。

国分寺五輪塔　　　　　　　　　　　　　　　　　　　丸塚古墳

古代下野の寺院跡と周辺の史跡を歩く　　263

国分寺周辺の史跡

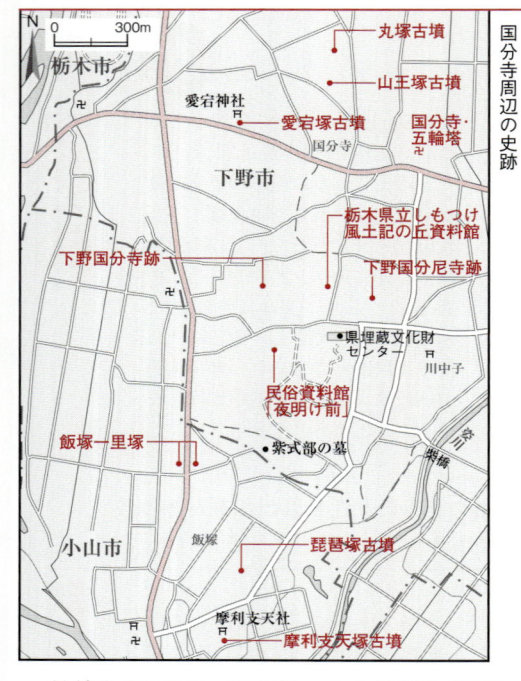

境内には，中世のものと思われる3基の五輪塔があり，それぞれ聖武天皇・光明皇后・行基の墓と伝えられる。また薬師堂・釈迦堂などがあり，その礎石には下野国分寺・国分尼寺の礎石が用いられているという。釈迦堂に安置された木造釈迦如来坐像は，平安時代末期の定朝様の影響を受けている。

国分寺から県道44号線を西に300mほど行った十字路を右折してしばらく行くと，左手の畑の中に山王塚古墳とやや北に丸塚古墳がある。山王塚古墳は，2段築成の大型前方後円墳で，墳丘は推定全長90m・後円部径60m，周溝を含むと全長100mを超える。6世紀末から7世紀初めにかけて築かれたものと考えられ，半地下式の横穴式石室は，側壁が河原石の小口積み，奥壁に凝灰岩の切石，玄門は凝灰岩の1枚石の中心を刳り抜いてつくられた刳り抜き玄門を用いた堅牢な造りとなっている。

丸塚古墳(県史跡)は2段築成の大型円墳で，墳丘直径は74m・高さ8.6m，周囲には幅約16mの周溝がめぐらされている。周溝の外縁までを含めると，直径は92mとなる。横穴式石室は，各壁が巨大な凝灰岩の1枚石で構成され，刳り抜き玄門を用いた入口は，墳丘の南面に開口している。墳丘には葺石をもつが埴輪は認められず，前方後円墳の終焉以降，7世紀前半に築造されたと考えられている。

丸塚古墳から再び県道44号線に戻り，500mほど西に向かうと道

路の北側に愛宕塚古墳(県史跡)がある。2段築成の大型前方後円墳で、推定全長は78m、前方部の幅50m、後円部の径46m・高さ約5mであり、墳丘周囲の周溝を含むと、全長100m余りの規模となる。

墳丘は山林となり、愛宕神社がまつられている。1928(昭和3)年に社殿を改築した際に、須恵器3点が出土し、国分寺小学校に保管されている。これらの須恵器や墳形などから、6世紀末の築造と推定されている。

下野国分尼寺跡 ㉓ 〈M▶P.242,264〉 下野市国分寺 P
JR宇都宮線小金井駅🚌7分

東大寺式伽藍配置
全国に先駆け伽藍跡が史跡として整備

国分寺五輪塔に戻り、県道44号線を南に入る道を直進し、約700m行った十字路を右折すると、右手に下野国分尼寺跡(国史跡)がある。国分尼寺の建立は、741(天平13)年に聖武天皇が国分寺建立の詔を発したことに始まる。国分尼寺(法華滅罪之寺)は、国分寺(金光明四天王護国之寺)と同様に、国ごとにおかれた官立の寺院で、『妙法蓮華経』を根本経典とし、尼僧10人がおかれた。

下野国分尼寺は、1964(昭和39)～68年に栃木県教育委員会と国分寺町教育委員会が4次にわたる発掘調査を実施し、伽藍配置が明らかになった。この調査を受けて、1970(昭和45)年までに、全国に先駆けて史跡として整備された。

伽藍配置は、掘立柱塀で囲んだ南辺中央に南門を設け、中門・金堂・講堂・尼房が一直線上に並び、中門と金堂が回廊によってつながる東大寺式を基本としている。また、金堂・講堂の東西に鐘楼・経蔵を配しているが塔は存在しない。寺域は東西約145.4m・南北約167m、建物の規模は、金堂が間口20.9m・奥行12.1m、講堂が間口17.6m・奥行12.1mである。

下野国分尼寺跡の西側には下野市立しもつけ風土記の丘資料館がある。栃木県南西部に分布する古墳時代～奈良・平安時代にかけて

下野国分尼寺跡

古代下野の寺院跡と周辺の史跡を歩く

の多数の史跡を案内する中心施設として，1986（昭和61）年に開館した。展示構成は，古墳時代の展開・終末期の古墳・律令国家と仏教文化の大きく3つに分かれ，琵琶塚古墳・摩利支天塚古墳・下野国分寺・下野国分尼寺・下野薬師寺・下野国府などの貴重な資料を展示・解説している。また年数回の企画展では，栃木県内の考古学全般に関するテーマに意欲的に取り組んでいる。

　しもつけ風土記の丘資料館の前の道を挟んだ南側の山林の中には，中世の五輪塔3基（1基は礎石・笠石のみ）があり，「紫式部の墓」とよばれている。この付近が「紫」という地名であることから，この名でよばれるようになったと思われる。

下野国分寺跡 ㉔　〈M▶P. 242, 264〉下野市国分寺 Ⓟ
JR宇都宮線小金井駅🚶7分

　下野市立しもつけ風土記の丘資料館西側約200mに，下野国分寺跡（国史跡）がある。国分寺（金光明四天王護国之寺）は，741（天平13）年，聖武天皇が仏教の力による鎮護国家の考えから，国ごとに造営させた寺院である。各国分寺には僧20人がおかれ，『金光明最勝王経』を根本経典とした。

　国分寺の伽藍配置は，南北一直線上に南大門・中門・金堂・講堂が並び，中門と金堂が回廊によってつながる東大寺式である。金堂の東西には，鐘楼・経蔵がおかれた。塔は回廊の外側東方におかれ，基壇の規模から高さ60mを超える七重塔であったと推定されている。

　これまでの調査で，寺域は東西413m・南北457mにもおよぶ広大なものであったことが確認され，8世紀なかばの造立期から10世紀以降の衰退期まで，4期にわたる変遷があることもわかってきた。主要堂宇の基壇は良好に残存し，このうち金堂

下野国分寺跡

寺域は東西413m・南北457m　史跡の保存整備事業継続中

266　小山とその周辺

跡からは基壇の外側を覆う凝灰岩の地覆石や羽目石，床石などが出土し，東西25.8m・南北13.8mの建物があったことや，さらに南面と北面の階段の存在も確認された。また，塔や門付近からは大量の瓦が出土し，その中には，寺名や郡名が記されたものも数多く含まれている。

　下野国分寺跡の発掘調査は終了し，調査成果に基づいた建物の映像による復元作業が進められている。

琵琶塚古墳 ㉕ 〈M▶P.242, 264〉 小山市飯塚 P
JR宇都宮線小金井駅 8分

県内最大の前方後円墳　摩利支天塚古墳と隣接

　下野国分尼寺・国分寺跡の南側の道を西に向かうと，旧日光道中壬生通（県道18号線）に出る。この道を左折して500mほど南進した所に飯塚一里塚がある。日光道中壬生通は，日光道中の小山宿の北に位置する喜沢村（現，小山市喜沢）で本街道から分岐し，壬生・鹿沼を通過して，今市で日光道中と再び合流する脇街道である。飯塚一里塚は，江戸から22里（約86.4km）目にあたる。現在，西側の塚はかなり崩れてしまっているが，道の両側に対で残る貴重な例である。

　飯塚一里塚からさらに約500m南に向かうと，東方向に琵琶塚古墳（国史跡）がみえてくる。この古墳は，墳丘の全長約123mの大型前方後円墳で，1978（昭和53）〜90（平成2）年まで3次にわたり実施された発掘調査の結果，墳丘からは円筒埴輪列が確認された。またこの調査で，2重にめぐらされた周溝までを含めると，全長約198mにもおよぶことも明らかとなった。前方部の幅約64m・高さ約8.5m，後円部の直径約74m・高さ約11mであり，栃木県内では最大級の前方後円墳である。隣接する摩利支天塚古墳について，6世紀前半に築造されたものと推定されている。

　琵琶塚古墳の南方約200mに位置するのが，摩利支

琵琶塚古墳

古代下野の寺院跡と周辺の史跡を歩く

天塚古墳(国史跡)である。1980(昭和55)～82年にかけて実施された調査の結果，墳丘の推定全長は約120m，前方部の幅約82.5m・高さ約8.4m，後円部の直径約71m・高さ約12mであることが明らかとなった。県内では琵琶塚古墳につぐ規模の前方後円墳である。

琵琶塚古墳と同じように周溝が2重にめぐらされ，これを含めた古墳の推定全長は約197mである。もとは，前方部の先が尖った形の剣菱形前方部とよばれる特異な形態であったと推定され，墳丘上には少なくとも2段に埴輪列がめぐらされ，円筒埴輪を中心に，人物・ウマなどの形象埴輪も確認された。後円部に摩利支天社がまつられ，参道や石垣のために変形を受けているものの，全体として原形をよく保っている。5世紀末～6世紀初頭に築造されたものと推定されている。

下野薬師寺跡 ㉖ 〈M▶P. 242, 269〉下野市薬師寺 P
JR宇都宮線自治医大駅 5分

日本三戒壇の1つとして繁栄回廊の一部が復元

自治医大駅東口から自治医科大学の前に出て，県道310号線を約1.5km東に進み，薬師寺4丁目交差点を左折して，約450m北進すると，左側に下野薬師寺跡(国史跡)がある。下野薬師寺は，7世紀末に下毛野朝臣古麻呂によって創建されたと推定されている。8世紀中頃には，僧に得度をさせるための戒壇が朝廷によって設けられ，奈良東大寺(奈良県奈良市)，筑紫観世音寺(福岡県太宰府市)とともに日本三戒壇とされ，東国における仏教の中心地となった。しかしその後，天台宗など新興宗派の台頭により，戒壇としての意義も弱くなり，9世紀中頃に大火に遭って伽藍の中心部が焼失し，10世紀後半以降に急速に衰退した。

鎌倉時代に，幕府の援助のもとに再興され，南北朝時代に足利尊氏の発願により全国に安国寺の建立がなされた際，安国寺と改称されたといわれるが，近世に至るまで，下野薬師寺号が通用した。1570(元亀元)年に北条氏・結城氏間の戦乱で兵火に遭い，諸堂宇を始め，門前寺院に至るまでが焼失したという。近世初頭には安国寺が旧伽藍内に再建され，寺領10石が給された。かつての戒壇跡といわれる場所が，現在の安国寺(真言宗)境内にあり，六角堂は江戸時代後期の建造である。

最盛期の薬師寺の寺域は、東西約245m・南北約343mにおよぶとされ、1966(昭和41)年から23次にわたる発掘調査が行われ、現在も継続されている。

下野薬師寺跡周辺の史跡

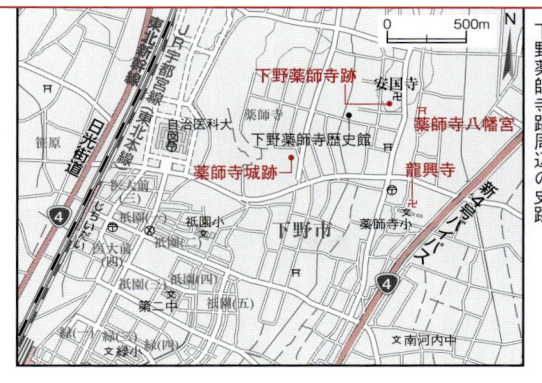

これまでの調査では、南門・中門・金堂・講堂が南北一直線上に配置されている大和薬師寺式伽藍配置であることがわかり、中門と講堂とをつなぐ回廊や塔の存在が明らかになっている。しかし、最近の発掘調査の成果からは、これまで考えられていた伽藍配置とは異なる可能性も指摘されている。

現在、史跡公園として整備が進められており、下野薬師寺の回廊の北西角が復元され、2001(平成13)年に「史跡下野薬師寺跡ふるさと歴史の広場」として公開された。南西には、下野薬師寺の歴史を紹介する下野薬師寺歴史館があり、下野薬師寺の創建・戒壇の建立など6つのテーマに分け、豊富な映像とともに下野薬師寺の歴史を紹介している。

復元された下野薬師寺の回廊

安国寺六角堂

龍興寺 ㉗

〈M▶P. 242, 269〉 下野市薬師寺1416 Ⓟ
JR宇都宮線自治医大駅🚗5分

下野薬師寺跡南の細道を東に進み、県道146号線を渡ってさらに

古代下野の寺院跡と周辺の史跡を歩く

龍興寺本堂

下野薬師寺別院の由緒境内に「道鏡塚」

東に100mほど行った所に、薬師寺八幡宮（祭神誉田別命など）がある。875（貞観17）年に、石清水八幡宮（京都府八幡市）を勧請したとも、下野薬師寺の寺内社として、直接、宇佐八幡宮（大分県宇佐市）から分社したともいわれている。現在の本殿・拝殿（ともに県文化）は、棟札より1662（寛文2）年に建造されたものであることがわかる。近世に飛び地であった当地を支配した秋田藩主佐竹氏の援助により再建されたといわれている。17世紀の神社建築の特徴をとどめる貴重なものである。

薬師寺八幡宮の参道を南に300mほど行き、県道310号線を渡って直進すると、龍興寺（真言宗）がある。下野薬師寺の別院である地蔵院の由緒をひくといわれ、近世には佐竹氏から寺領20石を給された。1681（天和元）年以降、安国寺との間で、薬師寺の正統をめぐって争うようになり、1838（天保9）年に和解が成立、安国寺は戒壇を、龍興寺は鑑真墓所を守護するという合意がなされた。

寺の入口には、敵の直進を防ぐ目的でつくられた、方形区画である桝形がみられる。現在の本堂は、1860（安政7）年3月に再建されたもので、本堂北側には、道鏡塚とよばれる古墳がある。道鏡は孝謙天皇の寵愛を受けて権勢を振るい、宇佐八幡宮の神託を利用して皇位に就こうとしたが失敗、天皇の没後に下野薬師寺別当に左遷され、当地で没したという僧である。1988（昭和63）年に実施された周溝確認調査の結果、この古墳の築造年代は道鏡の時代より2世紀前の6世紀末と推定された。

龍興寺から県道310号線に戻り、自治医科大学方面に向かって西に600mほど行った丁字路を右折すると、150mほど行った左側の山林の中に、薬師寺城跡がある。寛喜年間（1229～32）に、小山一族の小山朝村が築城し、薬師寺姓を名乗って以降、薬師寺氏の居城になったといわれている。薬師寺氏は、南北朝時代以降は宇都宮氏に属

した。1597（慶長 2）年勝朝のとき，宇都宮国綱改易にともない領地を没収され，薬師寺城も廃城になったと考えられている。

東根供養塔 ㉘

〈M▶P.242〉下野市東根
JR宇都宮線小金井駅🚗8分

県内最古の紀年銘宝塔 1204年に佐伯氏によって建立

　小金井駅東口を東進し，向かいに下野小金井郵便局のある最初の信号を左折し，約600m行った信号を右折。さらに約3.6km直進すると，左側に東根供養塔（県文化）がある。凝灰岩製の宝塔で，塔北面の銘文から，1204（元久元）年に佐伯伴行夫妻が，両親の菩提を弔うために造立したことがわかる。塔身は軸部が著しく高い円筒形の素朴なもので，薬研彫りされた金剛界四仏の種子（梵字）が，塔身の四方に刻まれている。紀年銘をもつ現存する宝塔としては，県内最古のものである。

　東根供養塔前の道を挟んで南に入る道を900mほど南進すると，別処山公園に至る。この公園の南端には，別処山古墳がある。この古墳は，公園造成の際に発見されたもので，周溝などの調査から，全長約37mの前方後円墳であることがわかった。石室には，柄の部分に鈴を内蔵した銀装太刀や，六鈴鏡を模した三鈴鏡などが埋葬されていたことから，6世紀後半頃につくられたと考えられている。発見時にはすでに破壊されていたが，調査後に復元され，石室の開口部が見学できるようになっている。

東根供養塔

古代下野の寺院跡と周辺の史跡を歩く　271

④ 宇都宮氏一族が築いた中世城郭の跡を歩く

宇都宮氏一族が築いた児山城・多功城・上三川城とその周辺の史跡を歩く。

開雲寺 ㉙　〈M▶P. 242, 273〉下野市石橋284-1 P
JR宇都宮線石橋駅🚶5分

石橋駅西口から中央通りを直進し，国道4号線と交差する石橋交差点を右折すると，すぐ右手に開雲寺(真言宗)がある。日光道中石橋宿の中心に位置する寺院で，本尊は，南北朝時代の作とされる秘仏の木造阿弥陀如来坐像(県文化)である。下野薬師寺戒壇院5世恵雲によって，781(天応元)年に創建され，当初は東光寺と称し，塔の下(現，下野市下古山付近)にあったと伝えられる。その後，1502(文亀2)年に宇都宮成綱の命により，多功城主多功満朝が現在地に移し，開雲寺と改めたという。江戸時代に朱印地7石を与えられ，3代将軍徳川家光によって，境内に御殿が設けられ，日光社参の際の休泊所となったが，その後火災に遭った。宇都宮城主奥平忠昌がこの御殿を再建して以降は，将軍の日光社参のたびごとに小休所にあてられた。

当寺が所蔵する1690(元禄3)年の境内古絵図には，御成御門や御殿地のほかに，境内の周囲に土手と堀，さらに土手の上には，狭間(矢弾を打つための小窓)のある屋根つきの板塀がめぐらされている様子が描かれている。また葵紋入りの茶釜(非公開)・絵符(荷札)など，日光社参関係と思われる資料が残されている。なお1868(明治元)年には，下野国知事役所の出張所が当寺におかれた。

将軍の日光社参の際の小休所　葵紋入り茶釜・絵符が伝来

開雲寺葵紋入りの茶釜

児山城跡 ㉚　〈M▶P. 242, 273〉下野市下古山 P
JR宇都宮線石橋駅🚌宇都宮行　通古山🚶20分

国道4号線の通古山バス停から西に向かい，県道65号線を渡り，

グリムの森を過ぎて1つ目の信号のつぎの十字路を左折すると、右手山林の中に児山城跡(県史跡)がある。児山城は、姿川東岸台地上に、谷や丘陵を巧みに利用して築かれた平城で、本丸の堀と土塁が、東西約77m・南北約87mの規模で、ほぼ完全な形で残されている。土塁の四隅は他の部分に比べ高く築かれており、櫓があったと考えられている。本丸を囲む堀・土塁は5重であった可能性もあり、城の範囲はかなりの広さであったと推定されている。

本丸跡がほぼ完全な形で残る1539年小山高朝書状に登場

児山城は、14世紀前半に、宇都宮頼綱の4男多功宗朝がその2男(あるいは3男か)朝定に、児山郷(現、下野市上古山・下古山周辺)を分封し、築城したと伝えられている。1539(天文8)年の小山高朝書状には、宇都宮氏の内紛に際して芳賀高経が「児山と号する地」に籠り、防戦したとあり、これに比定されるのが児山城である。1558(永禄元)年に越後(現、新潟県)の上杉謙信が多功城を攻めた際、児山城主児山兼朝は討死し、城も廃城になったという。児山城跡の南側には華蔵寺(真言宗)があり、もとは児山城の一角にあったと考えられ、初代城主児山朝定の創建と伝えられる。

児山城跡

石橋駅周辺の史跡

児山城跡から300mほど東に戻った十

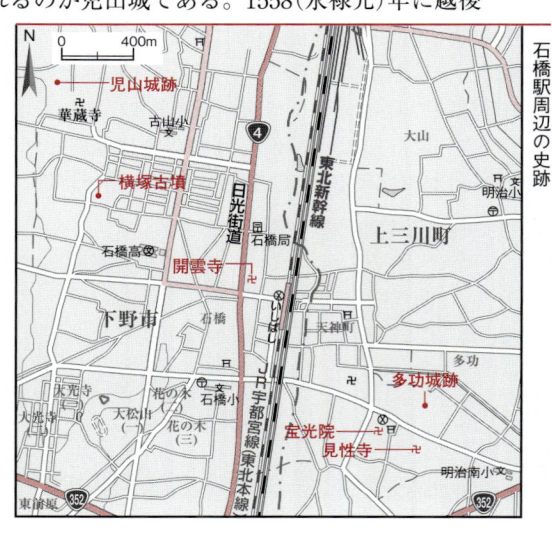

宇都宮氏一族が築いた中世城郭の跡を歩く 273

字路を右折して、南に800mほど行くと、旧石橋中学校跡地がある。敷地内の南西隅に、横塚古墳の石室に使われた凝灰岩の巨石が移されている。横塚古墳はかつて旧石橋中学校の校庭にあり、現在は消滅した全長52mの前方後円墳で、1953(昭和28)年に行われた発掘調査の結果、横穴式石室から装身具・武器・武具・馬具などの副葬品が出土し、墳丘からは数多くの埴輪が確認された。これらの出土品から、6世紀の終わり頃につくられた古墳であると考えられ、出土品の一部は下野市しもつけ風土記の丘資料館でみることができる。

多功城跡 ㉛ 〈M▶P. 242, 273〉 河内郡上三川町多功
JR宇都宮線石橋駅🚶20分

> 1248年、多功宗朝の築城と伝える本丸北側の土塁と堀が現存

　石橋駅東口を出て、線路に沿って約300m南に向かい、右手に踏切のある交差点を左折して800mほど東に直進すると、左側に多功城跡がある。多功城は、1248(宝治2)年、宇都宮頼綱の4男宗朝(多功氏の祖)が築城したと伝えられる。これ以降、宇都宮城の南方防備のための重要な位置を占めたが、1597(慶長2)年の宇都宮氏の改易にともない多功氏も滅亡し、廃城になったといわれる。

　城域は、東西約400m・南北約300mと推定され、江戸時代に描かれた古図によると、本丸・二の丸・三の丸からなる複郭で、南に大手門、本丸の西方約100mの所に西館があった。現在は、本丸跡の北側に、土塁と堀の一部をわずかに残すのみとなっている。

　多功城跡の道路を挟んで南側にあるのが見性寺(曹洞宗)である。寺伝によれば、1212(建暦2)年に当地に開創された建昌寺が前身となり、1248(宝治2)年に多功宗朝が寺領を寄進、多功氏の菩提寺

多功城跡　　　　　　　　　　　　　　　　多功氏累代の墓(見性寺)

にしたとされる。1451(宝徳3)年に見性寺となり、その後、多功氏の没落により寺領を没収されたが、近世に入り、寺領7石が与えられ、朱印地として継承した。境内には、多功氏累代の墓と伝えられる五輪塔(ごりんとう)が立ち並んでいる。

見性寺前の道を西へ約300m行き、県道146号線と交差する十字路を左折すると、まもなく左手に、宝光院(真言宗)がある。807(大同2)年、宝徳僧都(ほうとくそうず)の創立によると伝える。近世には寺領7石3斗の朱印を受け、1743(寛保3)年に薬師堂(現在の本堂の土台)が建立された。秘仏の本尊薬師如来坐像は鎌倉時代の作とされ、顔面・頭部・両手などが銅製であるほかは、鉄製の珍しい仏像である。このほかに、「嘉暦四(1329)年」の紀年銘と「南無阿弥陀仏」の六字名号(みょうごう)が刻まれた高さ178cmの大型板碑(いたび)がある。

上三川城跡(かみのかわじょうあと) ㉜

〈M▶P.242〉河内郡上三川町上三川 Ｐ
JR宇都宮線宇都宮駅□上三川車庫行大町🚶5分

16世紀末まで存続
本丸部分が城跡公園として整備

大町バス停のすぐ南を東に入り、200mほど直進すると、左手に上三川城跡がある。上三川城は、1249(建長元)年、宇都宮頼綱の子頼業(よりなり)によって築かれたといわれる。頼業は、初め横田(よこた)(現、宇都宮市兵庫塚(ひょうごづか))に築城して横田氏を名乗り、のちに当地に上三川城を築いて以降、代々横田氏の居城になったといわれている。その後、15世紀前半頃に、横田氏一族の今泉(いまいずみ)氏が城主となり、1597(慶長2)年に今泉高光(たかみつ)が芳賀高武(たかたけ)に攻められて自害、上三川城は落城したとするのが通説となっている。しかし、戦国時代の史料には、上三川城の城主として宇都宮氏一族の上三川氏の名がみえることもあって、城主の確定については、今後の研究が待たれる。

城域は東西約500m、南北約700〜800mであったと推定されるが、現在残るのは本丸部分のみである。本丸は土塁と堀に囲まれ、東西約63m・南北約78mの規模で残存、城跡公園と

上三川城跡

宇都宮氏一族が築いた中世城郭の跡を歩く　275

して整備されている。

　上三川城跡の道路を挟んで北側にある善応寺(臨済宗)は,寺伝によれば上三川城主横田氏の菩提所であり,境内には横田氏累代の墓と伝えられる宝篋印塔が立ち並んでいる。また,善応寺の北方300mほどの所にある長泉寺(曹洞宗)は,室町時代の上三川城主今泉氏の菩提寺とされ,境内には今泉氏累代の墓と伝えられる宝篋印塔が残っている。なお,長泉寺には木造十一面観音菩薩坐像(県文化)があり,鎌倉時代の作と推定されている。

満願寺 ㉝　〈M▶P.242〉河内郡上三川町東汗1105 P
　　　　　　JR宇都宮線宇都宮駅🚌東汗行終点🚶5分

室町時代の面影を残す楼門
平安時代末期の木造阿弥陀如来坐像

　東汗バス停のすぐ南を左折し,150mほど東に向かうと,満願寺(真言宗)の門前に出る。満願寺は,767(神護景雲元)年,勝道上人が日光開山のおり,当地に立ち寄り建立したと伝えられる。楼門は,室町時代の様式を残した江戸時代初期の建造と考えられている。もとは茅葺きであったが,現在は銅板葺きになっている。

　薬師堂は1716(享保元)年に建てられたという記録があり,正方形に近い三間堂(柱と柱の間が3つある建物)で,屋根は宝形造である。本尊の木造薬師如来坐像(秘仏)は定朝様の寄木造で,平安時代末期〜鎌倉時代初期の作,また脇侍の日光・月光両菩薩像は,14世紀中頃の作と考えられている。本尊と同じく薬師堂に安置される木造阿弥陀如来坐像(県文化)も定朝様の寄木造で,平安時代末期の作と考えられ,全体に穏やかな像容である。薬師堂には「享保三(1718)年」の年紀をもつ大型の絵馬も奉納され,阿弥陀如来坐像とともに,薬師堂内でみることができる。

満願寺楼門

小山とその周辺

Mooka 真岡とその周辺

大日堂獅子舞(真岡市)

祇園祭(茂木町)

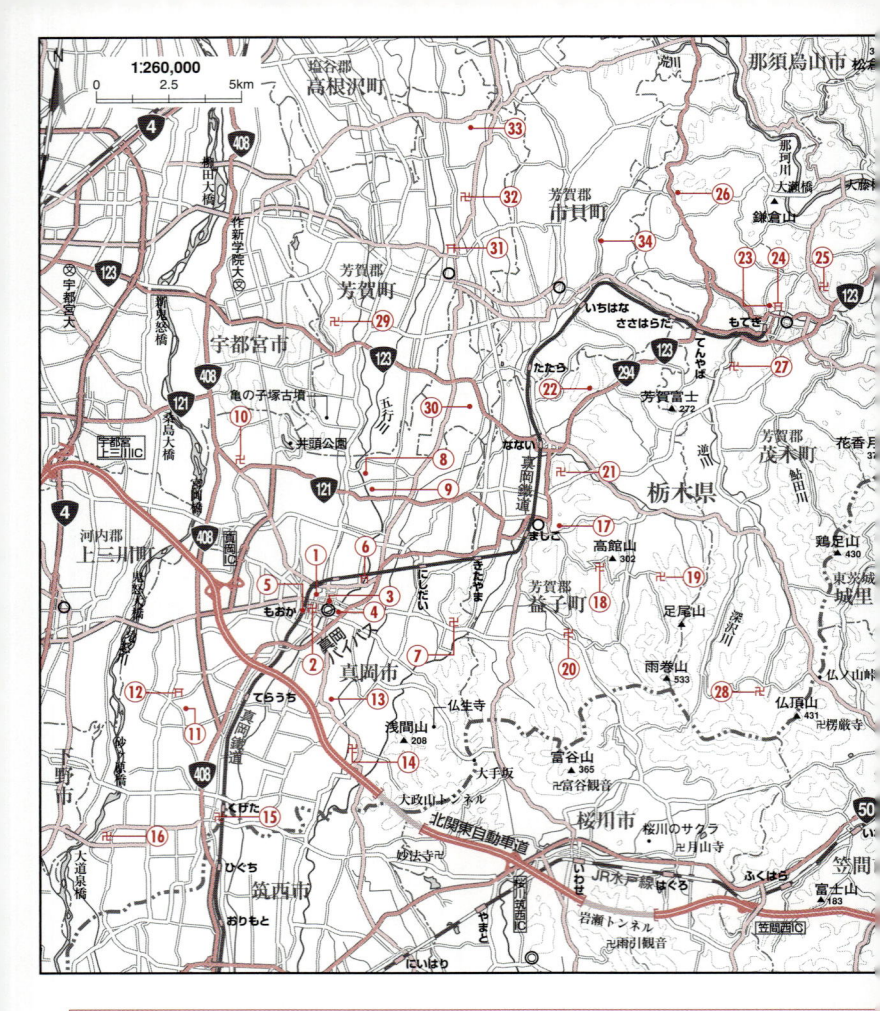

①芳賀城跡	（栃木県立第三中学校本館）	⑪中村城跡・遍照寺	⑲地蔵院
②海潮寺		⑫中村八幡宮	⑳光明寺
③岡部記念館「金鈴荘」	⑥大前神社	⑬桜町陣屋跡	㉑円通寺
	⑦能仁寺	⑭専修寺	㉒小宅古墳群
④真岡市久保講堂（旧真岡小学校久保講堂）	⑧鶏塚古墳	⑮芳全寺	㉓茂木城跡
	⑨大内廃寺跡附堂法田遺跡	⑯長沼八幡宮	㉔荒橿神社
		⑰陶芸メッセ・益子	㉕能持院
⑤真岡高校記念館	⑩無量寿寺	⑱西明寺	㉖千本城跡

◎真岡周辺散歩モデルコース

真岡コース　　　　真岡鐵道真岡駅 10 芳賀城跡 10 真岡市物産会館(岡部記念館「金鈴荘」) 25 大前神社 20 桜町陣屋跡 20 専修寺 20 芳全寺 5 真岡鐵道久下田駅

益子と茂木コース　　　　真岡鐵道益子駅 20 陶芸メッセ・益子 5 益子参考館 50 西明寺 45 地蔵院 30 茂木城跡 50 能持院 50 真岡鐵道茂木駅

芳賀と市貝・茂木北部コース　　　　真岡鐵道市塙駅 40 村上城跡 30 大畑武者絵資料館 30 長安寺 15 千本城跡 20 祖母井神社 30 JR東北本線・日光線宇都宮駅

㉗安楽寺
㉘小貫観音堂
㉙常珍寺
㉚入野家住宅
㉛祖母井神社
㉜崇真寺
㉝般若寺跡
㉞村上城跡・永徳寺

① 真岡を訪ねる

古代から現代に至る芳賀郡の政治と経済の中心地真岡と，二宮尊徳ゆかりの地二宮を歩く。

芳賀城跡 ❶

〈M ▶ P. 278, 281〉 真岡市台町4167 Ⓟ
真岡鐵道真岡駅 🚶 7分

芳賀氏の居城
真岡陣屋跡

真岡駅の東口から北に約300m進み，県道真岡上三川線を東へ約200m行くと芳賀城跡がある。現在は，城山公園および真岡小学校の敷地となっている。芳賀城は，宇都宮氏の重臣として勇名を馳せた芳賀氏の居城である。もとは，芳賀城跡から東へ約1.5km行った，現在の真岡東中学校の辺りに館が構えられていたとされる（御前城跡）が，1577（天正5）年に芳賀城が築かれ，台町に移された。

芳賀城跡

芳賀城は，真岡市街地ではもっとも高い台地上に位置している。城の中心部の規模は，東西約228m・南北約360mで，本丸は台地の最北端にあったとされる。城跡の東側には，内堀として開削されたといわれる行屋川が流れている。

1597（慶長2）年，宇都宮氏が豊臣秀吉によって滅ぼされると，芳賀城も廃城となった。江戸時代初期には浅野氏・堀氏・稲葉氏らの陣屋がおかれ，のちに幕府領になり，代官所がおかれた。1843（天保4）年，二宮尊徳がこの地に赴任し，農村の復興に取り組んだ。

海潮寺 ❷
0285-82-2660

〈M ▶ P. 278, 281〉 真岡市田町2317 Ⓟ
真岡鐵道真岡駅 🚶 10分

芳賀氏の菩提寺
大谷石の山門と「竹垣君徳政碑」

芳賀城跡から東の行屋川沿いに200mほど南へ進むと，海潮寺（曹洞宗）がある。1510（永正7）年頃の創建とされ，芳賀氏の菩提寺として保護を受けた。山門（県文化）は，1806（文化3）年につくられたもので，屋根に栃木県特産の大谷石を瓦状に削ったものを使用しているところが，県内でもきわめてまれである。寺宝には，『太平記』にその名がみえる芳賀高名の晩年を描いた絹本著色芳賀禅可入道

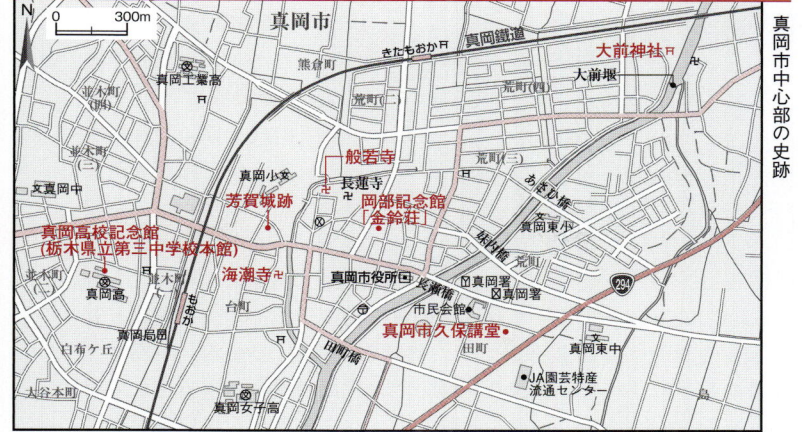

高名像や，室町時代の寄進状などからなる「海潮寺文書」(ともに県文化)がある。

境内には，1793(寛政5)年から1814(文化11)まで，真岡陣屋の代官であった竹垣三右衛門の徳をたたえ，その支配下にあった芳賀18カ村の人びとが建てた竹垣君徳政碑がある。竹垣は，天明の飢饉で疲弊した農村の復興に意欲的に取り組み，前任地である越後(現，新潟県)からの移民も行った。

岡部記念館「金鈴荘」❸
0285-83-7731(真岡市文化課)

〈M ▶ P. 278, 281〉真岡市荒町2162　P
真岡鐵道真岡駅 🚶 15分

海潮寺の東にある県道つくば真岡線を北に進み，田町北交差点からさらに北へ250mほど行くと，般若寺(天台宗)がある。862(貞観4)年，慈覚大師円仁による開山と伝えられている。木造薬師如来坐像(県文化)は，鎌倉時代のものとされる。

般若寺から田町北交差点に戻り，県道真岡上三川線を東へ150mほど進み，県道石末真岡線との交差点を北に150mほど行くと長蓮寺(時宗)がある。本尊は木造弁財天半跏像である。

長蓮寺の県道石末真岡線を挟んだ東側に，岡部記念館「金鈴荘」

海潮寺

岡部記念館「金鈴荘」
がある。岡部記念館「金鈴荘」は、明治時代初期に岡部呉服店2代目岡部久四郎が十数年かけて完成させたものとされる、岡部家の別荘である。1952(昭和27)年まで使用され、その後、1988年まで割烹料理店として使用された。木造2階建てで、堅固な土蔵造である。内部は、主要な部屋にすべて座敷飾りを備えた書院風の座敷で構成されている。また襖や屏風、扁額や軸物なども、文化財として価値が高い。

県道石末真岡線の西側には久保記念観光文化交流館がある。敷地内には久保家が所有していた建物を活用した久保記念館などがある。久保記念館は1907(明治40)年の建築で、「日本銀行宇都宮代理店真岡出張所真岡支金庫」として使用されていたといわれている。

真岡市久保講堂 ❹
0285-83-7731(真岡市文化課)
〈M ▶ P. 278, 281〉真岡市田町1235-1 P
真岡鐵道真岡駅🚶20分

寄贈された講堂
遠藤新設計のモダニズム建築

岡部記念館「金鈴荘」から県道石末真岡線を南へ行き、県道真岡上三川線との交差点で左折して500mほど東へ進むと、真岡市民会館がある。市民会館の南東に移築されているのが、真岡市久保講堂(旧真岡小学校久保講堂、国登録)である。真岡市出身の美術評論家久保貞次郎が父六平の80歳を記念し、真岡市に寄贈したものである。

久保講堂は、もとは真岡尋常高等小学校の講堂として使われていた。設計は、アメリカ人建築家フランク・ロイド・ライトに教えを受けた遠藤新が行った。講堂は、木造2階建ての切妻造・瓦葺きで、正面に1段低くバルコニーが設けられ、

真岡市久保講堂

その両側に展望用の塔屋がつくられている。水平線と垂直線を強調した左右対称の簡素な意匠で，外壁には黄色味がかった明るい色モルタルが塗られている。内部は板敷きで，両側および2階にギャラリーがめぐっている。1987(昭和62)年，現在地に移築され，現在は展覧会などを行う文化施設として使用されている。

真岡高校記念館(栃木県立第三中学校本館) ❺
0285-82-3413

明治の洋風建築 県立第三中学校本館

〈M ▶ P. 278, 281〉真岡市白布ヶ丘24-1 P
真岡鐵道真岡駅 🚶 5分

　真岡駅の西側，約150mの台地上に県立真岡高校がある。駅から直進する道路がないため，若干迂回しなければならないが，学校のシンボルともなっている校庭の欅並木は，市内各所から目にすることができる。

　真岡高校の前身は，1900(明治33)年に開校した栃木県立第三中学校である。前年に中学校令が改正され，県内3番目の県立中学校として真岡に創設された。本館と校舎は1901年に完成したが，翌年の暴風により大半が倒壊し，再建工事により1903年に現存の本館が完成した。本館は木造総2階建てで，1階には中央ホール・事務室・校長室・職員室・会議室が設けられ，2階は1室の広い講堂となっている。各室とも装飾は簡素であるが，天井廻りなどに和風の意匠がみられるのが特徴である。玄関ポーチは寄棟造・瓦葺きの屋根になっているが，当初はバルコニーが設けられていた。現在，この本館は真岡高校記念館となり，1階は展示室，2階は講堂などとして使用されている。

真岡高校記念館

大前神社 ❻
0285-82-2509

〈M ▶ P. 278, 281〉真岡市東郷937 P
真岡鐵道北真岡駅 🚶 20分

　北真岡駅から県道石末真岡線を南に約300m進み，荒町交差点を

真岡を訪ねる

大前神社

芳賀郡の『延喜式』式内社

東へ１kmほど行くと，五行川の西側に大前神社がみえる。大前神社（祭神大己貴命・事代主命）は，『延喜式』神名帳にみえる下野十一社の１つである。

　五行川沿いに参道を進むと，両部鳥居（県文化）がみえてくる。1802（享和２）年に総ケヤキ材でつくられ，中央部の高さが約6.2mある。屋根つきの両部鳥居として，これだけ大きいものは珍しい。拝殿（県文化）は1688（元禄元）年につくられ，３間３面の入母屋造で，正面に千鳥破風がつき，向拝は１間，軒唐破風をもつ建物である。内部は畳敷き，天井は鏡天井で，竜やコイ・四神などが描かれている。三間社入母屋造の本殿（県文化）は，1593（文禄２）年に建てられた。欄間や破風などの彫刻は，1707（宝永４）年，藤田孫平治を棟梁として彫られたものといわれている。拝殿を臨む石段脇には，1783（天明３）年に佐野天明（命）鋳物師によって制作された銅灯籠（県文化）がある。

　神社には，1352（観応３）年に芳賀禅可入道高名によって奉納された太刀や，『紙本墨書平家物語（大前神社本）』，版本大般若経（いずれも県文化）が保存されている。とくに『紙本墨書平家物語』は，12冊のうち６冊目が欠けるが，平家物語研究の貴重な資料となっている。また，江戸時代と明治時代に奉納された算額もみられる。

　神社の東を流れる五行川には大前堰がある。二宮尊徳によってつくられた堰で，穴川用水の取水口となっている。

足利尊氏ゆかりの寺

能仁寺 ❼　〈M ▶ P. 278〉真岡市根本55　P
0285-82-4864　　真岡鐵道西田井駅 🚶 50分

　西田井駅から県道西田井二宮線を南に1.6kmほど進み，小林交差点から県道西小塙真岡線を東へ約２km行くと，根本山麓の能仁寺（臨済宗）に至る。

　能仁寺の東約500m，根本山の東麓には境沢観音堂がある。能仁

能仁寺

寺と境沢観音堂の建立には,つぎのような言い伝えがある。

1320(元応2)年,足利尊氏が15歳のとき,異形の僧侶が夢枕にあらわれ,「自分は根本境沢の土中に埋没している観音である。武運長久を願い,大将軍を望むなら,きて我が体を拝せよ」といった。掘り起こしてみると,聖観音像と馬頭観音像が白蛇と黒蛇に守られて,あった。尊氏はこれを安置するための観音堂を建立し,その守護として能仁寺を創建したという。

能仁寺は1343(康永2・興国4)年に建立され,鎌倉時代作の銅造阿弥陀如来立像,南北朝時代作の木造釈迦三尊像,「享保三(1718)年」銘の銅鐘(いずれも県文化)がある。銅鐘には,能仁寺の創建や沿革が刻まれている。また1873(明治6)年に,宇都宮中学校(現,県立宇都宮高校)建設のため,銅鐘の献納を求められたが,檀徒一同が献金してこれを免れた旨も刻まれている。

能仁寺から小林交差点に戻り,南に3kmほど進むと,東大島の丁字路に至る。ここを左折し,県道真岡岩瀬線を約3.5km東南に進むと,右側に仏生寺(真言宗)がある。仏生寺は,日光開山勝道上人誕生地(県史跡)とされる。勝道上人は,735(天平7)年,真岡に生まれ,下野薬師寺(下野市)などでの修行を経て,33歳のときに日光開山を志し,難行の末に,男体山頂をきわめたとされる人物である。また仏生寺は,806(大同元)年の創建と伝えられる。

仏生寺には,平安時代作の木造薬師如来坐像や鎌倉時代作の金銅勢至菩薩立像,鎌倉時代作の木造十二神将立像(いずれも県文化),山門の両側にはケヤキ(県天然)などの文化財がある。木造薬師如来坐像は秘仏とされ,市内最古の仏像で,勝道上人が刻んだものと伝えられている。また県内にある鎌倉時代作の十二神将像は,医王寺(鹿沼市)にあるだけで,12体が揃っている例として貴重である。

仏生寺から東大島の丁字路へ戻り,県道西田井二宮線を南西へ1kmほど進むと,右側に薬王寺(天台宗)がある。薬王寺には鎌倉

真岡を訪ねる　285

時代作の木造薬師如来立像(県文化)がある。

鶏塚古墳 ❽

〈M ▶ P. 278, 287〉 真岡市京泉1191　🅿(京の泉公園)
真岡鐵道真岡駅🚌宇都宮東武行大内中学校前🚶20分

鶏塚古墳

鶏形埴輪出土の古墳

　大内中学校前バス停から100mほど北へ向かい、昭和橋を渡り、市道を東へ約100m進む。さらに100m余り北に行くと、京の泉公園がある。この公園から100mほど東の個人宅に、鶏塚古墳(県史跡)がある。

　鶏塚古墳は、京泉シトミ原古墳群の1つで、南北約18m・高さ約2.5mの円墳である。横穴式石室は、長さ約5.2m・高さ約1.6m、玄門の幅約1mで、奥壁は2枚の巨石、天井石は6枚の自然石、側壁には川原石を使用している。1885(明治18)年と1931(昭和6)年に発掘調査が行われ、石室内からは直刀や馬具類・玉類が、墳丘西側の調査では鶏形埴輪や子を背負う女子像などの人物埴輪が発見された。出土品は、東京国立博物館が所蔵している。

大内廃寺跡 附 堂法田遺跡 ❾

〈M ▶ P. 278, 287〉 真岡市京泉676
真岡鐵道真岡駅🚌宇都宮東武行大内中学校前🚶20分

金堂と塔の礎石がみられる古代の寺院跡　古代芳賀郡の郡家跡

　鶏塚古墳から約100m東へ進み、さらに南へ600mほど行くと大内廃寺跡(県史跡)がみえる。法隆寺式伽藍配置であったと考えられ、現在は金堂跡と塔跡をみることができる。金堂跡は東西約14.5m・南北約12.7m・高さ約1.1mの土壇で、壇上には19個の礎石が残っている。塔跡は東西約7.3m・南北約7.3m・高さ約1mの土壇で、土壇の中央には、塔心礎が残っている。また、屋根に使われた瓦片が散布している。

　鶏塚古墳の東側には、堂法田遺跡がある。1957(昭和32)年、県の史跡に指定された当初は、大内廃寺の附属施設と考えられていたが、

1965年の発掘調査とその後の開田工事により、古代芳賀郡家跡と認められるようになった。38カ所で基壇や礎石が確認され、東西約200m・南北約300mの範囲が遺跡と考えられている。

大内廃寺跡周辺の史跡

　大内廃寺跡から狭い道路を案内表示に従って1kmほど南へ進むと、伝芳賀氏の墓石（県文化）に至る。7基の墓石は、京泉鹿島戸観音堂地内にあり、紀年銘などはないが、鎌倉時代から室町時代のものとされる。自然石を台石とし、基礎石の上に笠石を2重に積んで、さらにその上に宝珠を載せる。基礎石を欠く1基をのぞき、高さ145～150cmである。初めて芳賀氏を称した、芳賀高澄以下、累代の墓石と伝えられている。

大内廃寺跡塔心礎

伝芳賀氏の墓石

無量寿寺 ❿
むりょうじゅじ
0285-82-3964
〈M ▶ P.278〉真岡市下籠谷728　P
真岡鐵道真岡駅🚃宇都宮東武行石法寺学校前🚶7分

南北朝時代の善光寺式阿弥陀三尊像

　石法寺学校前バス停から東へ500mほど進むと、無量寿寺（天台宗）がみえる。無量寿寺は、1375（永和元）年、定祐の創建と伝えられる。1683（天和3）年に全焼し、本堂は焼失したが、南北朝時代の作といわれる金銅一光三尊仏（県文化）は火災を免れ、その後、秘仏とされた。紙本著色涅槃図は、江戸時代中期の作で、縦約3.6m・

真岡を訪ねる　287

無量寿寺

横約2.9mと大幅である。銅鐘(ともに県文化)は、1699(元禄12)年につくられたもので、「妙法蓮華経観世音菩薩普門品」の全文と寄進篤志者名・鋳造年月日・鋳工名が刻まれた佐野天明鋳物師の秀作である。寺の入口にあるケヤキは、霊木として崇敬されている。

無量寿寺から国道121号線を東に約1km進み、公園入口交差点から北に700mほど進むと、栃木県井頭公園に至る。県民の憩いの場として親しまれているが、公園建設時に発掘調査が行われ、奈良時代の大規模な集落遺跡(井頭遺跡)であったことが確認されている。

中村城跡と遍照寺 ⓫

0285-82-3755(遍照寺)

〈M ▶ P. 278, 289〉真岡市中2402
真岡鐵道寺内駅🚶40分

平城跡　見事な内堀がみられる

寺内駅前から北西に直進して1.2kmほど進むと、国道408号線に出る。工業団地を南北に通る国道沿いに、「遍照寺」「中村八幡宮」への案内表示があるので、それに従って西へ向かうと、中村城跡(県史跡)に至る。

中村城跡は、東西約191m・南北約182mの方形の城跡で、周りを幅約9m、深さ約6mの堀がめぐっている。また、北側と東側には土塁も残る。中村城は、中村朝宗が1156(保元元)年に築いたもので、この城を拠点に中村荘(現、真岡市)を管理したと伝えられる。中村荘は藤原摂関家の荘園であった。朝宗の子宗村は、源頼朝の奥州合戦に従って功績をあげ、伊達郡(現、福島県)の地頭となり、伊達氏の祖となったと伝わる。

中村城跡

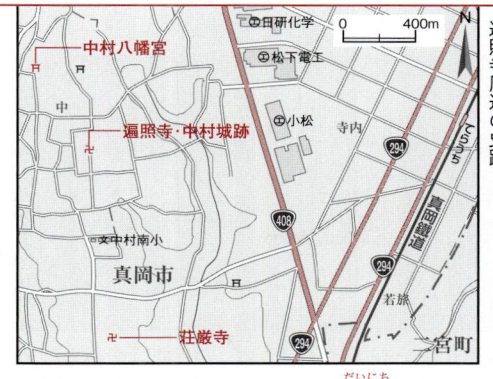

城跡の北東部には，遍照寺（真言宗）がある。遍照寺は，1341（暦応4・興国2）年に，現在地から2kmほど北東の茅堤の地に創建されたという。天文年間（1532〜55）に現在地に移された。古河公方足利成氏・政氏や結城晴朝の書状が保存されている（「遍照寺文書」）。本尊の木造大日如来坐像（県文化）は，底面の銘により，1346（貞和2・正平元）に開眼され，運慶5代目の子孫である康誉の作であることが知られている。また境内には，樹齢700年と推定されるカヤ（県天然）もある。

遍照寺のすぐ東には国誌堂がある。間口・奥行とも1間（約1.8m），校倉造の建物で，1914（大正3）年横松倫一郎が『下野国誌』の版木（県文化）を保存するため，私財を投じて建設したものである。『下野国誌』は，江戸時代後期，芳賀郡大道泉村（現，真岡市）に生まれた河野守弘が著した地誌で，栃木県の歴史を知る基礎史料の1つとして知られている。河野守弘は，37歳で『下野国誌』編纂を志し，およそ20年の年月をかけ，1850（嘉永3）年に刊行した。当初版木は，真岡の岡部久四郎のもとにあったが，やがて江戸の書物商に売却された。1893（明治26）年，長沼村（現，真岡市）の6人によって買い戻され，225枚の版木は，野中観音堂に納められた。しかし，観音堂での保管に問題を感じた横松が版木を買い取り，自邸内に建設した収蔵庫に納めた。これが国誌堂である。国誌堂の横には，当時の内閣総理大臣大隈重信撰文による下野国誌記徳之碑がある。

中村八幡宮 ⓬

0285-82-3085

〈M ▶ P. 278, 289〉真岡市中560 P
真岡鐵道寺内駅🚶40分

伊達氏ゆかりの神社社叢

遍照寺から県道316号線を越え，北西に900mほど行くと，中村八幡宮（祭神誉田別命）に着く。永承年間（1046〜53），源義家が前九年合戦（1051〜62）に際して戦勝を祈願し，常陸・下野・上野国に計8カ所の祠を建て，石清水八幡宮（京都府八幡市）を勧請したう

真岡を訪ねる

荘厳寺　　　　　　　　　　　　　　　　　　　　瓢箪塚古墳

ちの1社と伝えられている。中村氏を祖とする伊達氏は，当社を篤く崇敬していた。中村八幡宮には，紙本墨書伊達綱村夫人自筆願文（県文化）が残されている。綱村は，仙台藩（現，宮城県）4代藩主である。この願文には，綱村夫人が1681（延宝9）年7月に長子を産み，その御礼と親子3人の寿命長久を祈願し，神社建立のための金品を寄進したことが書かれている。現在の本殿は，その寄進により1682（天和2）年に建立された。そのほかにも，太刀銘義光 附 糸巻太刀拵・太刀銘盛重附糸巻太刀拵・刀銘包幸・脇差銘包幸（いずれも県文化）が歴代藩主から奉納されている。

　社宝にはほかに，南北朝時代作の木造狛犬（県文化）がある。また中村八幡宮の社叢（県天然）は，1625（寛永2）年に，以後の社殿修理のため，氏子により2400本のスギとヒノキが植えられたことに始まり，多くのスギやヒノキ・ケヤキの大木をみることができる。毎年9月15日の例大祭の際に参道で行われる流鏑馬も知られる。

　中村八幡宮から県道二宮宇都宮線を南へ1.5kmほど進むと，荘厳寺（天台宗）に至る。荘厳寺は，832（天長9）年，慈覚大師円仁によって創建されたと伝えられる。また1051（永承6）年に，前九年合戦に向かう源頼義が，戦勝を祈願したともいわれる。

　荘厳寺には，平安時代の木造不動明王立像附像内納入品と木造聖観音菩薩立像，鎌倉時代の木造仏頭残欠，室町時代の金銅阿弥陀如来立像，室町時代の木造不動明王立像と木造毘沙門天立像，南北朝時代の木造阿弥陀如来坐像附像内納入品，不動明王立像胎内納入文書（いずれも県文化）など，多数の文化財が保存されている。また山王堂は，石葺き屋根が特徴である。

荘厳寺から市道を東へ1.8kmほど進み，国道294号線（旧道）との交差点を約1.8km北へ向かうと，瓢箪塚古墳（県史跡）の案内表示がみえる。東西約73mの前方後円墳で，芳賀郡で最大の古墳である。

桜町陣屋跡 ⓯
0285-75-7155（二宮尊徳資料館）

〈M ▶ P. 278, 291〉真岡市物井105-13 　Ｐ（桜町史跡公園）
真岡鐵道寺内駅🚶40分

二宮尊徳による農村復興の拠点

寺内駅から県道物井寺内線を東へ3kmほど進み，県道つくば真岡線を約300m北へ行くと，桜町史跡公園がある。公園から県道を挟んだ東側には，桜町陣屋跡・桜町二宮神社・二宮尊徳資料館があり，県道を150mほど南へ戻ったところには，蓮城院がある。いずれも二宮尊徳ゆかりの史跡である。

桜町陣屋跡（国史跡）は，二宮尊徳が桜町領復興の際に拠点として居住した陣屋跡である。尊徳は1823（文政6）年に着任し，26年間この陣屋に居住した。現在，みることができる建物は，尊徳が着任したときに建設されたものを，1997（平成9）～2000年に行われた解体・修復工事で，1839（天保10）年当時の姿に復元したものである。陣屋の入口には，門人の岡田良一郎らにより，1885（明治18）年に建立された報徳訓の碑がある。

陣屋の東隣には，桜町二宮神社がある。尊徳赴任当時は，稲荷と八幡の2社であったものを，1905（明治38）年，尊徳50年祭において合祀し，桜町二宮神社を創建したものである。また神社の入口近くには二宮尊徳資料館があり，尊徳関係の資料が展示されている。

陣屋跡から県道つくば真岡線を南へ約150mほど進むと，蓮城院（曹洞宗）がある。1851（嘉永4）年，二宮尊徳が桜町仲宮から現在地に移転・再建した寺院といわれる。蓮城院の二宮金次郎墓域には，尊徳の娘文子の墓や，尊徳の遺髪な

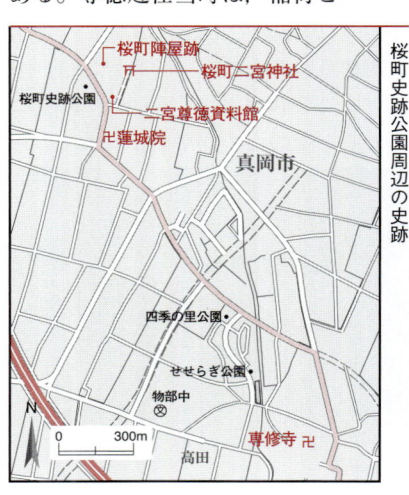

桜町史跡公園周辺の史跡

真岡を訪ねる

どが納められている。

専修寺 ⓘ4　〈M ▶ P. 278, 291〉真岡市高田1482　Ｐ
0285-75-0103　　真岡鐵道寺内駅 🚶60分

関東地方における初期真宗教団の拠点

桜町陣屋跡から県道つくば真岡線を2kmほど南へ進むと、高田山専修寺(浄土真宗)に至る。親鸞ゆかりの寺として広く知られる。

親鸞は1207(承元元)年、越後(現、新潟県)に配流されたが、5年で罪を許され、しばらく越後にとどまったのち、常陸国笠間郡稲田郷(現、茨城県笠間市稲田)に移った。親鸞は、稲田郷を拠点として布教活動を行った。専修寺は、真岡の大内氏の懇請により親鸞が一宇を建てたことに始まると伝えられる。親鸞が帰郷したあとは、真仏や顕智によって受け継がれ、関東地方における初期真宗教団の根本道場となった。1465(寛正6)年、専修寺が伊勢国一身田(現、三重県津市)に移された後も、旧本山として崇敬を集めている。

専修寺の境内から南東約2kmの地に三谷草庵(国史跡)がある。草庵は、親鸞が布教にやってきたとき、真岡の大内氏が提供したもので、専修寺建立中に仮住居として利用したと伝えられる。

専修寺の堂宇の多くは、江戸時代に再建されたものであるが、総門(国重文)は唯一残った創建当初の建物で、素朴な、茅葺きの薬医門である。総門と如来堂との軸線上に立つ楼門は、元禄年間(1688〜1704)の建造である。如来堂(ともに国重文)は、1701(元禄14)年に再建されたもので、善光寺(長野県長野市)伝来の一光三尊仏が秘仏として安置される。開帳は17年に1回で、次回は、2015年に行われる。そのため、平素は御前立の三尊仏のみを拝することができる。このうち、脇侍の銅造観音勢至菩薩立像(県文化)は、鎌倉時代末期の作とされる。

境内北側にある御影堂(国重文)は、1659(万治2)年の再建である。御影堂に

専修寺如来堂

292　真岡とその周辺

は，親鸞上人76歳のときの等身御影と伝えられる木造親鸞上人坐像，専修寺2世の木造真仏上人坐像（いずれも県文化），専修寺3世の木造顕智坐像（国重文）が安置されている。このほかに，木造涅槃像・木造阿弥陀如来立像・木造聖徳太子像（いずれも県文化）がある。また境内には，ケヤキ・シダレカツラ（ともに県天然）などの古木もみられる。境内奥の林の中には，親鸞の墓もあり，歯が9本埋葬されているという。

芳全寺 ❶⓹
0285-74-0134

〈M ▶ P.278, 294〉真岡市久下田801
真岡鐵道久下田駅 🚶 5分

久下田駅から南へ約200m進むと，芳全寺（曹洞宗）がある。芳全寺は，1545（天文14）年，常陸国下館城（現，茨城県筑西市）主水谷正村（蟠龍斎）の開基とされ，江戸時代に多くの僧侶を育てた。銅造阿弥陀如来坐像（県文化）が，境内の西側にある。像高は約2.9mで，1742（寛保2）年，佐野天明鋳物師丸山平衛門・藤原政重らによって制作された露坐仏である。墓地には，水谷蟠龍斎石塔がある。

芳全寺から200mほど南へ進み，県道岩瀬二宮線の交差点を東へ300mほど進むと，北側に久下田城跡（県史跡）がある。城跡のほとんどが茨城県筑西市だが，一部栃木県に属す。西側の堀跡は，現在真岡鐵道の線路になっている。水谷正村によって，1545（天文14）〜65（永禄8）年の間に築城され，芳賀氏と抗争を繰り返したという。

久下田城跡を出て，県道岩瀬二宮線を500mほど東へ向かうと，五行川に出る。東側の川沿いの道を800mほど北上し，県道西田井二宮線との交差点を100mほど東へ向かうと，長栄寺（天台宗）に至

露坐の阿弥陀如来像

芳全寺銅造阿弥陀如来坐像　　　　　　　　　　　　　　　長栄寺楼門

真岡を訪ねる

久下田駅周辺の史跡

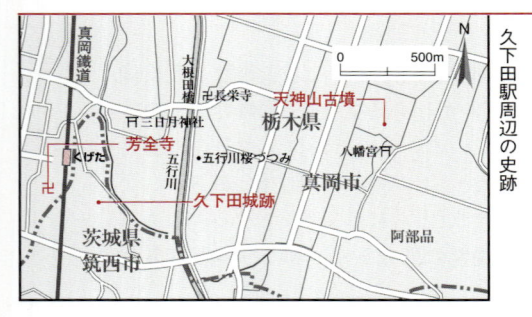

る。850(嘉祥3)年、慈覚大師円仁によって創建されたと伝えられる。観音堂・鐘撞堂・大日堂などがあったが、現在は1632(寛永9)年に建立された楼門を残すのみである。観音堂には、県指定文化財であった千手観音立像が安置されていたが、1965(昭和40)年、盗難の被害に遭った。楼門と同年に建立された観音堂は、茨城県桜川市の月山寺(天台宗)に移築され、楼門にあった仁王像は、茨城県筑西市の福聚寺(天台宗)に移されている。

長栄寺から1.2kmほど東の水田の中には、天神山古墳(県史跡)がある。墳丘長約55mの前方後円墳で、周辺には鹿古墳群が広がる。

長沼八幡宮 ⓰ 〈M▶P.278〉真岡市長沼1083 Ⓟ
真岡鐵道久下田駅 🚶60分

元禄年間作の青銅造鳥居

久下田駅から700mほど西へ進むと、国道408号線との交差点がある。この交差点から南へ500mほど行き、県道栃木二宮線との交差点を3kmほど西へ向かい、県道真岡下館線を300mほど南西へ進むと、長沼八幡宮がみえる。長沼八幡宮は、795(延暦14)年、坂上田村麻呂が東北遠征の帰途、この地にとどまり、造営したのが始まりと伝えられる。青銅造鳥居(県文化)は1697(元禄10)年に建立されたものである。随身門や本殿・幣殿・拝殿は、町の指定文化財である。

長沼八幡宮から県道真岡下館線を約1km南へ進み、交差点を東へ200mほど行くと、宗光寺(天台宗)がある。848(嘉祥元)年、慈覚大師円仁によって、日枝山別当寺として創建されたと伝えられる。近世には天海大僧正が住職をつとめていたこともある。関東天台寺院の中心的存在であった。

県道栃木二宮線まで戻り、交差点を西へ500mほど行くと、大道泉橋になる。大道泉は『下野国誌』を著した河野守弘の生誕地であり、橋の袂には墓碑が立っている。

② 益子と茂木を訪ねる

焼き物の里として知られる益子と，美しい山があり清流那珂川が流れる茂木を訪ねる。

陶芸メッセ・益子 ⑰　〈M ▶ P. 278, 296〉芳賀郡益子町益子3021　P
0285-72-7555　　真岡鐵道益子駅下車🚶20分

　益子駅から東へ進むと，県道つくば益子線に出る。さらに700mほど進むと，県道下大羽益子線に入る。約2kmの道路沿いに，陶器を取り扱う店が集中している。駅から1kmほど東へ行った県道益子公園線との交差点に，日下田邸（県文化）がある。

　日下田邸は，日下田紺屋の住居と作業場をかねた建物で，寛政年間（1789〜1801）に建造されたものといわれる。建物内部には，常滑焼の藍甕が埋められた藍染め甕場（県民俗）がある。紺屋9代目の日下田正は，県無形文化財の草木染技術保持者である。

　日下田邸から，県道下大羽益子線を130mほど東へ進むと，観音寺（真言宗）がある。737（天平9）年に行基が開山したと伝えられる寺で，鎌倉時代作の木造如意輪観世音菩薩坐像（県文化）がある。

　観音寺を出て，さらに東へ230mほど行くと，1993（平成5）年に開館した陶芸メッセ・益子がある。場内には，5つの展示場からなる益子陶芸美術館，拓刷り技法を生み出した，益子町出身の版画家笹島喜平の作品を展示する笹島喜平館があり，人間国宝であった浜田庄司の旧宅も移築されている。また浜田が生前愛用した登り窯が復元されている。陶芸工房では，陶芸教室が開かれ，ロクロ・手びねり・絵付けの体験ができる。

日下田邸

浜田庄司の旧宅

益子と茂木を訪ねる

益子駅周辺周辺の史跡

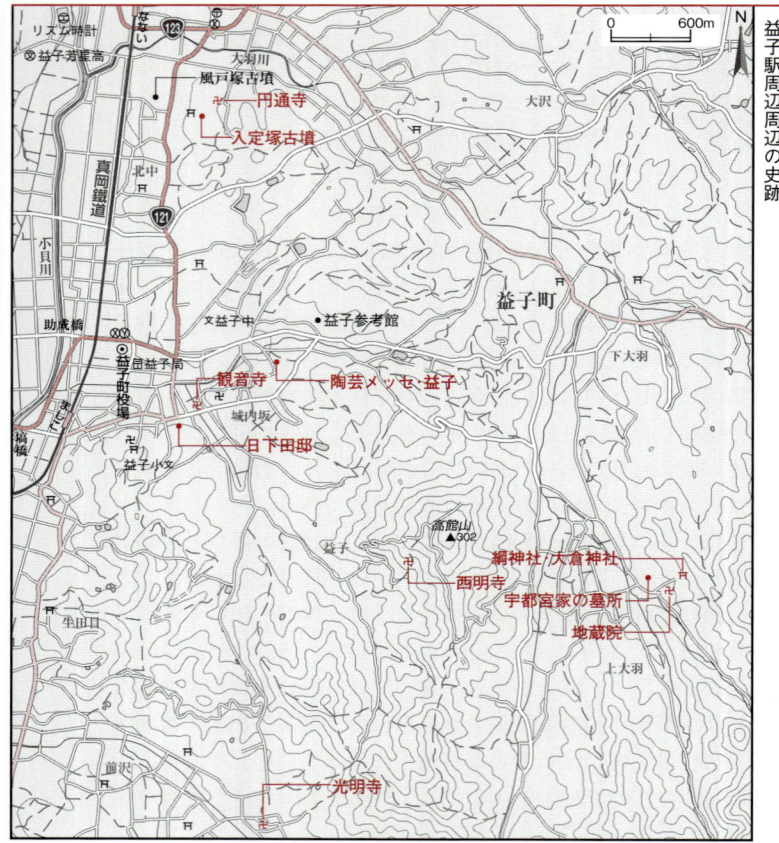

陶芸メッセ・益子の位置する御城山(みじょうやま)は、益子古城(ましこじょう)ともよばれる城跡である(御城山遺跡)。本郭(ほんくるわ)を中心に、周囲に4つの郭を配置し、各郭を空堀(からぼり)などで分けている。また前述の観音寺があるところも、城の一部であったという。1989(平成元)～93年の発掘調査で、多くの遺物や建物跡が確認された。調査結果から、戦国(せんごく)時代に益子氏が、約50年間使用した城と考えられている。現在、城跡の一部が遺跡広場として保存されている。

陶芸メッセ・益子から、県道下大羽益子線を北東に700mほど進んだ交差点から、150mほど直進すると益子参考館がある。

益子参考館は、浜田庄司が蒐集(しゅうしゅう)した国内外の生活工芸品を展示

するため，1974(昭和49)年に，みずからの80歳を記念し，自邸内に設立した。浜田が益子に居を定めたのは1924(大正13)年で，1930(昭和5)年には，近在の農家を移築して母屋(現在は陶芸メッセ・益子に移築)とし，以後1942年までつぎつぎと古民家を購入・移築した。これらの民家のうち，もっとも重要なのが上台(旧浜田庄司邸離れ，益子参考館4号館，県文化)とよばれる離れである。この離れは，来客の宿泊所とするため，益子町小宅の名主であった高野家の母屋を，1942年に移築したものである。寄棟造・茅葺きで，正面には入母屋造の式台が突き出している。江戸時代末期の建物と考えられ，大規模農家の典型として貴重である。

西明寺 ⑱
0285-72-7373
〈M▶P.278, 296〉 芳賀郡益子町益子4469 P
真岡鐵道益子駅🚶45分

数多くの文化財がある坂東三十三所観音霊場札所

益子駅から県道つくば益子線と下大羽益子線を東へ進み，日下田邸のある交差点から，県道益子公園線を南へ2kmほど進むと，西明寺(真言宗)に至る。

西明寺は，737(天平9)年，行基が草創し，739年に紀有麻呂が堂宇を建てたと伝えられている。12世紀に一時廃絶するが，1209(承元3)年，宇都宮景房が大檀那となり再建，1255(建長7)年，鎌倉幕府5代執権北条時頼によって伽藍が整えられたという。鎌倉時代に隆盛をきわめるが，南北朝の動乱により伽藍が焼失し，再び荒廃したという。その後，室町時代に再興が進み，江戸時代には，現在の伽藍が揃った。

西明寺境内(県史跡)には，数多くの文化財がある。長い参道の両側とその周辺には椎林叢(県天然)が広がり，石段をのぼりきると，1492(明応元)年に建立された楼門(国重文)がある。この楼門をくぐると，正面には本堂(県文化)，左に三重塔(国重文)と鐘楼(県文化)，右に閻魔堂とコウヤマキ

西明寺

益子と茂木を訪ねる

(県天然)がある。

本堂は1394(応永元)年に建立されたもので、1701(元禄14)年の大改修で現在の姿になった。内部は内陣と外陣に分かれ、内陣にある本堂内厨子(国重文)は、1394(応永元)年の本堂創建時につくられたものである。厨子内の本尊十一面観世音菩薩は秘仏とされている。

内陣には、1261(弘長元)年に制作された木造千手観音菩薩立像附木札六枚がある。1261〜1800(寛政12)年までに行われた修理を記録した、6枚の墨書木札が納入されている。ほかに木造千手観音菩薩坐像や8体の本堂厨子内仏像群(いずれも県文化)などもある。

三重塔は、1543(天文12)年に益子家宗が建立したもので、初層と2層が和様、3層が唐様になっている。また鐘楼は、1722(享保7)年に建立、梵鐘(県文化)はさらに古く、1671(寛文11)年に鋳造されたものである。1328(嘉暦3)年に梵鐘と鐘楼がつくられたが、破損したため鋳直され、旧梵鐘の銘文を刻んだと伝えられる。

閻魔堂には、木造閻魔王坐像・両脇侍像(県文化)など5体の仏像が安置される。とくに閻魔王は大形で、笑っているようにみえることから、地元では「笑いエンマ」として親しまれている。

地蔵院 ⑲
0285-72-0813

〈M ▶ P. 278, 296〉芳賀郡益子町上大羽945-1 P
真岡鐵道益子駅 🚶 90分

西明寺から県道益子公園線を3kmほど上大羽方面へ進むと、県道山本下大羽線との丁字路に出る。さらに約200m南へ向かい、丁字路を東へ1km余り進むと地蔵院がある。周辺には綱神社や大倉神社、宇都宮家の墓所など、宇都宮氏ゆかりの史跡が集中している。

地蔵院

地蔵院(真言宗)は、1194(建久5)年、宇都宮氏3代当主朝綱が一村山尾羽寺を隠棲の地と定めたことに始まると伝えられる。以来地蔵院は宇都宮氏の菩提寺となり、周辺にはいく

宇都宮氏の浄土

綱神社(右)と大倉神社　　　　　　　　　　　　　　　　　　　宇都宮家墓所

　つもの坊が建てられたという。尾羽寺は現在の地蔵院の北約100m
の地にあったもので，南側には浄土庭園の一部をなしていた鶴亀
の池が残っている。また阿弥陀堂(現，地蔵院本堂)や，源頼朝寄進
と伝えられる多宝塔などもあった。
　地蔵院の本堂(国重文)は，永正年間(1504～21)の建立と推定さ
れる，阿弥陀堂形式の建物である。江戸時代に阿弥陀堂をのぞく建
物が焼失したため，これを本堂としたものである。
　地蔵院には，平安時代作の木造阿弥陀三尊像と鎌倉時代から南北
朝時代につくられた木造阿弥陀三尊像(ともに県文化)がある。平安
時代作の阿弥陀三尊像は尾羽寺の本尊であったもので，火災の際に
運び出されたと伝えられる。また中世のものは，慶派(運慶一門)の
仏師の制作と考えられる。絹本著色両界曼陀羅図(県文化)は，
1568(永禄11)年に制作されたもので，墨書銘から作者が，宇都宮住
「螺来雅楽尉」と特定できる貴重な歴史資料である。
　地蔵院の入口から北東にのびる長い参道を進むと，綱神社と大倉
神社に至る。綱神社(祭神味耟高彦根神)は，1194(建久5)年，宇都
宮朝綱が土佐(現，高知県)に配流されたときに祈願した賀茂明神
を，赦免後，当地に勧請したと伝えられている。現在の本殿(国重
文)は，大永年間(1521～28)の再建という。
　また大倉神社(祭神大国主神)は，大羽に古くから鎮座していたも
ので，綱神社の摂社として，その隣に移された。本殿(国重文)は，
綱神社の本殿同様，室町時代の特徴をよくあらわしている。
　地蔵院の入口に戻り，標識に従って北へ進むと，宇都宮家の墓所
(県史跡)がある。朝綱は地蔵院を創建してまもなく，宇都宮氏初代

益子と茂木を訪ねる

宗円と2代宗綱の墓を築き，みずからの墓も定め，この地を累代の墓地とした。初代から33代正綱までの五輪塔29基・石碑3基・墓標1基がある。

光明寺 ⑳
0285-72-4006

〈M ▶ P. 278, 296〉芳賀郡益子町山本1146 P
真岡鐵道益子駅🚶60分

光明寺

益子駅から県道つくば益子線を3.7kmほど南へ進み，県道西小塙真岡線との交差点を東へ9kmほど進む。丁字路を約500m北西へ行くと，光明寺（真言宗）がある。光明寺は，1141（永治元）年の開山と伝えられる。鎌倉時代の制作といわれる，銅造阿弥陀如来立像（県文化）がある。また境内のシダレエゴノキ（県天然）は，山本浅間山の崖にあったものを移植したものと伝えられ，県内はもとより，全国的にも珍しいといわれている。

円通寺 ㉑
0285-72-2724

〈M ▶ P. 278, 296〉芳賀郡益子町大沢1770 P
真岡鐵道七井駅🚶20分

七井駅の南を通る国道123号線を600mほど東へ向かい，国道121号線との交差点を南へ約400m進むと，風戸交差点に出る。この交差点から東へ400mほど先の交差点を，南へ400mほど行けば，名越派本山円通寺（浄土宗）がある。

円通寺は1402（応永9）年，良栄上人によって開創されたという。良栄上人は，1394（応永元）年頃，芳賀郡大平郷舟橋（現，益子町大平）に一宇を結び，これが舟橋談所とよばれた。ここは僧侶の学林（学問所）でもあった。地元大沢氏の寄進により伽藍が整えられ，学問僧のために，足利学校（足利市）や金沢文庫（神奈川県横浜市）と並び称せられる大沢文庫も設けられた。1574（天正2）年には，正親町天皇の勅願寺となっている。

伽藍は何度かの火災に遭っているが，表門（国重文）は，1402（応

円通寺表門

永9)年に建立されたと伝えられる唐様の四脚門である。また一切経塔(県文化)は、40世良範上人が1809(文化6)年に再興したもので、大沢文庫の面影を伝える建物である。

このほかにも本尊の銅造阿弥陀如来立像・両脇侍を始め、木造良栄上人像・木造阿弥陀如来坐像・正親町天皇綸旨・聖鬮賛・浄土総系図・月形函文書・浄土鎮西義名越派代々印璽脈譜(いずれも県文化)などがある。また、一切経塔の南西約50mの地に入定塚古墳(県史跡)があるが、周溝や葺石、埴輪などはみられない。

円通寺から風戸交差点に戻り、そのまま西へ進んだ100mほど南の畑の中に、風戸塚古墳(県史跡)がある。比較的大きな円墳だが、築造年代は不明である。周溝や葺石、埴輪などはみられない。

七井駅から西へ向かい、小貝川を渡って1.2kmほど進むと栃木県立益子芳星高等学校がある。校庭の南に全長約52mの浅間塚古墳(県史跡)がある。4世紀に築造された前方後方墳である。

小宅古墳群 ㉒　〈M ▶ P.278〉芳賀郡益子町小宅1317ほか ℗
真岡鐵道七井駅 🚶 35分

七井駅から国道123号線を道なりに東へ3kmほど進むと、国道北側の丘陵上に亀岡八幡宮(祭神誉田別尊・玉依姫尊ほか)がある。この神社の東西に、合計35基からなる小宅古墳群(県史跡)がある。この古墳群は、前方後円墳6基・円墳29基からなり、うち前方後円墳5基・円墳12基が県の指定史跡になっている。古墳は小宅川を臨むゆるやかな斜面に点在し、典型的な古墳時代後期の群集墳としての景観をみせている。

亀岡八幡宮から国道123号線を北東に向かって900mほど進むと、小宅交差点に出る。この交差点を南東に進み、約2km行った所から500mほど北東に向かうと、地元で芳賀富士と親しまれる大平山(272m)の麓に、安善寺(浄土宗)がある。安善寺は、1194(建久5)年、平貞能によって建立されたという。貞能は平清盛や重盛の側

古墳時代後期の群集墳

益子と茂木を訪ねる　　301

安善寺

近であったが、源平合戦後、東国に落ち延び、安善寺を建立し、念仏修行を続けたと伝えられる。

茂木城跡 ㉓ 〈M ▶ P.278, 302〉芳賀郡茂木町小井戸461-1　P
真岡鐵道茂木駅 🚶 25分

400年続いた茂木氏の居城

茂木駅から国道123号線を北へ400mほど行くと、大町の丁字路に出る。この丁字路を東へ進み、すぐに北へ向かって正明寺橋で逆川を渡り、案内標識に従いながら、山頂まで登ると城山公園に至る。公園とその周辺が茂木城跡である。

鎌倉幕府の有力御家人であった八田知家が、奥州藤原氏との戦いの功績により、源頼朝から下野国茂木郡(現、茂木町)を与えられ、3男知基に茂木を治めさせたのが、1192(建久3)年のことといわれる。知基は茂木氏を名乗り、16代治良までその居城とした。1610(慶長15)年、秋田に転封となった茂木氏にかわり、

茂木城跡

茂木駅周辺の史跡

真岡とその周辺

細川興元が茂木に入部し、城下に陣屋を設けたため、茂木城は廃城となったが、堀や土塁・池・櫓跡などがよく保存されている。現在はサクラの名所として、町民の憩いの場となっている。

山頂のすぐ下にはたばこ神社がある。茂木を支えた最大の産業であったタバコ栽培の祈願所として、1955(昭和30)年に建立された。隣には葉タバコ栽培の指導者として知られた三上宗太郎の碑もある。

荒樫神社 ㉔

〈M ▶ P. 278, 302〉芳賀郡茂木町小井戸325 P
真岡鐵道茂木駅 🚶 30分

三重塔があった『延喜式』式内社

茂木駅から国道123号線を、北へ400mほど進んだ大町の丁字路から東へ向かう。250mほど行った所で北へ進路をとり、桔梗橋で逆川を渡る。案内標識に従いながら、山裾の道を北へ500mほど行くと荒樫神社である。

荒樫神社(祭神国常立尊・国狭槌命・豊斟渟尊)は、806(大同元)年の創建と伝えられ、『延喜式』神名帳にみえる荒樫神社は、当社に比定されると考えられる。また茂木氏が茂木城を構えたとき、丑寅(北東)の鬼門除けとしてまつられたともいわれる。

荒樫神社には三重塔があったが、現在は阿弥陀堂とよばれており、初層の部分のみを残している。調査の結果、永禄年間(1558〜70)の建立と推定された。県内の寺社で塔を有する例は少なく、三重塔の一部ではあるが、きわめて貴重な建物である。境内には、推定樹齢800年のケヤキ(県天然)がある。

荒樫神社

能持院 ㉕
0285-63-2625

〈M ▶ P. 278, 302〉芳賀郡茂木町塩田227 P
真岡鐵道茂木駅 🚶 50分

細川家の菩提寺にあるスギの墓所

茂木駅から国道123号線を東へ3kmほど進み、塩田の丁字路を左折して県道那須黒羽茂木線を北西に1kmほど行くと、能持院(曹洞宗)がある。能持院は1222(貞応元)年、初代茂木城主茂木知基により創建されたと伝えられ、江戸時代は茂木藩主細川家の菩提寺とな

益子と茂木を訪ねる 303

能持院細川家の墓所

っ た。
　参道を進み，総門 (県文化)をくぐる。四脚門で切妻造・茅葺きである。文明年間(1469〜87)に，11代茂木城主茂木知持によって建立されたという。総門から先へ進み，階段をあがると本堂がみえる。境内の左には細川家の墓所(県史跡)がある。茂木藩主をつとめた初代細川興元から9代興貫までの墓で，墓石を設けず，墓標として1本のスギを植え，その前に没年月日を刻んだ石灯籠を設けている。このような墓の形態は，栃木県内では唯一である。
　能持院から県道那須黒羽茂木線を北へ4kmほど進み，那珂川の大藤橋を渡る。突き当りの丁字路を西へ約1km行き，つぎの丁字路を1kmほど北へ向かうと，森の中に旧羽石家住宅(国重文)が保存されている。
　旧羽石家住宅は，茂木駅から東へ3kmほどの林集落にあった。屋根の葺き替えのときに，梁から棟札が発見され，1689(元禄2)年に建てられたことが判明した。一般的な農家の住宅で，土間と3室からなり，梁組が低い。1972(昭和47)年に茂木町に寄贈され，解体・修理後，1978年に現在地に移築・復元された。
　茂木町の北東部，那須烏山市との境に松倉山(345m)がある。那須烏山市側の県道牧野大沢線から登山道を30分ほどのぼると，山頂近くに松倉山観音堂がある。中にある松倉山観音堂仏像(県文化)のうち，制作年代がわかるのは，1395(応永2)年作の木造聖観音立像，1443(嘉吉3)年の木造観自在尊立像・木造十一面観音立像，1782(天明2)年作の木造聖観音立像で，残る1体の木造十一面観音立像には墨書がなく，制作年代は不明である。火災による損傷を受けているが，制作年代や作者名のわかる仏像として貴重である。

千本城跡 ㉖　〈M ▶ P. 278, 305〉芳賀郡茂木町町田1712
　　　　　　　真岡鐵道茂木駅🚌須藤線芳賀十文字🚶20分

　千本城跡(県史跡)は茂木町の北西部にある。城跡へは芳賀十文字

千本城跡周辺の史跡

バス停から1.2kmほど山間の道を南へ進むか、または国道294号線の須藤バス停から県道芳賀茂木線を東へ600mほど進み、案内表示に従って丁字路を北へ約2km向かう方法がある。かつて陣屋がおかれた大門(だいもん)集落から、東へ城山をのぼる方法もある。

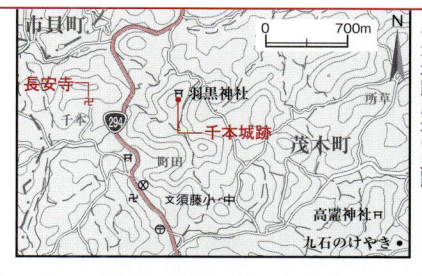

千本氏の居城跡

千本城は、建久年間(1190〜99)に、那須資隆の10男為隆が築城したと伝えられる。為隆は千本氏の祖となり、城は須藤城や教ヶ岡城ともよばれた。以後、千本氏はこの地を治めたが、1585(天正13)年、資俊・資政父子が暗殺され、城も落ちた。その後、千本氏は茂木氏から後継者を迎え、江戸時代には旗本(はたもと)となった。

城跡は標高240mの山頂にあり、本丸跡を始め、空堀や土塁、石垣などが良好な状態で残っている。現在は羽黒神社(祭神稲倉魂命(うがのみたまのみこと)・大己貴命(おおなむちのみこと)・少彦名命(すくなひこなのみこと))が鎮座し、サクラの名所としても知られている。

国道294号線に戻り、県道芳賀茂木線を600mほど西へ行くと、長安寺(ちょうあんじ)(曹洞宗)がある。千本為隆の菩提を弔うため、1197(建久8)年、現在地から3kmほど東南の九石(さざらし)に創建されたもので、6代資持(すけもち)が1492(明応元)年に現在地に移したという。為隆から明治時代の明隆まで、22基の墓碑があり、総門とともに町の指定文化財となっている。

千本城跡

長安寺総門

益子と茂木を訪ねる　305

安楽寺 ㉗
0285-63-4163

〈M ▶ P. 278, 302〉 芳賀郡茂木町北高岡425 Ｐ

真岡鐵道茂木駅 🚶50分

茂木駅から国道123号線を1.2kmほど南西へ進み、県道飯茂木線との三差路から県道を約2km南へ向かう。案内表示に従って400mほど北東へ行くと、安楽寺(浄土宗)に着く。安楽寺の創建は737

安楽寺

(天平9)年と伝えられており、1406(応永13)年、良勝上人によって再興されたといわれている。寺に入ると、推定樹齢600年以上のケヤキ(県天然)がある。

本堂の横から丘の上にあがると、丈六阿弥陀堂がある。この堂は、1679(延宝7)年に建立された。堂内にある木造丈六阿弥陀如来坐像(県文化)は、像高約2.7mと大形で、県内でも最大級のものである。平安時代に流行した定朝様や鎌倉時代の様式がみられる。

小貫観音堂 ㉘

〈M ▶ P. 278〉 芳賀郡茂木町小貫968

真岡鐵道茂木駅 🚌逆川線上小貫 🚶10分

上小貫バス停から300mほど南へ向かい、集落が途切れたあたりで、林道高峯線に入る。この林道を約200m南西に進むと、小貫観音堂 附 石灯籠(県文化)がある。小貫観音堂は、3間四方向拝1間付寄棟造・茅葺きの堂である。観音堂前の石灯籠には、「正徳二(1712)年」銘があり、観音堂も同時期の建造と考えられる。向拝柱に地紋、要所に彫刻が施され、総体丹塗り、彫刻には彩色がされている。内部を含め、華麗な建築物である。

観音堂は、旧円満寺の仏堂であったといわれる。円満寺は、領主芳賀六郎信高の菩提を弔うために建立したと伝えられる。堂内には、鎌倉時代後期の制作とされる木造十一面観音菩薩立像(県文化)がある。観音堂の裏には、芳賀六郎信高の墓と伝わる五輪塔がある。

コラム

真岡鐵道

蒸気機関車で歴史散歩

芳賀郡で歴史散歩をするとき，真岡鐵道の利用は欠かせない。営業距離は，下館駅(茨城県筑西市)から茂木駅(芳賀郡茂木町)に至る41.9kmで，ワンマン運転のレールバスは地元の高校生を中心に，地域の重要な交通機関として親しまれている。

国鉄時代に廃止対象路線となり，1988(昭和63)年に第3セクターの真岡鐵道となった。1994年からは，土・日曜日や祝日を中心に，C12型やC11型の蒸気機関車が通年運転されており，SLファンを中心に，多くの乗客で賑わっている。

真岡鐵道の歴史は，1912(明治45)年4月に真岡軽便鉄道下館・真岡間が開業したことに始まる。1913(大正2)年に真岡・七井間が，1920年には，七井・茂木間が開通し，現在の形になった。

1937(昭和12)年，茂木から茨城県御前山村(現，常陸大宮市)長倉へと続く「長倉線」が着工され，1940年には「下野中川駅」までの鉄道電話が通じ，レールの敷設も始まった。しかし，第二次世界大戦により工事は中断された。現在でも茂木駅から北へ続く線路跡地が，町道や農道として利用されており，使われることのなかったガードやトンネル，「下野中川駅」跡地などをみることができる。

廃線を歴史遺産として目にすることはしばしばあるが，列車が1度も通ることがなかった線路跡地も，地域の歴史を知るうえで，貴重な文化遺産であるといえよう。

上小貫から東側の吹田方面へ2kmほど進むと，県道宇都宮笠間線に入る。県道沿いに夕日堂，西側山麓に朝日堂がある。磯四郎左衛門と，誤まって殺してしまった一人娘のお仙との伝説にまつわる堂としてよく知られている。これは，昔，お仙という娘が，追剥をやめない父をいさめるため，巡礼を装って父親に殺された。父親は，犯した罪を悔い，娘の菩提を弔うため，堂を建てたと伝える。また，堂は，磯四郎左衛門の菩提を弔うため，1555(天文24)年に建立されたとも伝わる。

小貫観音堂

益子と茂木を訪ねる

③ 芳賀と市貝を訪ねる

豊かな里山が続く小貝川上流の市貝と，五行川の流れに沿い，広大な田園の広がる芳賀を歩く。

常珍寺 ㉙
028-678-0411

〈M ▶ P.278〉 芳賀郡芳賀町西水沼1236 Ⓟ
JR東北新幹線・秋田新幹線・山形新幹線・東北本線・日光線宇都宮駅 🚌 益子行芳賀水橋 🚶15分

円仁と源義家ゆかりの寺

　芳賀水橋バス停から，案内表示に従って北西へ1.2kmほど進むと，常珍寺（天台宗）に着く。常珍寺は，858（天安2）年，慈覚大師円仁の開基と伝えられる。秘仏の聖観世音菩薩像は，源義家が後三年合戦（1083～87）のとき，持仏を奉安し，戦勝祈願したものとされる。銅造地蔵菩薩半跏像と銅造阿弥陀如来立像（ともに県文化）は，1725（享保10）年に制作されたもので，戸室将監藤原元蕃の銘がある。銅造大日如来坐像も江戸時代の作とされている。銅造地蔵菩薩立像（ともに県文化）の台座には，「宝暦七（1757）年」銘と施主稲川安左ヱ門の名，「常念仏二万回回向尊」の銘文がある。

　常珍寺から南北に続く丘陵裾の道を南へ約1.5km行くと，国道123号線との交差点に至る。さらに2kmほど南へ進むと，行事神社と亀の子塚古墳（県史跡）の案内表示がある。亀の子塚古墳は，五行川と鬼怒川に挟まれた宝積寺台地の東端に築かれた，全長約56.3mの前方後方墳である。後方部の墳頂部に行事神社がまつられている。芳賀郡には6基の前方後方墳があるが，いずれも古墳時代前期のものと考えられている。亀の子塚古墳から1kmほど南へ進むと，横穴式石室が露出した穴不動古墳がある。

　また，常珍寺から約2km東へ進み，県道上根北長島線の与能小前バス停から北へ700mほど行くと観音寺（真言宗）がある。808（大同3）年，徳一法師によって創建されたと伝え

常珍寺

308　真岡とその周辺

られ，木造聖観音菩薩立像(県文化)は，鎌倉時代の作とされる。

入野家住宅 ㉚
〈M▶P.278〉芳賀郡市貝町赤羽2877　P
JR宇都宮駅🚌益子行下赤羽🚶20分

国道123号線と県道真岡烏山線が交差する下赤羽バス停から，県道沿いに南へ800mほど進むと，入野家住宅への案内表示がある。表示に従い，東へ約800m行くと入野家住宅(国重文)がある。

入野家住宅

入野家は土豪だったが，江戸時代になり帰農し，代々名主をつとめてきた。主屋は天保飢饉にあたっての村民救済事業として，1836(天保7)年から5年の歳月を費やして建てられたことが，所蔵文書により明らかになっている。

主屋は一部2階建て，寄棟造・茅葺きで，主体部と座敷部とが食い違いに配されている。棟は前後に平行し，その間は短い棟でつながれている。芳賀郡の典型的な上層農家建築であり，1986(昭和61)～88年にかけて，主屋の半解体・修理，表門の解体・修理が行われ，建造当時の姿に復元された。

入野家住宅から県道真岡烏山線に戻り，そのまま約1.2km西へ行き，さらに交差点を北へ1kmほど進むと，林の中に長島薬師堂がある。長島薬師堂には，像高50cmの木造薬師如来坐像(県文化)が安置されている。平安時代に流行した定朝様の典型的な仏像で，1311(延慶4)年の修理墨書銘が記されている。

江戸時代の名主の家

祖母井神社 ㉛
028-677-0277
〈M▶P.278, 310〉芳賀郡芳賀町祖母井750　P
JR宇都宮駅🚌茂木行祖母井西🚶1分

祖母井西バス停から県道宇都宮茂木線を東へ60mほど行くと，祖母井神社(祭神彦火火出見命・須佐之男命・木花開耶姫命)がある。祖母井神社は，1145(久安元)年の創建と伝えられ，本殿(県文化)は1770(明和7)年，当地の豪農横堀仙衛門により寄進されたものである。本殿は三間社流造，向拝付，桁行3間(約5.4m)・梁間2

寄進された豪華な本殿 川口松太郎ゆかりの神社

芳賀と市貝を訪ねる　309

祖母井神社

間（約3.6m）である。向拝や妻飾りの彫刻に，繊細な手法が施されている。とくに妻飾りの彫刻は，松と鷹，飛龍・菊水・花鳥・神獣などの図柄が5段に配され，変化に富んだ意匠となっている。

また境内には，烏山城主大久保家にまつわる伝説をもとにした『蛇姫様』の作者として知られる，小説家川口松太郎の句碑もある。川口は，かつて祖母井郵便局に勤務し，境内地の隣に住んでいた。

崇真寺 ㉜
028-677-2414 〈M ▶ P. 278, 310〉芳賀郡芳賀町稲毛田1400　P
JR宇都宮駅🚌茂木行祖母井🚶25分

「犬切不動」の伝説

祖母井神社から県道真岡烏山線を北へ2kmほど進むと，崇真寺（真言宗）に着く。

崇真寺は728（神亀5）年，吉星があらわれ，その4分割の1つが落ちた所に堂を建立したのが始まりと伝えられる。境内の不動堂にある不動明王像は，807（大同2）年，弘法大師空海が当地で行った護摩修行の結縁日に不動明王があらわれ，その姿を一夜のうちに彫刻したものといわれている。また，この不動明王が供物を盗んだイヌを切り，小僧の濡れ衣をはらしたという伝説から，「開運犬切不動明王」とよばれるようになったという。

崇真寺の本尊は，木造大日如来坐像（県文化）である。定印を結んだ胎蔵界の大日如来で，例の少ない印相である。また，荒井寛方作の絹本著色白衣

祖母井神社周辺の史跡

観音像(県文化)もある。

般若寺跡 ㉝　〈M ▶ P.278〉芳賀郡芳賀町芳志戸2443-1　P
JR宇都宮駅🚌茂木行祖母井🚶60分

　祖母井バス停から北へ600mほど進んだ所で、県道真岡烏山線と町道とのY字路になる。西側へ続く道を4.5km余り北へ進むと、般若寺跡になる。般若寺は、820(弘仁11)年、弘法大師空海によって開創され、広大な敷地に伽藍が建立されていたが、1902(明治35)年に焼失した。

　寺跡の最北部には、「天明八(1788)年」銘のある、五輪塔形の江戸幕府10代将軍徳川家治供養塔がある。その南側には、宝塔形の田安宗武供養塔がある。家治供養塔の前面には、御本丸官女森野・戸崎の宝塔形供養塔2基、東側には侍臣のものとみられる五輪塔形供養塔が2基立っている。また、これらの供養塔を建立する経緯を刻んだ墓誌銘板(いずれも県文化)もある。

　墓誌銘板によれば、家治の遺言によって、養女種姫(田安宗武の娘)が、養父と実父の菩提を弔うために供養塔を建立したとされる。その後、病を得た種姫は、般若寺で静養したと伝えられ、1978(昭和53)年の修理の際、骨壺が発見されている。

　般若寺から約200m北へ進むと、県道宇都宮向田線に至る。この県道を700mほど東へ行った交差点を南へ200m余り進むと、大塚台古墳の案内表示がある。大塚台古墳(県史跡)は、芳賀町最高地点(海抜約163m)に位置する円墳である。東西径約48.5m・南北径約44mで、高さは約5mである。栃木県内では比較的大型の円墳として知られているが、埴輪などは確認されていない。

　県道宇都宮向田線に戻り、西へ3kmほど行くと県道石末真岡線との交差点になる。交差点から南へ約2km進んだ所から、やや細い道を西へ1.5kmほど進むと、長命寺(天台宗)がある。

　長命寺は、857(天安元)年、慈覚大師円仁が道場を建てたのが始まりと伝えられる。鎌倉時代の作という木造聖観音菩薩立像(県文化)は、奥州藤原秀衡の母の護持仏であったとの伝承があり、33年に一度開帳される秘仏で、前回の開帳は1990(平成2)年であった。また銅造不動明王坐像(県文化)もある。

徳川家ゆかりの寺院跡

芳賀と市貝を訪ねる

村上城跡と永徳寺 ③④

〈M ▶ P. 278〉芳賀郡市貝町市塙3501　P
真岡鐵道市塙駅🚶40分

保存状態良好な城跡と平安仏

市塙駅から線路沿いの道を北東に600mほど進み、芳賀地蔵前バス停のあるY字路を、さらに北へ1.3kmほど向かった所に観音山（172.2m）がある。案内表示に従って山をのぼると、山頂付近に村上城跡（県史跡）と永徳寺がある。

村上城は、観音山に築かれた山城である。城域は東西約200m・南北約250mにおよぶ。本丸は山頂にあり、東西約40m・南北約85mの三角形状になっていて、保存状態は良好である。

1187（文治3）年に、平宗清が守る村上城が落城したとの記録があることから、平安時代末期頃の築城と考えられる。その後、1378（永和4・天授4）年、益子氏の一族である村上新助良藤によって現在の遺構のような城とされ、3代50年にわたって村上氏の居城になったと伝えられる。現在城跡は観音山梅の里として整備され、市民の憩いの場となっている。

本丸南側の高台には、永徳寺（真言宗）の観音堂がある。永徳寺は、815（弘仁6）年、徳一大師の開山である。天台宗寺院であったが、1642（寛永19）年に真言宗に改宗された。本尊の木造千手観音立像は平安時代中期の作、御前立の木造千手観音立像（ともに県文化）は、鎌倉時代の作とされている。

観音山をくだり、町道を北へ2.5kmほど進むと、田野辺に至る。田野辺の大畑家には武者絵のぼり（県選定）がある。大畑家は、江戸時代から代々紺屋を営んでいたが、1889（明治22）年から武者絵のぼりを量産するようになった。かつてはすべて手書きであったが、現在は型紙と手書きを併用している。邸内には、大畑武者絵資料館がある。

村上城跡

あとがき

　『栃木県の歴史散歩』改訂・編集のお話しをいただいてから数年がたち，ようやく刊行にたどりついた。中学生の頃，旧版の小型の『歴史散歩』を頼りに，古墳や城跡などを訪ね歩いたことを懐かしく思い出す。今回本書の執筆に関わらせていただいたことには，感慨深い思いがある。本書の執筆者は，本県に生まれ育ち，あるいは縁あって本県に職を得て，現在何らかの形で地域史の研究に携わっており，本県の歴史に対する思い入れには格別なものがある。本書には，そのような思いを十分に詰め込んで執筆したつもりである。

　執筆にあたり，地域の史跡をあらためて歩いてみて，新たな発見も多かった。地域の人たちによって大切に保存され続けているもの，周囲が都市化するなかでもその姿を変えずにいるもの，現代の生活のなかにしっかりと根づいているものなど，その存在する形は実にさまざまであった。しかし，これらのいずれもが訪れた私たちをあたたかく迎え，静かに語りかけてくれたような気がした。

　本書を手にされた方々が，地域の歴史を訪ね歩き，私たちの祖先が歩んできた歴史をじかに感じていただければ幸いである。歴史散歩によって，栃木県の良さを十分に堪能してくださることを願っている。また，小・中・高校の生徒諸君が，本書を利用して地域の歴史に目を向け，興味を持ってもらえればと思う。紙幅の関係で割愛，あるいは取り上げることが出来なかった史跡も少なくない。これは次の新しい『歴史散歩』において生かされればと思っている。

　最後になったが，執筆にあたり種々御教示・御協力いただいた方々に厚く御礼申し上げたい。また，刊行までにお手を煩わせた山川出版社の方々には大変御世話になった。あわせて感謝申し上げる。

2007年2月

栃木県歴史散歩編集委員会
代表　江田郁夫
川田純之

【栃木県のあゆみ】

原始・古代

　約3万年前には，栃木県内でもすでに狩人たちが活動を始めていた。約2万8000年前の真岡市磯山遺跡からは，彼らが使ったナイフ形石器などが発見されている。栃木県の北西部には，白根山を中心とする山岳地帯が広がるが，その一角の高原山からとれる黒曜石は，石器の素材として最適で，遠く長野県や静岡県にまで供給されていた。県内でも小山市の寺野東遺跡を始め，多くの遺跡から出土している。後期旧石器時代に生きた人びとは，獣を追って移動生活をしながらも，県内各地にその痕跡を残している。

　約2万年前の最終氷期をピークに，気候は徐々に温暖化する。約1万2000年前に煮沸と貯蔵用の土器である縄文土器を使用し始めた縄文人は，定住生活を営むようになり，あらたな文化を創造していった。宇都宮市の大谷寺岩陰遺跡からは，縄文人たちが定住生活を始めた頃の様子がわかる。約6000年前の栃木市藤岡町の篠山貝塚は，関東平野の最奥部にある貝塚で，海の幸と山の幸に恵まれた縄文人の食生活や交易の状況をうかがわせる。また同じ頃の宇都宮市の根古谷台遺跡では，長方形の大型建物跡や竪穴住居跡が出土しており，周辺のムラ人が集い，交流するような大きなムラの出現を端的に示している。寺野東遺跡の場合は，茨城県境にほど近い田川右岸の台地上に立地し，縄文時代後期（約3500年前）につくられた環状盛土遺構が残されている。外径は約165mで，縄文人の長期間（約800年）にわたる盛土によって形成された。

　今から約2000年前には，日本列島各地で稲作が本格化し，ムラからクニへと社会が大きく変動する。県内で発見された弥生時代の遺跡はわずかで，西日本との地域的な差異を実感させる。真岡市の柳久保遺跡からは，弥生時代後期の住居跡が発見されている。二軒屋式土器とよばれる当時の土器には，依然として特殊な縄文が施されており，栃木県における縄文時代から弥生時代への移行が，ゆるやかなものであったことをうかがわせる。

　4世紀になると，古墳が出現する。畿内のヤマト政権によって，列島規模で政治的統一が進められた結果である。出現期の古墳は，県内では前方後方墳が多い。那須郡那珂川町の駒形大塚古墳，大田原市の上侍塚古墳・下侍塚古墳などである。そして5世紀には，宇都宮市の笹塚古墳・塚山古墳などに代表される巨大な前方後円墳が登場する。県内最大の規模をもつ，小山市の摩利支天塚古墳と琵琶塚古墳は，ともに6世紀に築造された前方後円墳だが，幅広の基壇や横穴式石室が後円部にないなどの特徴を有する。このような特徴をもつ古墳は，「下野型古墳」とも称され，県内南部を中心に分布をみせる。県北に多い前方後方墳と，県南に集中する「下野型古墳」は，古墳時代の下野が大きく2つの政治・文化圏に分かれていたことを示

している。

　律令制に基づく古代国家の下で,下野国は東山道に属し,足利・梁田・安蘇・都賀・寒川・河内・芳賀・塩屋・那須郡の9郡70郷に分かれていた。下野国の役所である国府は,都賀郡(現,栃木市)におかれ,その中心施設である政庁は90m四方の規模をもち,正殿・前殿のほか,東西の脇殿から構成されていたことが,発掘調査により明らかとなった。11世紀には,国府関連の遺構が消滅してしまうので,古代から中世への移行期が,まさにその時期であったことがわかる。

　郡の役所(郡衙)については,那須・芳賀・河内・寒川・足利郡に属するとみられる郡衙の発掘調査が行われている。なかでも,那須郡衙と考えられる那須官衙遺跡は,倉庫を中心とする機能的な構造をもち,実務的な施設であったことがうかがえる。また,上三川町と宇都宮市にまたがる上神主・茂原官衙遺跡も,7世紀から9世紀にかけての河内郡衙跡とみられ,政庁と正倉の遺構が発見されている。

　下野国が属する東山道は,都から遠く離れた陸奥・出羽国がその最北端になる。奥羽と都を結んだ古代の幹線道路が,東山道の駅路である。駅路には,30里(約16km)ごとに駅家がおかれ,駅馬10匹が常備された。下野には,7つの駅家が設置されていた。近年,県内各地で駅路の発掘調査が進み,これにより駅路のルートもほぼ復元が可能になった。発掘調査によると,駅路は両側に側溝をもち,当初は道幅10mを超える直線道路であった。規模や構造から地理的な利便性よりも,政治的・軍事的な側面が重視されていたことがわかる。そのせいか,のちには徐々に規模を縮小し,12世紀初頭には道としての機能を失ったという。

　下野国にとって,物流の大動脈であった東山道は,文化的にもさまざまな恩恵をもたらした。なかでも,鎮護国家の役割をになった仏教は重要視され,東山道に沿うようにして,国分寺・国分尼寺・薬師寺(いずれも現,下野市)があいついで造営された。なかでも薬師寺には,東国10カ国の僧侶に正式に授戒させるための戒壇がおかれ,東国仏教の拠点として繁栄をみせた。当時,公的な授戒施設は,下野薬師寺のほかには,全国でも大和(現,奈良県)東大寺・筑紫(現,福岡県)観世音寺にとどまり,薬師寺は天下の三戒壇の1つであった。薬師寺で授戒した僧侶に,勝道がいる。勝道は,芳賀郡高岡郷(現,真岡市)の生まれで,山岳信仰の霊場日光山を開いた。

中世

　やがて10世紀初め頃には,律令制が行き詰まりをみせ,かわって武士が台頭し,荘園が拡大する。そして,律令制の衰退にともなう治安の悪化,とくに東国での群党蜂起に対処するために編成された軍事集団が,のちに武士団へと成長を遂げる。たとえば,平将門の乱(935～940年)を鎮圧した藤原秀郷の子孫は,下野南部から上野(現,群馬県)にかけて土着し,小山・佐野・足利氏らに分かれた。下野中・東部に勢力を広げた宇都宮氏は,関白藤原道兼の末裔で,奥州でおこった前九年

合戦(1051～62年)にともない、下野に土着したと伝えられる。下野北部を領した那須氏の成立をめぐっては諸説があるものの、本姓は藤原で関白藤原忠平の子孫といわれる。彼らは、現地に土着後、周辺の開発・再開発にあたり、開発地を中央の権門勢家に寄進して荘園化する。小山・佐野・足利・那須荘などの荘園は、このようにして成立をみた。

　武士の台頭により、武力が中央での政争の雌雄を決する鍵となる。院政期の保元・平治の乱(1156・59年)で活躍した平清盛は、一時的に政権を掌握するものの、その後におこった治承・寿永の乱(1180～85年)とよばれる全国的な内乱の結果、源頼朝によって鎌倉幕府が確立される。本格的な武家政権の誕生である。当初、平氏に従った下野武士団は、頼朝の挙兵後は源氏方となり、鎌倉幕府の確立に尽力した。この功績により、下野武士団の多くは下野国内の所領を安堵されたばかりでなく、あらたに全国各地の所領を与えられた。全国に散在する所領を支配するため、たとえば宇都宮氏は伊予(現、愛媛県)や豊前(現、福岡県・大分県北部)に一族を派遣し、岩舟の小野寺氏は出羽に、安蘇郡の阿曽沼氏は陸奥に勢力を拡大した。なかでも小山氏や宇都宮氏は、鎌倉幕府の重臣として幕政にも参画し、政権内で重要な役割をになった。1333(元弘3)年に鎌倉幕府は滅亡するが、幕府滅亡後、東国武士団の支持を集めたのは、倒幕を主導した後醍醐天皇ではなく、下野足利荘を本貫とする足利尊氏であった。

　源姓足利氏は、前九年合戦・後三年合戦(1083～87年)で奮戦した八幡太郎源義家の子義国から始まる。義国の子義康は足利荘を本拠とし、足利氏を称した。尊氏は、初め北条高時から1字を受け、高氏と名乗ったが、倒幕の功によって後醍醐天皇の諱尊治の1字を与えられ、尊氏に改めた。尊氏は、後醍醐天皇(南朝)とは別の皇統(北朝)を擁し、京都で室町幕府を開くものの、南北朝の内乱は容易には収まらなかった。内乱中、下野武士団は全国各地の合戦で目覚ましい活躍をみせた。ただし一方で、下野武士団が払った犠牲も大きく、小山秀朝は中先代の乱(1335年)で、那須資藤は京都東寺合戦(1355年)でそれぞれ戦死している。宇都宮氏綱も、畿内を転戦後に、紀州(現、和歌山県)の名刹粉河寺で戦病死し、のちにこの縁で、宇都宮にも粉河寺が創建された。下野武士団は、みずからが払った犠牲を代価として、深刻な内乱後も代々の所領を維持することができた。

　南北朝・室町時代に東国支配にあたったのが、鎌倉府である。鎌倉府は、室町将軍家の連枝である鎌倉公方足利氏を頂点とする幕府の出先機関で、東国の幕府とよべるような存在であった。このため、のちに幕府との対立を深め、一時中絶する(永享の乱、1438～39年)。まもなく再興された鎌倉府では、公方とその補佐役である関東管領上杉氏との対立が表面化し、15世紀後半に鎌倉府は分裂する(享徳の乱、1454～82年)。以後、鎌倉公方足利氏は、下総古河(現、茨城県古河市)に拠点を移し、古河公方となった。以後の古河公方を支えたのは、小山氏を始めとする下

野の大名たちであり、古河公方は戦国時代まで、北関東を中心に一定の影響力を保持しつづけた。

　戦国時代の下野の特徴は、平安時代末期以来の伝統を有する諸大名が、古河公方足利氏を頂点にそれぞれ合従連衡を続けていた点にある。互いに激しい合戦を繰り返しながらも、下野の大名は古河公方の下で、ゆるやかな連立状態を維持していた。しかし、16世紀後半になると、下野には、南から小田原（現、神奈川県）北条氏、西北から越後（現、新潟県）上杉氏、東から常陸（現、茨城県）佐竹氏の勢力がおよぶようになり、下野の大名はその去就に苦慮する。下野の大名の大勢としては、上杉氏や佐竹氏と結んで、北条氏の下野侵攻に対抗するが、北条氏の勢力は強大であり、結局、下野の大名は北条氏によって各個に撃破されていった。

　天正年間（1573～92）、北条氏による下野の領国化はいよいよ目前に迫っていたが、そこに豊臣秀吉が介入してきた。私戦の停止を命じた惣無事令に背いた北条氏を討伐するため、秀吉率いる大軍が東下したのである。1590（天正18）年、ついに北条氏は滅び、秀吉の全国統一は完成する。秀吉は、北条氏を滅ぼした後、宇都宮、ついで奥州会津（現、福島県）に滞在して、戦後処理にあたった。延べ11日間におよんだ秀吉の宇都宮滞在（宇都宮仕置）は、下野中世の終幕でもあった。

近世

　関東地方に大きな勢力を誇った小田原の北条氏は、1590（天正18）年に豊臣秀吉によって滅亡した。下野では、秀吉に従った宇都宮氏や那須衆の大田原氏・大関氏らは旧領を安堵され、北条氏に与した小山氏や壬生氏・長尾氏・日光山は領地を没収された。秀吉による太閤検地が進められることになるが、宇都宮氏は1597（慶長2）年突如改易され、一族の所領はすべて没収、多くの家臣が帰農するに至った。

　北条氏の滅亡後、関東に入封した徳川家康は、1600年の関ヶ原の戦いに勝利した。下野においては佐野氏・成田氏・皆川氏らの旧領を安堵し、大田原氏・大関氏・那須氏らに対しては加増を行い、宇都宮には奥平家昌を10万石で入封させた。下野は、奥州に対する「関東喉首の地」として、また1617（元和3）年に家康が日光山に改葬され、日光東照社（のち日光東照宮）が造営されると、聖地日光を抱える地として重要視されることになり、宇都宮・壬生・鹿沼の各藩には、代々有力譜代大名が入封することになった。なかでも、家康の側近で幕府の権力者であった本多正純は、1619年の宇都宮入封後、宇都宮城および城下の大規模改修工事を断行し、近世都市宇都宮の形成に大きな役割をはたした。下野の中南部には譜代大名が、東北部には戦国時代以来の旧族の外様大名が配置されたが、比較的小さな大名の所領が多く、他国の大名の飛地もみられた。南部では旗本領が、東部の芳賀郡には幕領が多くなっており、幕末期の所領構成は大名領が約50％、旗本領が約34％、幕領が約11％、寺社領が約3％で、所領の細分化・分散化という特徴がみられた。

　近世前期には、鬼怒川流域の板戸用水・市の堀用水・吉田用水、恩川流域の西

方用水，渡良瀬川流域の柳原用水などの用水が開削され，新田開発が積極的に進められ耕地が拡大した。また，農業技術の発達や農業生産力の向上にともなって商品作物の生産も進み，特産品としての那須郡大山田(現，那須郡那珂川町)地方の煙草，烏山(現，那須烏山市)・馬頭(現，那珂川町)地域での楮，芳賀・河内・都賀郡の綿，都賀郡の麻などの生産が進んだ。下野の特産品の中には，大山田煙草・烏山和紙・真岡木綿・足利織物・野州石灰など，江戸において名声を得るものも少なくなかった。足尾銅山は幕府の直営となり，ここに設置された鋳銭座において，寛永通宝の「足字銭」が鋳造された。

下野には，五街道のうち日光道中および奥州道中が通り，ほかに日光道中壬生通や例幣使街道・会津西街道・会津中街道・日光北街道(大田原道)・原街道・関街道・水戸街道などがあった。また，日光を控えているため，将軍の社参や法会などにおける大通行があり，下野農村はそれらの助郷役の重い負担を背負うことにもなった。水上交通では，鬼怒川・渡良瀬川・思川・巴波川・秋山川・那珂川などにおいて舟運路が整備され，河岸は陸上交通路と結びつき，物資の流通はますます盛んになっていった。水陸交通の発達により，商品流通の結節点となった下野国内の城下町や在町は，多くの人びとの行き来と物資の集散によって繁栄することになった。

このような商品経済の発展は農村に変化をもたらし，各地で商品作物などの特産地が形成されていく。その一方で，人口の激減という農村荒廃が進行していった。寛政年間(1789～1801)の幕府による農村立て直し策として，幕領に陣屋を設けて代官を赴任させることになり，下野には吹上陣屋・藤岡陣屋(ともに栃木市)，真岡出張陣屋・東郷出張陣屋(ともに真岡市)，八木沢出張陣屋(大田原市)などが設けられた。代官竹垣三右衛門や岸本武太夫らは，越後国(現，新潟県)からの入百姓導入や，小児養育の援助，倹約と農事奨励などの農村復興策を断行した。また，二宮尊徳(金次郎)によって，旗本宇津氏桜町領(現，真岡市)を始め，谷田部藩茂木領(現，芳賀郡茂木町)・烏山藩領・日光領での報徳仕法が展開され，宇都宮藩や黒羽藩では，新田開発や専売制の導入などの藩政改革が行われた。

下野からは『山陵志』などを著した蒲生君平が出て，幕末の宇都宮藩の山陵修補事業に影響を与えた。ほかに，那須一族興亡の歴史を描いた歴史書『那須記』を著した大金重貞，農民教化を行い，『民家分量記』を著した常磐潭北，黒羽藩の農政を担当し，『農喩』を著した鈴木武助，『下野国誌』を編纂した河野守弘，鹿沼宿(現，鹿沼市)の儒者鈴木石橋らが活躍した。また，すぐれた農書を著した老農としては，『農家捷径抄』の小貫村(現，茂木町)小貫万右衛門や，『農業自得』の下蒲生村(現，河内郡上三川町)田村仁左衛門があげられる。

ペリー来航(1853年)そして開国という状況のなかで，尊王攘夷論が高まり，宇都宮藩では尊攘派の儒者大橋訥庵やその義弟菊池教中の影響を強く受けるように

なった。大橋らの指導を受けた水戸・宇都宮浪士らにより、1862（文久2）年に坂下門外の変がおこされ、公武合体を進める老中安藤信正が襲撃された。幕末の下野は混乱を深め、1864（元治元）年に筑波山において挙兵した水戸藩の急進尊攘派である天狗党が、日光を目指し下野に侵攻、さらに1867（慶応3）年には、薩摩藩（現、鹿児島県）の支援を受けた尊王攘夷派が出流山（栃木市）で挙兵、各地の浪士・農民らがここに結集した。米価を始めとする諸物価の高騰は、打ちこわしや一揆の発生を招き、その後の世直しの動きへとつながっていく。

近代・現代

鳥羽・伏見の戦いに始まる戊辰戦争（1868～69年）では、下野においても激しい戦闘が繰り広げられた。なかでも、1868（明治元）年の宇都宮城をめぐる新政府軍と旧幕府軍との2度の攻防は、城と広範囲の城下を焼失するほどの戦いであった。下野では戊辰戦争の進行と同じ時期に、窮民らが質地・質物の返還や金穀の供出を要求し、富商や富農をつぎつぎと打ちこわすという世直し一揆が拡大していた。戊辰戦争のさなか、態度の明確でなかった真岡代官山内源七郎は、新政府軍によって処刑され、佐賀藩（現、佐賀県）主の一族鍋島道太郎（のち貞幹、幹）が下野国真岡知県事となり、まもなく下野国知県事として旧幕府領・旧旗本領・旧日光領など、広範な地域を支配下に治めた。1869年の版籍奉還、1871年の廃藩置県を経て、日光県を始め、宇都宮県・黒羽県・壬生県などと他国の藩の飛地が県となったものを含めて、30県が成立した。同年に各県は栃木県と宇都宮県の2県に統合され、1873年には両県が合併し、栃木県が誕生した。

1879年には初の県議会議員選挙が行われ、同年に第1回の栃木県会が開催された。全国的に自由民権運動が高まるなかで、県内各地に政治結社が組織され、演説会が開催された。栃木県においても、国会開設に関する請願が、塩田奥造や横堀三子ら下野有志同志会によって、建白書が田中正造ら中節社によって提出された。1883年に栃木県令となった三島通庸は、自由民権運動の弾圧を行うとともに、翌年栃木町（現、栃木市）にあった県庁の宇都宮移転を断行した。これに対して、県庁の開庁式に出席する政府高官暗殺を図った自由党員による爆弾製造・失敗は、加波山事件へとつながっていった。

明治時代には積極的な殖産興業政策が進められ、近代的器械製糸を導入した大嶹商舎（宇都宮市）やイギリスの紡績器械による下野紡績会社（真岡市）は、栃木県の近代工業の先駆的役割をはたした。ほかにも原料立地という利点をいかしながら、下野麻紡績会社（鹿沼市）、下野煉瓦製造会社（下都賀郡野木町）、足利模範撚糸合資会社（足利市）などの近代的工場が設立された。広大な那須野が原においては、1880（明治13）年に印南丈作と矢板武が那須開墾社を、三島通庸が肇耕社を組織するなど、地元有力者や元勲・高級官僚による大農場が開設された。さらに水田灌漑のできる大規模水路開削が計画され、1885年に那珂川から取水し、熊川・蛇尾川を

横断する約16kmにおよぶ那須疏水の本幹水路が完成した。ここから4本の分水路が設けられ、耕地の拡大が行われた。交通関係では、東北本線(現、JR東北本線)が1885年に宇都宮・大宮(埼玉県さいたま市)間で開通し、両毛線(現、JR両毛線)・水戸線(現、JR水戸線)・日光線(現、JR日光線)などの支線もつぎつぎと開通し、かわって河川交通は急速に衰退した。また、鉄道と産地を結ぶ安蘇馬車鉄道や宇都宮軌道運輸会社などの人車鉄道が設けられた。

足尾銅山は、1877(明治10)年に古河市兵衛が買収し、新技術の導入と経営の近代化が進められ、明治時代中期には、全国有数の銅山へと発展した。しかし、鉱山の発展はその周囲に煙害を、渡良瀬川流域には耕地への鉱毒被害をもたらした。衆議院議員田中正造は、鉱毒問題解決のために奔走したが難航し、田中は議員を辞職し、明治天皇への直訴を行うに至った。結局、谷中村(現、栃木市)に遊水池を造成し、同村の廃村が打ち出された。

1907年には、宇都宮に陸軍第14師団が設置され、宇都宮は軍都としても発展することになった。栃木県の労働運動は、1907年の足尾暴動を始まりとし、大正時代には、各地で労働争議が展開された。昭和時代になると、金融恐慌、世界恐慌を経て、県内でも下野中央銀行が休業するなど、経済不況が深刻化した。昭和恐慌は農村の困窮をもたらし、1932(昭和7)年の阿久津村事件(塩谷郡高根沢町)を始めとして、小作争議が増加・激化した。日中戦争・太平洋戦争が始まると、軍需生産優先政策から県民生活も逼迫し、兵力や労働力としての動員が進められた。太平洋戦争での日本の敗色が濃厚となるなか、1945年7月12日の宇都宮空襲では、市街中心部が焼失し、死者は500人を超えた。空襲は、鹿沼や足利・真岡などにもおよんだ。

終戦後、GHQによりさまざまな改革が断行され、日本の非軍事化と民主化が進められた。社会が混乱し、生活の窮乏が甚だしいところに、1947年のキャサリン台風や1949年の今市地震などの自然災害が県民を直撃した。終戦直後の混乱もしだいに収まり、高度経済成長のなかで、宇都宮・小山・上三川・真岡・佐野・足利・鹿沼・栃木地区に、工業団地の造成と工場誘致が行われ、農業県から工業県への転換が図られた。那須野が原では、1967年から統一的用水事業と発電事業を一括した総合開発が行われ、1995(平成7)年に完成した。1972(昭和47)年の東北自動車道の宇都宮・岩槻(埼玉県さいたま市)間開通、1982年の東北新幹線開通を始めとして交通網は発達し、東京や東北との距離は格段に短縮された。1973(昭和48)年には長い歴史をたどってきた足尾銅山が閉山、赤字路線の第三セクター化などが進んだ。また「栃の葉国体」(1980年)、「とちぎ博」(1984年)、「国民文化祭」(1995年)、「日光杉並木国体」(1996年)などのイベントがつぎつぎと開催された。1999(平成11)年に人口は200万人を超えた。農業と工業のバランスをとりながら発展を続けており、「平成の大合併」を経て、あらたな自治体の枠組みが成立し、今後の地方自治が模索されている。

【地域の概観】

宇都宮とその周辺

　宇都宮市(旧河内町・旧上河内町を含む)，塩谷郡高根沢町は栃木県のほぼ中央に位置し，その北が塩谷郡塩谷町，北東がさくら市(旧氏家町・旧喜連川町)である。鬼怒川を始め，田川・荒川・五行川などの流域の平野に水田地帯が広がり，宇都宮市の北西や西部，塩谷町の大半は山地となっている。

　地域内には多くの縄文遺跡がみられ，大谷寺洞穴遺跡や根古谷台遺跡・勝山遺跡などが知られている。古墳としては，田川流域に笹塚古墳や塚山古墳などの大型の古墳がみられ，横穴古墳として長岡百穴古墳などがある。古代の官道である東山道は，河内郡衙跡とされる上神主・茂原官衙遺跡の南東部を通り，宇都宮東部を北上している。宇都宮の二荒山神社は，『延喜式』式内名神大社として古くから人びとの崇敬を集め，前九年合戦(1051～62年)後に同社の社務職となった藤原宗円は，宇都宮氏の祖となったとされる。また，大谷寺の磨崖仏や佐貫石仏などには，平安時代におけるこの地域の人びとの信仰をみることができる。宇都宮氏は，鎌倉時代の有力御家人，室町時代の守護大名，そして戦国大名として大きな勢力をもち，地域内には，飛山城・多気山城・勝山城などの宇都宮氏やその一族にかかわる多くの城郭が築かれた。また，宇都宮氏は「宇都宮歌壇」を形成するなど，文化面でも目覚ましい活躍をみせ，宇都宮を中心に多くの寺院を創建した。

　江戸時代の宇都宮は，日光を控えた関東の要地として，幕閣の一翼をになう譜代大名の封地となった。城下町宇都宮は，中世以来の二荒山神社の門前町，日光・奥州両道中の宿場町として発展し，下野の中心都市となった。宇都宮からは，『山陵志』を著した蒲生君平，尊王攘夷運動を支えた豪商菊池教中らが出た。日光道中は，雀宮宿・宇都宮宿・徳次郎宿と続き，奥州道中は宇都宮宿で日光道中と分岐して白沢宿・氏家宿・喜連川宿へと続いた。氏家宿は多くの街道が集まる交通の要衝であり，鬼怒川上流の阿久津河岸とともに，物資の集散地として繁栄した。喜連川宿は，古河公方の流れを汲む喜連川氏の城下町でもあった。船生宿や玉生宿は日光北街道(大田原道)の宿場で，玉生宿には松尾芭蕉が『おくのほそ道』の旅の途中に宿泊した。

　近代になり，県庁が県令三島通庸によって栃木町から宇都宮に移転されたことで，宇都宮は県の政治・経済・文化の中心地としての役割をになうようになり，さらに第14師団がおかれると，軍都としての性格も加わった。また，東北本線(現，JR東北本線)の開通により，中央との結びつきを強めることになった。第二次世界大戦後は，工業団地の造成などにともない工業化が本格化し，さらに1970年代以降，東北自動車道や東北新幹線の開通で，地域の発展がいっそう促された。近年のいわゆる「平成の大合併」により，宇都宮は50万都市となり，あらたな発展をめざしている。

那珂川に沿って

　栃木県東部に位置する大田原市(旧黒羽町・旧湯津上村)・那須郡那珂川町(旧小川町・旧馬頭町)・那須烏山市(旧烏山町・旧南那須町)は，八溝山地によって東隣の茨城県と接しており，その中央部には北から南へ那珂川が流れている。とくに那珂川と箒川が合流する旧湯津上村・旧小川町域は，古代那須国の中心地として，上・下侍塚古墳および駒形大塚古墳・那須八幡塚古墳などの前方後方墳の築造や，那須官衙遺跡・那須国造碑(日本三古碑の１つ)などが示すように，古代文化の花が開いた地域であった。律令国家が設定した東山道は，当地域において那珂川町三輪付近から磐上駅を経て，伊王野(現，那須町)付近の黒川駅に通じる官道であった。

　平安時代には，那須上荘・那須下荘や固田荘・武茂荘などが成立し，鎌倉時代には，那須氏が御家人として活躍した。また，仏国国師により黒羽に雲巌寺が開かれ，北関東での臨済宗布教の根拠地となった。その後，那須氏は，南北朝の内乱において足利氏方に味方したが，室町時代には，幕府(将軍足利氏)と鎌倉府(鎌倉公方足利氏)の対立にともない，上・下那須家に分かれて抗争した。戦国時代に入り，黒羽を本拠としていたと考えられる上那須家が断絶すると，那須郡内に基盤をもって党的結合をしていた那須衆は，烏山城主那須氏を中核として活躍するが，大関氏や大田原氏らの独自的な動きも目立つようになった。

　近世には，黒羽藩・大田原藩・烏山藩などの小藩分立により，独自の政策が推し進められた。とくに黒羽藩では，鈴木武助が『農喩』を著し，飢饉への備えを説き，大関増業が『創垂可継』や『止戈枢要』を編述するなど，農業技術改善・殖産興業に力が入れられた。元禄年間(1688～1704)には，松尾芭蕉が『おくのほそ道』行脚の途中，黒羽に長期滞在をしたり，水戸藩(現，茨城県)２代藩主徳川光圀がわが国考古学史上初となる上・下侍塚古墳の発掘調査を行った。近世の産業については，烏山の和紙や馬頭を中心とした煙草栽培が盛んであり，交通の面では，那珂川舟運が発達して，黒羽河岸や久那瀬河岸などがその拠点となった。

　近代になると，東野鉄道(1968年廃止)や烏山線(現，JR烏山線)などの鉄道が敷設され，八溝山地の物資や旅客の輸送に大きな役割をはたした。産業面では，近世からの和紙・煙草生産が発展した。江戸時代後期，水戸藩９代藩主徳川斉昭の産業振興策によって始められた小砂焼は，明治時代に入って活況を呈することとなり，今日に至っている。現在，那珂川流域は，那須川県立自然公園に指定されており，自然や文化財をいかした町づくりが推進されている。

日光山麓とその周辺

　日光市・鹿沼市・栃木市西方町は，県の北西部，男体山を主峰とする日光連山や足尾山地とその山麓，これらの山々に源流がある鬼怒川・大谷川・思川・黒川などの本・支流域に立地する。2006(平成18)年，旧粟野町が鹿沼市と合併，また，旧

今市市・日光市・藤原町・足尾町・栗山村が合併してあらたな日光市になった。日光連山・中禅寺湖・戦場ヶ原などを含む日光国立公園，古峰ヶ原高原・横根高原を中心とする，前日光県立自然公園に代表される緑豊かな自然遺産が広がるなか，日光市山内には，多様な文化財を有する二社一寺(日光東照宮・日光二荒山神社・日光山輪王寺)がある。

　日光連山は古代以来の山岳信仰の霊場である。勝道上人は，766(天平神護2)年男体山登拝を志し，782(天応2)年に成功し，日光山の開山となった。以後，弘法大師空海・慈覚大師円仁も来山したと伝え，平安時代末期の常行堂建立以降，関東天台宗の拠点として栄えた。鎌倉時代，3代将軍源実朝の護持僧であった弁覚が本坊光明院を建てて「別当」になると，熊野修験の影響の下，修験道が発達し，南北朝時代にかけて新宮(現，日光二荒山神社本社)・滝尾(現，滝尾神社)・本宮(現，本宮神社)をまつる日光三所権現の信仰が成立した。

　鎌倉時代以降，その周辺地域には日光山の所領が成立し，宇都宮・那須・小山氏ら下野国内の有力武士が子弟を日光山内の院・坊と称する寺院の住僧とした。室町時代中・後期には，壬生ついで鹿沼を根拠地とする壬生氏が日光山惣政所となり，その子弟が住職となった権別当座禅院が本坊となり，小田原攻め(1590年)に至るまで，当該地域に大きな影響力をもった。

　1613(慶長18)年，徳川家康の信任を得た慈眼大師天海が光明院に入り，1617(元和3)年に日光東照宮が創建されると，日光山は江戸幕府の聖地となった。また，皇族の門跡を迎え，1655(明暦元)年には輪王寺門跡が成立した。その領内の足尾では銅山の開発が進められた。東照宮への参道として日光杉並木に彩られた日光道中などの街道が整備され，門前町・宿場町が発達，当該地域の社会・文化にも大きな時代的変革をもたらした。

　1890(明治23)年の日光鉄道(現，JR日光線)，1914(大正3)年の足尾鉄道(現，わたらせ渓谷鉄道)，1919年の下野軌道(現，東武鬼怒川線)，1929(昭和4)年の東武鉄道日光線(現，東武日光線)などの全面開通は，観光・商工業をより活性化させた。1999(平成11)年に「日光の社寺」としてユネスコ世界文化遺産に指定された日光市山内，2005(平成17)年にラムサール条約へ登録された奥日光の湿原，温泉保養地である湯元・鬼怒川・川治・湯西川などは，現在も国内有数の観光地となっている。その一方で，山間部には高度経済成長に取り残された限界集落も少なくなく，ことに足尾地区は，1973(昭和48)年の足尾銅山閉山以降，過疎化が著しい。近年，これらの地区に残る文化財・産業遺産もまた，注目されている。

那須塩原とその周辺

　栃木県北東部に位置する那須郡那須町・那須塩原市・矢板市は，北に連なる那須山地と南側に広がるその扇状地からなり，北は福島県の白河市へと至る，関東地方と東北地方を結ぶ重要な交通路に位置する。この地域には那須町の木下遺跡(早

期),那須塩原市の槻沢遺跡(中期)など多くの縄文遺跡があり,晩期の土器には東北地方南部の影響がみられ,原始から活発な人の交流があったことをうかがわせる。古代の官道である東山道は,伊王野(現,那須町)付近に黒川駅があったと推定され,芦野を経て白河に至った。また,この地域の温泉は古くから知られ,「那須湯」の名は8世紀の史料にあらわれ,塩原温泉も9世紀初めに始まるといわれる。『延喜式』式内社の温泉神社は那須湯本にあり,その近くの殺生石は「九尾の狐」の伝説で知られる。

中世には,那須氏やその一族である伊王野氏・芦野氏,また矢板市域では塩谷氏が勢力をもち,奥州白河結城氏・宇都宮氏・常陸(現,茨城県)佐竹氏らとの抗争を繰り返した。鎌倉時代の塩谷朝業のように,文才で知られる武将もいた。なお,鎌倉時代初期の1193(建久4)年には,将軍源頼朝による那須野の巻狩が行われ,下野の多くの武将たちも参加した。

近世には,伊王野氏・芦野氏らの旗本領,幕府領,多くの藩領などに分かれた支配が行われた。交通路は,幕府によって奥州道中が整備され,古代の東山道よりも西寄りに重要な街道が移った。水に乏しく開発が遅れていた那須野が原は,おもに秣場として利用されていたが,近世から開発の動きがあったことは注目される。

近代に入ると,本格的に那須野が原の開拓が進んだ。官有地の貸下げにより,矢板武・印南丈作による那須開墾社を始め,肇耕社,郡司開墾などの大農場が誕生し,日本三大疏水の1つである那須疏水の開削が国営事業として行われ,1885(明治18)年に本管が完成した。交通面でも近代化が進み,1884(明治17)年,県令三島通庸によって陸羽街道の路線変更と塩原街道の開削が行われた。また,日本鉄道会社による鉄道の敷設が進み,1887年に黒磯・白河間が開通した(現,JR東北本線)。交通網が整備されたことにより,那須・塩原を始めとして,歴史と自然に恵まれたこの地域には,多くの観光客が訪れるようになり,発展を遂げていった。

渡良瀬川に沿って

足利・佐野地域は栃木県の南西部に位置し,関東平野の北端,足尾山地の裾野にある。この地域を流れる渡良瀬川は,足尾山地を水源とし,両毛地域の中心部を南東に流れ,やがて利根川に合流する。この間に渡良瀬川には,足利・佐野地域を南流する松田川・名草川や旗川・秋山川が合流し,これらの支流とともに流域の耕地をうるおしている。その点では,中世に成立した足利荘・佐野荘・梁田御厨は,渡良瀬川の賜物といえる。また,渡良瀬川の舟運も見逃せない。渡良瀬川沿岸の河岸のなかで,足利の猿田河岸や佐野の越名・馬門河岸は近世に賑わいをみせ,これらの河岸から地域の特産品である足利織物や天明(命)鋳物・葛生石灰が江戸まで運ばれた。洪水などで流域の住民に被害をもたらすことはあっても,この地域にとって渡良瀬川は欠かすことのできない存在であった。

足利・佐野地域は,渡良瀬川ばかりでなく,陸上交通路でも密接に結びついてい

た。古代律令制の時代には、畿内から奥羽へ至る東山道が下野を通り、下野国内では足利から佐野を経て、国府へと向かった。中世でも、鎌倉と上野(現、群馬県)・信濃(現、長野県)方面を結ぶ鎌倉街道上道から分岐し、足利・佐野を経由して小山に至るルートがあり、軍勢を含め多くの人びとがこの街道を往来した。近世になると、五街道の1つ中山道から分かれた日光例幣使街道が、足利の八木宿・梁田宿や佐野の天明宿・犬伏宿を通過し、街道筋の繁栄は続いた。現在では、群馬県前橋市と茨城県水戸市を結ぶ国道50号線が通り、国道沿いにはさまざまな店舗が軒を連ねている。古代から現在まで、足利と佐野は主要街道で相互に結ばれ、緊密な交流のなかでともに発展を遂げてきた。

戦国時代の下野各地を歴訪した連歌師の宗長は、足利では足利学校と鑁阿寺を訪ね、佐野では歌枕で著名な「佐野の舟橋」の跡を訪れた。「佐野の舟橋」の本来の所在地は上野だが、すでに下野佐野のほうが一般にはよく知られていた。水陸両面で交通の要衝であったこの地域を、古くより多数の文人・武人が訪れた。足利の豊かな歴史と佐野の風光明媚な景観は、今もかわることなく、訪れる人たちを魅了し続けている。

栃木とその周辺

栃木市(旧西方町・旧都賀町・旧岩舟町・旧大平町・旧藤岡町を含む)を中心に、東には下都賀郡壬生町が広がる。北西部には、足尾山地に連なる丘陵があるが、おおむね関東平野北辺の平坦地である。

縄文時代には、永野川流域の星野遺跡や渡良瀬川流域の藤岡神社遺跡など、河川流域で人びとの生活が展開していたことが知られている。

古墳時代になると、黒川沿岸に県内最大級の古墳を含む古墳群や、太平山麓下に国内最大級の舟形木棺をもつ七廻り鏡塚古墳群が出現する。当時、これらの地に一大勢力圏があったことをうかがわせる。

律令制の時代になると、下野国府が栃木市東部に設置され、近隣の国分寺・薬師寺などとともに下野国の中心地となった。佐野を経て岩舟・栃木へ至る官道の東山道には、三鴨関や三鴨駅家が設置された。国庁の北には総社大神神社が創建された。また、大慈寺や華厳寺などの寺院が建立され、下野仏教の拠点ともなった。日光山を開いた勝道上人や、最澄の弟子として遣唐使で入唐した慈覚大師円仁は、この地域で修行した人物で、関係の史跡も多い。出流山や太平山も信仰の地として栄えた。

中世になると、長尾・佐野・皆川・壬生・小山氏らの一族が勢力をもち、各地に城館が築かれて、互いに争った。戦国時代には、小田原北条氏が勢力を伸張したが、1590(天正18)年豊臣秀吉の小田原攻めにより、これらの勢力関係は終焉した。

江戸時代に入ると、壬生藩をのぞき、おおむね幕府領や藩の飛地、旗本領など、支配は錯綜した。栃木町は日光例幣使街道の宿場として、また銚子(現、千葉県

銚子市)や江戸を結ぶ巴波川舟運とあわせ、水陸交通の要衝となり、商業のまちとして多くの土蔵が立ち並んだ。壬生藩では、学問・文化を振興し、下野国最初の藩校学習館を設立した。のちに藩内で蘭学が発達し、下野最初の人体解剖も行われた。幕末期になると、天狗党事件(1864年)や出流山事件(1867年)などがおきて幕末動乱の舞台として登場する。1868(明治元)年の戊辰戦争では、壬生城が新政府軍の拠点となり、安塚の戦いが繰り広げられた。同時に民衆による打ちこわし(下野世直し一揆)もおこった。

明治時代に入ると、栃木町に栃木県庁が設置され、1884年に県庁が宇都宮に移転するまで県政の中心であった。自由民権運動の盛んな地域でもあり、新井章吾や塩田奥造・鯉沼九八郎らの民権家が活躍した。また、足尾鉱毒事件での運動も展開した。

今日では、これらの市町は、東北自動車道・北関東自動車道が縦貫し、県南部の交通の大動脈を支えている。また同時に、平野と山をあわせもつ自然景観や史跡を観光資源とし、緑豊かなまちとして地域振興が図られている。

小山とその周辺

県南地方に位置する下都賀郡野木町・小山市・下野市・河内郡上三川町の4市町のある地域は、古くから栄えてきた地域であり、原始・古代からの数多くの貴重な遺跡が残されている。縄文文化の高さを伝える寺野東遺跡、8世紀の瓦生産に関する遺構が発見された乙女不動原瓦窯跡は、各時代を代表する遺跡であり、摩利支天塚古墳や琵琶塚古墳は、県内最大規模の前方後円墳である。さらに、下野国分寺跡・同尼寺跡・下野薬師寺跡などの存在は、かつてこの一帯が下野国の中心であったことを物語っている。

中世に入ると、この地域では藤原秀郷の子孫とされる小山氏や結城氏らの武士団が活躍し、これらにかかわるものだけでも、小山市内には祇園城・鷲城・中久喜城など、中世城郭の遺構が良好に残されている。一方、上三川町・下野市内には、宇都宮氏一族に関連した上三川城・児山城・多功城などの中世城郭の遺構が残り、小山氏のみにとどまらない中世武士の諸勢力の興亡の跡を知ることができる。

近世に入ると、諸藩領・旗本領・幕領など、支配は錯綜するが、日光道中が整備されて、小山・小金井・石橋などを始めとする宿場が栄え、付近の村々はこれらの宿場の助郷村に編制されて、地域的なまとまりをもった。街道沿いには、小金井の一里塚、将軍の日光社参に関連した寺院などが今も残る。また、思川や鬼怒川などを利用した河川交通も活況を呈し、乙女河岸などを中心に諸河岸が展開した。

近代に入ると、河川交通は衰退したが、東北本線(現、JR東北本線)や両毛線(現、JR両毛線)・水戸線(現、JR水戸線)などの鉄道が敷設され、またかつての日光道中を基盤として、陸羽街道も開通し、繁栄の礎は残されていく。やがて、1972(昭和47)年には自治医科大学が設立され、1982年には東北新幹線も開業するなど、栃

木県の南玄関口として発展を続けている。2006(平成18)年には、歴史的にも関係の深い、旧国分寺町・石橋町・南河内町の3町が合併して下野市となり、かつての歴史的環境をいかした町づくりが推進されることになった。

真岡とその周辺

栃木県の南東部に位置し、真岡市(旧二宮町を含む)を中心に、芳賀郡茂木町・市貝町・芳賀町・益子町の1市4町が芳賀とよばれる地域である。西には鬼怒川が南北に流れ、宇都宮市や河内郡・小山市と接している。また、東の八溝山地が茨城県との県境になっている。芳賀の中央部には、小貝川と五行川が南流し、周辺には広大な水田地帯が広がっている。一方で、東部には豊かな山林が広がっている。

芳賀地域には、旧石器時代の磯山遺跡や、数多くの縄文・弥生時代の遺跡がある。古墳時代前期には、浅間塚古墳などの前方後方墳が、古墳時代後期には、小宅古墳群のような群集墳もつくられた。

平安時代中期に成立した『和名類聚抄』には、芳賀郡内の郷名として14カ所が記載されている。なかには「氏家」や「新田」などの郷名があり、現在のさくら市や塩谷郡高根沢町を含む範囲が、元来の芳賀郡であったと考えられる。真岡市には芳賀郡家跡とされる堂法田遺跡や、郡内最古の寺院であった大内廃寺がある。また芳賀地域を南北に貫く「タツ街道」は、さくら市付近で東山道とつながる古代以来の街道であったと考えられる。

中世に東真壁郡とよばれた芳賀地域には、大内荘・中村荘・長沼荘や茂木保などの荘園が成立し、荘園を中心に武士団が形成された。「紀清両党」と称され、宇都宮氏を支えた芳賀氏と益子氏、宇都宮氏系の茂木氏、那須一族の千本氏、久下田(現、真岡市)には水谷氏らがおり、各地に城館や寺社をつくった。

近世の芳賀地域は、幕領・旗本領・藩領に分かれ、真岡・茂木には各陣屋がおかれた。幕末期には多くの村々が疲弊した。その復興のため、真岡では代官竹垣氏や山内氏が、真岡や茂木では二宮尊徳が活躍した。

近代に入り、真岡線が開通し、地域振興に大きく寄与した。かつては真岡木綿や茂木の葉煙草栽培が地域を代表する産業であった。現在は、益子焼、真岡のイチゴ栽培、井頭公園、ツインリンクもてぎなどが全国的に知られている。

【文化財公開施設】

①内容，②休館日，③入館料

栃木県立博物館　〒320-0865宇都宮市睦町2-2　TEL028-634-1311　①栃木県の歴史・考古・民俗・美術工芸資料，②月曜日(祝日は開館)，祝日の翌日，年末年始，③有料

栃木県立文書館　〒320-8501宇都宮市塙田1-1-20　栃木県庁南館2階　TEL028-623-3450　①栃木県関係の古文書・公文書，②土・日曜日，祝日，月末の平日，年末年始，③無料

宇都宮市文化財研究展示室　〒320-8540宇都宮市旭1-1-5　宇都宮市役所12階　TEL028-632-2764　①宇都宮市の歴史・考古・民俗資料，②土・日曜，祝日，年末年始，③無料

旧篠原家住宅　〒321-0966宇都宮市今泉1-4-33　TEL028-624-2200　①明治時代の豪商の建造物，②月曜日(休日は翌日)，祝日の翌日，年末年始，③有料

うつのみや遺跡の広場　〒320-0855宇都宮市上欠町151-1　TEL028-659-0193　①根古谷台遺跡出土資料，②月曜日(祝休日は翌日)，祝休日の翌日，年末年始，③無料

とびやま歴史体験館　〒321-3236宇都宮市竹下町380-1　TEL028-667-9400　①飛山城の歴史，のろし関連資料，②月曜日(但し月曜日が休日の場合は火曜日)，祝日の翌日(但し，土・日曜の場合は除く)，年末年始，③無料(体験メニューは別途有料あり)

宇都宮駐屯地防衛資料館　〒321-0145宇都宮市茂原1-5-45　TEL028-653-1551　①第二次世界大戦時資料，大山巌関係資料，②年末年始，③無料

大谷資料館　〒321-0345宇都宮市大谷町909　TEL028-652-1232　①大谷石採掘に関する資料，②12月～3月毎週火曜日(祭日の場合翌日)，12月25日～1月1日，③有料

上河内民俗資料館　〒321-0414宇都宮市中里町181-3上河内地区市民センター3階　TEL028-674-3480　①旧上河内町の考古・民俗資料，②月曜日，祝休日の翌日，年末年始，③無料

さくら市ミュージアム―荒井寛方記念館―　〒329-1311さくら市氏家1297　TEL028-682-7123　①さくら市の歴史・美術資料，鋸コレクション，②毎週月曜日(祝日は開館)，祝日の翌日(土・日曜は開館)，第3火曜日，展示替え期間，年末年始，③有料

高根沢町歴史民俗資料館　〒329-1225塩谷郡高根沢町石末1825　TEL028-675-7117　①高根沢町の考古・歴史・民俗・美術資料，②月曜日(祝日を除く)，祝日の翌日，年末年始，③無料

塩谷町郷土資料館　〒329-2213塩谷郡塩谷町熊ノ木987-2　TEL0287-45-1465　①塩谷町の歴史・民俗資料，②月曜日・第3日曜・祝日・年末年始　※見学の際は，次のいずれかに前もって連絡〔塩谷町自然休養村センター〕TEL0287-45-1465〔教育委員会事務局生涯学習課〕TEL0287-48-7503，③無料

大田原市黒羽芭蕉の館　〒324-0234大田原市前田980-1　TEL0287-54-4151　①芭蕉関係資料，黒羽藩主大関家資料，②月曜日(祝日は翌日)，年末年始，③有料

大田原市歴史民俗資料館　〒324-0403大田原市湯津上194　TEL0287-98-2151　①旧湯津上村の歴史・民俗資料，②月曜日(祝日は開館し翌日)，年末年始，管理上必要日，③無料

大田原市なす風土記の丘湯津上資料館　〒324-0403大田原市湯津上192　TEL0287-98-3322　①大田原市内の考古資料，②月曜日(祝日は開館し次の平日)，年末年始，管理上必要日，③有料

那珂川町馬頭郷土資料館　〒324-0613那須郡那珂川町馬頭116-5　TEL0287-92-1103　①旧馬頭町の考古・歴史資料，②月曜日(祝日は翌日)，年末年始，③無料

那珂川町なす風土記の丘資料館　〒324-0501那須郡那珂川町小川3789　TEL0287-96-3366　①那須地方の考古資料，②月曜日(祝日を除く)，祝日の翌日，年末年始，③有料

那珂川町小川郷土館　〒324-0501那須郡那珂川町小川2524-1　TEL0287-96-2322　①旧小川

町の民俗資料，②土・日曜日，祝日，臨時休館日，年末年始※見学の際は那珂川町なす風土記の丘資料館に事前予約(0287-96-3366)，③無料

足尾銅山観光　　〒321-1514日光市足尾町通洞9-2　TEL0288-93-3240　①足尾銅山の歴史資料，②年中無休，③有料

古河掛水倶楽部　　〒321-1512日光市掛水2281　TEL0288-93-2015（平日は0288-93-3255）①足尾銅山の迎賓館，②平日の見学は事前予約が必要，③有料

NPO法人足尾歴史館(2019年4月閉館)　　〒321-1523日光市足尾町松原2825　TEL0288-93-0189　①足尾銅山の歴史資料，②毎週月曜日(祝日は翌日)，③有料

日光山輪王寺宝物殿　　〒321-1494日光市山内2300　TEL0288-54-0531　①輪王寺の仏具・仏教美術，②年中無休，展示替等で年7日休館，③有料

日光東照宮宝物館　　〒321-1431日光市山内2301　TEL0288-54-2558　①東照宮の歴史・美術工芸資料，②年中無休(展示替えのため休館する場合が有)，③有料

日光二荒山神社宝物館　　〒321-1661日光市中宮祠2484　TEL0288-55-0017　①男体山頂祭祀遺跡資料・刀剣，②年中無休，③有料

日光市歴史民俗資料館・二宮尊徳記念館　　〒321-1261日光市今市304-1　TEL0288-25-7333　①日光市の歴史・民俗・考古資料，杉並木関係資料，二宮尊徳資料，②月曜日，国民の祝日(月曜日の場合は翌日も休館)，年末年始，展示替期間中，③無料

鹿沼市郷土資料展示室　　〒322-0031鹿沼市睦町1956-2　TEL0289-60-7890　①彫刻屋台，民俗資料，考古資料，②月曜，祝日の翌日，年末年始，③無料

鹿沼市彫刻屋台展示館　　〒322-0052鹿沼市銀座1-1870-1　TEL0289-60-6070　①彫刻屋台・祭り映像，②月曜日(祝日は開館)，祝日の翌日，年末年始，③有料

鹿沼市木のふるさと伝統工芸館　　〒322-0058鹿沼市麻苧町1556-1　TEL0289-64-6131　①彫刻屋台・伝統工芸品，②火曜日，祝日の翌日，年末年始，③無料

鹿沼市仲町屋台展示収蔵庫　　〒322-0053鹿沼市仲町1610-1　TEL0289-62-1172　①彫刻屋台，②火曜日，祝日の翌日，年末年始，③無料

鹿沼市立粟野歴史民俗資料館　　〒322-0305鹿沼市口粟野661　TEL0289-85-2259　①旧粟野町の考古・歴史・民俗資料，②月曜日，祝日の翌日，年末年始，鹿沼市立図書館粟野館の休館日，③無料

矢板市立郷土資料館　　〒329-2501矢板市上伊佐野761-2　TEL0287-43-0423　①矢板市の歴史，②月曜日(祝日は翌日)，年末年始，③無料

矢板武記念館　　〒329-2164矢板市本町15-3　TEL0287-43-0032　①矢板武関係資料，②月・火曜日(休日は翌日)，③有料

山縣有朋記念館　　〒329-2501矢板市上伊佐野1022　TEL0287-44-2320　①山縣有朋関係資料，②月曜日(祝日は翌日)，年末年始，③有料

那須野が原博物館　　〒329-2752那須塩原市三島5-1　TEL0287-36-0949　①那須野が原の開拓関係・考古資料，②月曜日(休日は開館)，くん蒸期間，年末年始，③有料

那須塩原市黒磯郷土館　　〒325-0043那須塩原市橋本町8-47　TEL0287-63-1351　①旧黒磯市の民俗資料，②月曜日，祝祭日，年末年始，③無料

那須塩原市日新の館　　〒325-0013那須塩原市鍋掛531　TEL0287-64-1343　①高久靄厓の作品，鍋掛・越堀宿関係資料，②月曜日，祝祭日，年末年始，③無料

那須塩原市関谷郷土資料館　　〒329-2801那須塩原市関谷448　TEL0287-35-4370　①関谷地区の民俗資料，②月曜日(祝日は翌日)，年末年始，③無料

那須町歴史民俗資料館　　〒329-3222那須郡那須町大字寺子丙3-13　TEL0287-72-6565　①那

	須町の考古・民俗資料，②土・日曜日，祝日，年末年始，見学の際は那須町役場学校教育課(TEL0287-72-6922)へ連絡，③無料
那須歴史探訪館	〒329-3443那須郡那須町芦野2893　TEL0287-74-7007　①那須町の歴史・考古資料，②月曜日(祝日は翌日)，年末年始，③有料
史跡足利学校	〒326-0813足利市昌平町2338　TEL0284-41-2655　①足利学校に関する歴史資料，古典籍，②第3月曜日(祝日は翌日)，年末年始，③有料
足利市郷土資料展示室	〒326-0064足利市東砂原後町1055　TEL0284-42-7616　①出土資料，民俗資料，②日曜日，国民の祝日，年末年始，③無料
足利市ふるさと学習・資料館	〒326-0141足利市小俣町3306　TEL0284-62-0246　①考古・民俗資料，織物関係資料，②月曜日(祝日は開館)，祝日の翌日，年末年始，③無料
佐野市郷土博物館	〒327-0003佐野市大橋町2047　TEL0283-22-5111　①佐野市の歴史・考古・民俗資料，田中正造関係資料，②月曜日(祝日は翌日)，祝日の翌日，毎月末日，年末年始，③有料
下野国庁跡資料館	〒328-0004栃木市田村町300　TEL0282-27-8900　①下野国府遺跡出土資料，②月・火曜日(休日は翌日)，年末年始，③無料
塚田歴史伝説館	〒328-0037栃木市倭町2-16　TEL0282-24-0004　①回漕問屋塚田屋の美術工芸品，人形山車，②月曜日，③有料
栃木市郷土参考館	〒328-0037栃木市倭町4-18　TEL0282-24-2145　①栃木市の考古・民俗・美術資料，伝統工芸品，②月曜日(祝日は翌日)，③無料
あだち好古館	〒328-0015栃木市万町4-2　TEL0282-22-0149　①呉服卸問屋安達家の美術工芸品，②月曜日(祝日を除く)，③有料
岡田記念館	〒328-0072栃木市嘉右衛門町1-12　TEL0282-22-0001　①旧家岡田家の歴史資料・美術工芸品，②1・2・3・7・8・12月の金曜日(祝日は開館)，③有料
星野遺跡地層たんけん館	〒328-0201栃木市星野町504　TEL0282-21-2742（市文化課）　①発掘調査の地層断面，②月曜日(祝日は翌日)，③無料
栃木市おおひら歴史民俗資料館	〒329-4405栃木市大平町西山田898-1　TEL0282-43-8686　①旧大平町の考古・歴史・民俗資料，②月曜日(祝日は翌日)，年末年始，③有料
栃木市おおひら郷土資料館[白石家長屋敷]	〒329-4405栃木市大平町西山田900-1　TEL0282-43-8686　①旧大平町の民俗資料，②月曜日(祝日は翌日)，年末年始，第3日曜，③有料
栃木市都賀歴史民俗資料館	〒328-0103栃木市都賀町原宿535　TEL0282-28-0806　①旧都賀町の考古・歴史・民俗資料，②月曜日(祝日は除く)，特別整理中，年末年始，③無料
栃木市藤岡歴史民俗資料館	〒323-1104栃木市藤岡町藤岡812　TEL0282-62-4569　①旧藤岡町の考古・民俗資料，田中正造遺品，②月・土曜日の午後，年末年始，③無料
野木町郷土館	〒329-0111下都賀郡野木町丸林571　TEL0280-57-4188　①野木町の考古・歴史・民俗資料，②公民館に要連絡，土・日曜日，祝日，年末年始，③無料
壬生町立歴史民俗資料館	〒321-0225下都賀郡壬生町本丸1-8-33　TEL0282-82-8544　①壬生町の考古・歴史・民俗資料，②月曜日，祝祭日，年末年始，③無料
小山市立博物館	〒329-0214小山市乙女1-31-7　TEL0285-45-5331　①小山市の考古・歴史・民俗資料，②月曜日(祝日は除く)，祝日の翌日(土・日曜日，休日にあたる場合は除く)，第4金曜日，年末年始，特別整理期間(年1回，10日以内)，③無料
おやま縄文まつりの広場(寺野東遺跡)	〒323-0158小山市大字梁2075-4　TEL0285-49-1151　①寺野東遺跡出土資料等，②月曜日(祝日は翌日)，祝日の翌日(土・日曜は除く)，③無

料

国史跡　摩利支天塚・琵琶塚古墳資料館　〒323-0017小山市大字飯塚335　TEL0285-24-5501　①摩利支天塚古墳・琵琶塚古墳出土資料等，②月曜日，祝日の翌日，年末年始他，③無料

下野市立しもつけ風土記の丘資料館　〒329-0417下野市国分寺993　TEL0285-44-5049　①国分寺周辺の考古資料，②毎週月曜日，第3火曜日(休日は除く)，祝日の翌日(土・日曜日・祝日の場合は開館)，③無料

栃木県埋蔵文化財センター　〒329-0418下野市紫474　TEL0285-44-8441　①県内出土の考古資料，②ホームページ参照，③無料

下野薬師寺歴史館　〒329-0431下野市薬師寺1636　TEL0285-47-3121　①下野薬師寺出土品等，②月曜日・第3火曜日，祝日の翌日(土・日・祝日は開館)，年末年始，③無料

岡部記念館「金鈴荘」　〒321-4305真岡市荒町2096-1　TEL0285-83-2560（木綿会館）　①明治時代の豪商の別荘，②火曜日(祝日は翌平日)，③無料

二宮尊徳資料館　〒321-4502真岡市物井2013-2　TEL0285-75-7155　①二宮尊徳関係資料，②月曜日(祝日を除く)，祝日の翌日(土曜日は開館)，年末年始，③無料

益子陶芸美術館／陶芸メッセ・益子　〒321-4217芳賀郡益子町益子3021　TEL0285-72-7555　①益子焼・陶磁器，②月曜日(祝日は翌日)，展示替え期間，年末年始，③有料

濱田庄司記念益子参考館　〒321-4217芳賀郡益子町益子3388　TEL0285-72-5300　①濱田庄司収集の工芸品，②月曜日(祝日は開館し，翌日休館)，年末年始，展示替え休館：7月および12月の年2回），③有料

市貝町立歴史民俗資料館　〒321-3423芳賀郡市貝町塙147　TEL0285-68-4380　①市貝町の考古・歴史・民俗資料，②月曜日(祝日は翌日)，資料整理日，毎月末日，年末年始，特別整理期間(年間10日以内)，③無料

大畑武者絵資料館　〒321-3412芳賀郡市貝町田野辺721　TEL0285-68-0108　①武者絵のぼり，②第3日曜日，③無料

【無形民俗文化財】

国指定

発光路の強飯式　鹿沼市上粕尾発光路(郷土文化保存伝習館)　1月3日

川俣の元服式　日光市川俣　1月

烏山の山あげ行事　那須烏山市中央　毎年7月の第4土曜日を含む金～日曜日

鹿沼今宮神社祭の屋台行事　鹿沼市街地(今宮神社付近)　毎年10月第2土・日曜日

国選択

北関東のササガミ習俗　栃木県南部・茨城県南西部の県境付近　2月8日・12月8日

栃窪の天念仏　鹿沼市栃窪　4月7～9日

生子神社の泣き相撲　鹿沼市樅山町1167(生子神社)　毎年9月19日以降の最初の日曜日

百村の百堂念仏舞　那須塩原市百村(愛宕神社)　4月29日

塙の天祭　那須烏山市三箇(松原寺)　9月1日に近い土・日曜日

大捻縄引　大田原市佐良土　8月14日(現在休止中)

下野の水車習俗　栃木県内

奈佐原文楽　鹿沼市奈佐原町　不定期

間々田のジャガマイタ　小山市間々田　毎年5月

県指定

半俵の寒念仏　　那須郡那須町大字高久乙(半俵公民館)　寒の入り・夏の土用の2回
川俣の三番叟恵比寿大黒舞　　日光市川俣(川俣集会所)　1月下旬の日曜日
正浄寺の雅楽　　大田原市佐久山1301(正浄寺)　3月21日・9月23日・10月17日
日光弥生祭　　日光市内・日光二荒山神社　4月13〜17日
風見の神楽　　塩谷郡塩谷町風見(東護神社)　4月第1日曜日
関谷の城鍬舞　　那須塩原市関谷下田野地区　4月
塩原平家獅子舞　　那須塩原市中塩原(妙雲寺・八幡宮)　7月・9月
関白獅子舞　　宇都宮市関白町(関白山神社)　8月7日に近い土曜日
石尊山の梵天祭り　　足利市小俣　8月14日
大日堂獅子舞　　真岡市中郷　7月21日(年5回程度開催)
茂木町山内上組の百堂念仏　　芳賀郡茂木町山内地区　8月13日・15〜16日
川俣今宮様のオコモリ　　日光市川俣　8月20日
上大貫の城鍬舞　　那須塩原市上大貫　9月
富山の佐々良舞　　那須郡那珂川町富山(諏訪神社)　10月の第1日曜日
城鍬舞　　大田原市上石上1555(上石上温泉神社)　10月17日
木の杖術　　栃木市都賀町木(八幡宮)　10月10日前後
鐙塚の宮比講神楽　　佐野市鐙塚町　不定期
牧歌舞伎　　佐野市牧　2年に1回, 不定期
河井のささら　　茂木町大字河井, 随時

県選択

蛇祭り　　小山市間々田(間々田八幡宮)　5月5日
湯西川湯殿山神社祭礼　　日光市湯西川　8月18日
杓子つくり　　日光市湯西川

【おもな祭り】(国・県指定無形民俗文化財をのぞく)

外山毘沙門天縁日　　日光市山内(外山山頂)　1月3日
武射祭　　日光市中宮祠(境内の上神橋)　1月4日
年越大祭　　日光市萩垣面2404(興雲律院)　1月14日
冬渡祭・春渡祭　　宇都宮市馬場通り1-1-1(宇都宮二荒山神社)　1月15日・12月15日
花桶かつぎ　　小山市寒川(胸形神社)　1月第4土曜日
節分鎧年越　　足利市織姫公民館〜鑁阿寺　2月3日
録事尊大祭　　鹿沼市下粕尾949(常楽寺)　2月11日
白鳥の日の出祭り　　小山市白鳥(白鳥八幡宮)　2月中旬(旧暦1月11日)
板荷のアンバ様　　鹿沼市板荷3034(日枝神社)　3月第1土・日曜日
一瓶塚稲荷神社初午祭　　佐野市田沼1404(一瓶塚稲荷神社)　旧暦初午に近い金〜日曜日
篠塚初午祭(飾り馬)　　小山市大本(篠塚稲荷神社)　3月第2日曜日
弓取り童子　　日光市小倉(三所神社)　3月第2日曜日
強飯式　　日光市山内(日光山輪王寺)　4月2日
田間の神楽　　小山市田間634(血方神社)　4月第2土・日曜日

野渡のささら獅子舞	下都賀郡野木町野渡(熊野神社)	4月第2土・日曜日
たけのこ祭り	那須郡那珂川町馬頭	5月1〜3日
足尾まつり	日光市足尾	5月3日
延年舞	日光市山内(日光山輪王寺)	5月17日
日光東照宮春季例大祭「百物揃千人武者行列」	日光市山内(日光東照宮)	5月17〜18日
初山ペタンコ祭	足利市田中町(浅間神社)	6月1日
天王祭	宇都宮市馬場通り1-1-1(宇都宮二荒山神社)	7月15〜20日
御神酒頂戴式	芳賀郡益子町益子(八坂神社)	7月24日
浅間の火祭り	佐野市奈良渕(浅間神社)	7月第4土曜日
男体山登拝社大祭	日光市中宮祠・男体山頂	7月31日〜8月7日
高田の夜祭り	真岡市高田1482(専修寺)	8月1〜2日
船禅頂	日光市中宮祠(中禅寺立木観音)	8月4日
百八灯流し	栃木市内(巴波川)	8月6日
日光和楽踊	日光市清滝町500(古河電工日光事業所)	8月第1金曜日
福原の餅つき唄	大田原市福原361(玄性寺)	9月第1日曜日
日光東照宮秋季例大祭	日光市山内(日光東照宮)	10月16〜17日
菊水祭	宇都宮市馬場通り1-1-1(宇都宮二荒山神社)	10月最終土・日曜日
光丸山大縁日	大田原市佐良土1401(法輪寺)	11月3日
鷲子山上神社夜祭	那須郡那珂川町矢又1948(鷲子山上神社)	11月16日
大神神社御鉾祭り	栃木市総社町(大神神社)	11月18〜28日
とちぎ秋祭り	栃木市市街地	11月中旬の金〜日曜日(5年に1度開催)
釈奠	足利市昌平町2338(足利学校)	11月23日
梵天上げ	那須塩原市宇都野(嶽山箒根神社)	11月23日
羽黒山梵天祭	宇都宮市今里町(羽黒山神社)	11月23〜24日
子供強飯式	日光市七里(生岡神社)	11月25日
提灯もみ祭り	下都賀郡野木町野木2404(野木神社)	12月3日
悪口まつりと滝流しの式	足利市大岩町264(大岩毘沙門天)	12月31日〜1月1日

【有形民俗文化財】

県指定

千庚申塔	足利市猿田町	徳蔵寺
とちぎの山車	栃木市万町	とちぎ山車会館
岡本家家伝薬関係 遺品1式	宇都宮市下岡本町	個人
祈禱札版木	宇都宮市下ケ橋町	西下ケ橋自治会
藍染め甕場	芳賀郡益子町益子	個人
杓子つくり道具	日光市湯西川	個人
人面獣心の壁書	大田原市須賀川	個人
吉澤人形頭	佐野市葛生東	佐野市葛生伝承館
佐野天明鋳物生産用具	佐野市	随時

【無形文化財】

国指定

野州麻の生産用具　　宇都宮市　栃木県立博物館
烏山の山あげ行事　　那須烏山市　烏山山あげ保存会
川俣の元服式　　日光市　川俣自治会
発光路の強飯式　　鹿沼市　発光路強飯式保存会
鹿沼今宮神社祭の屋台行事　　鹿沼市　鹿沼いまみや付祭り保存会

国選択

程村紙　　那須烏山市中央　福田弘平

県指定

石橋江戸神輿　　下野市石橋　小川政次

【散歩便利帳】

［栃木県の教育委員会・観光担当部署など］
栃木県教育委員会事務局文化財課　　〒320-8501宇都宮市塙田1-1-20　TEL028-623-3421
栃木県産業労働観光部観光交流課　　〒320-8501宇都宮市塙田1-1-20　TEL028-623-3210
公益社団法人栃木県観光物産協会　　〒320-0033宇都宮市本町3-9本町合同ビル1階　TEL028-623-3213

［市町村の観光担当部署・市観光協会など］
宇都宮市観光交流課　　〒320-8540宇都宮市旭1-1-5　TEL028-632-2436
宇都宮観光コンベンション協会　　〒320-0806宇都宮市中央3-1-4栃木県産業会館2階　TEL028-632-2445
宇都宮市観光案内所　　〒321-0965宇都宮市川向町1-23　TEL028-636-2177
さくら市商工観光課　　〒329-1412さくら市喜連川4420-1　TEL028-686-6627
塩谷町産業振興課・塩谷町観光協会　　〒329-2292塩谷郡塩谷町大字玉生741　TEL0287-45-2211
高根沢町産業課・高根沢町観光協会　　〒329-1292塩谷郡高根沢町大字石末2053　TEL028-675-8104
大田原市文化振興課　　〒324-8641大田原市本町1-4-1　TEL0287-98-3768
那珂川町商工観光課　　〒324-0692那須郡那珂川町馬頭555　TEL0287-92-1116
那須烏山市商工観光課　　〒321-0692那須烏山市中央1-1-1　TEL0287-83-1115
日光市観光振興課　　〒321-1292日光市今市本町1　TEL0288-21-5170
日光市日光観光課　　〒321-1492日光市御幸町4-1　TEL0288-53-3795
日光市藤原観光課　　〒321-2595日光市鬼怒川温泉大原1406-2　TEL0288-76-4111
日光市足尾観光課　　〒321-1523日光市足尾町通洞8-2　TEL0288-93-3116
日光市栗山観光課　　〒321-2712日光市日蔭575　TEL0288-97-1136
日光観光協会足尾案内所　　〒321-1514日光市足尾町通洞9-1　TEL0288-93-3467
日光市観光協会鬼怒川・川治温泉観光支部　　〒321-2522日光市鬼怒川温泉大原1404-1　TEL0288-77-0201
日光観光協会湯西川・川俣・奥鬼怒川支部　　〒321-2712日光市日蔭575

		TEL0288-97-1177
日光市観光協会今市支部	〒321-1261日光市今市17-1	TEL0288-21-5612
日光殿堂案内協同組合	〒321-1431日光市山内2281	TEL0288-54-0641
鹿沼市観光交流課	〒322-8601鹿沼市今宮町1688-1	TEL0289-63-2188
矢板市商工観光課	〒329-2192矢板市本町5-4	TEL0287-43-6211
那須塩原市商工観光課	〒325-8501那須塩原市共墾社108-2	TEL0287-62-7156
那須地区総合観光案内所	〒329-3153那須塩原市大原間561 JR那須塩原駅内 TEL0287-65-1690	
那須高原案内所	〒325-0056那須塩原市本町1-1 JR黒磯駅内	TEL0287-63-4574
那須町観光商工課	〒329-3292那須郡那須町大字寺子丙3-13	TEL0287-72-6918
足利市観光振興課	〒326-8601足利市本城3-2145	TEL0284-20-2165
佐野市観光立市推進課	〒327-8501佐野市高砂町1	TEL0283-27-3011
栃木市観光振興課	〒328-8686栃木市万町9-25	TEL0282-21-2373
栃木市観光協会大平支部	〒329-4404栃木市大平町富田558	TEL0282-43-9213
栃木市観光協会藤岡支部	〒323-1192栃木市藤岡町藤岡1022-5	TEL0282-62-0907
栃木市観光協会都賀支部	〒328-0192栃木市都賀町家中5982-1	TEL0282-29-1104
栃木市岩舟産業振興課	〒329-4392栃木市岩舟町静5133-2	TEL0282-55-7764
壬生町商工観光課・壬生町観光協会	〒321-0292下都賀郡壬生町通町12-22 TEL0282-81-1844	
野木町産業課・野木町観光協会	〒329-0195下都賀郡野木町大字丸林571 TEL0280-57-4153	
小山市商業観光課	〒323-8686小山市中央町1-1-1	TEL0285-22-9273
下野市商工観光課	〒329-0492下野市笹原26	TEL0285-32-8907
上三川町産業振興課	〒329-0696河内郡上三川町しらさぎ1-1	TEL0285-56-9150
真岡市商工観光課・真岡市観光協会	〒321-4395真岡市荒町5191	TEL0285-83-8135
NPO法人はが観光協会	〒321-4304真岡市東郷943	TEL0285-84-2200
益子町観光商工課	〒321-4293芳賀郡益子町大字益子2030	TEL0285-72-8845
茂木町地域振興課・茂木町観光協会	〒321-3598芳賀郡茂木町大字茂木155 TEL0285-63-5644	
市貝町観光協会	〒321-3423芳賀郡市貝町大字市塙1270	TEL0285-68-3483
芳賀町商工観光課・芳賀町観光協会	〒321-3392芳賀郡芳賀町大字祖母井1020 TEL028-677-6018	

【参考文献】

『青木農場と青木周蔵那須別邸』　岡田義治・磯忍　随想舎　2001
『足利の文化財』　足利市教育委員会編　足利市教育委員会　1992
『市貝町史』第4巻通史編　市貝町史編さん委員会編　市貝町　1995
『今市市の文化財』　今市市文化財保護審議委員会編　今市市教育委員会社会教育課　2000
『印南丈作・矢板武―那須野が原開拓先駆者の生涯―』　西那須野町開拓百年事業推進委員会第一専門部会「印南丈作・矢板武」発刊専門委員会編　西那須野町　1981
『氏家町史』上巻　氏家町史作成委員会編　氏家町　1983
『氏家町の文化財』　氏家町教育委員会編　氏家町教育委員会　1986
『宇都宮市史』通史編　宇都宮市史編さん委員会編　宇都宮市　1979-82
『延喜式内社　下野の十二古社めぐり―歴史の道を訪ねて―』　下野式内社顕彰会編　下野新聞社　2005
『改訂日光パーフェクトガイド』　社団法人日光観光協会編　下野新聞社　2004
『街道の日本史15　日光道中と那須野ケ原』　阿部昭編　吉川弘文館　2002
『角川日本地名大辞典9　栃木県』　「角川日本地名大辞典」編纂委員会編　角川書店　1984
『鹿沼の文化財』　鹿沼市教育委員会事務局生涯学習課編　鹿沼市教育委員会　1995
『上三川町史』通史編上　上三川町史編さん委員会編　上三川町　1981
『烏山町史』　烏山町史編集委員会編　烏山町　1978
『烏山町の文化財』　烏山町教育委員会編　烏山町教育委員会　2000
『喜連川の文化財』　喜連川町教育委員会編　喜連川町　1993
『郷愁の野州鉄道―栃木県鉄道秘話―』　大町雅美　随想舎　2004
『近世栃木の城と陣屋』　杉浦昭博　随想舎　1997
『葛生町の文化財』　葛生町文化財保護審議委員会監修　葛生町教育委員会　1993
『栗山村誌』　栗山村誌編さん委員会編　栗山村　1998
『黒羽町誌』　黒羽町誌編さん委員会編　黒羽町　1982
『黒羽町の文化財』　黒羽町芭蕉の館第15回特別企画展運営委員会編　黒羽町教育委員会　2005
『河野守弘と「下野国誌」』　河野守弘と『下野国誌』編集委員会編　二宮町　2005
『国分寺町史』通史編　国分寺町史編さん委員会編　国分寺町　2003
『佐野市の文化財』　佐野市文化財要覧編集室会編　佐野市教育委員会　1991
『塩原の里物語―塩原温泉千二百年の歴史―』　「塩原の里物語」編集委員会編　塩原町文化協会　1998
『下野国誌(校訂増補)』　河野守弘　佐藤行哉校訂　下野新聞社　1989
『下野の戊辰戦争』　大嶽浩良　下野新聞社　2004
『常光寺誌』　宇井浩道　浄土宗常光寺　1983
『新訂足利浪漫紀行』　日下部高明・菊地卓　随想舎　2006
『図説社寺建築の彫刻―東照宮に彫られた動植物―』　高藤晴俊　東京美術　1999
『図説栃木の歴史』　阿部昭・永村真編　河出書房新社　1993
『世界遺産「日光の社寺」』　日光市教育委員会編　日光市教育委員会事務局社会教育課　2001
『田沼町の文化財』　田沼町教育委員会編　田沼町教育委員会　2005
『中世の地域社会と交流』　羽下徳彦編　吉川弘文館　1994
『銅山の町足尾を歩く』　村上安正・神山勝三　随想舎(わたらせ川協会)　1998

『栃木県史』通史編　　栃木県史編さん委員会編　栃木県史編さん委員会　1981-84
『栃木県の近代化遺産　栃木県近代化遺産(建造物等)総合調査報告書』　栃木県教育委員会文化財課編　栃木県教育委員会文化課　2003
『栃木県の中世城館跡』　栃木県教育委員会事務局文化課編　栃木県文化振興事業団　1983
『栃木県の百年』　大町雅美　山川出版社　1986
『栃木県の歴史』(新版)　阿部昭・橋本澄朗・千田孝明・大嶽浩良　山川出版社　1998
『栃木県ふるさと散歩ガイドブック』　栃木県連合教育会ほか編　栃木県連合教育会　1988
『栃木県民俗事典』　尾島利雄著・下野民俗研究会編　下野新聞社　1990
『栃木県歴史人物事典』　栃木県歴史人物事典編纂委員会編　下野新聞社　1995
『栃木の街道』　栃木の街道編集委員会編　栃木県文化協会　1978
『とちぎの古城を歩く―兵どもの足跡を求めて―』　塙静夫　下野新聞社　2006
『とちぎの史跡をめぐる小さな旅』　とちぎの小さな文化シリーズ企画編集会議編　下野新聞社　2000
『とちぎの社寺散策―古社名刹の再発見―』　塙静夫　下野新聞社　2003
『栃木の日光街道―荘厳なる聖地への道―』　日光街道ルネッサンス21推進委員会編　下野新聞社　2003
『とちぎの文化財』上・下巻　栃木の文化財編集委員会編　栃木県文化協会　1982
『栃木民俗探訪』　とちぎの小さな文化シリーズ企画編集会議編　下野新聞社　2003
『那須野ヶ原の疏水を歩く』　黒磯の昔をたずねる会編　随想舎　1997
『那須の戊辰戦争』　北那須郷土史研究会　下野新聞社　1992
『西那須野町の開拓史』(西那須野町史双書3)　西那須野町史編さん委員会編　西那須野町　2000
『日曜散歩　うつのみやの歴史再発見』　塙静夫　随想舎　1994
『日本歴史地名大系9　栃木県の地名』　平凡社地方資料センター編　平凡社　1988
『芭蕉の里黒羽』　黒羽町教育委員会編　黒羽町教育委員会　1999
『馬頭町史』　馬頭町史編さん委員会編　馬頭町　1990
『ふじおか見てある記』　ふじおか見てある記編集委員会編　藤岡町教育委員会　2002
『ふるさと栃木県の歩み』　栃木県教育委員会編　栃木県教育委員会　1986
『ふるさとの散歩道　栃木ゆかりの文学を訪ねて』　とちぎの小さな文化シリーズ企画編集会議編　下野新聞社　2002
『みぶの文化財』　壬生町立歴史民俗資料館編　壬生町教育委員会　2002
『もうひとつの日光を歩く―隠れた史跡を訪ねて―』　日光ふるさとボランティア編　随想舎　1996
『真岡市の文化財』　真岡市教育委員会編　真岡市教育委員会　1990
『茂木町史』第1巻自然・民俗文化編　茂木町史編さん委員会編　茂木町　2005
『矢板市史』　矢板市史編集委員会編　矢板市　1981
『矢板市の文化財』　矢板市教育委員会編　矢板市教育委員会　1998
『湯津上村誌』　湯津上村誌編さん委員会編　湯津上村　1979
『湯津上村の文化財ガイドブック』　湯津上村教育委員会編　湯津上村教育委員会　1999
『ようこそ文学散歩　文豪の愛した郷「塩原」』　塩原文学研究会編　塩原文学研究会　2000
『歴史探索の手法―岩船地蔵を追って―』(ちくま新書)　福田アジオ　筑摩書房　2006
『わが町の史跡を訪ねて』　壬生町立歴史民俗資料館編　壬生町教育委員会　2005

【年表】

時代	西暦	年号	事項
旧石器時代後期			真岡市磯山遺跡, 塩谷町鳥羽新田箒根神社遺跡, 上三川町多功南原遺跡ほか
縄文時代		草創期	宇都宮市大谷寺岩陰遺跡ほか
		早期	宇都宮市宇都宮清陵高校内遺跡ほか
		前期	藤岡町篠山貝塚, 宇都宮市根古谷台遺跡ほか
		中期	那須塩原市槻沢遺跡, 那珂川町浄法寺遺跡ほか
		後期	小山市寺野東遺跡ほか
		晩期	藤岡町藤岡神社遺跡ほか
弥生時代		前期	下野柴工業団地内遺跡ほか
		中期	佐野市上仙波遺跡, 同市出流原遺跡ほか
		後期	宇都宮市二軒屋遺跡, 真岡市柳久保遺跡ほか
古墳時代			那珂川町駒形大塚古墳(前期), 宇都宮市笹塚古墳(中期), 小山市摩利支天塚古墳(後期)ほか
飛鳥時代	673	(天武2)	下野薬師寺創建
	689	(持統3)	那須国造直韋提, 評督となる
	701	大宝元	下毛野古麻呂, 大宝律令の選定にあたる
奈良時代	761	天平宝字5	下野薬師寺に戒壇設置
	770	宝亀元	道鏡, 下野薬師寺に配流される
	782	天応2	勝道, 男体山登頂に成功
平安時代	808	大同3	円仁, 比叡山(滋賀県大津市)に参じ, 最澄の弟子となる
	838	承和5	円仁ら, 遣唐使の一員として入唐
	916	延喜16	藤原秀郷ら配流される
	939	天慶2	平将門, 下野国府を攻略(平将門の乱)
	940	3	藤原秀郷, 平貞盛とともに平将門の乱を鎮圧
	1183	寿永2	小山朝政ら, 常陸(現, 茨城県)の志田義広を野木宮に破る
	1185	文治元	那須与一, 屋島の戦いで活躍
	1189	5	源頼朝, 奥州合戦の途中で, 宇都宮二荒山神社に奉幣
鎌倉時代	1193	建久4	源頼朝, 那須野が原で巻狩を行う
	1221	承久3	承久の乱で下野の御家人足利義氏・小山朝長ら, 上洛
	1256	康元元	宇都宮氏ら, 奥大道の治安回復を鎌倉幕府より命じられる
	1259	正元元	宇都宮氏の歌集『新式和歌集(新○和歌集)』成立
	1283	弘安6	宇都宮景綱, 家法「宇都宮家弘安式条」制定
南北朝時代	1331	元徳3(元弘元)	元弘の変で足利高氏(のち尊氏)ら上洛
	1333	正慶2(　3)	足利高氏, 六波羅探題を攻略

	1351	観応2 (正平6)	宇都宮氏綱ら,足利尊氏を駿河薩埵山(静岡県静岡市)で救援
	1352	文和元 (正平7)	宇都宮氏綱,上野・越後守護に就任
	1363	貞治2 (正平18)	宇都宮氏綱ら,鎌倉公方足利基氏と武蔵苦林野(現,埼玉県毛呂山町)で戦うが,敗れる
	1368	応安元 (正平23)	宇都宮氏綱,鎌倉公方足利氏満に攻められ降伏
	1380	康暦2 (天授6)	小山義政と宇都宮基綱が戦い,基綱は戦死。足利氏満,義政を攻め,義政は降伏
	1381	永徳元 (弘和元)	小山義政,再度,足利氏満と戦って敗れる
	1382	2 (2)	小山義政,粕尾で挙兵し,敗れて自害
	1386	至徳3 (元中3)	小山義政の遺児若犬丸,小山で挙兵し,まもなく没落する
室町時代	1397	応永4	若犬丸,奥州会津(現,福島県会津若松市)で自害
	1416	23	那須資之ら,上杉禅秀の乱で禅秀に加担する
	1423	30	宇都宮持綱ら,幕府の命で鎌倉公方足利持氏に背き,敗死
	1440	永享12	結城氏朝,持氏の遺児春王丸・安王丸を奉じて結城城で挙兵
	1455	康正元	鎌倉公方足利成氏,享徳の乱により下総古河(現,茨城県古河市)に逃れる
	1512	永正9	宇都宮成綱・忠綱父子,重臣芳賀高勝を殺害。これにより宇都宮家中が乱れる(宇都宮錯乱)
	1523	大永3	宇都宮忠綱,結城政朝と猿山で戦って敗れ,鹿沼に逃れる
	1549	天文18	宇都宮尚綱,那須高資と喜連川で戦って敗死。遺児広綱は真岡に逃れる
	1557	弘治3	宇都宮広綱,壬生綱雄を破り,宇都宮城に帰る
	1560	永禄3	上杉謙信,関東に出陣し,宇都宮広綱らは謙信に従う
	1572	元亀3	皆川俊宗,宇都宮城を占拠する
安土・桃山時代	1575	天正3	小山秀綱,北条氏に敗れて没落する
	1584	12	宇都宮国綱ら,佐野沼尻で北条氏と対陣,のち和睦
	1585	13	宇都宮国綱,多気山を本城とする。北条氏直,宇都宮を攻める
	1586	14	佐野宗綱,長尾顕長と彦間で戦って敗死。北条氏忠,佐野氏の家督となる
	1590	18	豊臣秀吉,宇都宮に滞在し,北条方の所領を没収する
	1594	文禄3	太閤検地が結城秀康領などで行われる
	1597	慶長2	豊臣秀吉により宇都宮国綱の所領,没収される
	1598	3	蒲生秀行,会津から宇都宮に転封
	1600	5	徳川秀忠,会津征討のため宇都宮に着陣。家康,小山で軍議

	1602	慶長7	徳川家康，宇都宮の地子を免除し，公儀伝馬役・領主定役を命じる
江戸時代	1611	16	足尾銅山，幕府の直轄となる
	1613	18	天海，日光山座主となる
	1617	元和3	日光東照社完成。徳川家康を日光山に改葬。秀忠，日光社参
	1619	5	本多正純，宇都宮藩主となる。徳川秀忠，日光社参
	1620	6	宇都宮領総検地
	1622	8	徳川秀忠，日光社参。宇都宮藩主本多正純，改易される
	1623	9	徳川家光(世子)，日光社参
	1625	寛永2	徳川家光，日光社参
	1628	5	徳川秀忠(大御所)・家光，日光社参
	1629	6	徳川家光，日光社参
	1632	9	徳川家光，日光社参
	1634	11	徳川家光，日光社参
	1636	13	日光東照社の大造替工事完成。徳川家光，日光社参
	1640	17	徳川家光，日光社参
	1642	19	徳川家光，日光社参
	1645	正保2	日光東照社，宮号宣下により東照宮となる
	1646	3	宇都宮藩，市の堀用水開削
	1647	4	日光東照宮への勅使を日光例幣使と称する
	1648	慶安元	徳川家光，日光社参
	1649	2	徳川家綱(世子)，日光社参
	1651	4	徳川家光死去，日光に埋葬
	1653	承応2	日光大猷院廟完成
	1659	万治2	塩原の元湯，地震により全滅
	1663	寛文3	徳川家綱，日光社参
	1666	6	日光領総検地
	1672	12	江戸浄瑠璃坂で，元宇都宮藩士奥平内蔵允正輝の子源八，父の仇討ちをはたす
	1676	延宝4	大金重貞，那須国造碑を発見。重貞，『那須記』を著す
	1683	天和3	地震により男鹿川せきとめられ，五十里湖ができる
	1689	元禄2	松尾芭蕉，下野を巡行する
	1692	5	水戸藩2代藩主徳川光圀，上侍塚・下侍塚古墳(大田原市)を発掘させる
	1696	9	日光道中と日光道中壬生通各宿の定助郷，設定される
	1700	13	日光奉行設置
	1712	正徳2	鳥居忠英，壬生藩主となり，近江からカンピョウが伝来する
	1723	享保8	五十里洪水おこる
	1728	13	徳川吉宗，日光社参
	1731	16	足利絹買仲間成立

1742	寛保2	足尾銅山鋳銭座で寛永通宝が鋳造される
1743	3	宇都宮宿に貫目改所設置
1750	寛延3	野州石灰江戸会所設置が許可される
1764	明和元	宇都宮藩,上納米を六合摺に変更したため,領内で百姓一揆がおこる
1766	3	宇都宮地方で大洪水
1776	安永5	徳川家治,日光社参
1778	7	日光で打ちこわし
1783	天明3	浅間山噴火・冷夏で凶作。栃木・足利・佐野・鹿沼で打ちこわし
1784	4	大田原・芦野・真岡で打ちこわし
1786	6	関東で大洪水
1793	寛政5	幕府代官山口鉄五郎が吹上陣屋に,岸本武太夫が藤岡陣屋に赴任
1800	12	幕府代官岸本武太夫,荒地起こし返し仕法開始
1803	享和3	下野に朝鮮人参の御用作,命じられる。幕府代官山口鉄五郎,八木沢出張陣屋を設置
1808	文化5	蒲生君平,『山陵志』を刊行。小貫万右衛門,『農家捷径抄』を著す
1814	11	宇都宮で大火,約4500軒焼失
1823	文政6	二宮尊徳(金次郎),宇津領桜町陣屋で報徳仕法開始
1831	天保2	足利で大火,足利学校類焼
1832	3	宇都宮で大火。足利織物市場開設
1833	4	烏山で打ちこわし
1835	6	二宮尊徳,茂木藩の改革を指導
1836	7	二宮尊徳,烏山藩領の荒廃農村の復興を図る。烏山で打ちこわし
1837	8	植田孟縉,『日光山志』を刊行。壬生町で大火
1841	12	田村仁左衛門,『農業自得』を著す
1843	14	徳川家慶,日光社参
1850	嘉永3	河野守弘,『下野国誌』を刊行
1852	5	益子で瀬戸焼始まる
1853	6	二宮尊徳,日光領の報徳仕法開始
1855	安政2	川村伝左衛門・菊池教中ら,新田開発に着手
1856	3	黒羽藩領で専売制反対の百姓一揆おこる
1859	6	宝木用水堀の工事開始。村芝居をめぐる野尻騒動おこる
1862	文久2	坂下門外の変で,大橋訥庵・菊池教中ら逮捕。宇都宮藩に山陵修補が命じられる
1863	3	黒羽藩主大関増裕,藩政改革開始
1864	元治元	水戸天狗党,下野に侵攻

時代	西暦	和暦	事項
	1866	慶応2	今市・粕尾・永野で打ちこわし。黒羽藩領で百姓一揆
	1867	3	出流山事件
明治時代	1868	明治元	梁田戦争。世直し一揆おこる。旧幕府軍と新政府軍との攻防で宇都宮城下火災。鍋島幹、下野国知県事に就任
	1869	2	日光県設置。版籍奉還で各藩主、藩知事に就任
	1871	4	廃藩置県で10県成立。まもなく諸県統合で宇都宮・栃木の2県となる
	1873	6	宇都宮県と栃木県合併、栃木県成立
	1874	7	県内初の新聞『栃木新誌』発行
	1875	8	栃木女学校(現、県立宇都宮女子高校)開校。地租改正事業開始
	1876	9	県下の新田・山田・邑楽3郡、群馬県に移管。栃木県庁、栃木町に開設
	1877	10	栃木師範学校(現、宇都宮大学教育学部)開校。古河市兵衛、足尾銅山を買収
	1879	12	栃木中学校(現、県立宇都宮高校)開校。第1回県議会議員選挙。保晃会設立
	1880	13	印南丈作・矢板武ら、那須開墾社設立
	1881	14	那須岳噴火
	1883	16	三島通庸、県令に就任
	1884	17	『下野新聞』創刊。加波山事件。栃木県庁、栃木町から宇都宮町へ移転
	1885	18	東北本線(現、JR東北本線)、大宮・宇都宮間開通。那須疏水通水。下野英学校(現、作新学院)開校
	1886	19	東北本線、宇都宮・黒磯間開通
	1888	21	栃木県庁、焼失
	1890	23	渡良瀬川で、足尾銅山鉱毒被害。日光線(現、JR日光線)全線開通
	1892	25	陸軍特別大演習に明治天皇行幸
	1895	28	足利銀行開業
	1896	29	宇都宮、市制施行
	1900	33	鉱毒被害民による川俣事件おこる
	1901	34	田中正造、衆議院議員辞職、天皇に鉱毒事件について直訴
	1907	40	足尾銅山で鉱夫の暴動。谷中村残留家屋を強制破壊。第14師団司令部の宇都宮設置、決定
大正時代	1915	大正4	鬼怒川初の橋梁石井鬼怒橋が竣工
	1918	7	栃木山守也、横綱になる。茂木町で米騒動
	1919	8	第14師団、シベリアへ出兵
	1920	9	真岡線(現、真岡鐵道)、全線開通
	1921	10	足尾で県内初のメーデー
	1922	11	宇都宮高等農林学校(現、宇都宮大学農学部)開校

	1923	大正12	烏山線(現, JR烏山線), 全線開通
	1924	13	横田千之助, 司法大臣就任(県初の大臣)
昭和時代	1929	昭和4	東武日光線, 全線開通
	1931	6	東武宇都宮線, 宇都宮・新栃木間開通
	1932	7	阿久津村事件。日光国立公園が選定される
	1934	9	陸軍特別演習, 栃木・群馬・埼玉3県下で行われる
	1936	11	栃木県庁, 焼失
	1945	20	アメリカ軍機による宇都宮空襲
	1947	22	小平重吉, 初の民選知事に当選。キャサリン台風襲来
	1948	23	アイオン台風, 襲来
	1949	24	今市地震
	1950	25	『栃木新聞』創刊
	1954	29	日光第一いろは坂有料道路完成
	1956	31	五十里ダムへの貯水開始
	1958	33	東北本線, 宇都宮・大宮間の電化完成
	1963	38	ラジオ栃木開局
	1965	40	金精道路と第二いろは坂開通
	1966	41	県木「栃の木」, 県獣「かもしか」, 県鳥「おおるり」を制定
	1968	43	陶芸家浜田庄司, 文化勲章受賞
	1972	47	自治医科大学開学。東北自動車道, 宇都宮・岩槻間が開通
	1973	48	足尾銅山閉山
	1980	55	「栃の葉国体」夏季・秋季大会開催
	1981	56	宇都宮のテクノポリス開発計画承認される
	1982	57	東北新幹線開業
	1984	59	「とちぎ博」開催
	1985	60	6月15日を県民の日に決定
	1988	63	第3セクターで真岡鐵道開業。「食と緑の博覧会・イートピア栃木'88」開催
平成時代	1989	平成元	宇都宮市大谷石採掘場跡で大陥没。参議院議員森山真弓, 女性初の官房長官就任
	1990	2	東北本線の上野・黒磯間, 愛称「宇都宮線」となる
	1994	6	『栃木新聞』廃刊
	1995	7	第10回国民文化祭「とちぎ'95」開催
	1996	8	「日光杉並木国体」冬季大会開催。宇都宮市, 中核市に移行。陶芸家島岡達三, 人間国宝となる
	1998	10	那須地方に大水害
	1999	11	「日光の社寺」, 世界遺産に登録
	2003	15	足利銀行の経営破綻
	2005	17	ラムサール条約会議で, 奥日光の湿地を正式登録
	2007	19	新栃木県庁舎完成

【索引】

―ア―

- 足尾銅山観光 ……………………… 108, 109
- 足尾銅山本山坑跡 ………………… 109, 110
- 足利学校跡 ………………………… 164, 187
- 足利公園古墳 ……………………………175
- 足利成氏 …………………………… 245, 289
- 足利氏宅跡 ………………………………167
- 足利城跡 ………………………169-171, 180
- 足利市立草雲美術館 ……………… 174, 175
- 足利義氏 ……………… 167-169, 173, 180, 185
- 足利義兼(鑁阿) ……… 164, 167-169, 180, 181
- 芦野氏陣屋跡(芦野城跡) ………… 158, 159
- 吾妻(岩屋)古墳 …………………… 236, 237
- 愛宕塚古墳(下都賀郡壬生町) ……………236
- 愛宕塚古墳(下野市) ……………………265
- あだち好古館 ……………………………213
- 荒井家住宅 ………………………………137
- 荒橿神社 …………………………………303
- 安房神社 …………………… 248, 249, 251
- 安楽寺(那須烏山市) ………………………80
- 安楽寺(芳賀郡茂木町) …………………306

―イ―

- 医王寺 ……………………………………124
- 生子神社 …………………………………123
- 生岡神社 …………………………………118
- 出流原弁天池 ……………………… 205, 206
- 板室古戦場跡 ……………………………152
- 市兵衛八幡 ………………………… 237, 238
- 一向寺(宇都宮市) ………………… 16, 18
- 一向寺(佐野市) ……………………189, 190
- 一瓶塚稲荷神社 …………………… 194, 195
- 稲荷神社(日光市稲荷町) ………… 97, 98
- 今市宿 ……………………………… 113, 115
- 今宮神社(鹿沼市) ………………… 120-122, 129
- 今宮神社(さくら市) ……………… 39, 42
- 入野家住宅 ………………………………309
- 磐裂神社(星の宮) ………………… 84, 97, 103
- 岩戸別神社 ………………………………50

―ウ―

- 上杉憲実 …………………………… 164-166
- 氏家公頼 …………………………… 41, 42, 49
- 牛塚古墳 …………………………………236
- 雨情茶屋離れ(野口雨情旧居) ……………24
- 宇都宮景綱 ………………………… 11, 16, 73
- 宇都宮家の墓所 …………………… 298, 299
- 宇都宮高校旧本館 ………………………23
- 宇都宮貞綱・公綱の墓 ……………………14
- 宇都宮城址公園 …………………… 8, 9
- 宇都宮大学旧講堂 ………………………14
- 宇都宮中央女子高校赤レンガ倉庫(旧第六十六歩兵連隊倉庫) ……25
- 宇都宮朝綱 ………………… 4, 41, 134, 298, 299
- 宇都宮白楊高校旧講堂・正門 ……………14
- 宇都宮美術館 ……………………………21
- 宇都宮頼綱 ………………… 12, 13, 42, 273-275
- 祖母井神社 ………………………… 309, 310
- 雲巌寺 ……………………………… 59, 61

―エ―

- 英巌寺跡 …………………………………10
- 英国・イタリア大使館別荘記念公園 ……106
- 永徳寺 ……………………………………312
- 恵性院 ……………………………… 183, 184
- 榎本城跡 …………………………………227
- 円通寺(栃木市) …………………… 210, 216
- 円通寺(芳賀郡益子町) ……………300, 301
- 円仁(慈覚大師) ……64, 79, 119, 182, 210, 215, 221, 222, 224, 235, 254, 281, 290, 294, 308, 311
- 延命院 ……………………………… 18, 19

―オ―

- 追分地蔵尊 ………………………… 113, 114
- 大内廃寺跡 ………………………… 286, 287
- 大川家住宅 ………………………………184
- 大川島神社 ………………………… 251, 260
- 大倉神社 …………………………… 298, 299
- 大前神社 …………………………… 283, 284

大田原市なす風土記の丘湯津上資料館	63
大田原市歴史民俗資料館	63
大塚古墳(宇都宮市)	20
大塚古墳(下都賀郡野木町)	246
大塚台古墳	311
太平山神社	215, 216
大神神社	218
大谷観音	26
大谷奇岩群	27
大谷寺	26, 27
大谷資料館	27
大山巌の別邸(大山記念館)	142
大谷磨崖仏	26
大谷薬師堂	51
岡田記念館(畠山陣屋跡)	212
岡部記念館「金鈴荘」	281, 282
岡本家住宅	37
翁島別邸	213
奥平家昌	5, 14, 16
奥平忠昌	9, 272
雄琴神社	233, 234
石裂山(尾鑾山)	128
おたすけ蔵(とちぎ蔵の街美術館)	213, 214
乙女不動原瓦窯跡	246, 247
小貫観音堂	306
小野口家住宅	28
小宅古墳群	301
小山御殿跡	253, 254
小山市立博物館	247, 249, 251
小山高朝	227, 254, 273
小山朝政	255
小山義政	253, 258
織姫神社	171, 172, 174, 186
温泉寺(輪王寺別院)	107
温泉神社(日光市)	107
―カ―	
開雲寺	272
海潮寺	280, 281
粕尾城跡	128
加蘇山神社	129
賀蘇山神社(尾鑾大権現)	127, 128
勝山城跡	40
カトリック松が峰教会	8
金井薬師堂	125
鹿沼城跡	120
鹿沼市立川上澄夫美術館・文化活動交流館	120
鹿子畑翠桃墓地	58, 59
樺崎寺跡・樺崎八幡宮	180, 181
上河内民俗資料館	48
上神主・茂原官衙遺跡(河内郡衙跡)	32
上侍塚古墳・下侍塚古墳	63, 65, 70
上三川城跡	275, 276
亀の子塚古墳	308
蒲生君平勒旌碑	15
蒲生君平	5, 7, 15, 18, 19
蒲生神社	7, 8
唐沢山城跡	191-193
烏ヶ森・烏森神社	141, 142
烏山城跡	76, 77
烏山和紙会館	77
唐の御所	71
川崎古墳	71
川崎城跡	134-136
川崎神社	135
河原石塔婆群	40
瓦塚古墳	21
歓喜院	238
願成寺	198
観専寺	18
勧農城(岩井山城)跡	179, 180
観音寺(日光市)	98
観音寺(芳賀郡芳賀町)	308
観音寺(芳賀郡益子町)	295, 296
観音寺(矢板市)	41, 137, 138
関白山神社	47, 48
寛方・タゴール平和記念公園	41
―キ―	
祇園城跡	253
菊地愛山の墓	16

菊池教中の墓	13
木幡神社	136
木村半兵衛邸跡	185
旧青木家那須別邸	146
旧足利織物工場(トチセン工場)	177
旧足利模範撚糸工場	176, 177
旧大谷公会堂	28
旧木村輸出織物工場	178
旧篠原家住宅	11, 14
旧下野煉化製造会社煉瓦窯	245
旧白沢宿・旧白沢宿本陣宇加地家	36, 37
旧栃木県庁跡	211
旧栃木県庁本館	5
旧日光市庁舎本館	98
旧日光田母沢御用邸	101-103
旧羽石家住宅	304
旧藤田農場事務所跡	147, 148
旧谷中村跡	230
旧陸軍宇都宮師管区地下司令部跡	8
郷土資料館「白石家戸長屋敷」	226
近龍寺	214, 219

―― ク・ケ ――

喰初寺	155
葛生伝承館・葛生化石館	197
倉ケ崎城跡	45
車塚古墳	236
黒羽城跡	56, 57
黒羽芭蕉の館	57, 58
鶏足寺	182, 183
桂林寺	19, 20
華厳寺跡	220
華厳の滝	105
見性寺	274

―― コ ――

鯉沼九八郎の碑	237
興雲律院	100
興光寺	234
広済寺	124
高勝寺(岩船地蔵)	221, 222
興禅寺	14
光得寺	181
興法寺	254, 255
光明寺(小山市)	258
光明寺(さくら市)	42
光明寺(芳賀郡益子町)	300
光明寺跡	59
広琳寺	35
小金井一里塚	261-263
国分寺	263, 265
小杉放菴記念日光美術館	100, 118
御前城跡(さくら市)	43
御前城跡(真岡市)	280
御前原城跡	136
駒形大塚古墳	68
児山城跡	272, 273
御霊神社	65, 69
金剛定寺	32

―― サ ――

西教寺	58, 59
最勝寺	186, 187
西導寺	41
西明寺	297
さくら市ミュージアム―荒井寛方記念館	39, 40
桜町陣屋跡	291, 292
佐貫石仏	49
佐野源左衛門常世館(豊代城)跡	197-199
佐野市郷土博物館	202, 204
佐野城(春日岡城)跡	188, 201
佐野市立吉澤記念美術館	195, 196
佐野信吉	188, 193
佐良土館跡	65
三斗小屋宿跡	155
山王塚古墳	264

―― シ ――

JR日光駅駅舎	96
塩谷朝業(信生)	134-136
塩原八幡宮	149, 150
慈覚大師円仁の生誕地	222, 235
慈眼寺	262

慈光寺	6
地蔵院	298, 299
実相寺	126
篠山貝塚	230
持宝院不動寺	29
四本竜寺	85, 86
清水城(興聖寺城)跡	190, 191
下野国庁跡	218
下野国分寺跡	247, 262-264, 266, 267
下野国分尼寺跡	262, 264, 265-267
下野市立しもつけ風土記の丘資料館	265
下野薬師寺跡	247, 262, 266-270, 272
住林寺	223
浄因寺	186
定願寺	214, 215
浄光寺	102, 103
常光寺	257
荘厳寺	290, 291
常珍寺	308
勝道	84, 85, 95, 104-107, 117, 119, 125, 128, 217, 276, 285
浄法寺廃寺	68
常楽寺(鹿沼市)	127
常楽寺(下都賀郡壬生町)	234, 235
浄蓮寺	52
白糸の滝	95
白沢地蔵堂	36
白旗城跡	58
白鬚神社	50
神橋	84, 85, 97
神明宮(栃木市)	214, 215
親鸞	18, 292, 293

— ス・セ・ソ —

須賀神社	256, 258, 259
鈴木源之丞の供養塔	31
雀宮神社	15
清巌寺	12, 13
清水寺	226
精忠神社	234, 235
清滝寺	103
清滝神社	104
清林寺	120
殺生石	154, 155
善願寺	11
千手院	121
専修寺	292, 293
専称寺	159
千駄塚古墳	247, 248
千本城跡	304, 305
宗光寺	64, 294
惣宗寺(佐野厄除け大師)	201, 202
崇真寺	32, 310

— タ —

大慈寺	223, 224
大山寺	216
大中寺(栃木市大平町榎本)	227, 230
大中寺(栃木市大平町西山田)	225, 226
太平寺(滝の観音, 滝寺)	79
大猷院	86, 92-94, 116
平将門	182, 192, 199, 219, 224, 228, 249, 255, 256, 260
高椅神社	251, 252
滝尾神社(宇都宮市)	23
瀧澤家住宅	43
滝尾神社(日光市今市)	100, 117, 118, 129
滝尾神社(日光市山内)	94, 95, 117
多気城跡	29
多気不動尊	28, 29
健武山(武茂山)神社	73, 74
多功城跡	274
多功宗朝	273, 274
田中正造旧宅	204, 205
田中霊祠	229
谷口山古墳	21

— チ —

智賀都神社	21, 22
近津神社	126
智光寺跡	185, 186
茶臼山古墳	239
中禅寺(立木観音)	104, 105, 121

長安寺⋯⋯⋯⋯⋯⋯⋯⋯⋯⋯⋯⋯⋯⋯305
長興寺⋯⋯⋯⋯⋯⋯⋯⋯⋯⋯⋯⋯⋯⋯136
長福城跡⋯⋯⋯⋯⋯⋯⋯⋯⋯⋯⋯⋯⋯258
長命寺⋯⋯⋯⋯⋯⋯⋯⋯⋯⋯⋯⋯⋯⋯311
長林寺⋯⋯⋯⋯⋯⋯⋯⋯⋯⋯⋯⋯172-174
鎮国神社⋯⋯⋯⋯⋯⋯⋯⋯⋯⋯⋯⋯57, 60

―ツ・テ―

塚田家住宅・塚田歴史伝説館⋯⋯⋯⋯211
塚山古墳群⋯⋯⋯⋯⋯⋯⋯⋯⋯24, 30, 31
綱神社⋯⋯⋯⋯⋯⋯⋯⋯⋯⋯⋯⋯⋯299
寺野東遺跡⋯⋯⋯⋯⋯⋯⋯⋯⋯⋯⋯250
天海(慈眼大師)⋯⋯⋯64, 86, 87, 89, 93, 97, 294
天性寺⋯⋯⋯⋯⋯⋯⋯⋯⋯⋯⋯⋯78, 79
天翁院⋯⋯⋯⋯⋯⋯⋯⋯⋯⋯⋯254, 259
天明(天命)宿⋯⋯⋯⋯⋯⋯⋯⋯189, 193

―ト―

東宮神社⋯⋯⋯⋯⋯⋯⋯⋯⋯⋯⋯⋯217
同慶寺⋯⋯⋯⋯⋯⋯⋯⋯⋯⋯⋯⋯⋯34
陶芸メッセ・益子⋯⋯⋯⋯⋯⋯⋯295-297
東照宮(佐野市)⋯⋯⋯⋯⋯⋯⋯⋯201, 202
堂原地蔵堂⋯⋯⋯⋯⋯⋯⋯⋯⋯⋯38, 39
堂法田遺跡(芳賀郡家跡)⋯⋯⋯⋯⋯286, 287
東明寺古墳⋯⋯⋯⋯⋯⋯⋯⋯⋯⋯⋯191
常盤ヶ丘⋯⋯⋯⋯⋯⋯⋯⋯⋯⋯⋯⋯144
徳川家光⋯⋯⋯⋯72, 75, 88, 92, 93, 102, 115, 116, 137, 218, 234, 255, 262, 272
徳川家康⋯⋯4, 9, 47, 57, 58, 86, 88, 90, 92, 93, 111, 116, 123, 137, 188, 202, 210, 235, 256
徳川斉昭⋯⋯⋯⋯⋯⋯⋯⋯⋯⋯⋯74, 75
徳川光圀⋯⋯⋯⋯⋯⋯⋯62, 63, 65, 73, 145
戸田忠友・忠恕の墓⋯⋯⋯⋯⋯⋯⋯⋯10
栃木市郷土参考館⋯⋯⋯⋯⋯⋯⋯⋯214
栃木県護国神社⋯⋯⋯⋯⋯⋯⋯⋯⋯25
栃木県立日光自然博物館⋯⋯⋯⋯104, 105
栃木県立博物館⋯⋯⋯⋯⋯⋯⋯⋯⋯23
栃木県立美術館⋯⋯⋯⋯⋯⋯⋯⋯⋯24
栃木県立文書館⋯⋯⋯⋯⋯⋯⋯⋯⋯6
栃木高校記念館(旧栃木県尋常中学校栃木分校本館)・講堂・記念図書館⋯⋯⋯212
栃木市おおひら郷土資料館「白石家戸長屋敷」⋯⋯⋯⋯⋯⋯⋯⋯⋯⋯⋯⋯226
栃木市おおひら歴史民俗資料館⋯⋯⋯226
栃木市藤岡歴史民俗資料館⋯⋯⋯⋯⋯229
栃木市役所別館(旧栃木町役場庁舎)⋯⋯211
栃木城跡⋯⋯⋯⋯⋯⋯⋯⋯⋯⋯⋯⋯210
とちぎ山車会館⋯⋯⋯⋯⋯⋯⋯⋯⋯213
栃木病院⋯⋯⋯⋯⋯⋯⋯⋯⋯⋯⋯⋯212
栃窪薬師堂(木喰堂)⋯⋯⋯⋯⋯⋯⋯126
飛山城跡⋯⋯⋯⋯⋯⋯⋯⋯⋯⋯⋯⋯33
飛山城史跡公園⋯⋯⋯⋯⋯⋯⋯⋯⋯33
富田宿⋯⋯⋯⋯⋯⋯⋯⋯⋯⋯⋯⋯⋯225
富田城跡⋯⋯⋯⋯⋯⋯⋯⋯⋯⋯⋯⋯225
鷲子山上神社⋯⋯⋯⋯⋯⋯⋯⋯⋯⋯74

―ナ―

長尾景人⋯⋯⋯⋯⋯⋯⋯165, 171-173, 180
長岡百穴古墳⋯⋯⋯⋯⋯⋯⋯⋯⋯20, 21
那珂川町なす風土記の丘資料館⋯⋯⋯68
中久喜城跡⋯⋯⋯⋯⋯⋯⋯⋯⋯⋯⋯259
長沼八幡宮⋯⋯⋯⋯⋯⋯⋯⋯⋯⋯⋯294
中村城跡⋯⋯⋯⋯⋯⋯⋯⋯⋯⋯⋯⋯288
中村八幡宮⋯⋯⋯⋯⋯⋯⋯⋯⋯289, 290
那須官衙遺跡⋯⋯⋯⋯⋯⋯⋯⋯⋯67, 68
那須神田城跡⋯⋯⋯⋯⋯⋯⋯⋯⋯⋯69
那須神社(旧金丸八幡宮)⋯⋯⋯⋯⋯59-61
那須疎水公園⋯⋯⋯⋯⋯⋯⋯⋯⋯⋯151
那須野が原博物館⋯⋯⋯⋯⋯⋯⋯⋯140
那須国造碑⋯⋯⋯⋯⋯⋯⋯⋯⋯⋯62, 65
那須資隆⋯⋯⋯⋯⋯⋯⋯⋯⋯⋯69, 305
那須資晴⋯⋯⋯⋯⋯⋯⋯61, 64, 65, 69, 76, 79
那須与一⋯⋯⋯⋯⋯⋯59, 60, 65, 69, 78, 155
那須八幡塚古墳群・富士山古墳⋯⋯69, 70
那須町民俗資料館⋯⋯⋯⋯⋯⋯⋯⋯156
七廻り鏡塚古墳⋯⋯⋯⋯⋯⋯⋯225, 226

―ニ―

日光金谷ホテル⋯⋯⋯⋯⋯⋯⋯⋯⋯99
日光市歴史民俗資料館・二宮尊徳記念館⋯⋯⋯⋯⋯⋯⋯⋯⋯⋯⋯⋯⋯⋯117
日光杉並木(寄進碑)⋯⋯85, 113, 116, 118, 119
日光東照宮⋯⋯84-86, 88-94, 97, 99, 108, 116,

118, 126, 129, 137, 179, 220, 225, 256
日光道中··········15, 16, 49, 96, 113, 114, 123,
　　261-263, 267, 272
日光奉行所跡··········101
日光物産商会店舗··········99
日光例幣使街道··········114, 123-125, 177,
　　179, 212, 219, 225, 238
二宮尊徳の墓··········116
二宮尊徳資料館··········291
日本キリスト教団佐野教会··········200, 201
日本聖公会宇都宮聖公教会礼拝堂··········20
如来寺··········114, 116
鶏塚古墳··········286
人間国宝田村耕一陶芸館··········200

── ネ・ノ ──
根古谷台遺跡(うつのみや遺跡の広場)··········30
能持院··········303, 304
能仁寺··········284, 285
野門東照宮··········110, 111
野木神社··········244, 245, 251
乃木別邸(乃木希典那須野旧宅)··········143, 144
野木町郷土館··········246

── ハ ──
芳賀氏の墓石[伝]··········287
芳賀城跡··········280
芳賀氏累代の墓碑··········35
芳賀高継・高照の墓··········13
白山神社··········47
羽黒山神社··········48, 49
機神山山頂古墳··········172
八幡山公園··········7
馬頭院··········72, 73
塙田八幡宮··········8
羽生田城跡··········238
繁桂寺··········230
鑁阿寺··········166-169, 181, 185
般若寺··········281
般若寺跡··········311

── ヒ ──
日枝神社··········118

東根供養塔··········271
引地山観音堂··········189, 203
日下田邸··········295
毘沙門山古墳··········250
樋爪氏の墓··········13
瓢箪塚古墳··········291
屏風岩石材の石蔵··········26
平石八幡宮··········185, 186
琵琶塚古墳··········266-268

── フ ──
藤岡城跡··········228
藤岡神社・藤岡神社遺跡··········228, 229
藤本観音山古墳··········177
富士山古墳··········239
藤原(宇都宮)宗円··········4, 14, 29, 48
藤原秀郷··········170, 191-194, 198, 199, 201,
　　205, 219, 224, 249, 253-256, 260
二荒山神社(宇都宮市)··········4, 5, 11, 13, 25, 47,
　　126
二荒山神社(日光市)··········21, 87, 93, 94, 98,
　　102, 105-107, 137
仏生寺··········285
船玉神社··········38
古峰神社··········130

── ヘ・ホ ──
部屋河岸・新波河岸跡··········231, 232
部屋八幡宮··········232
遍照寺··········288, 289
報恩寺··········16, 17
宝光院··········275
宝寿院明覚寺··········65, 66
宝性寺··········177, 179
芳全寺··········293
宝蔵寺(宇都宮市)··········11, 12
報徳二宮神社··········114
法楽寺··········169
法輪寺(光丸山)··········64, 65
星野遺跡··········217
戊辰戦争の碑··········240
本宮神社··········85, 94, 100

本光寺	193, 194
本多正純	9, 15, 19, 26, 193, 253

――マ――

益子古城(御城山遺跡)	296
益子参考館	296, 297
松方別邸(万歳閣)	145, 146
松村記念館	166, 167
間中稲荷神社	249
間々田八幡宮	248
摩利支天塚古墳	266, 267
丸塚古墳	264
満願寺(河内郡上三川町)	276
満願寺(栃木市)	217, 218
満福寺	245, 246

――ミ――

三毳山	222
三島通庸	6, 140, 141, 150, 237
皆川城(螺貝城)跡	216
皆川広照	210
源(足利)義康	167, 170
壬生一里塚	236
壬生寺	222, 235
壬生城跡	234, 235, 240
壬生胤業	233–235
壬生町立歴史民俗資料館	235
壬生義雄(氏勝)	121, 122, 129
三森家住宅	160
三谷草庵	292
宮目神社(宮野辺神社, 宮延神社)	218
宮原八幡宮	77
妙雲寺	148, 149
妙建寺	256
明星院	36
妙哲禅師の墓	22
三和神社	68, 69

――ム・モ――

村上城跡	312
村檜神社	224
無量寿寺	287, 288
真岡高校記念館(栃木県立第三中学校本館)	283
真岡市久保講堂(旧真岡小学校久保講堂)	282
茂木城跡	302
茂木藩主細川家の墓所	304
茂原観音堂	31, 32
茂原古墳群(権現山古墳・大日塚古墳・愛宕塚古墳)	32

――ヤ――

矢板武記念館(矢板武旧宅)	134
矢木宿	177, 179
薬師寺城跡	270, 271
薬師寺八幡宮	270
八雲神社(那須烏山市)	76
八雲神社(足利市)	172, 174
安住神社	51, 52
安塚の戦い	239
山縣有朋記念館・旧山縣有朋別邸	138, 139
山本有三ふるさと記念館	213, 214

――ユ・ヨ――

結城(小山)泰朝	253, 255
遊行柳	156, 157
温泉神社(那須郡那須町)	155
温泉神社(那須塩原市)	149, 150
養膳寺跡	37
横山郷土館	211, 212
与作稲荷神社	38
吉田温泉神社古墳群・観音堂古墳	69, 70

――リ・レ――

龍江院	203
龍光寺	44
龍興寺	269, 270
竜蔵寺(日光市御幸町)	96, 97
竜蔵寺(日光市足尾町)	110
輪王寺	84–87, 93, 107, 184, 234
蓮城院	291
蓮生法師の墓	13

――ワ――

和気記念館	50
鷲城跡	258, 259

【執筆者】(五十音順, 2019年2月現在)

編集・執筆

江田郁夫 えだいくお(栃木県立博物館)

川田純之 かわだじゅんし(県立宇都宮東高校)

執筆

新井敦史 あらいあつし(大田原市黒羽芭蕉の館)

石川明範 いしかわあきのり(県文化財課)

國井弘紀 くにいひろき(県立真岡女子高校)

齋藤悦正 さいとうよしまさ(本郷中学校・高等学校)

舩木明夫 ふなきあきお(県立真岡高校)

山澤学 やまさわまなぶ(筑波大学)

【写真所蔵・提供者】(五十音順, 敬称略)

足利市教育委員会	専称寺
足利市助戸公民館	栃木県立なす風土記の丘資料館
足利市役所広報課	栃木県立日光自然博物館
宇都宮市教育委員会	栃木県立博物館
宇都宮市経済部観光交流課	栃木市教育委員会
宇都宮二荒山神社	栃木市商工観光課
大田原市教育委員会	那須烏山市商工観光課
小山市教育委員会	那須塩原市教育委員会
開雲寺	那須町教育委員会
笠石神社	西方町
鹿沼市経済部商工観光課	日光山輪王寺
上河内町産業課	日光東照宮
興雲律院	二宮町教育委員会
光得寺	野木町産業課
財団法人足利市民文化財団	引地山観音堂
佐野市郷土博物館	本光寺
佐野市産業文化部文化振興課	牧歌舞伎保存会
下野市教育委員会	真岡市教育委員会
清巌寺	茂木町商工観光課
専修寺	

(2007年3月現在)

本書に掲載した地図の作成にあたっては, 国土地理院長の承認を得て, 同院発行の50万分の1地方図, 20万分の1地勢図, 数値地図25000(空間データ基盤)を使用したものである(平18総使, 第78-3042号)(平18総使, 第79-3042号)(平18総使, 第81-3042号)。

歴史散歩⑨
栃木県の歴史散歩

2007年3月30日　1版1刷発行	2019年3月25日　1版4刷発行

編者————栃木県歴史散歩編集委員会
発行者———野澤伸平
発行所———株式会社山川出版社
　　　　　〒101-0047　東京都千代田区内神田1-13-13
　　　　　電話　03(3293)8131(営業)　　03(3293)8135(編集)
　　　　　https://www.yamakawa.co.jp/　　振替　00120-9-43993
印刷所———図書印刷株式会社
製本所———株式会社ブロケード
装幀————菊地信義
装画————岸並千珠子

Ⓒ　2007　Printed in Japan　　　　　　　　　　　　ISBN978-4-634-24609-6
・造本には十分注意しておりますが，万一，落丁・乱丁などがございましたら，
　小社営業部宛にお送りください。送料小社負担にてお取り替えいたします。
・定価は表紙に表示してあります。

栃木県全図

凡例
- 都道府県界
- 市 郡 界
- 町 村 界
- J R 線
- 高速道路
- 有料道路
- 国道
- 県庁

主な地名

福島県
- 須賀川市
- 泉崎村
- 白河市
- しらかわ
- しんしらかわ
- 西郷村
- 天栄村
- 棚倉町
- 矢祭山
- 大子町

栃木県
- 那須郡 那須町
- 大田原市
- くろいそ
- にしなすの
- なすしおばら
- 那須塩原市
- 那須岳 ▲1915
- 三本槍岳 ▲1917
- 茶臼岳
- 矢板市
- 塩谷郡 塩谷町
- 日光市
- しんたかとく
- 釈迦ヶ岳 ▲1795
- 鬼怒川温泉
- 龍王峡ライン
- きぬがわおんせん
- 男鹿山 ▲1777
- 荒海山 ▲1580
- 七ヶ岳 ▲1636
- 南会津町
- 下郷町
- 昭和村
- 檜枝岐村
- 会津駒ヶ岳 ▲2132
- 燧ヶ岳 ▲2356
- 田代山 ▲1971
- 帝釈山 ▲2060
- 黒岩山 ▲2163
- 鬼怒沼山 ▲2163
- 片品村
- 日光白根山 ▲2578
- 錫ヶ岳 ▲2388
- 男体山 ▲2486
- 大真名子山 ▲2375
- 女峰山 ▲2483
- 太郎山 ▲2368
- ゆにしがわおんせん
- きぬがわおんせん
- 野岩鉄道
- 会津鉄道
- あいづしもごう
- おおぐち
- あいづたじま
- 五十里湖
- 尾瀬沼